Tim Shaw

Ossola

Zwischen Lago Maggiore, Monte Rosa und Nufenenpass

54 ausgewählte Touren

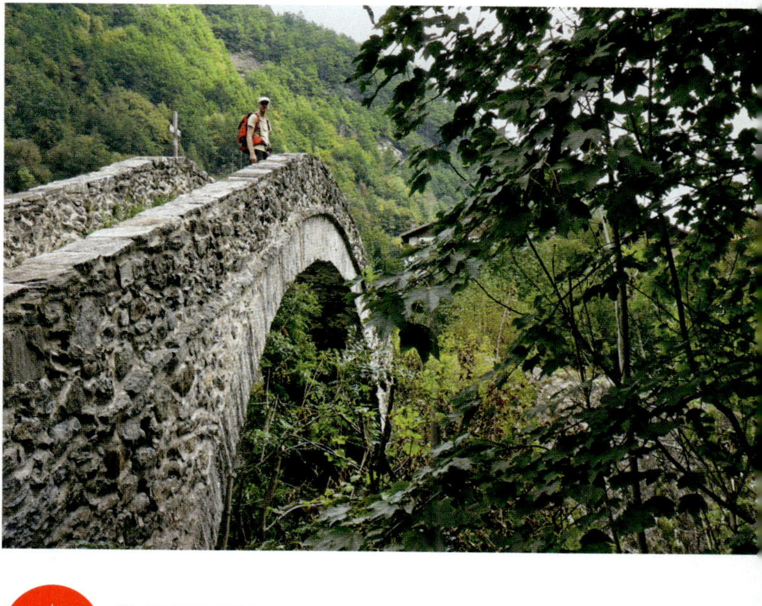

ROTHER
BERGVERLAG

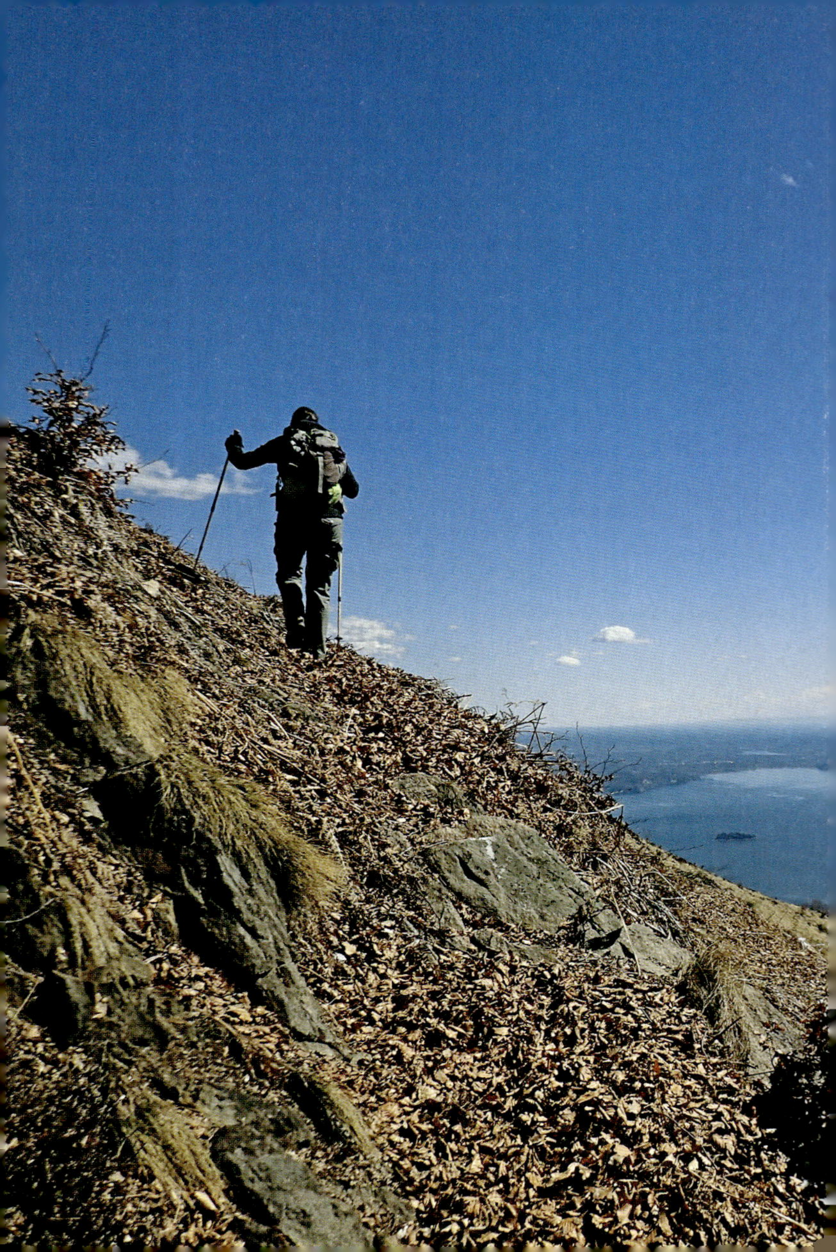

VORWORT

Im Ossola, dieser kleinen Ecke Italiens zwischen Tessin und Wallis, erwartet uns eines der abwechslungsreichsten Wandergebiete der Alpen mit mancherorts ganzjährig möglichen Touren. Die überwältigende Berglandschaft zwischen dem mediterranen Lago Maggiore und dem ewigen Eis des Monte Rosa vereint auf kleinstem Raum nahezu alle Klima- und Vegetationszonen unseres Kontinents. Umso erstaunlicher ist es, dass geschäftstüchtige Tourismusmanager das Ossola noch nicht als attraktives Ziel für die Massen entdeckt haben. Hier gibt es unberührte Natur und Wildnis, Stille und Einsamkeit, die in Mitteleuropa ihresgleichen suchen, denn seit der massiven Landflucht nach dem Zweiten Weltkrieg ist vielerorts die Zeit stehen geblieben. Man begibt sich auf Entdeckungsreise auf Wegen, über die einst Mulis und Kühe trotteten, vorbei an halb verfallenen Palazzi und Bauernhöfen, durch vom Wald eroberte Weinberge und aufgegebene Weidelandschaften. Selbst steilstes Gelände wurde einst kultiviert und mit teils äußerst kühnen Wegkonstruktionen zugänglich gemacht. Wir können heute als Wanderer nur staunend auf die Leistungen der früheren Generationen zurückblicken, für die das Leben in diesen schroffen Bergen kein Freizeitvergnügen, sondern reinen Überlebenskampf bedeutete.
Dass diese größtenteils in Vergessenheit geratene Gegend uns Bergfreunden ins Gedächtnis gerufen wurde, haben wir auch den Autoren der ersten drei Auflagen dieses Wanderführers zu verdanken, Hans Schmid und Urs Jaeggi. Sie durchstreiften das Ossola über Jahrzehnte und erforschten dabei seine Vergangenheit und Gegenwart. Ihnen sei die vorliegende fünfte, komplett überarbeitete und erweiterte Auflage gewidmet.
Ihr Autor Tim Shaw, von Kindesbeinen an im Ossola unterwegs und seit etlichen Jahren dort ansässiger Wanderleiter, möchte mit diesem Buch dazu anregen, die zahlreichen versteckten Winkel dieser vielfältigen Gegend Schritt für Schritt zu entdecken, von den Palmenhainen im Süden bis zu den Gletschern im Westen und Norden. Die 54 Touren in diesem Büchlein sind jedoch weit davon entfernt, Anspruch auf Vollständigkeit zu erheben. Die Wandermöglichkeiten im Ossola sind fast unbegrenzt. Stürzen wir uns also ins Vergnügen und unterstützen wir dabei auch die regionale Wirtschaft, indem wir, wann immer möglich, die öffentlichen Verkehrsmittel nutzen, unseren Proviant in den kleinen Dorfläden kaufen und in den familiären Unterkünften nächtigen. So tragen wir zur Förderung eines nachhaltigen Tourismus bei und erhalten das Ossola als echte Alternative zu den großen Urlaubszentren der Alpen.

Domodossola, im Frühjahr 2024 — Tim Shaw

Aufstieg zum Monte Faiè hoch über dem Lago Maggiore.

INHALTSVERZEICHNIS

SYMBOLE

Symbole im Tourenkopf
- mit Bahn/Bus erreichbar
- Einkehrmöglichkeit
- für Kinder geeignet

Symbole im Höhenprofil
- Ort mit Einkehrmöglichkeit
- Einkehrmöglichkeit
- Schutzhaus, Unterstand
- P eingerichteter Parkplatz
- Busanschluss
- Bahnanschluss
- Auf-/Abfahrt mit Seilbahn
- Abzweigung
- Gipfel
- Pass, Sattel
- Kirche, Kapelle
- Aussichtsplatz
- Wasserfall

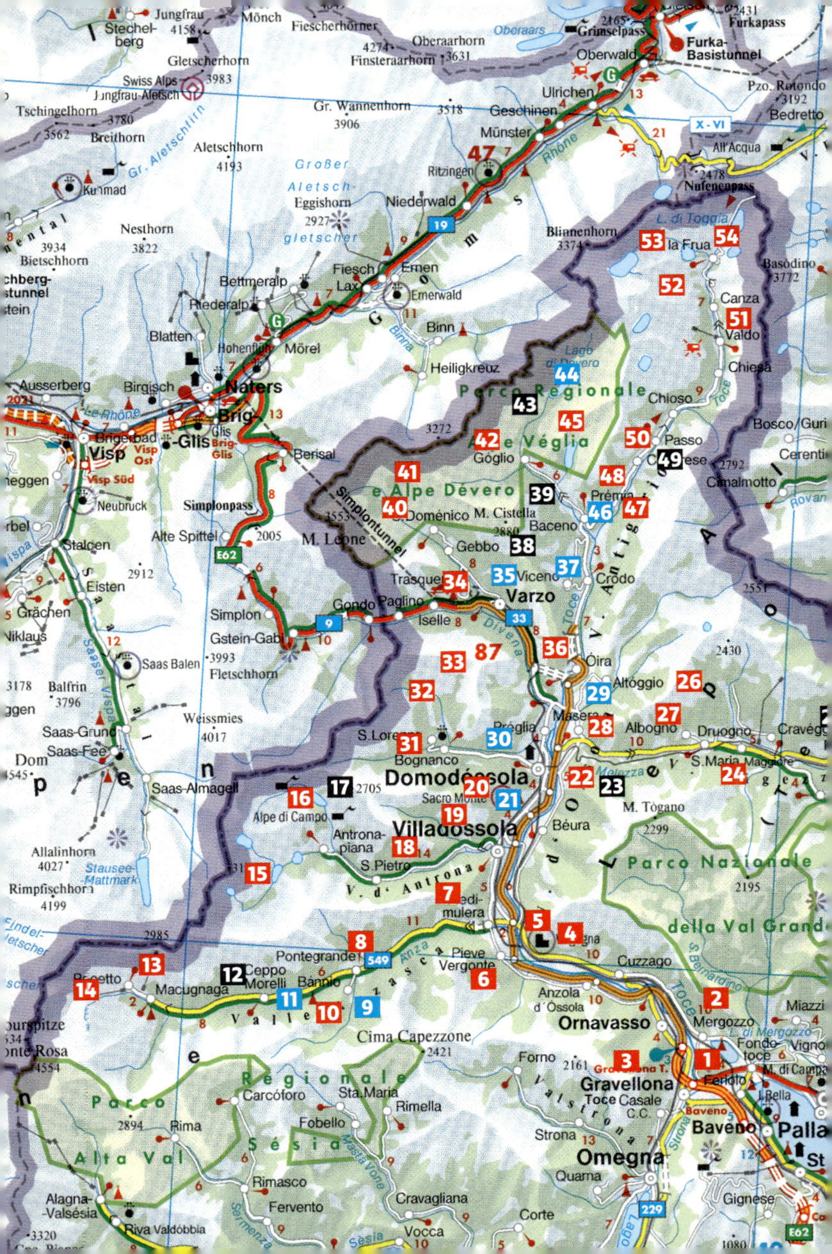

Jungfrau
Mönch
Fiescherhörner
Stechelberg
Grimselpass
Furkapass
Furka-Basistunnel
Oberaarhorn
Finsteraarhorn
Oberwald
Gletscherhorn
Swiss Alps Jungfrau-Aletsch
Ulrichen
Pzo. Rotondo
Tschingelhorn
Gr. Wannenhorn
Geschinen
Bedretto
Breithorn
Münster
Aletschhorn
Großer Aletschgletscher
Ritzingen
All'Acqua
Nufenenpass
Kummad
Eggishorn
Niederwald
Nesthorn
Bietschhorn
Blinnenhorn
L. di Toggia
la Frua
Basòdino
Fiesch
Ernen
Lax
Bettmeralp
Riederalp
Ernerwald
Canza
Valdo
Binn
Blatten
Mörel
Chiesa
Heiligkreuz
Ausserberg
Birgisch
Naters
Brig
Glis
Lago di Dévero
Parco Regionale
Chioso
Bosco/Gurin
Visp
Brigerbad
Berisal
Alpe Véglia
Passo
Cerentino
Góglio
Cimalmotto
Neubruck
Simplonpass
Simplontunnel
e Alpe Dévero
Prémia
S. Doménico
M. Cistella
Baceno
Stalden
Alte Spittel
M. Leone
Gebbo
Eisten
Viceno
Crodo
Trasquera
Grächen
Varzo
Simplon
Gondo
Paglino
Iselle
Gstein-Gabi
Saas Balen
Fletschhorn
Oira
Altóggio
Balfrin
Weissmies
Masera
Albogno
Druogno
Saas-Grund
S.Lorenzo
Préglia
S.Maria Maggiore
Saas-Fee
Bognanco
Domodóssola
Dom
Saas-Almagell
Melezza
M. Tògano
Alpe di Campo
Sacro Monte
Villadossola
Béura
Antrona-piana
S.Pietro
Allalinhorn
Parco Nazionale della Val Grande
Rimpfischhorn
V. d'Antrona
Pedimulera
Pontegrande
Pieve Vergonte
Cuzzago
Pecetto
Ceppo Morelli
Bánnio
Macugnaga
Anzola d'Óssola
Ornavasso
Mergozzo
L. di Mergozzo
Valle Anzasca
Cima Capezzone
Fondotoce
Monte Rosa
Forno
Gravellona Toce
Feriolo
Carcóforo
Sta.Maria
Rimella
Casale C.C.
Baveno
Pallanza
Parco Regionale Alta Val Sésia
Fobello
Rima
Strona
Omegna
Quarna
Rimasco
Alagna-Valsésia
Fervento
Cravagliana
Gignese
Riva Valdóbbia
Corte
Vocca

WICHTIGE HINWEISE FÜR UNTERWEGS

Die Wandervorschläge dieses Führers sind nach den Tälern des Ossola gegliedert, beginnend im Süden am Lago Maggiore und endend im Norden an der Grenze zur Schweiz.

Anforderungen

Die meisten der vorgestellten Touren führen über markierte und mit Wegweisern versehene Wanderrouten. Diese sind im Ossola jedoch oft anspruchsvoller und deutlich weniger begangen als auf der Alpennordseite. Daher können auch breite Maultierpfade im Sommer unter hohem Gras und Farn verschwinden. Und aufgrund der Steilheit des Gebiets kommt man bei fast keiner Wanderung drum herum, etliche Höhenmeter zu überwinden. Auf diese und andere besondere Anforderungen wird im jeweiligen Tourensteckbrief hingewiesen. Zur besseren Einschätzung des Schwierigkeitsgrades sind die Wandervorschläge in drei Kategorien eingeteilt und mit Farben gekennzeichnet:

In den ossolanischen Weilern wurde früher das Brot gemeinschaftlich in Dorföfen gebacken.

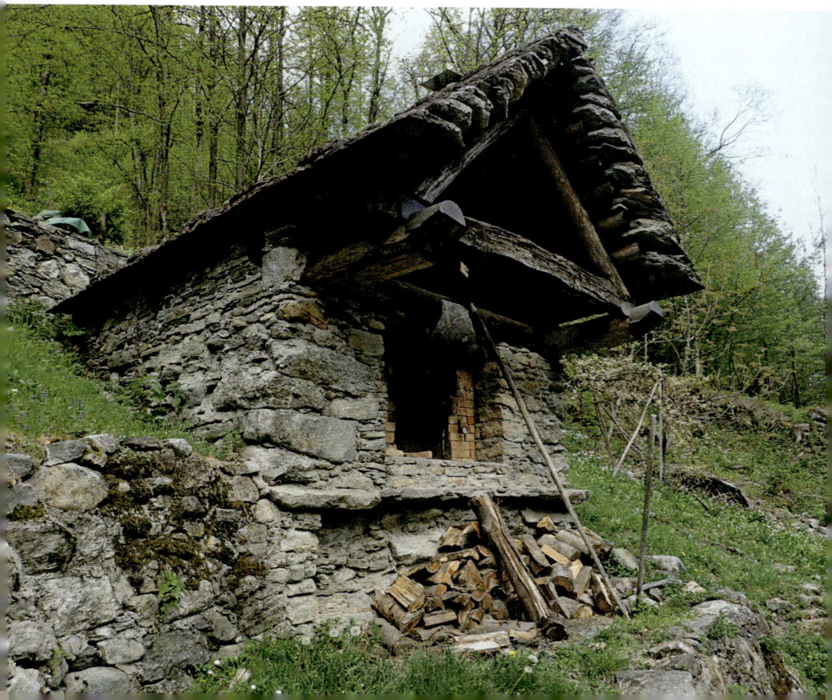

SCHWIERIGKEITSKATEGORIEN

■ = Leicht

Wanderungen auf breiten und markierten Wegen. Oft handelt es sich um schöne Maultierpfade und Steinplattenwege. Sie erfordern keine besondere Bergerfahrung und können meist auch bei schlechtem Wetter begangen werden. Gutes Schuhwerk und etwas Ausdauer sind jedoch auch hier Voraussetzung.

■ = Mittel

Anspruchsvollere Wanderungen und Bergtouren, in der Regel auf markierten Wegen. Sie erfordern Trittsicherheit, Orientierungsvermögen und wegen der meist vielen Höhenmeter eine gute Kondition. Exponierte Stellen sind selten und werden im Text ausdrücklich erwähnt.

■ = Schwierig

Touren auf steilen und stellenweise ausgesetzten Wegen und Pfadspuren. Sie stellen besondere Anforderungen an Trittsicherheit, Orientierungsvermögen und Kondition und sind nur für erfahrene Berggänger geeignet.

Diese Einteilung lässt sich auch auf die mittlerweile allgemeingültige Skala des Schweizerischen Alpenclubs übertragen (siehe www.sac-cas.ch/de/ausbildung-und-sicherheit/tourenplanung/schwierigkeitsskalen/): T1–T2 entspricht der Kategorie leicht/blau, T2–T3 der mittleren/roten Kategorie und T3–T4 einer schwierigen/schwarzen Tour.

Der Tourensteckbrief

Ausgangspunkt/Endpunkt: Bei den meisten Wanderungen handelt es sich um Rundtouren. Wo dies nicht der Fall ist, besteht grundsätzlich die Möglichkeit, mit öffentlichen Verkehrsmitteln zum Ausgangspunkt zurückzukehren. Tipp: Mit dem Zug anreisen und entspannt mit Bus und Bahn zum Ausgangspunkt. Fast alle Touren im vorliegenden Führer sind mit öffentlichen Verkehrsmitteln erreichbar.

Höhenunterschied: Die Angabe entspricht der Summe der zu bewältigenden Höhenmeter, Gegensteigungen werden also berücksichtigt.

Einkehr und Unterkunft: Die Angaben sind Empfehlungen des Autors und erheben keinen Anspruch auf Vollständigkeit. Es werden in erster Linie Gaststätten unterwegs und einige ausgewählte Unterkünfte aufgeführt.

Beste Jahreszeit: Viele Touren sind nicht nur im Sommer durchführbar. Ganz im Gegenteil, im Bassa Ossola und auf manchen Südhängen ist man besser nicht zur heißen Jahreszeit unterwegs. Auch im Winter kann man üblicherweise zahlreiche Touren gehen. Darauf soll hier besonders hingewiesen werden.

Varianten: Bei vielen Touren bieten sich kürzere oder längere Alternativen zur beschriebenen Hauptroute an. Sie sind auf dem Kartenausschnitt rot gestrichelt eingezeichnet und werden auch im Tourensteckbrief kurz beschrieben.

Anreise

Öffentlicher Verkehr: Es gibt gute und häufige Zugverbindungen auf der Linie Frankfurt–Basel–Zürich–Bern–Brig–Domodossola. Hier lohnt es sich, die oft sehr günstigen Sparangebote zu überprüfen und rechtzeitig zu buchen. Da der Bahnhof von Domodossola zum Netz der Schweizerischen Bundesbahnen gehört, gibt es durchgehende Tarife. Sie sind auf www.sbb.ch und www.bahn.de erhältlich.

Ins Valle Vigezzo und ebenfalls bis nach Domodossola fährt die Schmalspurbahn der Vigezzina, siehe www.vigezzinacentovalli.com.

Auch vor Ort kommt man mit den öffentlichen Verkehrsmitteln gut weiter, es bestehen mit den Bussen von Comazzi regelmäßige Verbindungen in die Seitentäler, die alle von Domodossola aus starten (www.comazzibus.com). VCO Trasporti unterhält ebenfalls eine Linie, die durchs Haupttal fährt (www.vcotrasporti.it).

Auto: Von Deutschland über die Gotthard- bzw. San-Bernardino-Linie und via Locarno durch die Centovalli oder am Lago Maggiore entlang. Die guten Autobahnen enden in Locarno, für das letzte Stück muss man sich auf enge und kurvige Straßen einstellen.

Flugzeug: Der Flughafen Mailand-Malpensa MXP (und nicht die anderen Mailänder Flughäfen Linate LIN und Bergamo BGY, bei Buchung unbedingt

Altes Verkehrsschild, zum Wegweiser umfunktioniert.

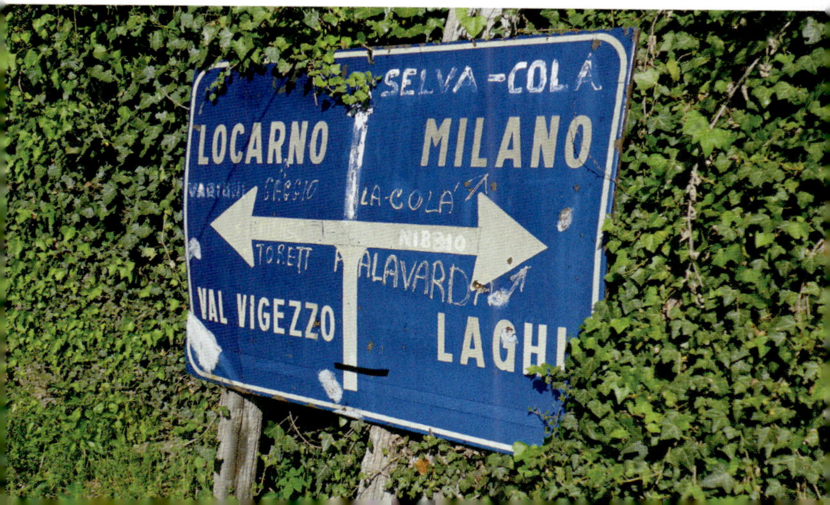

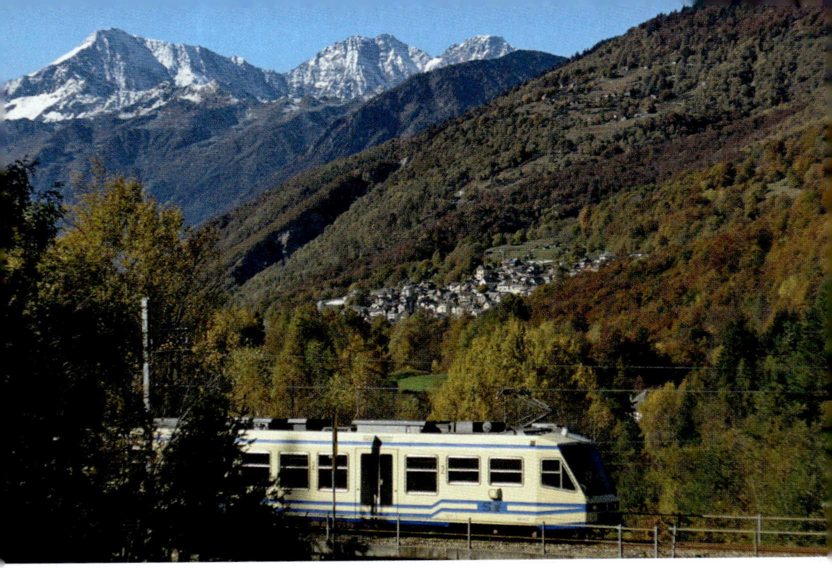

Die »Vigezzina« fährt durch spektakuläre Landschaften.

darauf achten!) befindet sich näher am Lago Maggiore als an Mailand und bietet daher eine interessante Anreisemöglichkeit. Er ist Drehkreuz von Easyjet und wird neben den normalen Liniengesellschaften auch von vielen anderen Billigfluglinien angesteuert. Vom Flughafen bietet Comazzi regelmäßige Busverbindungen nach Domodossola. Platzreservierung mindestens 24 Stunden vor Abfahrt unter www.comazzibus.com.

Auskunft

Sämtliche Gemeinden haben einen übersichtlichen Internetauftritt, in dem auch touristische Informationen unter anderem zu Wanderwegen, Einkehrmöglichkeiten und Unterkünften enthalten sind. Die Webadresse baut sich immer gleich auf: www.comune.»name«.vb.it, also zum Beispiel www.comune.domodossola.vb.it.

Allgemeine Infos zum Ossola mit seinen Seitentälern findet man hier:

- www.distrettolaghi.it
- www.park-e.org
- www.visitossola.it

Detaillierte Informationen zum jeweiligen Tal:

- www.valformazza.it
- www.valbognanco.com
- www.valleantrona.com
- www.parcovalgrande.it

Ausrüstung

Für blaue Touren sind leichte Wanderschuhe bzw. Trekking-Halbschuhe ausreichend, sonst werden feste, knöchelhohe Wanderstiefel benötigt. Wegen der hohen und mitunter dornenreichen Vegetation und der leider auch hier präsenten Zecken sind auch im Frühjahr und Sommer lange Hosen empfehlenswert. Wetterfeste Kleidung gehört immer ins Gepäck. Zusätzlich zum Proviant sollte auch auf einen ausreichenden Wasservorrat geachtet werden: zwar kann aus fast allen Brunnen problemlos getrunken werden, doch gerade im Spätsommer und Herbst können diese mitunter austrocknen. Des Weiteren sind Karte, Sonnencreme und eine kleine Notfallapotheke unerlässlich. Wegen der oft steilen und manchmal auch ausgesetzten Wege werden Wanderstöcke empfohlen.

Beste Wanderzeit

Im Ossola kann man ganzjährig unterwegs sein. Viele Touren, die in Talnähe und auf sonnenexponierten Hängen verlaufen, sind im Winter sogar besonders gut begehbar, da dann Hitze und hohe Vegetation fehlen. Unterhalb von 1000 Metern schneit es eher selten. Allerdings muss an schattigen Stellen auf Vereisungen geachtet werden. Und in höheren Lagen kann Frau Holle ihre Betten durchaus intensiv schütteln. Daher liegt im Frühjahr hier manchmal noch Altschnee, die Nordseiten sind sogar oft noch bis in den Juni hinein schneebedeckt. Im Sommer, wenn es im Val d'Ossola sehr heiß und schwül wird, orientiert man sich am besten an den höher gelegenen Routen der Seitentäler oder den schattigen Wäldern der Nordflanken. Die schönste Wanderzeit ist mit Sicherheit der Herbst, der meist bis weit in den Dezember hinein andauert und stabiles Wetter, schöne Farben, warmes Licht und angenehme Temperaturen verspricht.
Am stärksten frequentiert sind die Wege der mittleren Lagen im Mai und von September bis Oktober, diejenigen der höheren Berge im August. Dann haben gefühlt alle Italiener Urlaub und sind unterwegs. Letzteres betrifft im Ossola allerdings nur die bekannteren Wandergebiete im Val Formazza und rund um Devero und Veglia. Da die meisten Einheimischen wenig wanderbegeistert sind und das Gebiet vom ganz großen Tourismus nach wie vor verschont ist, bleibt es anderswo genauso einsam wie zu den restlichen Jahreszeiten.

Camping

Es gibt überall im Ossola Campingplätze, die normalerweise von Ostern bis Ende September geöffnet haben. Infos auf www.campeggi.com/de/italien/piemont/verbano-cusio-ossola/camping.
Freies Biwakieren ist zwar nicht ausdrücklich erlaubt, aber eben auch nicht verboten und wird üblicherweise toleriert, selbst in den Naturparks. Es gilt die Regel, nur eine Nacht am gleichen Ort zu bleiben und selbstverständlich keine Spuren zu hinterlassen. Dazu gehört auch, keinesfalls Feuer im

Freien zu entfachen, da in den Südalpen fast immer eine sehr hohe Wald- und Buschbrandgefahr besteht.

Einkehr und Unterkunft

Es gibt einige für Norditalien typische Gaststätten und Herbergen:

Ristorante, Pizzeria: Restaurants mit reichhaltigem Angebot und meist einem recht guten Preis-Leistungs-Verhältnis.

Trattoria, Osteria: Diese früher einfachen Schänken haben sich oft zu guten Restaurants mit lokalen Spezialitäten entwickelt. Sie sind nicht ganz billig, dafür ist das kleine Angebot von hervorragender Qualität.

Locanda, Bar: Einfache Dorfkneipe mit viel Leben, vor dem man aber auch als Tourist mit wenig Italienischkenntnissen keine Berührungsängste zu haben braucht. Fast überall wird man herzlich empfangen und kann einen guten Espresso (»caffè«) probieren. Normalerweise gibt es außer ein paar Snacks hier nichts zu essen.

Circolo: Subventionierte Bars, die gemeinnützigen, meist auch politisch aktiven Organisationen angehören. Da es sie auch in den abgelegensten Weilern gibt und sie den einzigen Treffpunkt für die Dorfbevölkerung darstellen, genießen sie steuerliche Vorteile. Sie sind offiziell nur für Mitglieder der jeweiligen Organisation zugänglich. Aber auch hier braucht man als Tourist keine Scheu zu haben und kann trotzdem nach einem Cappuccino oder Bier fragen. Allerdings führen die Beamten der »Finanza« in den letzten Jahren vermehrt Kontrollen durch, man muss also damit rechnen, dafür eine »Tagesmitgliedschaft« für ein paar Euro lösen zu müssen, was allerdings eher selten vorkommt.

Bivacco Cingino: ein schmuckes, doch innen sehr einfaches Unterkunftshaus.

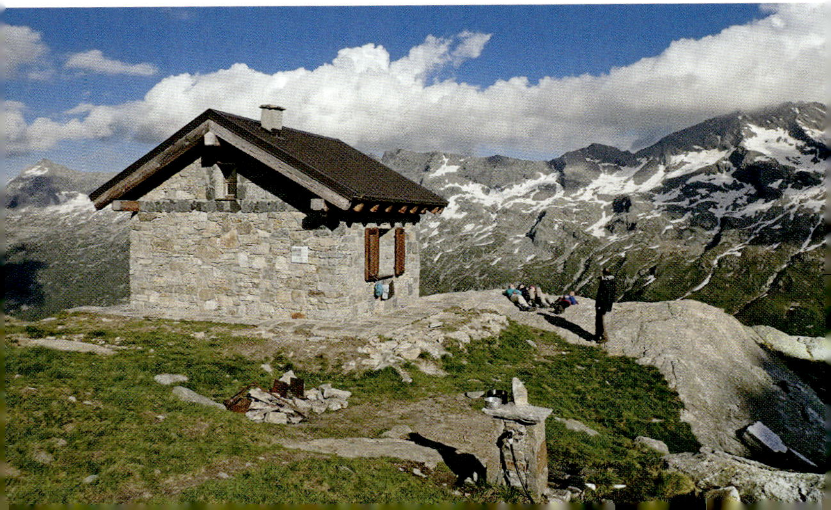

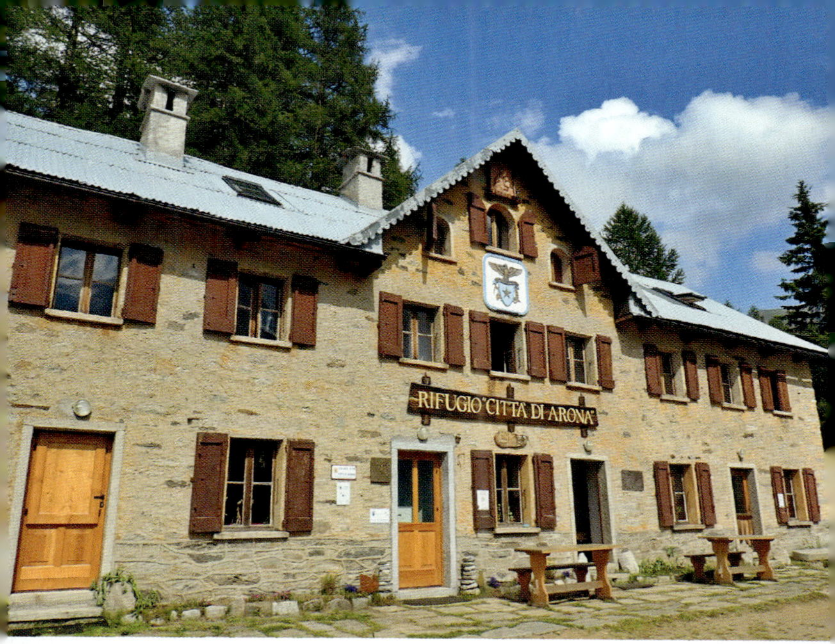

Urig und gemütlich: Rifugio Arona auf der Alpe Veglia.

Agriturismo: Bauernhof mit angeschlossenem Restaurant und/oder Zimmervermietung. Es werden eigene Produkte guter Qualität serviert.
Bed & Breakfast (B&B): Zimmervermietung mit Frühstück in Privathäusern bei meist sehr herzlichen und hilfsbereiten Vermietern.
Rifugio: Unter diesem Begriff werden zwei Arten von Berghütten zusammengefasst. Zum einen die großen bewarteten Häuser des Alpenclubs (Club Alpino Italiano CAI) oder eines anderen Bergvereins, die üblicherweise von Juni bis Oktober an den Wochenenden und im August durchgehend geöffnet haben. Zum anderen kleinere Selbstversorgerhütten mit einem gewissen Komfort (Gaskocher, Matratzenlager, WC), die nur mit Schlüssel zugänglich sind. Diesen muss man sich auf Voranmeldung beim jeweiligen Besitzer, zum Beispiel der betreffenden Alpenclub-Sektion, abholen. Meist kann er in einer Bar hinterlegt werden.
Bivacco: Sehr einfache Unterkunft für Selbstversorger, die wirklich alles im Rucksack mit dabeihaben. Viele bieten zwar einen Holzofen, auf dem auch gekocht werden kann, doch sonst gibt es nur Tisch, Bank und manchmal ein paar Kochtöpfe. Das Brennholz muss selbst gesammelt werden, geschlafen wird auf dem Holzboden. Sie sind ganzjährig geöffnet und man kann sie jederzeit aufsuchen, eine Voranmeldung ist nicht möglich.

Feiertage

In Italien wurden viele Feiertage auf die Sonntage verlegt (zum Beispiel Christi Himmelfahrt, Pfingsten, Fronleichnam), an denen die größeren Geschäfte wie auch an den übrigen Sonntagen trotzdem geöffnet haben. Es gibt keine gesetzlich geregelten Öffnungszeiten. An den folgenden nationalen Feiertagen können dennoch viele Geschäfte oder Ristoranti geschlossen sein:

1. Januar (Capodanno, Neujahr), Ostermontag (Pasquetta), 25. April (Festa della Liberazione, Tag der Befreiung), 2. Juni (Festa della Repubblica, Tag der Republik), 15. August (Ferragosto), 25./26. Dezember (Natale, Weihnachten).

Der 15. August, Ferragosto, ist nicht nur der katholische Feiertag Maria Himmelfahrt, sondern geht zurück auf ein von Kaiser Augustus im Jahr 18 vor unserer Zeitrechnung ausgerufenes Fest, das nach wie vor zelebriert wird. An diesem in Italien wichtigsten Tag des Jahres (noch vor Weihnachten) steht das Land still und man bekommt nur eine Unterkunft, wenn man lange im Voraus reserviert hat, da die meisten sich die ganze Woche freinehmen und ins Grüne strömen, um zusammen mit Freunden und Familie zu feiern.

In Montecrestese steht der mit 68 Metern höchste Kirchturm im Ossola.

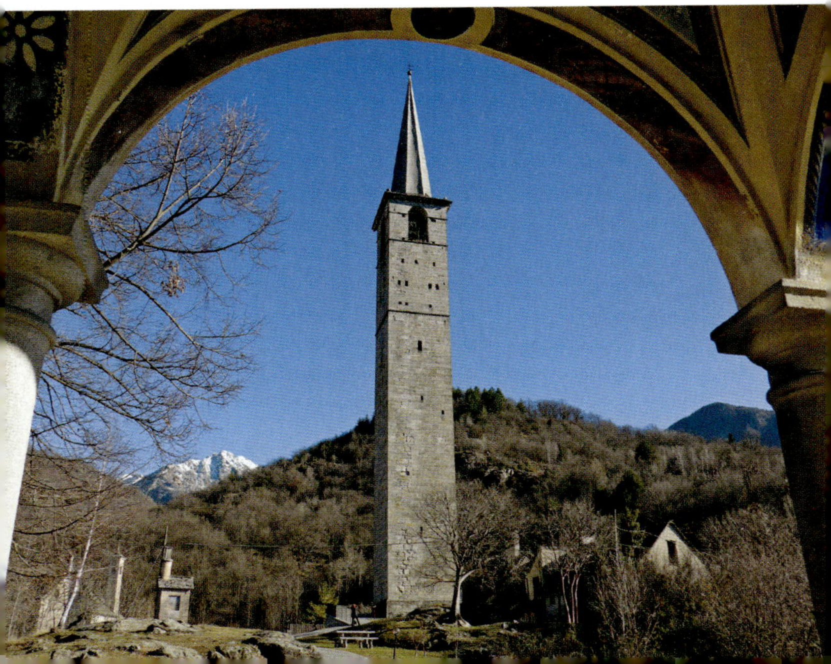

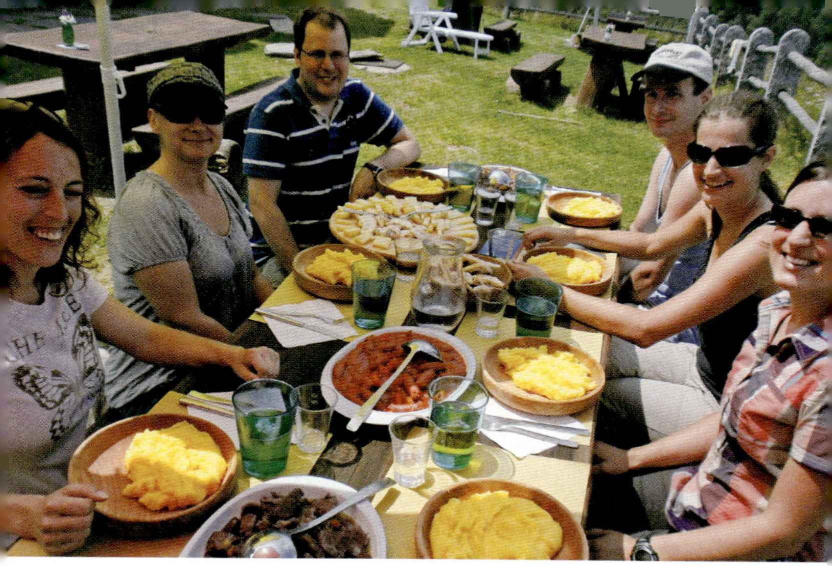

Ein Klassiker vor allem auf Berghütten: Polenta mit reicher Auswahl an leckeren Zutaten.

Gastronomie

Das Ossola bietet eine typisch norditalienische Küche mit vielen lokalen Spezialitäten.

Wie anderswo in Italien auch gibt es in den Restaurants die klassische Abfolge aus Antipasto (Vorspeise), Primo Piatto (Pasta, Risotto), Secondo Piatto (Fleisch, Fisch, Gemüse), Dolce (Nachspeise), Caffè (Espresso). Das schafft natürlich kein (nordeuropäischer) Mensch, daher darf man auch völlig ungeniert kombinieren, also zum Beispiel nur Antipasto und Primo Piatto. Die Einheimischen machen das oft auch nicht anders. Mittags gibt es fast überall ein sehr günstiges und gutes »Menù del Giorno« oder »Menù Turistico«, bestehend aus zwei bis drei Gängen, inklusive Getränk und Espresso. Beim Frühstück haben sich die meisten Herbergen mittlerweile auf die nordalpinen Sitten eingestellt und man bekommt üblicherweise eine reichhaltige Auswahl angeboten. Das klassische italienische Frühstück besteht nach wie vor nur aus einem Cappuccino und einem Keks oder Croissant, das hier »Brioche« genannt wird.

Apropos Cappuccino: diesen kann man sich ruhigen Gewissens auch am Nachmittag bestellen, die lokale Bevölkerung hat sich diese Angewohnheit inzwischen ebenfalls zugelegt. Niemals (wirklich niemals!) darf man ihn sich jedoch direkt nach dem Essen servieren lassen. Denn damit gibt man zu verstehen, dass man nicht satt geworden ist, und kein Italiener wird jemals verstehen, wie man ein solch »schweres« Getränk nach einem üppigen Mahl zu sich nehmen kann. Überhaupt ist der Kaffee ein italienisches Kulturgut par excellence. Sein Preis ist nach wie vor staatlich reglementiert, ein Espresso darf am Tresen nicht mehr als einen Euro kosten, und auch in den Restaurants ist er selten teurer. Man bestellt grundsätzlich einen »caffè«, der Begriff Espresso ist importiert. Der deutsche Filterkaffee, aus einer großen Tasse getrunken, existiert nicht – er wird abfällig »acqua sporca« (schmutziges Wasser) genannt. Wenn man etwas mehr Flüssigkeit in seiner Tasse haben möchte, bestellt man sich einen »caffè lungo« oder »caffè americano«, das ist dann einfach ein Espresso mit etwas mehr Wasser.

Wenn es zum Mittag- oder Abendessen geht, sollte man diese Klassiker der »cucina ossolana« nicht versäumen:

Polenta (gekochter Maisgries), serviert mit den unterschiedlichsten Beilagen. Die bettelarmen Bauern aßen früher oft tagein tagaus nichts anderes – allerdings ohne Beilagen ... Sie wird daher auch »mazzafam« genannt, der »Hungertöter«. Es gibt lokale Produktionen in Beura und Anzola.

Auch die Esskastanie hat ihren festen Platz in den Rezeptbüchern, da sie früher der Landbevölkerung insbesondere im Winter das Überleben sicherte. Berühmt sind die Gnocchi all'Ossolana aus Kastanienmehl, serviert mit Steinpilzsoße.

Selbstbedienung auf Vertrauensbasis im alten Weintorkel von Monteossolano.

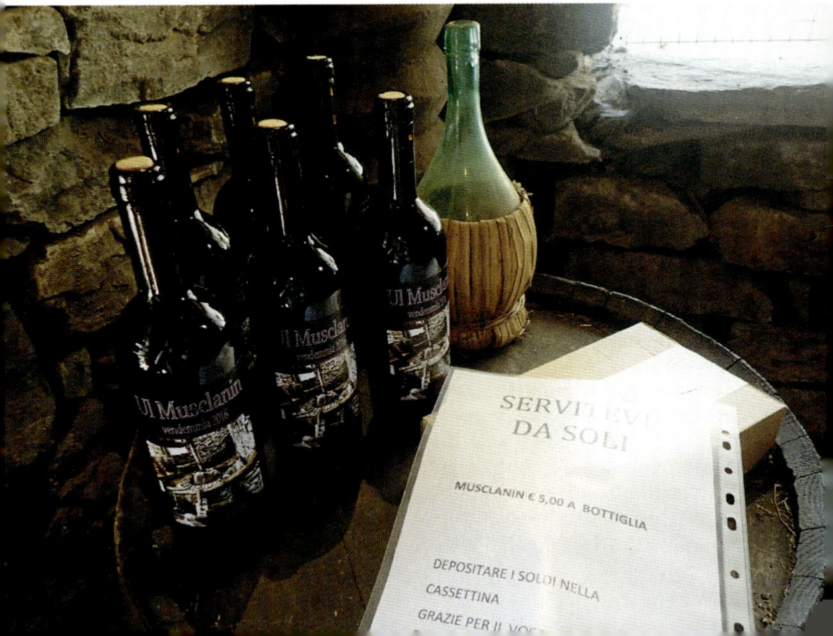

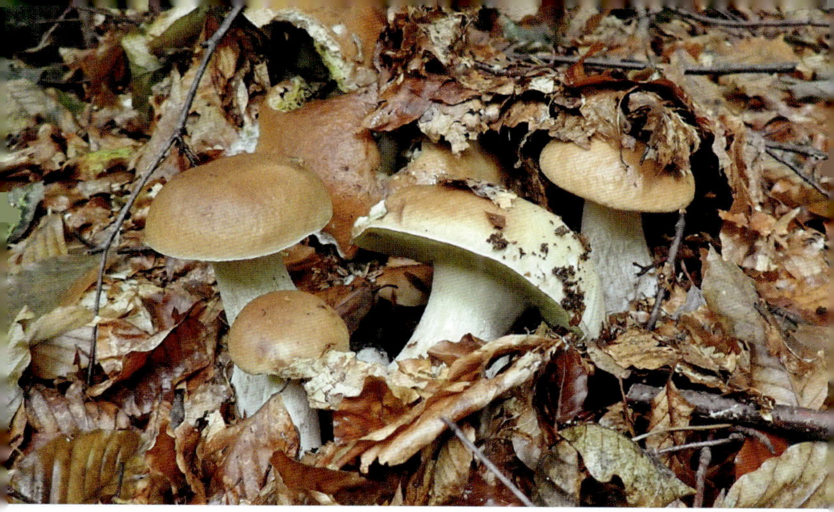

Besonders die Wälder des Valle Vigezzo sind berühmt für ihren Steinpilzreichtum.

Ebenfalls beliebt ist Tapelucco, ein Eintopfgericht mit Eselsfleisch. Und natürlich darf die in allen Bergbächen zuhauf vorkommende Forelle (trota) nicht fehlen.

Ganz typisch sind auch Bagnacauda (»heißes Bad«), eine Art Fondue mit Gemüse und viel Knoblauch, und auf Speckstein (pietra ollare) gebratenes Fleisch.

Zum Nachtisch gibt es neben Süßspeisen oft auch Käse. Natürlich wird hier ein sehr guter Bergkäse produziert, der beste, berühmteste und teuerste unter ihnen ist der Bettelmatt aus dem Val Formazza (siehe Tour 53). Dazu gibt es Roggenbrot (»pane nero« oder »pane di Coimo« in Anlehnung an das Dorf, aus dem es stammt), von dem es auch eine süße Variante mit Früchten gibt. Und als Verdauungshilfe ein Gläschen Enzian (»genziana«) oder Genepì, ein aus Edelraute gewonnener Likör. Die Rechnung lässt man sich dann nicht an den Tisch bringen, sondern begleicht sie direkt am Tresen, sowohl im Restaurant als auch in der Bar. Trinkgeld ist praktisch unbekannt, man bezahlt immer den exakten Betrag. Manchmal wird die Rechnung vom Wirt sogar noch abgerundet.

Im Sommer und Herbst gibt es vielerorts die sogenannten »sagre« (siehe unter anderem www.sagreossola.it). Eine »sagra« ist ein großes kulinarisches Volksfest, das je nach Saison unter einem bestimmten Motto steht. Da gibt es dann die Heidelbeere (mirtillo), den Steinpilz (fungo porcino) oder den Wein (vino bzw. uva) zu feiern. Am berühmtesten ist die »castagnata«, ein Kastanienfest, auf dem es geröstete Marroni zu verkosten gibt. Zu all diesen Köstlichkeiten probiert man am besten einen ossolanischen

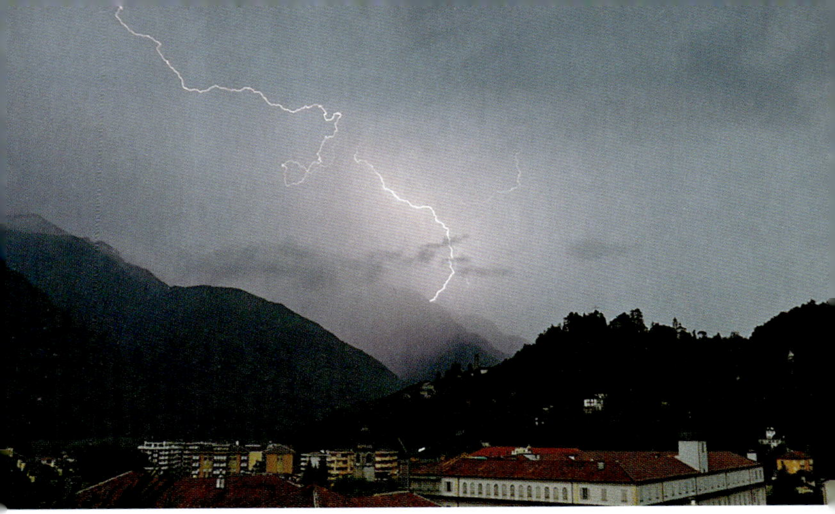

Eine nicht zu unterschätzende Gefahr: die sich regelmäßig austobenden Gewitter.

Rotwein. Früher war das ganze Tal von Weinhängen überzogen, die nach der Landflucht in den 50er-Jahren fast vollständig verwildert sind. In letzter Zeit werden vermehrt Anstrengungen unternommen, diese Kultur wieder aufleben zu lassen, und inzwischen sind die Weine aus dem Ossola sogar mit dem DOC-Siegel versehen. Der edelste Tropfen ist der »Prünent«, ein Nebbiolo Superiore, und ein Geheimtipp der »La Gera«, ein Weißwein aus Villadossola, von dem es zwar nur 1000 Flaschen jährlich gibt, der aber dennoch bezahlbar ist.

Gefahren

Zu den im Gebirge weltweit üblichen Gefahren gesellt sich im Ossola im Speziellen das Problem, bei Starkregen über keinen Bach mehr zu kommen. Die Regenmengen, die in kürzester Zeit fallen, sind enorm und lassen selbst sonst trockene Rinnen zu reißenden Sturzfluten anschwellen. Daher nicht bei Gewittergefahr oder angekündigten starken Regenfällen aufbrechen!

Auf unseren Wanderungen werden wir immer wieder an Schildern vorbeikommen, die vor einer Transportseilbahn warnen (»attenti al filo«, »filo a sbalzo«). Diese sind jedoch nicht mehr oder nur noch äußerst selten in Betrieb. Ein kurzer Blick nach oben kann aber auf jeden Fall nicht schaden.

Oft wird vor den zahlreich vorkommenden Giftschlangen gewarnt. Sie werden im Ossola von der Aspisviper (und nicht der Kreuzotter) vertreten, die jedoch sehr scheu und zurückhaltend ist und vor dem Menschen flieht. Wenn man sich etwas umsieht, bevor man sich auf Steine, Gemäuer oder in Wiesen setzt, wird einem nichts passieren.

Leider haben inzwischen auch die Zecken Einzug gehalten. Sie sind zwar (noch) nicht Überträger der gefährlichen Hirnhautentzündung, können aber durchaus mit Borreliose infiziert sein. Besonders von April bis Juli wird man in tieferen Lagen von den lästigen Schmarotzern heimgesucht. Es helfen lange Hosenbeine und ein aufgetragenes Spray. Unbedingt sollte man sich nach jeder Wanderung gründlich nach ihnen absuchen und sie rasch entfernen, da sie (nach aktueller Forschungslage) erst nach einer gewissen Zeit nach dem Biss infektiös werden.

Geführte Wanderungen

Die in diesem Büchlein vorgestellten Touren (und noch viele mehr) lassen sich auch mit einem ortskundigen Guide erwandern. Er kennt nicht nur den Weg, sondern weiß auch viel über Geschichte, Flora und Fauna zu berichten und organisiert alles rund um einen gelungenen Ausflug. Im Ossola sind die meisten staatlich geprüften Natur- und Wanderleiter (»guida escursionistica ambientale«) in der Vereinigung GEA Piemonte organisiert: www.guidegeapiemonte.it. Auch der Autor des vorliegenden Führers arbeitet hauptberuflich als Wanderleiter des Ossolagebiets sowie als offizieller Guide des Nationalparks Val Grande. Über www.piemont-trekking.de sind deutschsprachig geleitete Touren buchbar.

Auf geführten Touren lernt man viel über Land, Leute und Natur.

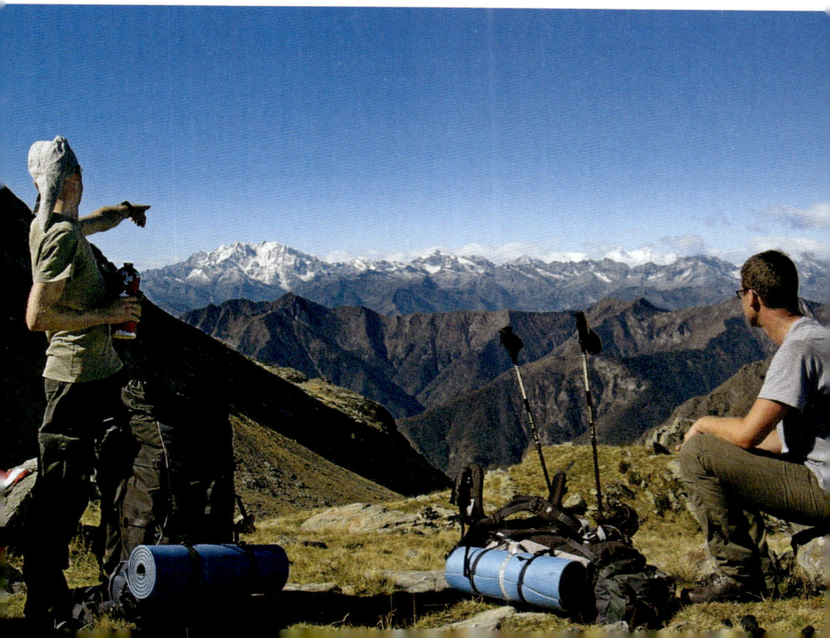

Karten

Bis vor wenigen Jahren war es noch außerordentlich schwierig, vernünftiges Kartenmaterial der Gegend zu erhalten. Die italienischen Publikationen (IGM, IGC), aber auch diejenigen von Kompass, sind teilweise grotesk falsch, und man war froh, dass das Ossola komplett von den Karten der Schweizer Landestopografie abgedeckt wurde. Nach wie vor bieten diese eine hervorragende Grundlage für Tourenplanungen. Hilfreich ist auch das kostenlose Onlinetool www.map.geo.admin.ch.
Mittlerweile gibt es jedoch auch ein komplett neu erstelltes, sehr gutes Werk des Club Alpino Italiano im Maßstab 1:25.000, erschienen im Kartenverlag Geo4Map Novara. Im Internet sind die Karten bei Mapfox und Amazon erhältlich. Es gibt sie auch vor Ort in den Buchhandlungen und teilweise auch an Kiosken. Die Libreria Grossi am Marktplatz von Domodossola führt das gesamte Sortiment. Dieser Wanderführer nimmt bei den Tourenbeschreibungen auf das jeweilige Blatt dieser Werke Bezug.

Klima

Das relativ kleine Gebiet zwischen Wallis, Tessin und Lago Maggiore ist von überraschend unterschiedlichen Klimata geprägt. So werden im Südosten (Valle Cannobina) mit 3000 mm pro Jahr die höchsten Niederschlagsmengen Italiens erreicht – und mehr als im Amazonasbecken! Das 20 Kilometer entfernte Domodossola erhält nur noch halb so viel Regen, und im weitere 20 Kilometer entfernten Valle Anzasca kommen wir wieder auf dieselben Spitzenwerte wie im Cannobina, ebenso nördlich davon im Val Formazza. Grund dafür ist die außergewöhnliche Topografie: Die südöstlichen Berge des Ossola bauen sich unmittelbar vor der Po-Ebene auf und bilden für die vom Mittelmeer ankommenden Wolken eine Barriere, an der sie sich abregnen. Das Obere Ossolatal hingegen ist rundum von hohen Bergen

GPS-TRACKS UND KOORDINATEN DER AUSGANGSPUNKTE

Auf **gps.rother.de** stehen zu diesem Wanderführer GPS-Tracks und die Koordinaten der Ausgangspunkte zum kostenlosen Download bereit. Dieser QR-Code führt direkt zum Download.
5. Auflage, Passwort: **453805rLz**
Die GPS-Tracks können in die **Rother App** importiert werden. In der App kann man unterwegs stets sehen, wo man gerade ist und wo es langgeht.
Anleitungen dazu: rother.de/gps
Trotz sorgfältiger Prüfung können wir Fehler und zwischenzeitliche Veränderungen nicht ausschließen. Verlassen Sie sich für die Orientierung niemals einzig und allein auf die GPS-Daten, sondern beurteilen Sie die Verhältnisse vor Ort.

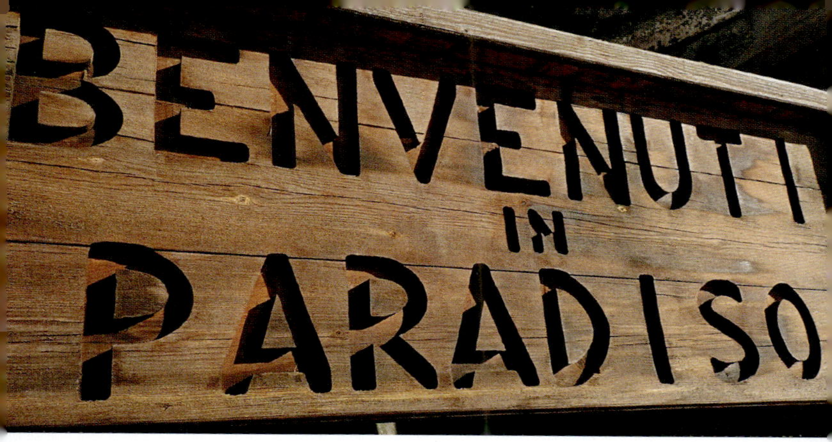

Selbstbewusstes Schild in San Lorenzo, Val Bognanco.

geschützt, daher bildet sich hier eine winzige Zone mit Kontinentalklima aus. Weiter im Südwesten thront mit dem Monte Rosa das zweithöchste Bergmassiv Europas, ideal für die Gewitterbildung im Sommer. Die Region um Macugnaga ist ein regelrechtes »Gewitternest«. Im Norden hingegen wirken sowohl die Süd- als auch die Nordstaulagen. Letztere sorgen ab ungefähr einer Linie Varzo-Baceno-Bosco/Gurin für Föhn, das heißt blankgeputzten Himmel weiter südlich, doch anhaltende Niederschläge nördlich davon.
Grundsätzlich regnet es im Ossola mehr und gleichzeitig scheint deutlich länger die Sonne als nördlich der Alpen. Das liegt an den während relativ kurzen Zeiträumen fallenden enormen Niederschlagsmengen aufgrund von Gewittern oder Südstaulagen. Als Fausregel gilt: Südwind bringt nie gutes Wetter, Nordwind nie schlechtes, zumindest südlich von Baceno.

Literatur

Über das Ossolagebiet gibt es kaum deutschsprachige Literatur. Zu erwähnen ist ein im Rotpunktverlag erschienenes Buch von Bernhard Herold und Tim Shaw, das viele Vorschläge zu Wanderungen im »Nationalpark Val Grande« enthält. In dessen Randgebieten sind wir auch im vorliegenden Wanderführer unterwegs. Zudem erfährt man Interessantes über die Geschichte des Ossolatals. Darüber hinaus verläuft auch ein kleiner Teil des Fernwanderwegs GTA durchs Ossola, beschrieben im Rother Wanderführer von Iris Kürschner und Dieter Haas. Ein Teil des Bassa Ossola und des Valle Vigezzo wird auch vom Rother Wanderführer »Lago Maggiore« abgedeckt. Für erfahrene Berggänger ist der Band des Schweizerischen Alpenclubs »Alpinwandern Ossola« interessant. Er ist 2017 erschienen und beschreibt zahlreiche Routen in anspruchsvollem Gelände.

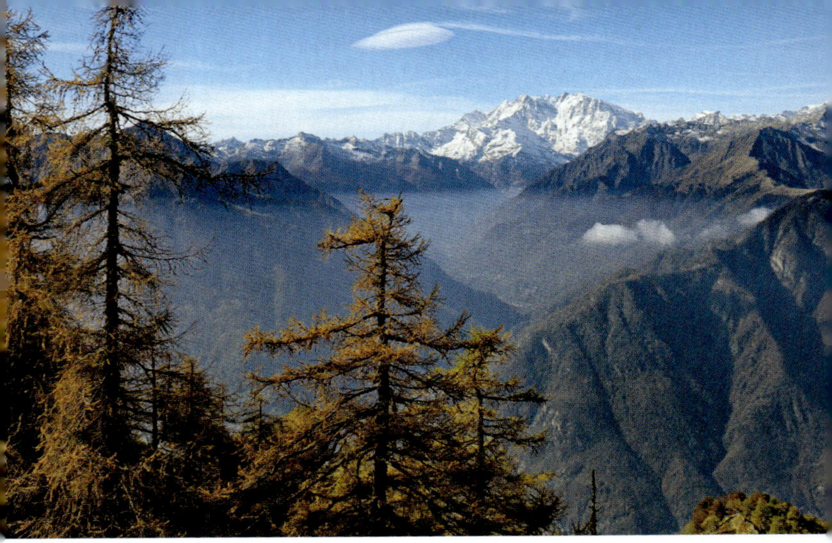

Herbst und Föhn, die perfekte Kombination für eine traumhafte Wanderung.

National- und Naturparks

- Parco Nazionale Val Grande, Piazza Pretorio 6, 28805 Vogogna, www.parcovalgrande.it.
- Parco Naturale Antrona, Veglia e Devero, Ente di Gestione delle Aree Protette dell'Ossola, Viale Pieri 27, 28868 Varzo, www.areeprotetteossola.it.

Weitere Details zu diesen Parks siehe Abschnitt »Die Ossolatäler«.

Notruf/Bergrettung

Die Maßnahmen zur Vermeidung von Notsituationen beginnen bereits vor einer Tour: gute Planung, geeignete Ausrüstung, realistische Selbsteinschätzung, Kenntnis der Wetterlage, nie alleine aufbrechen. Unterwegs ist darauf zu achten, nicht den Weg zu verlieren, was relativ schnell passieren kann, da die Routen deutlich schlechter markiert sind als in den Nordalpen und es ein riesiges Netz von alten Bauernpfaden gibt, die jedoch nicht mehr unterhalten werden und daher verfallen. Faustregel: Findet man nach einiger Zeit keine Markierung oder sonstige Zeichen (zum Beispiel Steinmännchen) mehr vor, unbedingt auf bekanntem Pfad bis zur letzten sicheren Markierung zurückgehen und nicht weiter in unbekanntes Gelände vordringen. Man sollte immer ein Mobiltelefon mit sich führen, allerdings sind längst nicht alle Gegenden vom Telefonnetz abgedeckt, und in den Bergen hat man oft keinen Empfang. Um Hilfe anzufordern, ist es sinnvoll, sich zu einer Stelle mit Blick ins Tal zu begeben, da man dort die beste Chance hat, ein Signal zu empfangen.

Im Falle des Falles wähle man die kostenlose Notrufnummer 112, die die bis vor Kurzem in Italien gültige 118 abgelöst hat. Am anderen Ende der Leitung sitzt kompetentes Personal, das einem im Notfall rasch Hilfe zukommen lassen kann. Die italienische Bergwacht ist als eine der besten der Welt sehr gut organisiert und schnell vor Ort, wenn die meteorologischen Bedingungen einen Helikoptereinsatz zulassen. Verletzte werden üblicherweise ins Krankenhaus nach Domodossola gebracht, Tel. +39 0324 4911.

Öffentlicher Verkehr

Im Vergleich zur nahen Schweiz ist der öffentliche Nahverkehr zwar nicht ganz so gut ausgebaut, doch fast alle Orte in den Seitentälern sind ans Busnetz von Comazzi angeschlossen. Die Preise sind günstig, und mit etwas Planung kann man gut mit Bus und Bahn unterwegs sein.
Am einfachsten geht das dort, wo ein Zug verkehrt, also im Val Divedro, Valle Vigezzo und im Haupttal des Ossola. Im Val Divedro werden die Haltestellen Iselle, Varzo und Preglia von den Regionalzügen der BLS auf der Linie Bern–Brig–Domodossola bedient, Fahrplanauskunft und Tickets auf www.bls.ch und www.sbb.ch. Durchs Valle Vigezzo verkehrt die berühmte »Centovalli-Bahn« von Domodossola nach Locarno – die fast schon historisch anmutenden Regionalzüge halten praktisch überall (www.vigezzina-centovalli.com). Fahrscheinverkauf an den Schaltern in Domodossola und Santa Maria Maggiore oder im Zug. Für die touristischen Panoramazüge ist ein Aufpreis fällig. Im Val d'Ossola verlaufen die beiden Hauptlinien Domodossola–Mailand und Domodossola–Novara, die sehr regelmäßig bedient werden (www.trenitalia.com). Achtung Touristenfalle: Die Fahrscheine der italienischen Staatsbahn müssen vor Fahrtantritt abgestempelt werden!
In sämtliche andere Seitentäler fahren die Busse von Comazzi, die alle am Busbahnhof von Domodossola starten (schräg gegenüber vom Bahnhof). Fahrplan unter www.comazzibus.com, Fahrkartenverkauf im Bus.
Die wichtigsten Abkürzungen auf den Fahrplänen sind: »fer« (feriale, werktags einschließlich samstags), »fest« (festivo, sonn- und feiertags),

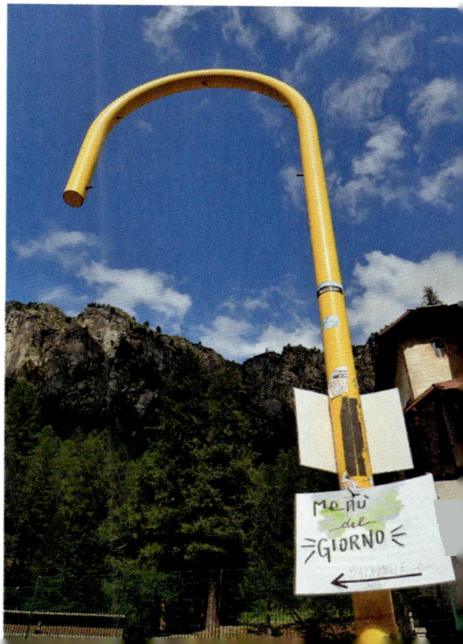

An diesen gelben Bögen erkennt man die Bushaltestellen, auch wenn dort manchmal fürs Tagesmenü geworben wird.

»sab« (sabato, samstags), »scol« (scolastico, nur an Schultagen), »es« oder »escl« (escluso, ausgenommen). Unterwegs ist es manchmal gar nicht so einfach, die Haltestellen zu erkennen. Üblicherweise befindet sich an ihnen ein gelber Metallbogen mit dem Hinweis »fermata bus«, manchmal gibt es aber auch nur ein kleines gelbes Schild, oder es hängt einfach ein Fahrplan an einer Laterne. Dieser gilt dann für beide Richtungen, auch wenn er sich nur auf einer Seite der Straße befindet. Sämtliche Haltestellen sind ebenfalls in den Karten von Geo4Map vermerkt.

Sprache

Obwohl die deutschsprachige Schweiz nur wenige Kilometer entfernt ist und hauptsächlich Touristen eben dieser Muttersprache im Ossola unterwegs sind, kommt man mit Deutsch nicht weit. Auch mit Englisch wird man außer in den touristischen Hochburgen am Lago Maggiore nur wenig Erfolg haben. Eine Ausnahme bildet Domodossola, hier haben sich die meisten Restaurant- und Ladenbesitzer einen gewissen Grundwortschatz angeeignet, da die Stadt viel von Wallisern besucht wird.
Ansonsten ist das von der Bevölkerung gesprochene fast akzentfreie Italienisch auch für Anfänger gut zu verstehen. Und da die Einheimischen sehr freundlich und aufgeschlossen sind, gelingt die Verständigung auch mit nur ein paar wenigen Brocken der Landessprache. Den hiesigen Dialekt, eine Mischung aus Lombardisch, Rätoromanisch und Französisch, wird man kaum noch hören.

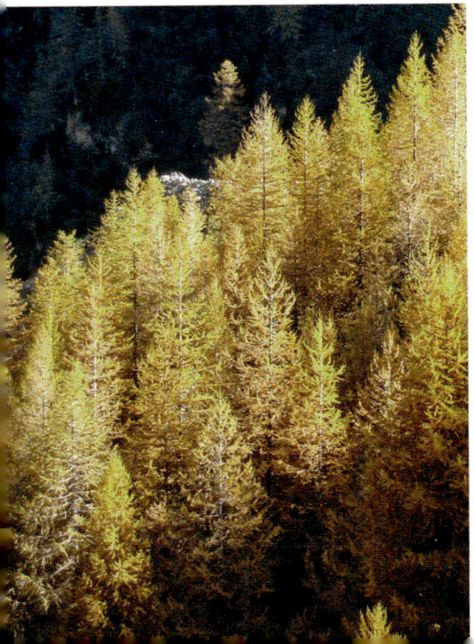

Taxi

Bahnhof Domodossola:

- Rinaldo Mombelli, Tel. +39 346 6916464, www.taxidomodossola.com.
- Sandro De Marco, Tel. +39 335 6731786, www.taxidomodossola.net.
- Enzo De Marco, Tel. +39 347 9276837.

Bahnhof Verbania-Pallanza und Anlegestelle Intra:

- Taxi Verbania, Tel. +39 0323 404444, www.taxiverbania.it.
- Ugo Patritti, Tel. +39 347 6467370, www.taxiverbania.com.

Im November leuchten die Lärchen in allen Gold- und Gelbtönen, wie hier bei Macugnaga.

Telefon

Die internationale Vorwahl für Italien ist **+39** (0039); aus Italien nach Deutschland **+49** (0049), in die Schweiz **+41** (0041) und nach Österreich **+43** (0043). Im Gegensatz zu den meisten europäischen Ländern muss bei Anrufen aus dem Ausland die 0 der Ortsvorwahl ebenfalls gewählt werden, also 0039 0324 etc. Die italienischen Mobilfunknummern haben keine 0 vorangestellt.

Verhalten

Die Bevölkerung unseres Wandergebietes ist Fremden gegenüber sehr aufgeschlossen und stets hilfsbereit. Selbstverständlich gelten auch hier die allgemein üblichen Regeln des gegenseitigen Respekts. Auch wenn wir im äußersten Norden Italiens nahe der Schweizer Grenze unterwegs sind, so ticken die Uhren doch ein wenig anders. Mit Hektik und übertriebenem Pünktlichkeitssinn kommt man nicht weit, vielmehr ist Gelassenheit und verständnisvolle Geduld gefragt. Dann wird aus einem unter Umständen anfänglich sehr deutlich vorgetragenen »no« eventuell doch noch ein »forse« (vielleicht). Wer mit seinem Hund unterwegs ist, sollte diesen stets an der Leine führen. In den Schutzgebieten (Parco Regionale Antrona-Veglia-Devero und Parco Nazionale Val Grande) ist dies Pflicht, Verstöße werden von den Carabinieri teuer geahndet.

Wege/Wegmarkierungen

Sämtliche offiziellen Wanderwege sind mit rot-weißen Balken markiert, ältere Markierungen sind manchmal auch rot-gelb. Sie beginnen meist erst

Etliche Wege wurden in den letzten Jahren instand gesetzt und gut beschildert.

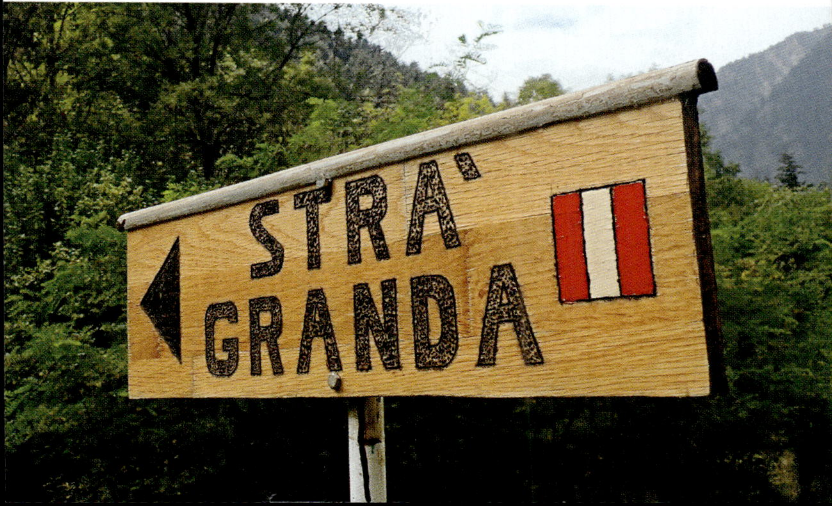

am Ortsrand, wo auch Wegweiser aufgestellt sind. Es ist daher oft gar nicht so einfach, in einem Dorf den Beginn der Route ausfindig zu machen. Sekundärwege, also nicht ins Kataster der Region Piemont eingetragene Pfade, sind häufig von Privatpersonen mit bunten Punkten oder Steinmännchen versehen worden.

Grundsätzlich hat sich bezüglich Wegpflege und -markierung in den letzten Jahren viel getan, auch dank der unablässigen Interventionen der örtlichen Sektionen des Club Alpino Italiano. Dennoch ist besonders auf den nicht so stark begangenen Routen die Qualität der Wege nicht mit jener nördlich des Alpenhauptkamms zu vergleichen. Das liegt auch an der stark wuchernden Vegetation im feucht-warmen Klima, den häufigen Starkregenereignissen, die zur Erosion beitragen, den im Herbst großen Laubmengen, die die Wege verdecken und nicht zuletzt an marodierenden Wildschweinrotten. Wer im Ossola unterwegs ist, sollte sich auf ein gewisses Abenteuer einstellen.

Wettervorhersage

Für unser Gebiet kommen zwei sehr zuverlässige Wetterdienste in Betracht. Zum einen jener von Meteoschweiz, der aufgrund der nahen Grenze fast 1:1 auf das Ossola übertragbar ist (www.meteoschweiz.ch > Alpensüdseite) und zum anderen 3B Meteo (www.3bmeteo.com) mit der Möglichkeit, eine ortsgenaue Prognose erstellen zu lassen. Alle anderen Anbieter sind für das klimatisch sehr vielfältige Ossolatal nicht verlässlich anwendbar, insbesondere jene der Mobilfunkanbieter sind recht ungenau.

Wer auf den nicht so häufig begangenen Pfaden unterwegs ist, muss die oft verblassten Markierungen suchen.

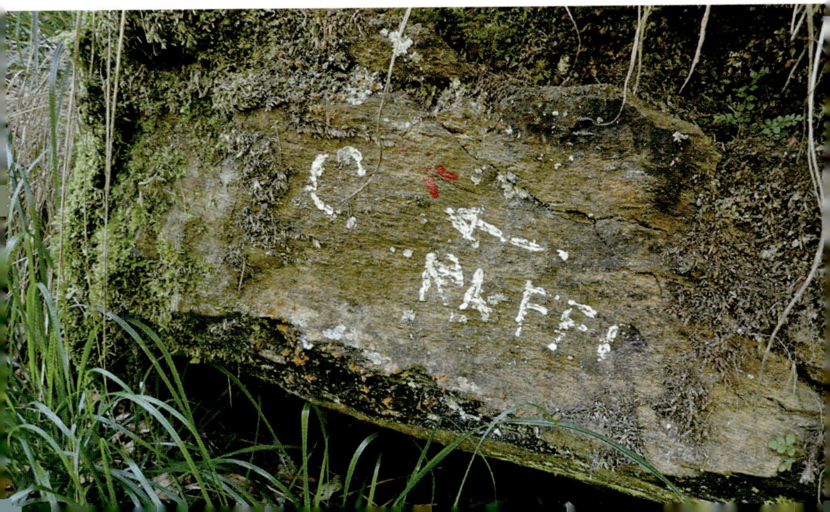

Der Umwelt zuliebe ...

Auch beim Wandern hinterlassen wir einen ökologischen Fußabdruck, aber im Einklang mit der Natur unterwegs zu sein, ist gar nicht so schwer!

VORBEREITUNG UND ANFAHRT

- Sich vorab informieren, worauf in Bezug auf Natur und Umwelt in der jeweiligen Wanderregion besonders zu achten ist.
- Soweit möglich mit Bahn und Bus anreisen, Wander- und Rufbusse nutzen.
- Ist eine Anfahrt mit dem Auto nötig, Fahrgemeinschaften bilden.
- Bei weiten Anfahrten Mehrtagestouren planen oder von einem Quartier vor Ort aus mehrere Touren absolvieren.
- Flugreisen möglichst reduzieren und durch Beiträge zu Klimaschutzprojekten kompensieren.

KLEIDUNG UND AUSRÜSTUNG

- Beim Kauf von Outdoor-Kleidung auf umweltfreundliche und faire Herstellung achten und Kleidungsstücke möglichst viele Jahre nutzen.
- Ausrüstung kann man eventuell auch gebraucht kaufen oder ausleihen.
- Reparieren statt neu kaufen.

VERPFLEGUNG

- Beim Einkauf Bio-Ware, regionale und saisonale Erzeugnisse bevorzugen.
- Hütten und Gasthäuser auswählen, die regionale Produkte verwenden.
- Auf Einwegflaschen und Plastikverpackungen verzichten, stattdessen wiederverwendbare Trinkflaschen und Brotzeitboxen benutzen.

ÜBERNACHTUNG

- Bei lokalen Anbietern buchen, damit Menschen vor Ort profitieren.
- Auf Hütten und in anderen Unterkünften Strom und Wasser sparen.

UNTERWEGS

- Wege benutzen und Abkürzer vermeiden.
- Sperrungen von Wegen und Schutzgebieten respektieren.
- Keine Blumen pflücken und keine Pflanzen entnehmen.
- Waldbrandgefahr beachten.
- Müll wieder mit nach Hause nehmen und dort entsorgen.
- Toilettengänge in freier Natur möglichst vermeiden.
- Lärm vermeiden.
- Hunde an die Leine nehmen.

ROTHER
BERGVERLAG

WANDERN IM OSSOLA

Alle Klimazonen auf engstem Raum

Unser Wandergebiet ist der nordöstlichste Zipfel der italienischen Region Piemont, der wie ein Keil zwischen den Schweizer Kantonen Wallis und Tessin eingebettet liegt. Es gehört zur Provinz VCO, die sich aus den drei Gebieten Verbano (der größte Teil des westlichen Lago-Maggiore-Ufers), Cusio (Lago d'Orta und Umgebung) und Ossola zusammensetzt.
Zwischen der palmenbestandenen Promenade des berühmten Urlaubsortes Mergozzo und dem ewigen Eis des Monte Rosa, des zweithöchsten Gipfels Europas, liegen nur gut 40 Kilometer Luftlinie. Ideale Voraussetzungen für sehr kontrastreiche Wanderungen, die im Tal in den Subtropen starten und auf den Gipfeln im Schnee enden. Umso erstaunlicher, dass diese vielleicht abwechslungsreichste Gegend der Alpen nach wie vor in einem Dornröschenschlaf schlummert. Denn nur wenige Kilometer im Hinterland des touristisch intensiv erschlossenen Lago Maggiore hat man vor all dem Trubel rasch seine Ruhe. Kleine Ortschaften, in deren noch kleineren Bars sich die Einheimischen treffen, bestimmen das Bild. Hier ist man als Tourist, darüber hinaus noch als wandernder Tourist, nach wie vor eine Ausnahmeerscheinung. Was allerdings weniger zu Skepsis als vielmehr zu einer freundlichen Begrüßung und manchmal vielleicht sogar zu einer Einladung auf einen Kaffee führt.

Rückkehr der Wildnis

Der fehlende Bergtourismus führt auch dazu, dass die Wanderwege hier wesentlich schlechter gepflegt und ausgeschildert sind als vielerorts nördlich des Alpenhauptkamms. In letzter Zeit unternimmt der örtliche Alpenclub zwar große Anstrengungen, um mit Blick auf die Entwicklung eines sanften Tourismus diese Infrastruktur zu stärken. Doch wo fängt man an, und wo hört man auf? Das Wegenetz im Ossola ist schier unendlich.
Vom 12. und 13. Jahrhundert an bis Mitte der 1950er-Jahre wurden die Berge intensiv genutzt. Die Armut und der Platzmangel im Tal trieben die Bauern hinauf, um neues Weideland für ihr Vieh zu erschließen. Der Höhepunkt dieser allerorts betriebenen Transhumanz, also des Viehtriebs im Frühling vom Dorf zum Maiensäß (corte oder monte), im Sommer weiter zur Alp und im Herbst wieder zurück, wurde zwischen 1880 und 1930 erreicht. Jede Alp, und davon gab es viele, war mit der Nachbarsalp durch einen Pfad verbunden, dazu kamen die großzügig angelegten Wege fürs Vieh (Mulattiera für die Maultiere, Strada delle Vacche für die Kühe). Eine gewaltige Infrastruktur, über Jahrhunderte von Generationen von Bauern aufgebaut. Seit dem Zusammenbruch dieser Zivilisation nach dem Krieg (hauptsächlich wegen der Schaffung alternativer Arbeitsplätze im Tal) liegt alles brach, verfällt und wird überwuchert – und wir Wanderer sind die Einzigen und Letzten, die das Wegenetz in Anspruch nehmen. Erst die jüngste Generation der

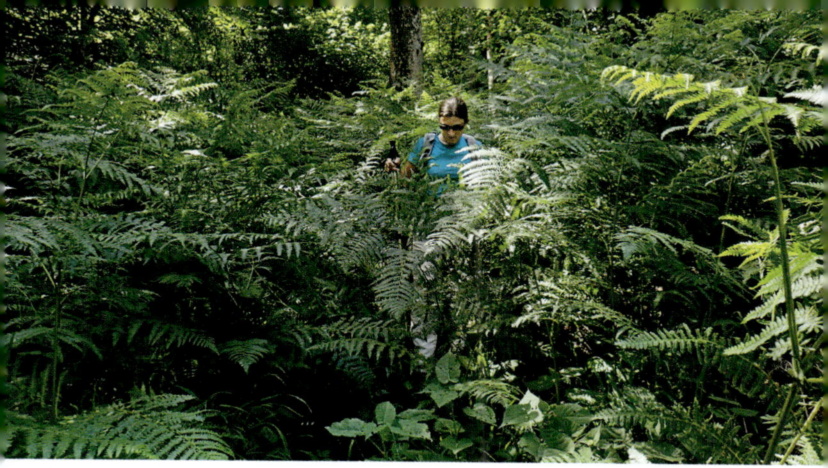

Im ossolanischen Dschungel: viele Wege sind im Sommer von Farn überwuchert.

Einheimischen beginnt langsam, die Faszination dafür mit uns zu teilen. Für die Älteren sind die Berge nach wie vor mit grenzenloser Armut, großem Leid und harter Arbeit verbunden und man ist froh, nicht mehr dort hinaufsteigen zu müssen.

Eine bewegte Geschichte

Neben der Viehwirtschaft gab es noch einen weiteren wichtigen Wirtschaftszweig im Ossola: den Handel mit der Schweiz in all seinen Formen, also auch Schmuggel. Mit Ausnahme des nach Locarno führenden Valle Vigezzo sind zwar alle Seitentäler Sackgassen und enden zu Füßen von Drei- oder Viertausendern. Dies bedeutet allerdings nicht, dass dort in früheren Zeiten nicht reger Betrieb herrschte: Mehr als zwei Dutzend Pässe wurden jahrhundertelang von Händlern, Soldaten und Pilgern begangen.
Die Geschichte des Ossola ist geprägt durch seine Lage als Durchgangstal. Archäologische Funde bezeugen einen Warentransit von Süd nach Nord und umgekehrt schon in vorchristlicher Zeit. Zu Beginn unserer Zeitrechnung lebten dort die Lepontier, die vom Römischen Kaiser Augustus unterworfen wurden. Auf die Römer folgten die Langobarden, dann verschiedene Mailänder Herzöge wie die Visconti und die Sforza. Vor allem für das Valle Formazza und das Valle Anzasca war die Einwanderung der Walser im 13. Jahrhundert von großer Bedeutung. Aus der Schweiz kam jedoch nicht nur friedlich gesinntes Volk: Immer wieder fielen die eidgenössischen Heere ein, wurden aber ein ums andere Mal vertrieben. Die Spanier beherrschten mehrere Jahrhunderte lang das Gebiet und beuteten es durch hohe Steuern aus, ehe es an das französische Haus Savoyen überging. Während dieser Zeit kam auch Napoleon hier vorbei: Er ließ die Simplonstraße für

seine Kanonen befestigen. Im Ersten Weltkrieg war die Gegend zwar kein Kriegsschauplatz, dennoch wurden unter großen Anstrengungen die Berge befestigt, um gegen einen theoretischen Angriff der deutsch-österreichischen Truppen über die Schweiz gewappnet zu sein. Wir profitieren heute davon, wenn wir auf den nach dem italienischen Generalstabschef »Linea Cadorna« benannten Anlagen wandern. Während der Herrschaft Mussolinis und der deutschen Besatzung war das Gebiet 1944 auch Schauplatz vieler blutiger Kämpfe zwischen Partisanen und Faschisten (es kämpften Partisanen gegen deutsche und italienische Faschisten), und es fiel abwechselnd dem einen oder dem anderen zu. Im Oktober 1944 eroberten die Partisanen das Tal und konnten es 40 Tage lang halten. Dabei gründeten sie die erste demokratische Republik auf italienischem Boden, die »Repubblica dell'Ossola«. In Domodossola, der damaligen Hauptstadt, gibt es dazu eine interessante Ausstellung im »Casa 40«, Piazza Fontana, und in Fondotoce erinnert das »Casa della Resistenza« an die bewegten Tage des Widerstands. Nach dem Krieg wurde mit der Ausrufung der Republik auch die Region Piemont geschaffen, in die das Ossola eingegliedert wurde. Nach mehreren politischen Reformen auf lokaler Ebene ist es seit 1992 Teil der piemontesischen Provinz Verbano-Cusio-Ossola (VCO).

Pflanzen- und Tierwelt

Die außerordentlichen Höhenunterschiede bescheren dem Wanderer das gesamte Spektrum der mediterranen, voralpinen und alpinen Flora. Ab Februar blühen in der Talebene Mimosen, Kamelien und Magnolien, während im Norden die Natur noch zu schlafen scheint. Auch die Flora der

Die prachtvolle Feuerlilie blüht im Mai und Juni.

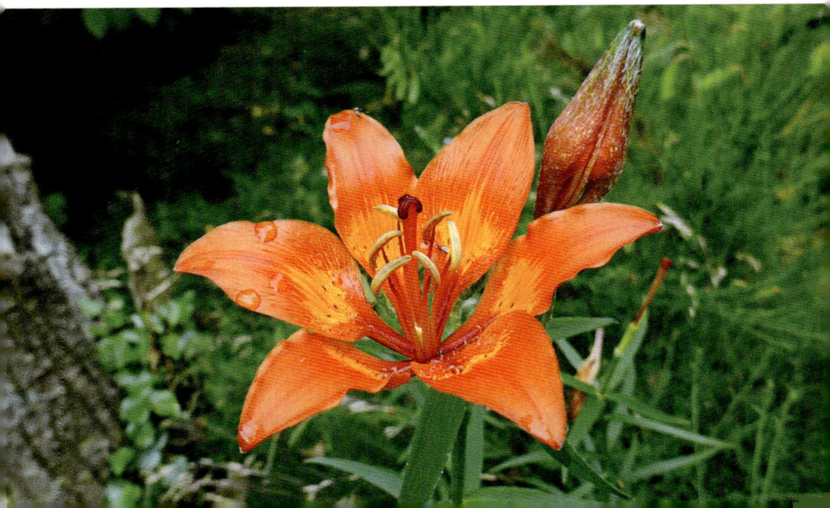

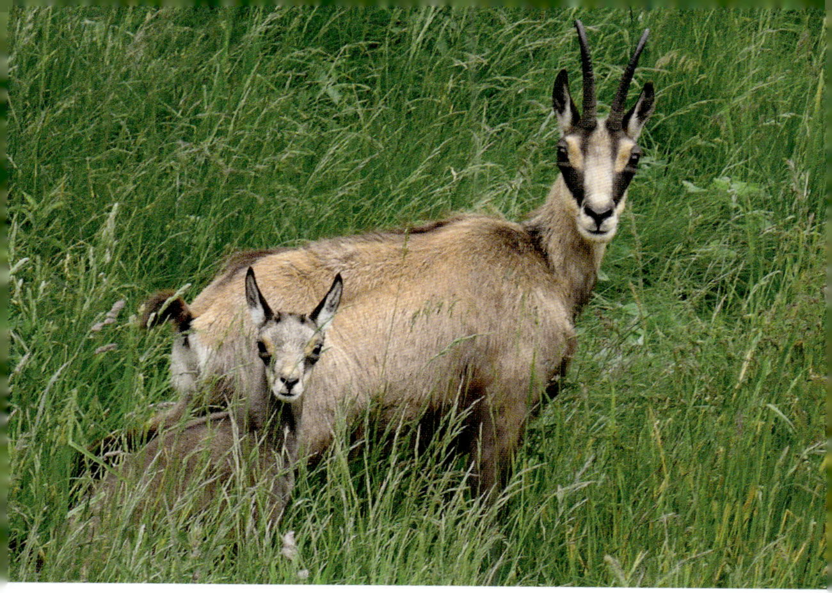

Gämsen sieht man im Ossola überall und in fast allen Höhenlagen.

Wiesen und Alpweiden erwacht früher als jenseits des Alpenhauptkamms. Manches Naturschauspiel, wie das Sprießen der Soldanellen und Krokusse neben dem schmelzenden Schnee, kann je nach Höhenlage über Wochen bewundert werden. Zu Beginn des Sommers findet man vielerorts Feuerlilien, zum Beispiel auf den Sonnenhängen über Colloro, wo auch der Besenginster mit seinem Gelb leuchtet (siehe Tour 4). Der Türkenbund gedeiht in höheren Lagen überall. Besonders blumenreich sind die Wanderungen im Val Antrona und in Veglia und Devero, da es hier die seltene Kombination aus Silikat- und Kalkgesteinen gibt: Schwefelanemone und Enzian blühen neben Aster und Edelweiß. Dort gibt es auch große Felder von Heidelbeeren und Himbeeren, die den Rucksackproviant versüßen. Im Spätsommer und Herbst bevölkern Steinpilzsammler die Wälder rund um die Dörfer.
Eben jene oft dichten Wälder machen die tiefer gelegenen Wanderungen im Sommer erst möglich, denn sie kühlen die Luft auf angenehme Temperaturen herunter. An den Sonnenhängen herrschen bis knapp über 1000 Meter die Esskastanienwälder vor, früher eine wichtige Lebensgrundlage der armen Landbevölkerung. Ihre Blüte betört im Juni mit ihrem süßen Duft. Darüber schließt sich ein Buchenwaldgürtel an. Südseitig bilden diese oft auch die Baumgrenze, nordseitig und in den höher gelegenen Tälern folgen Tannen und Lärchen. Letztere bieten besonders im Spätherbst ein Farbspektakel, wenn sie sich golden verfärben.

Die Landflucht des Menschen ermöglicht es der Tierwelt, sich weitgehend ungestört auszubreiten. Typische Alpentiere wie Gämsen, Murmeltiere und Steinadler fehlen auch hier nicht und sind auf den Wanderungen in höheren Lagen ein ständiger Begleiter. Vor allem im Grenzgebiet zum Wallis trifft man auch auf Steinböcke – berühmt sind jene, die an der steilen Staumauer des Lago di Cingino herumklettern (siehe Tour 15).
Auch das Rotwild, insbesondere der Hirsch, vermehrt sich stark. Inzwischen wird die Hirschpopulation auf über 8000 Exemplare geschätzt. Man bekommt allerdings eher selten eines der scheuen Tiere zu Gesicht. Am größten ist die Chance während der Brunft Ende September.
Seit ein paar Jahren halten auch Wolf und Luchs im Ossola Einzug – eine Sichtung wäre aber wie ein Sechser im Lotto. Ihre Ankunft ist auch hier nicht von jedermann gern gesehen, doch können sie die starke Vermehrung von Hirsch und vor allem Wildschwein etwas eindämmen. Letzteres sorgt für erhebliche Schäden, sowohl auf den Wegen als auch den Äckern und Vorgärten im Tal. Es handelt sich um illegal für die Jagd ausgesetzte Tiere aus dem Balkan, im Ossola kommen sie natürlicherweise eigentlich nicht vor.
Häufig wird man auf den Wanderungen auch auf Schlangen treffen, vor allem in den Sonnenhängen. Als einzige Giftschlange kommt die Aspisviper vor, sie genießt keinen guten Ruf – zu Unrecht, denn Bisse der sehr scheuen Tiere sind äußerst selten.
Das Rascheln im Laub und Gras, das man häufig vernimmt, stammt aber fast nie von Schlangen, sondern von den allgegenwärtigen Mauereidechsen. Besonders im Frühjahr und Frühsommer bekommt man auch die prächtige Smaragdeidechse zu Gesicht.

Geologie

Quer durch das Ossola verläuft die Insubrische Linie, die Grenze zwischen den Kontinentalplatten. An manchen Orten kann man tatsächlich mit einem Fuß in Europa und mit dem anderen in Afrika stehen, zum Beispiel im Tälchen hinter Vogogna (siehe Tour 4). Große Teile des Gebiets zählen zum Sesia-Val Grande Geopark der UNESCO. Auf www.sesiavalgrandegeopark.it findet man dazu viele Informationen. Zudem befinden sich im Ossola einige der besten Marmor- und Gneis-Abbaugebiete der Welt, sodass die Förderung dieser Gesteine schon seit vielen Jahrhunderten einen wichtigen Wirtschaftszweig der Gegend darstellt.
In den nördlichen Gebieten lässt sich die Auffaltung der Alpen mit ihren verschiedenen Gesteinsschichten wunderbar betrachten, besonders am Monte Leone (siehe Touren 40 und 41). Hier treffen auch Kalk- und Silikatböden aufeinander, was für einen besonderen Blumenreichtum sorgt.

Alte Terrassierungen sind oft durch schwindelerregende Treppen miteinander verbunden.

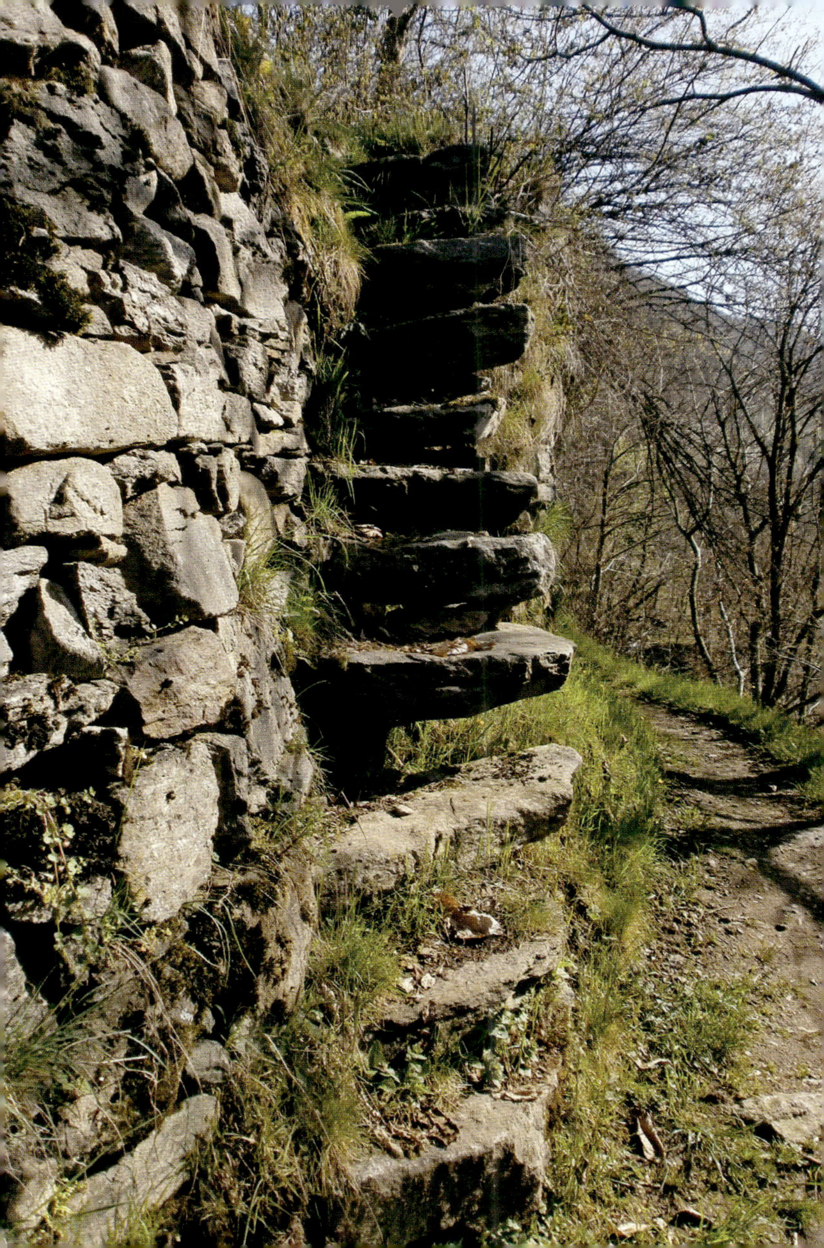

TOP-TOUREN

Diese Auswahl stellt die schönsten und interessantesten Wanderungen im eh schon abwechslungsreichen Ossola vor. Sie alle haben ihre eigenen, ganz besonderen Höhepunkte und strotzen nur so vor Geschichte, Kultur, Natur, Panoramen, Schluchten, Seen, Gipfel. Da ist für jede Jahreszeit, jedes Interesse und jeden Anspruch etwas dabei, sei es eine Dorfwanderung im milden Winter oder eine Tour in den hohen Bergen an der Grenze zur Schweiz.

Panoramahügel im Bassa Ossola
Abwechslungsreiche Wanderung mit viel Geschichte und noch mehr Aussicht ins Ossola, auf die Viertausender dahinter und auf die Laghi Orta, Mergozzo und Maggiore *(Tour 1, 4.30 h).*

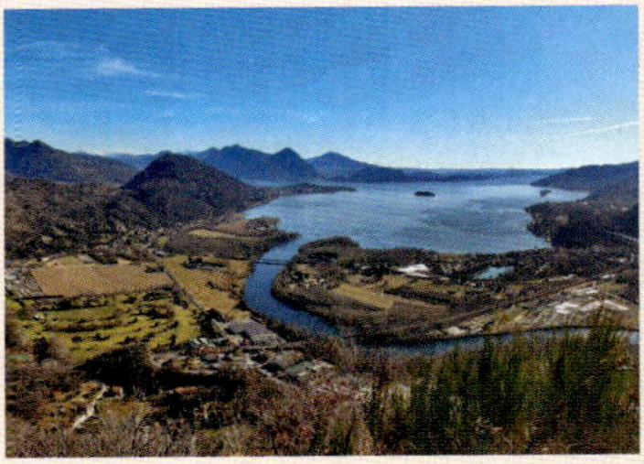

Die »große Straße« zum Monte Rosa
Zwei Tage werden benötigt, um das gesamte Valle Anzasca auf dem historischen Maultierweg zu durchwandern und einen Höhepunkt nach dem anderen zu erleben *(Tour 11, 2 x 6 h).*

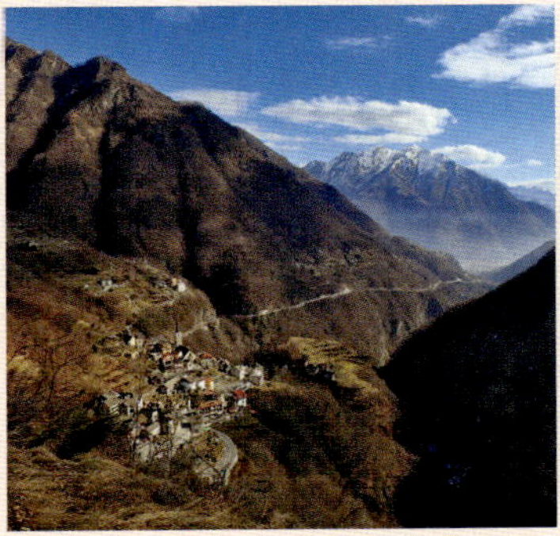

Blick in den Himalaja
Durch schöne Lärchenwälder direkt gegenüber der Monte-Rosa-Ostwand, der höchsten Wand der Alpen und der einzigen mit »Himalaja-Dimensionen« *(Tour 13, 4 h).*

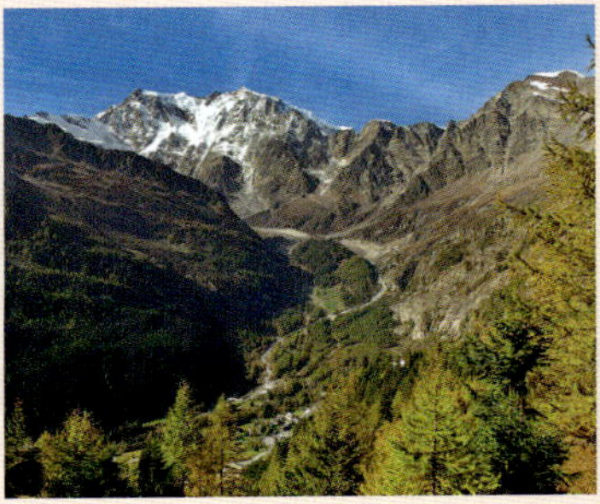

Alte Dörfer wie im Märchen
Montecrestese bezeichnet sich selbst als Freilichtmuseum. Auf schönen Maultierwegen schlendern wir durch die wohl pittoreskesten Ortschaften des Tals *(Tour 29, 3.45 h).*

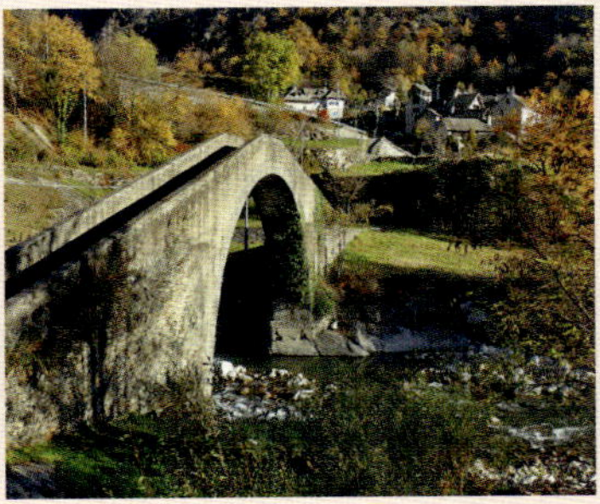

Im Angesicht der Viertausender
Rundwanderung über die herrliche Hochebene von Gattascosa mit Gipfelbesteigung. Die nahen Walliser Eisriesen scheinen zum Greifen nahe *(Tour 32, 5 h)*.

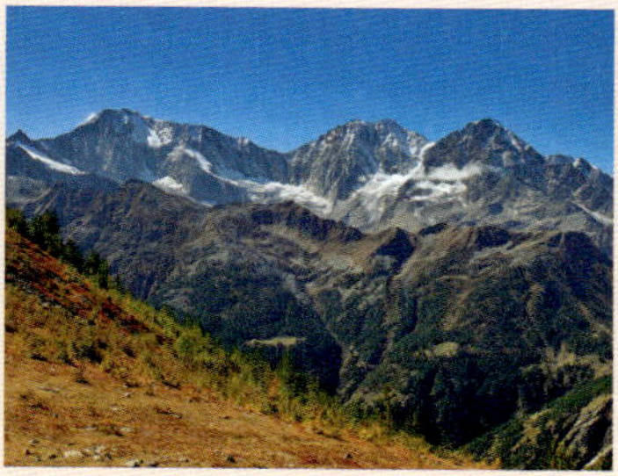

Ausflug zum Mars
Der Monte Cistella ist das zentralste und eindrucksvollste Bergmassiv im Ossola und besticht durch sein surreal wirkendes Gipfelplateau. Viele Höhenmeter, die sich lohnen *(Tour 38, 9 h)*.

Naturwunder im Nordwesten
Der abgeschiedene Kessel der Alpe Veglia lädt zu langen Wanderungen durch großartige Berglandschaften ein *(Tour 40, 8 h und Tour 41, 6.30 h)*.

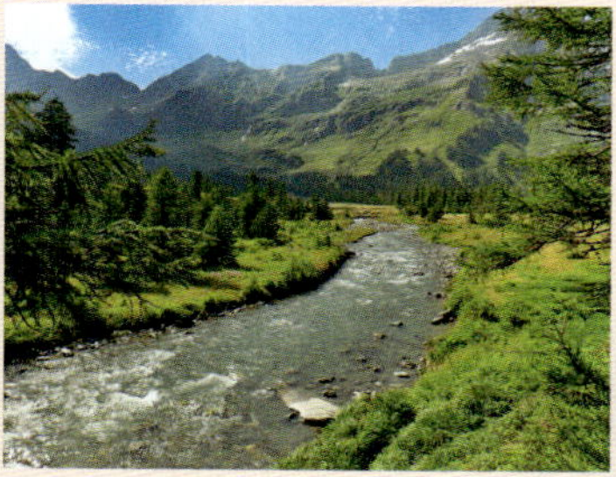

Grande Est del Devero
Landschaften, die an kanadische Weiten erinnern: endlose Blumenwiesen, rauschende Bäche, tiefblaue Seen, dazu hübsche Siedlungen mit Einkehrmöglichkeiten *(Tour 44, 6.30 h)*.

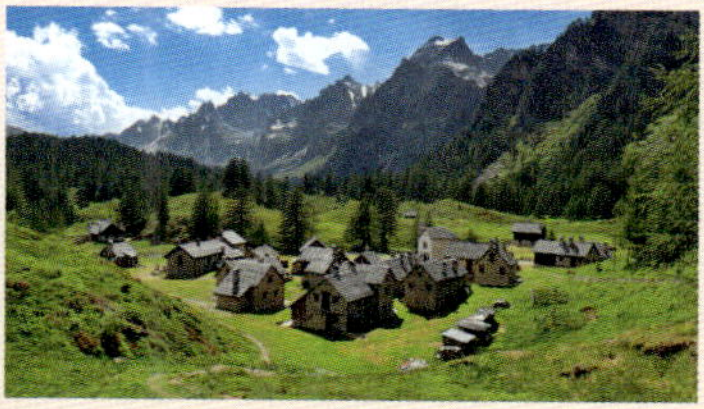

Gletschertöpfe und Schluchten
Woanders wären die Orridi di Uriezzo wohl das touristische Highlight schlechthin, hier können wir die tief zerfurchten Canyons in aller Ruhe erkunden *(Tour 46, 3.30 h)*.

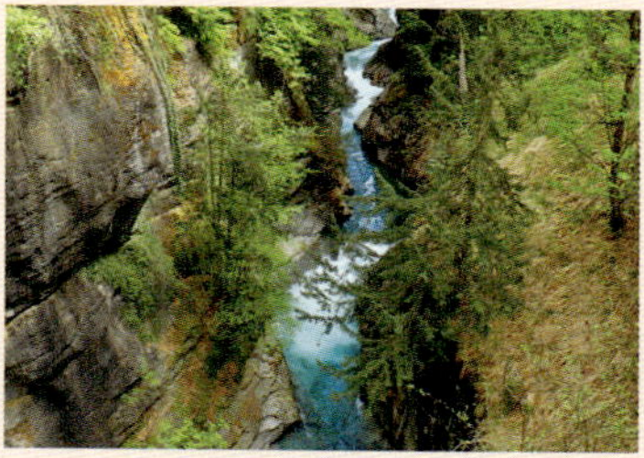

Giro dei Rifugi
Ganz im Norden warten alpine Landschaften auf uns: Gletscher, Stauseen, blumenreiche Fels- und Graslandschaften, und das alles gespickt mit gemütlichen Berghütten, in denen man die gute ossolanische Küche genießen kann *(Tour 53, 6.30 h)*.

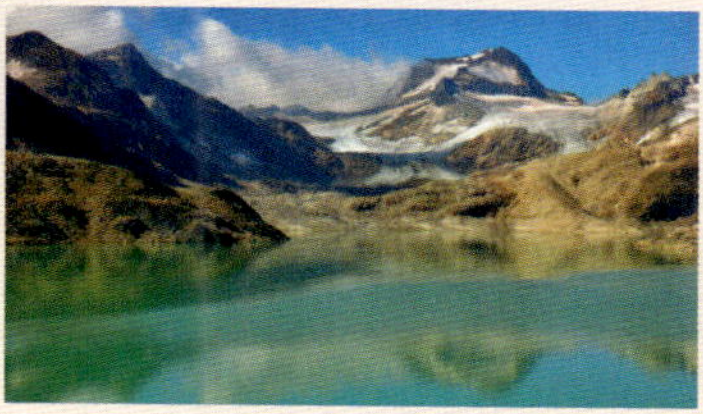

DIE OSSOLATÄLER

Das Ossola gliedert sich in sieben Seitentäler (mit wiederum vielen verzweigten Nebentälern) und das Haupttal, das in Unteres (Bassa) und Oberes (Alta) Val d'Ossola aufgeteilt wird. Die folgenden kurzen Beschreibungen sollen einen Überblick über die wichtigsten Eigenheiten und Sehenswürdigkeiten der Täler verschaffen und orientieren sich an der Reihenfolge der Touren im Buch, also von Süd nach Nord.

Bassa Ossola

Der erste Ort nordwestlich des Lago Maggiore, der sich dem Ossola zurechnet, ist Mergozzo. Das römische Muregocium hat eine reiche Geschichte, zu der es im Museo Archeologico in der Via Roma eine interessante Ausstellung gibt. Die alte Ulme am Hauptplatz war während Jahrhunderten Versammlungsort der Bürger und gehört mit der Linde von Macugnaga zu den »alberi monumentali«, den Baumdenkmälern der Region Piemont. Noch vor 700 Jahren legten hier Schiffe an, denn der kleine Lago di Mergozzo war einst eine Bucht des Lago Maggiore, ehe der Toce soviel Schwemmmaterial anbrachte, dass sich die Seen trennten. Heute laden der kristallklare See mit seinem sehr sauberen Wasser zum Baden und die engen, pittoresken Gassen sowie die freskengeschmückte Kirche mit ihrem windschiefen Kreuzgang zur Erkundung ein (Tour 1 und 2).

La Rocca, mittelalterliche Signal- und Verteidigungsanlage über Vogogna.

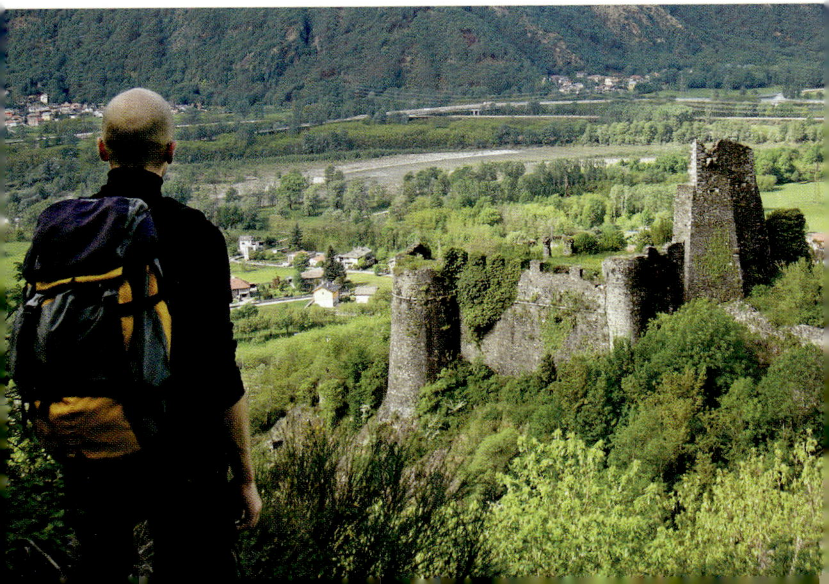

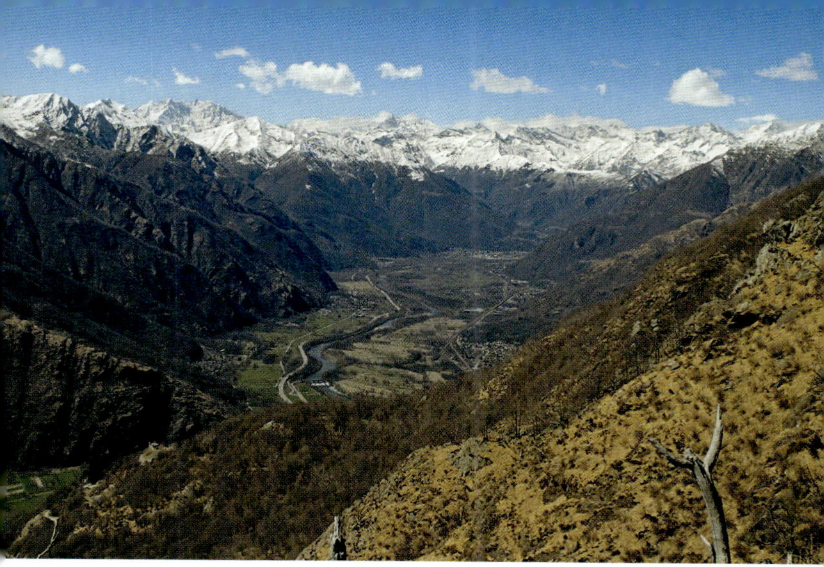

Blick von der Colma di Vercio ins Bassa Ossola.

Auf der anderen Talseite befindet sich die alte Walsersiedlung Ornavasso. In Urnafasch, wie der Ort auf »Titsch« (dem Walserdialekt) heißt, siedelten sich im 13. Jahrhundert junge Paare aus Naters im Wallis an. Ganz gegen die Gewohnheiten der Walser nicht in einem abgelegenen Berggebiet, sondern mitten im Tal. Durch die strategisch günstige Lage am Ausgang des Tals und nahe dem Lago Maggiore wurde das Dorf bald eine wirtschaftlich starke und wohlhabende Gemeinde. Allerdings hielten sich bei so viel Durchgangsverkehr die alemannische Tradition und Sprache nicht lange, auch wenn die verschiedenen Ortsteile und Alpen mit ihren Namen nach wie vor an diese Zeit erinnern. Oft wurden auch diese italianisiert, was auf den Karten zu einem ziemlichen Kauderwelsch geführt hat. Sehenswert sind die Pfarrkirche San Nicolao, die imposante Kirche Madonna della Guardia mit Wehr- und Signalturm sowie die aus dem 16. Jahrhundert stammende Wallfahrtskirche Madonna del Boden. Auf dem Weg nach Boden, noch im Talgrund, stößt man auf Reste des Oratorio Rotonda del Crocifisso, dessen größter Teil 1868 von einer verheerenden Flut fortgerissen wurde (Tour 3).
Das große Haupttal wurde von der letzten Eiszeit in seine heutige Form gebracht: Steile Flanken begrenzen die topfebene Talsohle, die sich im Laufe der Jahrtausende über 200 Meter hoch mit Schutt gefüllt hat. Von Mergozzo kommend trifft man zunächst auf das Dörfchen Candoglia, bei dem sich ein großer Marmorsteinbruch befindet. Der Marmor des Mailänder Doms kommt exklusiv von hier, und noch heute wird für entsprechende

Renovierungsarbeiten der Rohstoff aus Candoglia geliefert. In der Dorfmitte fällt ein großes Denkmal auf, natürlich aus Marmor. Es erinnert an die Bestätigung der Abbaurechte durch Mussolini. Wenig später beeindruckt Premosello-Chiovenda vor allem mit seinem überdimensioniert wirkenden Bahnhof, der einst ein wichtiger Umschlagplatz von im Val Grande geschlagenem Holz war. Der sonnenverwöhnte Ortsteil Colloro befindet sich am Berghang oberhalb und bietet sich aufgrund seiner fast garantierten Schneefreiheit das ganze Jahr über für Wanderungen an (Tour 4).
Schon von Weitem sind die Wahrzeichen von Vogogna sichtbar, die 1514 von den Eidgenossen zerstörte Burg »La Rocca« auf einem Balkon über dem Talboden und das Schloss der Visconti, heute ein Museum. Der strategisch wichtige Ort war als Hauptort des Bassa Ossola während Jahrhunderte Rivale von Domodossola um die Vorherrschaft im Tal, bis er 1819 alle Privilegien verlor und »gewöhnliche Gemeinde« wurde. Der mittelalterliche Dorfkern, in dem auch die Verwaltung des Nationalparks Val Grande ihren Sitz hat, gehört zum Weltkulturerbe der UNESCO (Tour 5).

Valle Anzasca

Das von Piedimulera in der Ossolaebene bis zur Dufourspitze des Monte Rosa ansteigende Anzascatal hat neben landschaftlichen Höhepunkten eine reiche Geschichte und Kultur. Einst führte der wichtige Handelsweg »Strà Granda« durch beinahe alle Ortschaften und über den Monte-Moro-Pass nach Saas und weiter ins Unterwallis. Dennoch war das Tal so arm, dass es im 16. Jahrhundert vom spanischen Verwalter von allen Abgaben befreit wurde. Die Orte des in Ost-West-Richtung verlaufenden Tales liegen fast alle auf der Sonnenseite, und im unteren Talabschnitt meistens oberhalb der heutigen Hauptstraße, die sich durch die enge Schlucht windet. So ist das Dorf Castiglione mit dem sehr schönen Ortsteil Colombetti keineswegs der Hauptort der großen Gemeinde Calasca-Castiglione. Dieser befand sich einst in Drocala, und heute steht das Rathaus in Antrogna bei der dortigen riesigen Kathedrale (Tour 7 und 11).
Im Talort Molini, durch das die Grande Traversata delle Alpi führt, steht auf einem Felsen im Flussbett die Wallfahrtskirche Madonna della Gurva. Auch sämtliche andere Ortschaften sind allesamt sehr pittoresk und lohnen einen Besuch (Tour 11).
Bannio im Seitental des Olocchia ist die älteste Siedlung des Tals. Die reich ausgestattete Pfarrkirche wurde zum »Monumento Nazionale« erklärt. Bekannt ist die jedes Jahr Anfang August in historischen Uniformen stattfindende Parade der »Milizia«, die an die auf Seiten der Spanier kämpfende Bürgerwehr aus dem 17. Jahrhundert erinnert. Zur Gemeinde gehört auch das ebenfalls sehenswerte Dorf Anzino auf der anderen Seite des Torrente Olocchia (Tour 9).
Hinter Pontegrande öffnet sich das anfangs recht enge Tal und bietet so Platz für die größeren und schmucken Ortschaften Vanzone und San Car-

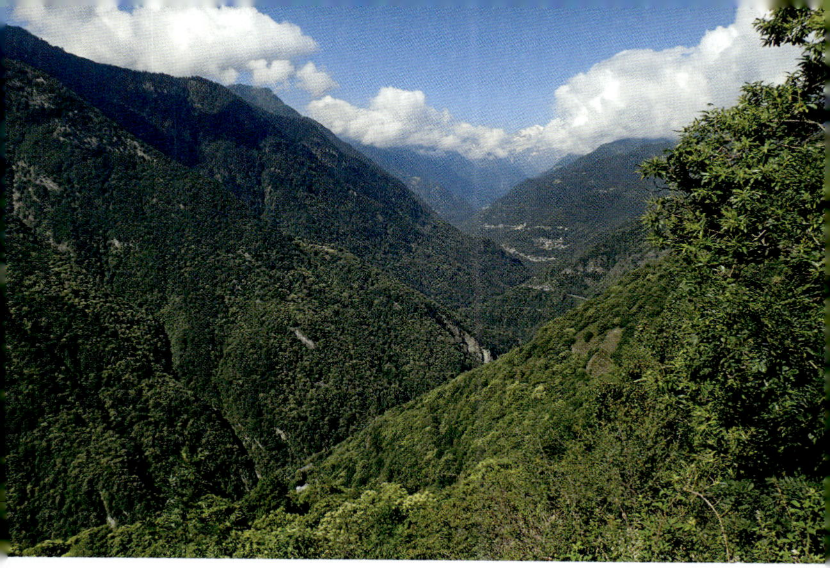

Das lang gezogene Valle Anzasca mit dem schneebedeckten Monte Rosa im Hintergrund.

lo. Verschiedene kleine Paläste, die schöne Piazza sowie 13 Oratorien und Kapellen zeugen vom einstigen Wohlstand der Gemeinde. Ihre Bewohner kamen in der Ferne als Goldschmiede und Juweliere zu einem beträchtlichen Reichtum (Tour 8 und 11).
Nach Ceppo Morelli passiert man bei Morghen eine schluchtige Engstelle, die einst die Kultur- und Sprachgrenze zwischen den italienischen Siedlungen im vorderen Talabschnitt und dem von deutschsprachigen Walsern gegründeten Macugnaga bildete. Zwar sprechen nur noch wenige Menschen das »Makaneru Titsch«, aber das Walsererbe wird in mancherlei Formen gepflegt. Die Häuser sind im typischen Holzstil gehalten und präsentieren sich oft reich mit Blumen geschmückt. Auch finden regelmäßige Treffen mit den Heimatgemeinden des Wallis statt. Das Dorf ist der bekannteste Sommer- und Wintersportort im Ossola, behauptet sich aber nur mit Mühe im Konkurrenzkampf der Ferienziele. Die alte Seilbahn zum Monte Moro und der noch rustikalere Sessellift nach Belvedere sollen demnächst renoviert werden (Tour 11, 12, 13 und 14).

Valle Antrona

Das vom Ovesca durchflossene enge Antronatal ist touristisch deutlich weniger erschlossen als sein großer Bruden im Süden. Im Gegensatz zum Valle Anzasca, in das regelmäßig und täglich Busse von Domodossola aus

verkehren, wird das Tal nur selten und das auch nur werktags bedient. Erstaunlich, bietet es doch alles, was das Wandererherz begehrt. Auch durch das Valle Antrona zieht sich ein ehemals wichtiger Handelsweg, die Strada Antronesca. Über diesen Maultierpfad wurde früher Ware ins und aus dem Wallis transportiert, und dabei musste der immerhin 2828 m hohe Antronapass überwunden werden. Die Route ist im oberen Abschnitt nach wie vor gut erhalten, im besiedelten Tal musste sie an vielen Stellen der asphaltierten Straße weichen (Tour 15).
Das Valle Antrona ist reich an Bodenschätzen, die während Jahrhunderten und zum Teil bis in die jüngste Zeit hinein ausgebeutet wurden. Neben Speckstein und Gold waren Erze das wichtigste Abbauprodukt, das zur Errichtung der Stahlindustrie in Villadossola führte. In der Zeit zwischen den Kriegen fanden zudem viele Einheimische Arbeit bei den Kraftwerk- und Staudammbauten, die den oberen Teil des Tals prägen. Der Rückgang dieser Erwerbsquellen führte zusammen mit dem Ende des Passverkehrs zu einer Entvölkerung, die nach 1950 durch den Zusammenbruch der traditionellen Alpwirtschaft dramatische Formen annahm. Heute schwächt sich diese Entwicklung etwas ab und es lassen sich auch wieder junge Leute im Tal nieder. Sie setzen vermehrt auf den sanften Tourismus und die Vermarktung lokaler Produkte. So werden beispielsweise alte Terrassierungen saniert, um dort wieder Wein und Roggen anzubauen, und es wurde ein Naturschutzgebiet geschaffen, das administrativ zum Parco Regionale Veglia Devero Antrona gehört.

Montescheno im Valle Antrona, links oben Seppiana.

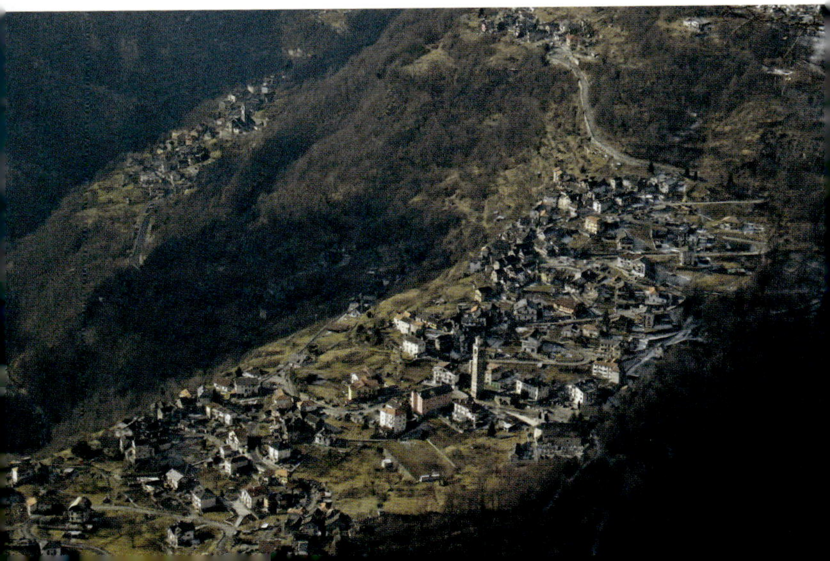

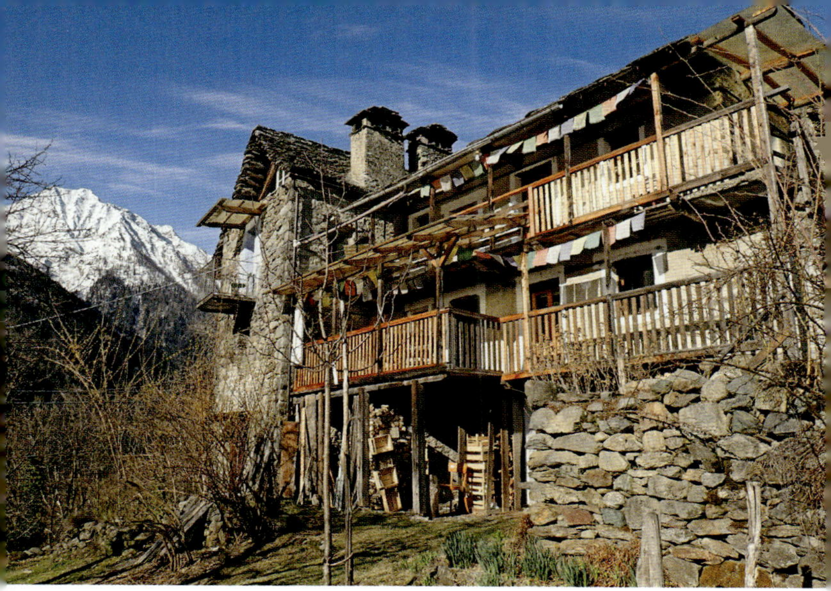

Das von Anhängern des Buddhismus renovierte Bordo.

Viele religiöse und gesellschaftliche Traditionen leben in diesem Tal weiter, und nicht selten trifft man in Antronapiana noch ältere Frauen in der dunklen Werktagstracht. Nach wie vor werden von verschiedenen Dörfern aus im Sommer die »Autani« durchgeführt, lang andauernde Bittprozessionen nach festen Ritualen über die Berge der Gemeinde. Die Tradition will, dass jede Familie durch mindestens eine Person vertreten ist. Darüber hinaus hat sich im bereits vollständig aufgegebenen Weiler Bordo eine buddhistische Gemeinschaft niedergelassen und die in Ruinen liegenden Häuser saniert (Tour 18).

Die unterste Gemeinde im Valle Antrona ist Montescheno, auf einem sonnigen Rücken zwischen dem Haupttal und dem Val Brevettola, einem kleinen Nebental, gelegen (Tour 19).

Seppiana erhielt als damals größtes Dorf im 12. Jahrhundert die erste Kirche des Tals. Der stattliche Bau von Sant'Ambrogio mit dem romanischen Campanile dominiert das Dorf, über dem der Berghang in kunstvoll angelegte Terrassen übergeht. Viganella, das sich erst kürzlich mit Seppiana zur Gemeinde Borgomezzavalle zusammengetan hat, wird als schönstes Dorf im Antrona bezeichnet. Es liegt gut drei Monate im Schatten und feiert Anfang Februar in der Pfarrkirche mit der »Candelora« die Wiederkehr der Sonne. Im Jahre 2006 hat es mit der Installation eines Sonnenspiegels, der im Winter das Dorfzentrum beleuchet, weltweit Schlagzeilen gemacht.

Kürzlich wurde die Renovierung des Patrizierpalastes »Casa Vanni« abgeschlossen. Er soll zur touristischen Infrastruktur beitragen, steht aber derzeit noch leer (Tour 18).
Das letzte Dorf des Tals ist Antronapiana, wo auch der Bus kehrt. Teile der durch den Handel mit dem Wallis zu überschaubarem Wohlstand gekommenen Ortschaft wurden 1642 durch einen verheerenden Bergsturz vernichtet. Dieser bildete auch den kleinen Lago di Antrona (Tour 15).
In Antronapiana teilt sich das Tal in Val Troncone, durch das der Weg über den Antronapass nach Saas führt, und Val Loranco, durch das man über den Andollapass nach Zwischbergen kommt. In beiden befinden sich große türkisfarbene Stauseen, und beide sind für ihren Blumen- und Steinbockreichtum berühmt (Tour 15, 16 und 17).

Alta Ossola

Am Fuß des Valle Antrona liegt die Industriestadt Villadossola, zu deren Blütezeit um das Jahr 1970 über 2500 Menschen in der erz- und stahlverarbeitenden Industrie Arbeit fanden. Nach Jahren der Hochkonjunktur waren die Betriebe nicht mehr konkurrenzfähig, und heute stellen nur noch einige Hundert Mitarbeiter Spezialprodukte her. Villa, wie man hier nur sagt, ist einst aus vielen kleinen und hübschen Siedlungen, die am Berghang über der Ebene kleben, entstanden – heute wird das Stadtbild von den Fabrikruinen dominiert, die jedoch nach und nach abgerissen werden. Auf dem Gelände der einstigen Hochöfen soll in den nächsten Jahren ein Solarpark entstehen, und eine alte Halle im Zentrum wurde bereits zum Kultur- und Theaterzentrum »La Fabbrica« umgebaut. Sehenswert ist die romanische Kirche San Bartolomeo aus dem 10. Jahrhundert, eine der schönsten im Ossola. Ebenfalls einen Besuch wert ist die große und eindrucksvolle Chiesa della Beata Vergine del Rosario im Ortsteil Noga (Tour 21).
Nur wenige Kilometer weiter nördlich kommen wir zur Hauptstadt des Tals Domodossola. Sie wurde von den Lepontiern als Oscella gegründet und nach deren Unterwerfung durch die Römer Domus Ossulae genannt. Die Stadt schuf sich dank ihrer Lage bald eine wichtige strategische und wirtschaftliche Rolle an den Handelswegen nach Norden. Im 14. und 15. Jahrhundert erlebte sie mehrere Belagerungen und Besetzungen durch Schweizer Truppen. Auf den Ruinen einer von den Schweizern zerstörten Festung auf dem Colle Matarella wurde 1667 der Grundstein für den Sacro Monte Calvario gelegt. Der Bau der heute zum UNESCO Weltkulturerbe zählenden Wallfahrtskirche und der Kreuzweg mit lebensgroßen Figuren in den Kapellen wurde durch Gaben der Gläubigen und durch Fronarbeit ermöglicht. Der im Wallis in Ungnade gefallene Beherrscher des Handels über den Simplon, Kaspar Stockalper, fand hier Zuflucht. Er hatte einen großen Anteil am Gelingen des Werks und ließ zu den üblichen 14 Kreuzwegkapellen noch eine Paradieskapelle hinzufügen. Besondere Bedeutung hatten für Domodossola der Bau der Simplonbahn und die Rolle als Grenzbahn-

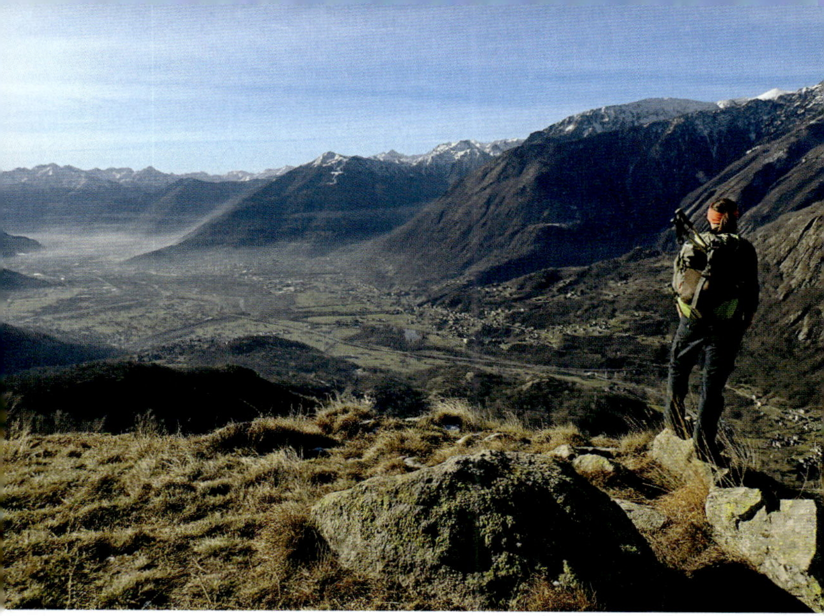

Alta Ossola mit dem großen Kessel von Domodossola.

hof. Auch heute verdankt die Stadt ihre Lebendigkeit den vielen Schweizer Touristen, die die schnelle Direktverbindung aus ihrem Heimatland schätzen und hier vergleichsweise günstig einkaufen und speisen können. Doch Domodossola hat mehr zu bieten: Der wunderschöne Marktplatz ist einer der ältesten des Landes und kann locker mit seinen berühmten Brüdern im restlichen Italien mithalten. Seit einem Erlass König Berengars I. im Jahre 917 findet hier an jedem Samstag der große Markt statt.

Einen wichtigen Eckpunkt in der Geschichte Domodossolas markiert die 40 Tage währende Partisanenrepublik, die hier im September 1944 ausgerufen wurde. Nach damals 22 Jahren Faschismus ist man zu Recht stolz darauf, dass es gelang, demokratische Strukturen zu schaffen, Meinungs- und Pressefreiheit einzuführen und bilaterale Abkommen mit der Schweiz zu schließen. Nach der Rückeroberung des Gebiets durch deutsche Truppen flohen viele Partisanen, Regierungsmitglieder und auch ein Großteil der Bevölkerung ins sichere Nachbarland. Nach der Befreiung Italiens wirkten zahlreiche Politiker der »Repubblica dell'Ossola« an der Errichtung eines demokratischen Italiens mit (Tour 21 und 30).

Auf der gegenüberliegenden Talseite befinden sich die kleinen Weiler von Cosa und Croppo, die zur Gemeinde Trontano gehören. Es handelt sich um relativ junge Ortsteile, denn auch hier siedelte man einst in höher gelege-

nen Gebieten, um den häufigen Hochwassern des Toce aus dem Weg zu gehen (Tour 22).
Trontano liegt zwar bereits in der Mündung des Valle Vigezzo, es zählt sich aber zu den Ortschaften des Haupttals. Sehenswert ist neben der großen Kirche der alte Ortsteil Castello mit einigen sehr schön renovierten Steinhäusern. Auf den Hängen unter dem Dorf wird seit dem 14. Jahrhundert die widerstandsfähige Rebsorte Prünent, die mit dem Nebbiolo verwandt ist, angebaut. Der Wein erlebt derzeit eine Renaissance und zählt zu den besten des Tals (Tour 23).
Ebenfalls hauptsächlich vom Weinanbau lebten und leben heute wieder die malerischen Dörfer Masera und Montecrestese mit ihren unzähligen Ortsteilen. Sie sind untereinander mit schönen Steinplattenwegen verbunden und bieten viel Geschichte und Kultur. Kaum ein Weiler ohne traditionellen Backofen (»Forno«), großer Weinpresse (»Torchio«) und eng verwinkelten Gassen, in denen man sich gerne verläuft. Zudem beherbergt Masera mit dem Divin Porcello und der Trattoria Vigezzina zwei der bekanntesten und besten Restaurants der Gegend (Tour 28 und 29).
Wiederum auf der Talseite Domodossolas befindet sich die große Gemeinde Crevoladossola, ebenfalls in zahlreiche Ortsteile untergliedert. Besonders erwähnenswert sind das Dorf Oira und dessen Ortsteil Canova, der zu einem der schönsten im Ossola gehört. Leider beeinflusst die nahe Autobahn das Ortsbild nicht gerade positiv. Gleich dahinter befindet sich eine Engstelle des Toce, der dort eine großartige Landschaft bildet. Sie war lan-

Die Hauptstadt des Tals Domodossola wurde auf dem Schuttkegel des Torrente Bogna errichtet.

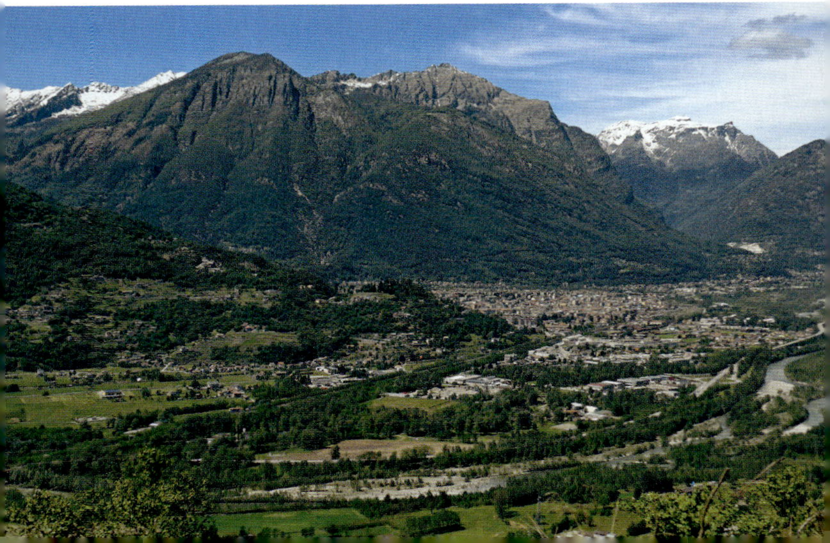

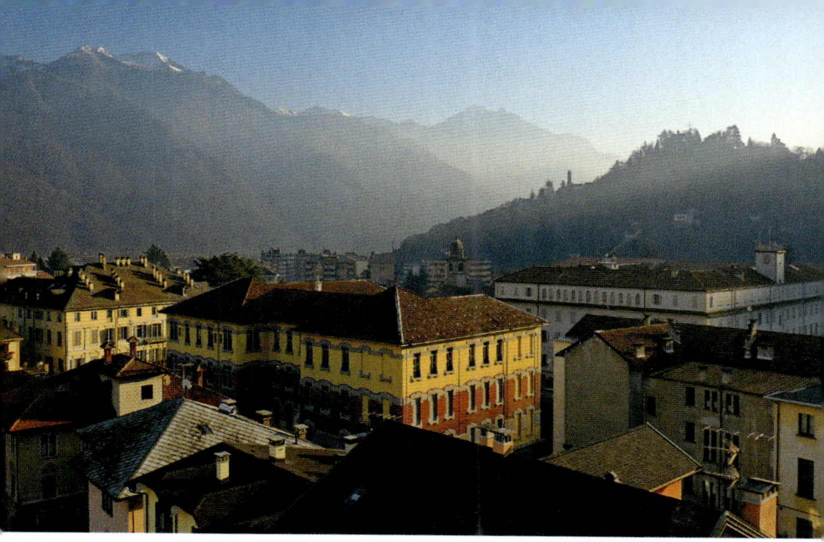

Blick auf die Häuser von Domodossola, rechts der Kalvarienberg und im Hintergrund die Berge des Val Grande.

ge Zeit vom Bau eines Wasserkraftwerks bedroht, aber durch die Intervention örtlicher Umweltschutzverbände konnte die Zerstörung abgewendet werden. Doch auch die Industrie hat ihre Reize: Vor den Toren Crevolas steht ein palastähnliches Elektrizitätswerk, das architektonisch wohl einmalig ist. Es stammt aus der technikgläubigen Zeit der 1920er. Oberhalb der Stadt mit ihrer großen Renaissancekirche Santi Pietro e Paolo befindet sich bei Enso einer der größten Steinbrüche der Gegend. Hier wird Marmor gewonnen, doch nicht für den Mailänder Dom, sondern für den internationalen Markt. Nicht erschrecken, wenn die Donner der Sprengungen durchs Tal hallen (Tour 29 und 36).

Valle Vigezzo

Von jeweils einer tiefen Schlucht sowohl im Westen als auch im Osten (dort Centovalli genannt) begrenzt, öffnet sich das Tal in der Mitte zu einer großen Hochebene, auf der sich zahlreiche Ortschaften angesiedelt haben. Diese profitierten schon immer von ihrer Lage an der wichtigen Handelsroute »Via del Mercato«, über die die Maultierkarawanen in die Schweiz und wieder zurück zogen. Daher präsentieren sich die Ortskerne von Druogno, Santa Maria Maggiore und Malesco reicher und gepflegter als manch anderes Dorf im Ossola. In Letzterem wurde der in der Nähe geförderte Speckstein zum Exportschlager. Auch weist das Tal eine illustre Reihe an berühmten Emigranten auf, die in der Ferne ihr Glück gemacht und die Zuhausegebliebenen großzügig unterstützt haben. So stammt beispielsweise der Erfinder des Kölnisch Wassers aus Crana, einem Ortsteil Santa Marias, und in Toceno wurde Giovanni Pietro Jelmoli, Gründer eines bekannten Zürcher Warenhauses, geboren. Auch der berühmte Maler Giuseppe Mattia Borgnis, für zahlreiche Fresken in den Kapellen und Kirchen des Ossola verantwortlich, machte sich einen Namen im fernen England. Überhaupt ist das Tal berühmt für seine Maler, weshalb es auch den Beinamen »Valle dei Pittori« trägt. Entsprechend reich an wunderschönen Gemälden und Fresken sind die Kirchen der Orte, und auch in den kleinen Kapellen am Wegesrand verstecken sich mitunter wahre Meisterwerke.

Darüber hinaus darf allerdings nicht die bis ins letzte Jahrhundert hinein grassierende Armut der einfachen Dorfbevölkerung vergessen werden. Viele mussten ihr Vieh auf weit entfernten Berghöfen in den abgelegenen Gebieten des Val Grande im Süden und Valle dei Bagni im Norden sömmern, um das Überleben der Familie sicherzustellen. Dazu verdiente man sich ein bescheidenes Zubrot als Holzfäller, Schmuggler oder Wilderer. Die Ärmsten verkauften sogar ihre Kinder als Schornsteinfeger in französische und italienische Städte, wo sie unter sklavenartigen Bedingungen in die oft noch heißen Kamine kriechen mussten. Etliche kehrten nicht zurück. Aus dieser traurigen Geschichte wurde später eine folkloristische Tradition, sodass mittlerweile jedes Jahr im September das internationale Schornsteinfegertreffen mit vielen Tausend Teilnehmern stattfindet. Zudem gibt es in Santa Maria ein durchaus sehenswertes Kaminfegermuseum (Tour 24).

Heute wird das Valle Vigezzo von den meisten aus einem Zug heraus bewundert: Seit 1923 verkehrt eine Schmalspurbahn von Domodossola nach Locarno, die von den Einheimischen liebevoll »Vigezzina« genannt wird und mittlerweile ein großer Touristenmagnet ist. Neben den modernen, großzügig verglasten Panoramazügen verkehren auch die etwas aus der Zeit gefallenen, gemütlichen Lokalbahnen, die an praktisch jeder Milchkanne halten. Es genügt, an einer der kleinen Haltestellen dem Zugführer zu winken, und man wird mitgenommen (Tour 24, 25 und 27).

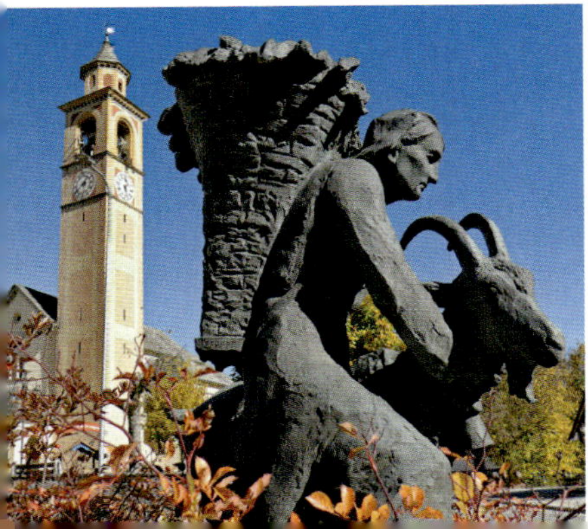

Das Bähnchen hält auch in Prestinone, von wo eine kleine Gondelbahn zur Piana di Vigezzo hinauffährt. Von dort erschließt sich ebenfalls ein Wandergebiet, das immer einen Ausflug wert ist.

Bekannt ist im Vigezzo auch das Roggenbrot aus Coimo, das hier »Pane nero« genannt wird. Doch auch wenn es im Weißbrotland

In Druogno wird mit einer Skulptur der einst hart arbeitenden Bäuerinnen gedacht.

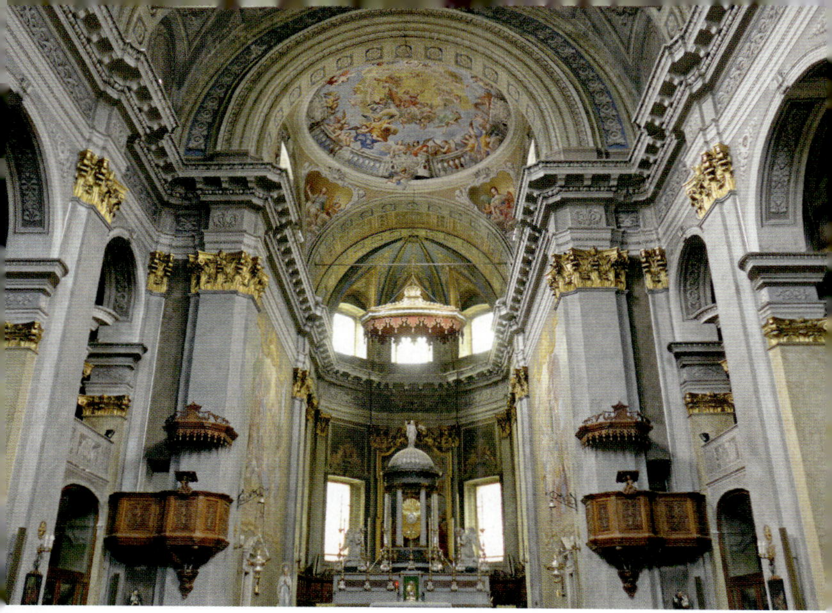

Giuseppe Mattia Borgnis hat die Kirche von Santa Maria Maggiore mit reichen Fresken ausgeschmückt.

praktisch das einzig erhältliche dunkle Brot ist, hat es wenig mit dem Schwarzbrot der nördlichen Länder Europas gemein (Tour 27).
Weitere sehr pittoreske Ortschaften liegen am Sonnenhang nördlich der Talebene, wobei besonders Craveggia zu erwähnen ist. Es wird als das schönste Dorf im Vigezzo bezeichnet und besticht durch die Steindächer mit ihren vielen Kaminen und den freskenverzierten Hauswänden. Der letzte Talort vor der Grenze ist Re, berühmt für seine überdimensioniert wirkende Basilika, die der Heiligen Jungfrau des Blutes gewidmet ist. Sie erinnert an ein Wunder im 15. Jahrhundert, als auf einem Bildnis die Madonna aus einer durch einen (unabsichtlichen) Steinwurf entstandenen Wunde an der Stirn blutete. Im Laufe der Zeit hat sich dadurch ein erheblicher Pilgertou-

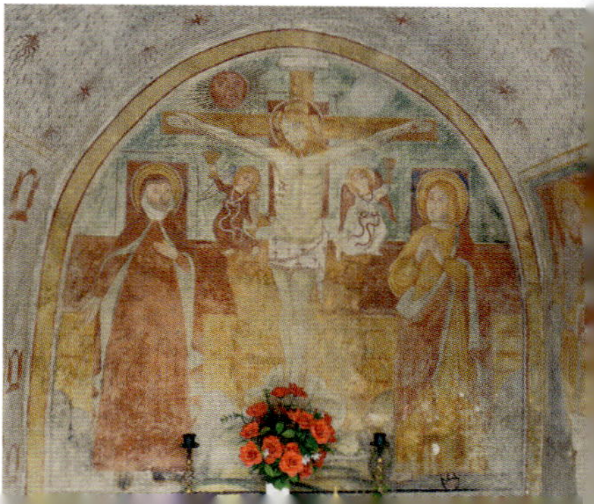

Fresko aus dem 16. Jahrhundert in einer Kapelle in Sasseglio bei Druogno.

rismus entwickelt. Darüber hinaus ist Re eine von fünf Ortschaften Italiens, deren Namen aus nur zwei Buchstaben bestehen. Etwas oberhalb liegt das von vielen Durchreisenden links liegen gelassene Schmuckstück Villette, in dem auf beinahe jeder Hauswand eine Sonnenuhr gemalt ist. Von Re, Villette und dem ebenfalls sehr pittoresken Folsogno gibt es einige schöne Wandermöglichkeiten, unter anderem auch zum Berggasthof in Blitz, der auf einem kleinen Sattel über den Ortschaften liegt (Tour 25).

Val Bognanco

Über Domodosssola thront in Cisore die Kirche Sant'Anna, die wie eine Wächterin über dem Eingang des Bognancotals steht. Der enge Austritt des Talflusses Bogna in die Ebene des Toce, früher eine ständige Bedrohung für Domodossola, und die steilen Bergflanken lassen nicht erahnen, dass man im oberen Teil des Tals weitläufige und noch bewirtschaftete Alpen mit sanften Steigungen antreffen wird. Die vielen herabstürzenden Nebenbäche haben das Tal im Volksmund zum »Tal der 100 Wasserfälle« gemacht. Der gut angelegte Wanderweg »Via Stockalper« erinnert daran, dass hier einst ein wichtiger Transitweg über den Passo di Monscera ins Wallis führte (Tour 30).

Typische megalithische Bauweise der Höfe im Ossola.

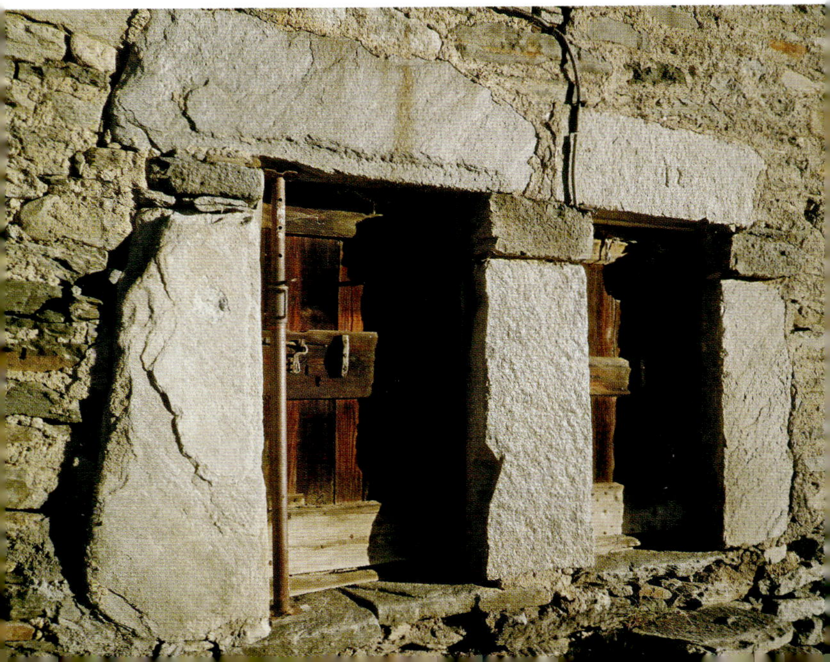

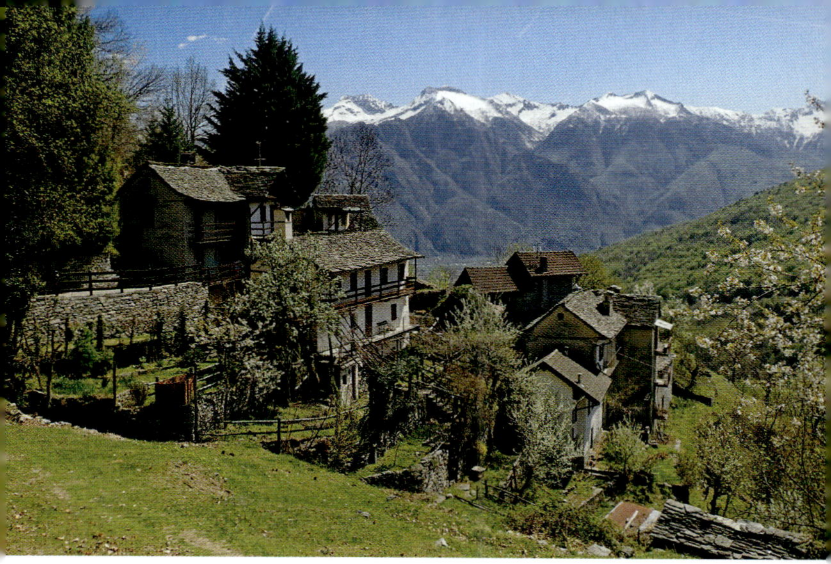

Pregliasca im Val Bognanco präsentiert sich als einer der pittoreskesten Weiler des Tals.

Wie in anderen Tälern auch führte der Niedergang der Alpwirtschaft und der Wegfall des Handels über die Pässe zu einem starken Bevölkerungsschwund. Kurz erholte sich Bognanco Fonti, als vor 150 Jahren Heilquellen entdeckt wurden und daraufhin ein Trinkbad und Mineralwasservertrieb entstanden. Es wurden zahlreiche Hotels errichtet, und in der Belle Epoque pulsierte im bescheidenen Tal das Leben. Zwar ist das Bad erst kürzlich zu einem modernen Thermalbad ausgebaut worden, doch man sieht dem Dorf an, dass seine besten Zeiten vorbei sind: Das Ortsbild wird von efeuumrankten Hotelruinen geprägt.

Die meisten der verbliebenden Einwohner leben heute aber nicht mehr unten im dunklen Tal, sondern im sonnenverwöhnten San Lorenzo, wo sich auch Restaurants, ein Hotel und ein Campingplatz angesiedelt haben. Dorthin führte einst sogar eine Luftseilbahn, deren Betrieb jedoch mit dem Niedergang des Heilwassertourismus eingestellt wurde. Die Bergstation thront immer noch trotzig und halb verfallen über dem Tal – und steht seit ewigen Zeiten zum Verkauf (Tour 30 und 31).

Doch es geht sogar noch weiter hinauf: Eine zwar etwas holprige, doch immer noch akzeptable Teerstraße führt über viele Feriensiedlungen und Alpen zum Kirchlein von San Bernardo, wo zahlreiche Wanderungen starten. Die Gegend ist auch beliebt bei Schneeschuhwanderern, da man hier ohne große Lawinengefahr unterwegs sein kann und die Berghütten auch im Winter geöffnet haben (Tour 32 und 33).

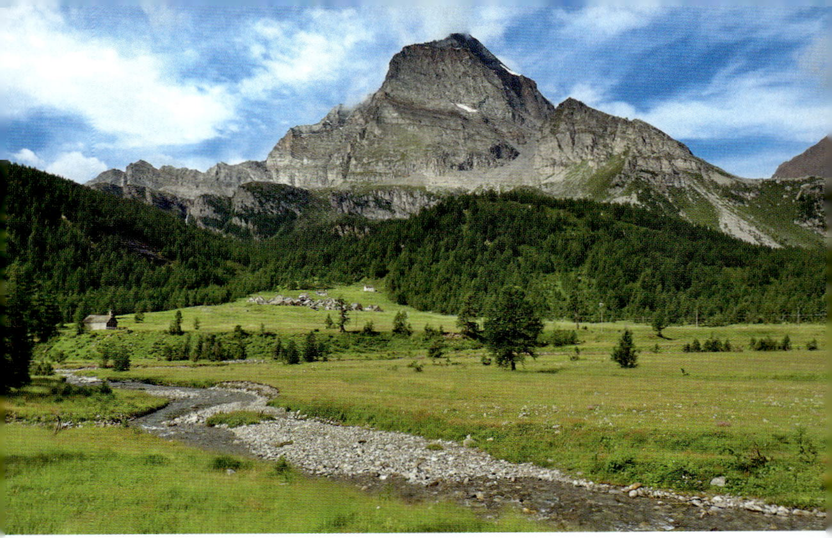

Ein Paradies für Wanderer: der abgeschiedene Bergkessel der Alpe Veglia.

Val Divedro und Val Cairasca

Das enge Divedrotal, das sich nur rund um seine Hauptstadt Varzo etwas öffnet, ist der heutzutage wichtigste Zugang aus der Schweiz ins Ossola. Entsprechend wird es von den Gleisen der Simplonstrecke und einer Autobahn durchzogen. Der westliche Teil mit Gondo und Simplon-Dorf gehört seit 1495 zur Schweiz. Die Grenze, die mitten durchs Tal verläuft, wurde im Rahmen eines Friedensvertrages zwischen dem Wallis und dem Bischof von Novara festgelegt und hat heute noch Gültigkeit. Daher endet offiziell das Val Divedro kurz hinter dem Simplontunnel-Südportal in Iselle (Tour 34).

Die Handelsroute über den Simplon, die schon in den ersten Jahrhunderten unserer Zeitrechnung begangen wurde, führte lange Zeit nicht durch die tief eingeschnittene, abweisende Schlucht, sondern entweder über die Grashänge von Trasquera nach Varzo oder weiter südlich über die beiden Pässe von Furggu und Monscera direkt nach Domodossola. Dafür mussten viele zusätzliche Höhenmeter in Kauf genommen werden. Im 13. Jahrhundert wurde die Schlucht zwar mittels aufgehängter Holzstege einigermaßen passierbar gemacht, es dauerte jedoch bis 1805, ehe unter Napoleons Führung eine richtige Straße (für seine Armeen) gebaut wurde. Die Nachricht ihrer Fertigstellung wurde dem Kaiser mit den Worten »Majestät, die Alpen gibt es nicht mehr« überbracht. Hundert Jahre später wiederum gelang mit der Eröffnung des Simplontunnels ein architektonisches Meisterwerk. Der gut 20 Kilometer lange Eisenbahntunnel war damals der längste

der Welt und der erste Basistunnel überhaupt. Die von Anfang an elektrifizierte Strecke verband und verbindet noch heute Paris mit Mailand.
Wer heute in Trasquera auf den sonnenverwöhnten Hängen über der Schlucht unterwegs ist, wird vom einstigen Handelsweg nicht mehr viel zu Gesicht bekommen. Stattdessen trifft man überall auf Tafeln, die auf den Hirsch »Gustavo« hinweisen, der sich mit dem Bauern Romeo anfreundete, viele Jahre in dessen Stall lebte und Touristen aus aller Welt anzog. 2018 ist er an Altersschwäche gestorben.
Nach wie vor besuchen kann man die imposante Kirche Gervasio e Protasio, die auf einem aussichtsreichen Felssporn hoch über Varzo liegt. Oder man schlendert einfach über die noch gepflegten Wiesen zu Füßen des vergletscherten Dreigestirns Weissmies, Lagginhorn und Fletschhorn (Tour 34).
Im Talgrund befinden sich die 53 weit verstreuten Ortsteile Varzos, einer schöner als der andere. Das Val Divedro teilt das Schicksal vieler Transittäler, kaum jemand nimmt auf der Durchreise Notiz von den hier verborgenen Schätzen (Tour 35 und 36).
In Varzo zweigt das große Val Cairasca nach Nordwesten ab, an dessen Ende sich der Skiort San Domenico befindet. Das Dörfchen eifert den vom Massentourismus heimgesuchten Zentren der Nordalpen nach und beabsichtigt, seine Infrastruktur massiv auszubauen. Bleibt zu hoffen, dass der bedeutende Widerstand der lokalen und auch überregionalen Umweltschutzverbände und auch des Alpenclubs erfolgreich sein wird. Hat man

Durch die auf den Sonnenhängen gebauten Weiler von Varzo lässt es sich auch im Winter gut wandern.

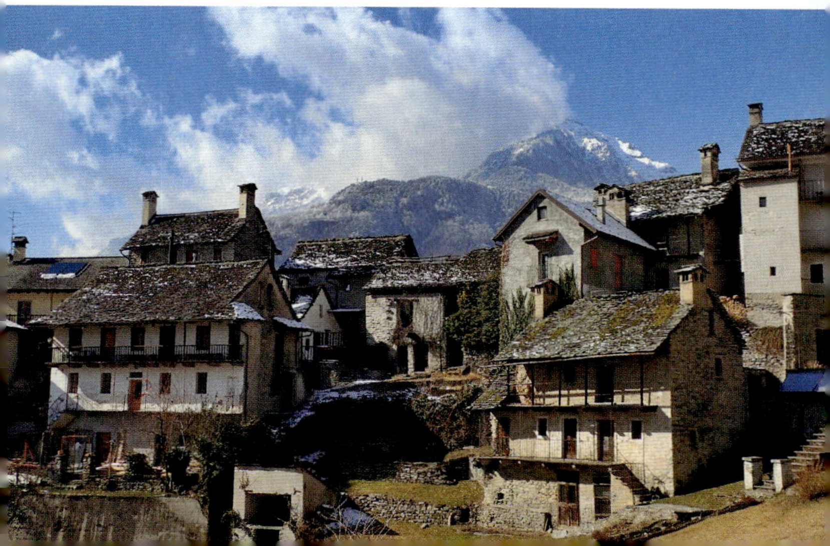

dieses schon heute wenig anschauliche Tourismuszentrum erst einmal hinter sich gelassen, betritt man in der Alpe Veglia, Teil des Naturparks Veglia Devero Antrona, eine andere Welt. Archäologen fanden hier Waffenteile und Werkzeuge aus Quarz aus dem 8. Jahrtausend vor Christus und damit die ältesten Siedlungsspuren der Westalpen. Naturschützer hatten sich vor über 50 Jahren dafür eingesetzt, dass die von der Außenwelt durch eine tiefe Schlucht abgeschnittene Talmulde nicht zu einem riesigen Stausee und auch nicht zu einem grenzüberschreitenden Skizirkus Simplon-Veglia wurde. Resultat ihrer Interventionen wurde schließlich der Naturpark mit administrativem Sitz in Varzo. Der nur in den Sommermonaten zugängliche und dann bewirtschaftete Alpboden mit seinen Lärchenwäldern, Wasserfällen und kleinen Seen ist Ausgangspunkt erlebnisreicher Rundwanderungen und Passüberschreitungen (Tour 40 und 41).

Valle Devero

Das sicherlich berühmteste Wandergebiet im Ossola befindet sich auf der Alpe Devero – und das durchaus zu Recht. Der wunderschöne Alpboden mit seinem etwas oberhalb gelegenen malerischen See ist vergleichbar mit jenem der Alpe Veglia. Er ist jedoch durch eine Kraftwerksstraße, über die auch ein Kleinbus verkehrt, einfacher zugänglich. So hat sich hier eine gut ausgebaute Infrastruktur an Gaststätten und Herbergen entwickelt, die besonders im August gut besucht werden. Schaut man jedoch Ende Juni / Anfang Juli vorbei, erlebt man nicht nur die eindrucksvolle Blütezeit, son-

Das nur zu Fuß erreichbare Crampiolo auf der Alpe Devero.

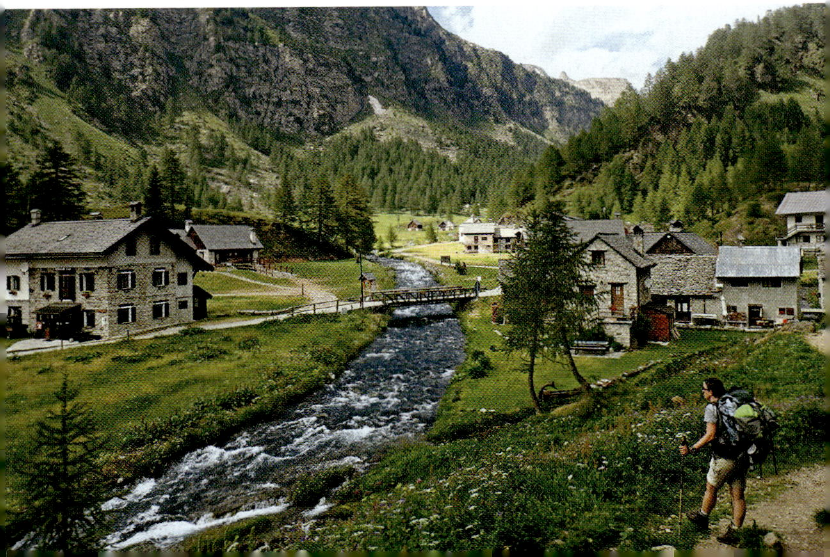

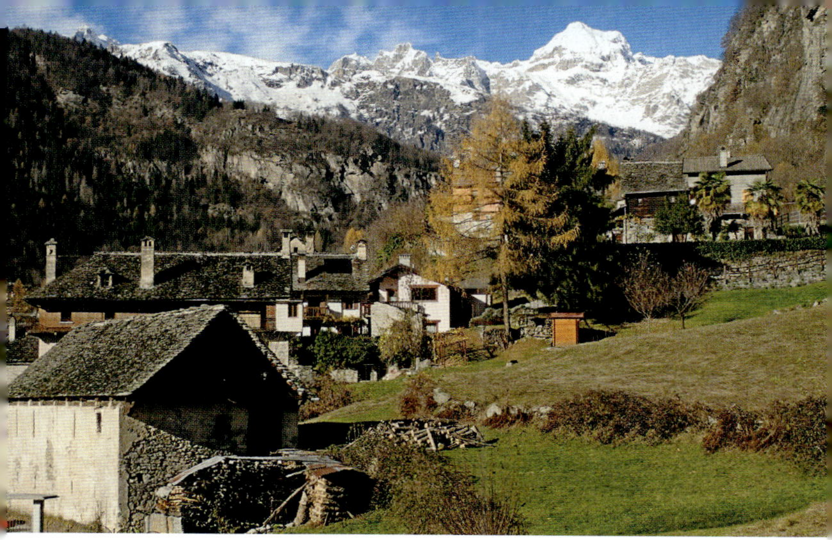

Croveo im Valle Devero, hinten der schneebedeckte Monte Cervandone.

dern wird auch vom größten Andrang verschont. Trotz des touristischen Ausbaus der Gegend versprühen die Betriebe einen gemütlichen Charme und man kehrt gerne ein (Tour 42, 43, 44 und 45).

Das untere Valle Devero beherbergt die sehenswerte Ortschaft Croveo, berühmt für seine Hexen und berüchtigt für deren Verbrennungen im Mittelalter. Zwischen Croveo und Baceno haben sich die Flüsse während der letzten Eiszeit tief ins Gestein gegraben und bilden an vielen Orten sogenannte Gletschertöpfe. Einige dieser Schluchten können trockenen Fußes begangen werden (Tour 39 und 46).

Nördlich davon trifft man auf den Stausee Agaro, wo 1936 die Bewohner einer alten Walsersiedlung dem Wasser weichen mussten. Sie taucht ab und zu wieder auf, wenn der Stausee zu Kontroll- und Reinigungszwecken abgelassen wird. Einst war sie der höchste ganzjährig bewohnte Ort im Ossola. Die Beziehungen der Bewohner beschränkten sich auf das heimatliche Binn im Wallis und die Walsersiedlungen im Antigorio und Formazza. Nur zu Taufe, Hochzeit, Beerdigung und Entrichtung der Abgaben stieg man nach Baceno ab.

Valle Antigorio

Dieses große Tal ohne geografischen Anfang und Ende – es geht im Süden ins Alta Ossola und im Norden ins Val Formazza über – verdankt seinem Namen einem relativ unscheinbaren Berg, dem Monte Gorio zwischen Agaro und Premia. Es liegt ihm gegenüber, also »Anti Gorio«.

Im Süden durch die Engstelle des Toce bei Pontemaglio begrenzt, öffnet es sich zu den weitläufigen Terrassen von Crodo, aus dem der berühmte alkoholfreie Aperitif »Crodino« stammt. Er wird aus Heilwasser gebraut, doch das dazugehörige Bad hat den Anschluss an die Moderne verpasst und ist mittlerweile geschlossen. Dafür wurde ein neues Kongresszentrum in der Nähe einer erst 1941 aufgegebenen Goldmine eröffnet, das nun den passenden Namen »La Miniera« trägt. Die vielen pittoresken Weiler wie Mozzio, Viceno und Cravegna auf dem sonnigen Hang darüber laden zum Wandern und Verweilen ein. An der als »Riviera Antigoriana« bezeichneten Gegend haben sich einige sehr gute Restaurants und auch Wellness-Oasen niedergelassen (Tour 37 und 38).
Bei Verampio fällt eine riesige Kraftwerkszentrale auf, die vor bald 90 Jahren erbaut wurde und von Druckleitungen aus den vielen Stauseen gespeist wird. Es ist nicht nur ein Zweckgebäude, sondern ein kunstvoller Bau, der wie auch jene bei Crevoladossola, Pallanzeno und Rovesca als »Cattedrale d'Energia« bezeichnet wird. Sie wurde vom Mailänder Stararchitekten Piero Portaluppi unter Verwendung von Jugendstilelementen geschaffen.
Dort, wo das Valle Devero nach Nordwesten abzweigt, befindet sich Bace-

Blick auf Premia mit dem alles dominierenden Monte Cistella im Hintergrund.

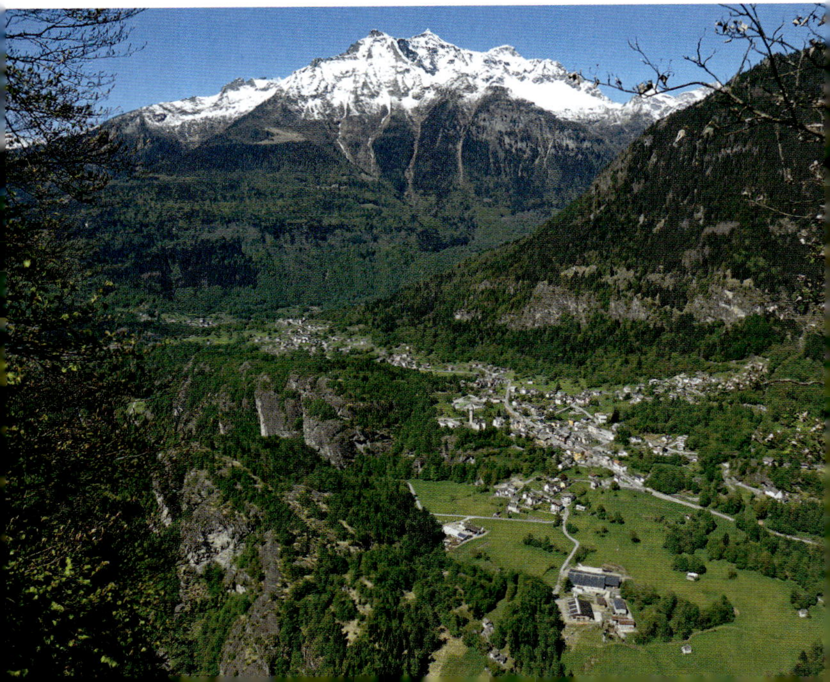

no mit seiner imposanten Kirche San Gaudenzio, ein »Monumento Nazionale«. Sie ist im Innern komplett mit Fresken bemalt, sodass sich die zwei Euro für die Aktivierung der Beleuchtung auf jeden Fall lohnen. Da sich hier früher die wichtigen Handelswege von Arbola- und Griespass trafen und die Händler und Maultiertreiber bei ihrem Abstieg von der eindrucksvollen Fassade empfangen werden sollten, steht das Kirchenschiff nicht wie üblich in Ost-West-Ausrichtung, sondern ist den Bergen nach Norden zugewandt (Tour 46).
Etwas weiter nordöstlich liegt Premia am Ausgang des von fast senkrechten, bis zu 2000 Meter hohen Wänden aus Gneis flankierten Nordteils des Tals. Das weltweit geschätzte und hier besonders schöne Baumaterial wird in vielen Steinbrüchen abgebaut. Es stellt einen wichtigen Wirtschaftszweig im Ossola dar. Vielerorts wird der Stein mit diamantbesetzten Sägen aus dem Berg geschnitten, doch auch Dynamit wird eingesetzt, und so donnern immer wieder Explosionsschläge durch die Schlucht.
In Premia lohnt sich ein Blick auf einige prächtige Hausfassaden, denn hier war die Heimat der Familie De Rodis, welche im Mittelalter während Jahrhunderte Feudalherrin über das Alta Ossola war (Tour 46, 47, 48 und 50).
Etwas weiter nördlich befindet sich das erst vor wenigen Jahren eröffnete, moderne Thermalbad von Cadarese. Dessen Quellen sind bereits seit 1556 beglaubigt und locken heute Entspannungssuchende, die ein warmes Bad in großartiger Bergkulisse genießen möchten.
Ein Stockwerk höher, über den ersten senkrecht abfallenden Felsflanken, haben sich auf steilen Wiesen die Walser niedergelassen. Salecchio ist das wohl am besten erhaltene Beispiel einer typischen Walsersiedlung. Im nur zu Fuß erreichbaren Weiler gibt es nach wie vor die Kirche mit Friedhof, die Schule sowie eine alte Sägerei zu bewundern (Tour 50).

Val Formazza

Im nördlichsten Zipfel des Ossola, in unmittelbarer Nähe zu den Kantonen Wallis und Tessin, entspringt auf 3200 Meter Höhe der Toce, der 80 Kilometer südlich und 3000 Meter tiefer in den Lago Maggiore mündet. Bis zur Besiedlung durch die Walser im 13. Jahrhundert existierten hier nur die Weidegebiete der Dörfer des tiefer gelegenen Valle Antigorio. Die sonnengegerbten Holzhäuser sind Wahrzeichen der alemannischen Volksgruppe, die ihre Sprache und Kultur in einem romanischen Umfeld bis in die jüngste Zeit hinein bewahrt hat. In der Periode zwischen den beiden Weltkriegen wurden die Dorf- und Familiennamen italianisiert und der walserische Talname »Pomatt« in Val Formazza umgewandelt. Heute sind die Ortstafeln zweisprachig, und man hört nach wie vor auf der Straße das alte »Titsch«. Die in Brendo ansässige Schriftstellerin Anna Maria Bacher hat mit ihren Gedichtbänden in »Pumatter-Titsch« weit über ihre Heimat hinaus Beachtung gefunden – ihre Bücher sind im Verlag der Walservereinigung Graubünden und im Limmat-Verlag erschienen.

Jahrhundertelang war das Pomatt Durchgangstal zwischen der heutigen Schweiz und der Lombardei, und viele Bewohner waren als Wegebauer, Säumer oder Gastwirte tätig. Sie hatten kaum Kontakt zur italienisch sprechenden Nachbarschaft und blieben zum Wallis und zum bernischen Haslital hin orientiert.

Der Bau der Simplonstraße durch Napoleon und später der Gotthardbahn bereitete dem Transitverkehr ein Ende und ließ das Tal in die Abgeschiedenheit zurückfallen. Die Attraktivität der Cascata del Toce, einem der größten Wasserfälle Europas, führte wieder zu einer ersten Öffnung, doch erst 1920 erreichte eine Fahrstraße von Süden her das Tal. Diese brachte mit dem Kraftwerksbau neue Arbeitsmöglichkeiten und erschloss das Formazza für den Tourismus.

Wenn man von Süden über eben jene einzige Straße anreist, trifft man am Ende des Valle Antigorio in Foppiano (Unrumschtaldä) auf die erste Walsersiedlung. Sie liegt unmittelbar vor der Felsstufe, die seit jeher die Talabschnitte und auch die Kulturen trennt und die heute mithilfe eines modernen Kehrtunnels überwunden wird. Am oberen Tunnelausgang öffnet sich das Hochtal des Val Formazza mit seinen vielen Dörfern, unter anderem Fondovalle (Stafelwald), Valdo (Wald), dem Hauptort Ponte (Zum Schtäg) und Canza (Früduwald). In Ponte sind die Kirche, das Gemeindehaus und das Casa Forte, das ehemalige Haus des Landammanns und heutige Talmuseum, sehenswert. Man findet hier auch noch kunstvolle Haustüren, die von Haslitaler Schnitzern angefertigt wurden. In den meisten Weilern herrscht immer noch der Walserstil vor, allerdings haben moderne

Die Ortsschilder im Val Formazza sind stilvoll und zweisprachig.

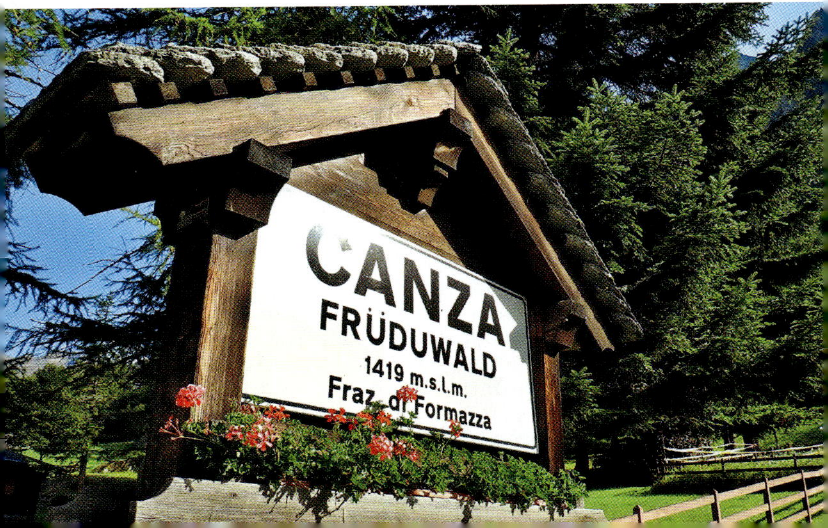

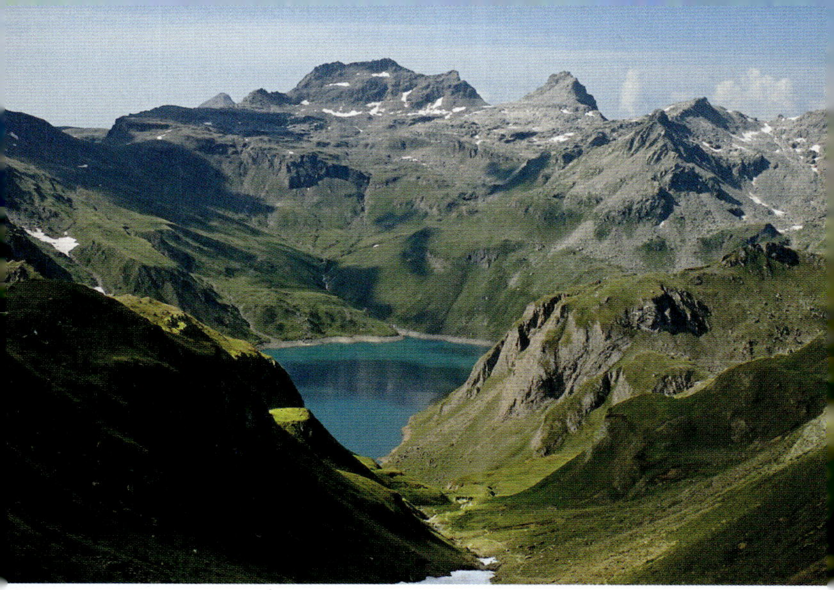

Das Val Formazza ist für seine türkisblauen Stauseen, wie hier der Lago Vannino, bekannt.

und weniger hübsche Bauten auch vor dem Val Formazza nicht Halt gemacht (Tour 51).
Über die nächste Steilstufe, die das lange Hochtal vom Alta Formazza mit seinen Sommerweiden und Stauseen trennt, rauscht die Cascata del Toce, der mit 143 m Fallhöhe höchste Wasserfall der Alpen. Er wurde nach der Publikation »Voyages dans les Alpes« des Genfer Naturforschers und Mitbegründers des Alpinismus Horace-Bénédict de Saussure im Jahre 1783 als Naturwunder Europas bekannt. Königinnen, Schriftsteller und der übrige Welt- und Geldadel ließen sich auf Sänften und Maultieren zum bald darauf eröffneten Albergo della Cascata tragen. Nach einer wechselvollen Geschichte wurde das 120 Betten fassende Haus, das zeitweise über ein eigenes Orchester verfügte, 1973 geschlossen. Heute befindet sich in den sehenswerten Jugendstilräumen ein Restaurant. Der Wasserfall hingegen tröpfelt die meiste Zeit nur ärmlich vor sich hin. Die Kraftwerke entnehmen dem Toce fast sein gesamtes Wasser und öffnen die Schleusen nur während touristisch wichtigen Zeiten, also im Sommer und an den Wochenenden. Unter www.valformazza.it findet man die »Öffnungszeiten« (Tour 52).
In der Blütezeit des Passverkehrs war die oberste Talstufe, das Alta Formazza, ganzjährig bewohnt, während sie in den letzten zwei Jahrhunderten nur noch im Sommer als Weideland genutzt wurde. Riale (Z'Chärbäch, »wo

sich der Flusslauf wendet«) hat sich dank wintersicherer Zufahrt wieder zu einem ganzjährig bewohnten Ort mit Langlaufloipen und Übernachtungsmöglichkeiten entwickelt (Tour 53 und 54).

Valle Isorno und Val Grande

Das Ossola beherbergt neben den beschriebenen Seitentälern auch noch zwei stark von der Außenwelt abgeschnittene Gegenden. Beim Valle Isorno handelt es sich um einen nach Süden geöffneten Kessel zwischen Antigorio, Alta Ossola und Vigezzo. Leider wurde der Talweg beim Bau einer Alp- und Kraftwerksstraße nicht verschont, sodass man das Gebiet nur entlang eben dieser 10 Kilometer langen, nicht öffentlich befahrbaren Piste oder im Rahmen einer anstrengenden Mehrtagestour über die hohen Pässe erreichen kann. Obwohl es sich im oberen Teil um ein faszinierendes und abwechslungsreiches Wandergebiet handelt, werden aus genannten Gründen in diesem Buch keine Wanderungen dort vorgestellt. Für Interessierte sei hier auf die Wanderkarte von Geo4Map 112 »Valle Isorno« verwiesen, die einen guten Überblick verschafft.

Das Val Grande hingegen ist ein nochmals deutlich abgeschiedenerer Kessel, der nur zu Fuß über die Pässe erreicht werden kann. Er entwässert durch eine lange und unpassierbare Schlucht und in seinem Innern gibt es außer einigen sehr spartanischen Biwakhütten keinerlei Infrastruktur,

Obwohl nicht ganz einfach zu erreichen, doch ein tolles Wandergebiet: das Valle Isorno.

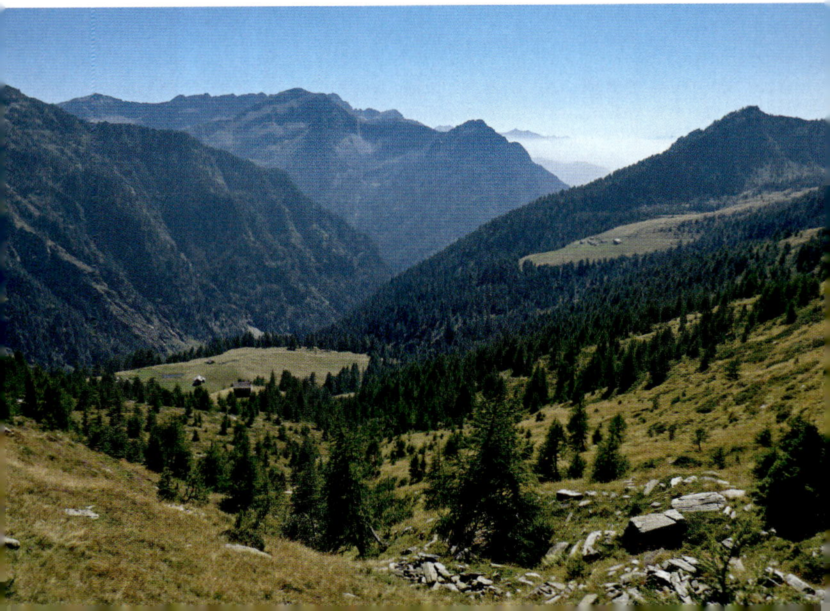

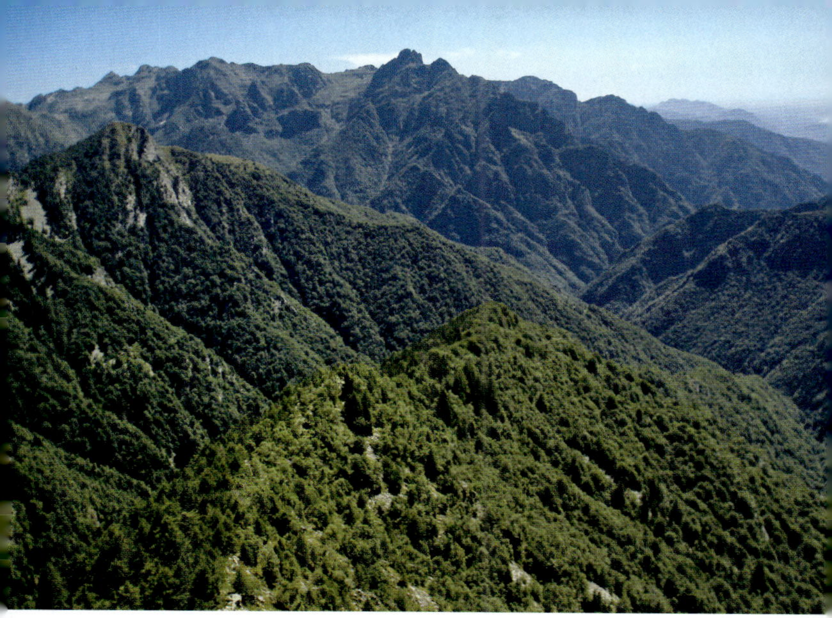

Nur etwas für Abenteurer: die Wildnis des Nationalparks Val Grande.

sodass man das Gebiet ebenfalls nur im Rahmen einer Mehrtagestour mit schwerem Gepäck erkunden kann und es daher ausdauernden und orientierungssicheren Berggängern vorbehalten bleibt. Seit 1992 ist das Val Grande Nationalpark und offiziell die größte Wildnis des Alpenbogens. Wie überall im Ossola handelt es sich um eine »zurückkehrende Wildnis«, da auch hier früher die Bauern beinahe jeden Quadratzentimeter Land bewirtschafteten. Zudem wurde massiv Holz geschlagen und mittels abenteuerlicher Seilbahnkonstruktionen ins Tal geschafft. Die Rodungsarbeiten wurden 1954 eingestellt, weil das Gebiet schlicht und ergreifend vollständig ausgebeutet war. Kurz darauf gaben auch die letzten Bauern auf und verließen diesen unzugänglichen und steilen Landstrich, um im Tal in den Industriebetrieben Arbeit zu suchen. Auch nach mittlerweile 70 Jahren der Verwilderung trifft man noch überall auf die Spuren der einstigen Betriebsamkeit, doch die Natur hat ganze Arbeit geleistet und ist wieder der alleinige Herrscher über das Val Grande, in dem sich erneut endlose Buchenwälder erstrecken. Die Touren 2, 4, 5, 22 und 24 schnuppern am Randgebiet, während Tour 23 das Val Grande an dessen nordwestlichem Grat berührt und großartige Blicke in den wilden Kessel bietet. Für weitere Erkundungen sei auf das im Rotpunktverlag erschienene Buch »Nationalpark Val Grande« von Bernhard Herold und Tim Shaw verwiesen.

DIE WALSER

Schon vor der ersten Jahrtausendwende unseres Zeitalters ließen sich alemannische Volksgruppen, von Norden kommend, im kaum oder nur spärlich besiedelten Walliser Hochtal Goms nieder. In kurzer Zeit akklimatisierten sie sich und entwickelten Formen und Techniken der Alpwirtschaft, die ihr Überleben ganzjährig in extremen Höhenlagen sicherstellten. Nach und nach siedelten sie auch in den weiter westlich gelegenen Nebentälern der Rhone. Im 13. Jahrhundert begannen einzelne Gruppen, ihren Wohnsitz zu verlassen und eine neue Heimat zu suchen. Der erste größere Auswandererschub erfolgte über die damals schneefreien Alpenpässe in die noch unbewohnten norditalienischen Gebirgstäler um den Monte Rosa. Im Ossola entstanden Siedlungen im Val Formazza (Pomatt), im Valle Devero (Agaro/Agarn und Ausone/Opso), in Macugnaga (Z'Makanà) und an den Berghängen über Ornavasso (Urnafasch). Später wurden Kolonien weiter südlich im Val Sesia und Valle d'Aosta und östlich in Graubünden, in Vorarlberg und im Allgäu gegründet.

Was bewog diese Menschen, die Ahnen der heutigen Oberwalliser, ihren Wohnsitz zu verlassen? Lange vermutete man den Kinderreichtum und fehlende Landreserven als wichtigste Ursache, doch inzwischen zieht man auch andere Aspekte in Betracht. In jener Zeit dehnten die Adelsgeschlechter im Rhonetal ihren Einfluss immer weiter in die Seitentäler aus, und die bäuerliche Bevölkerung geriet zunehmend in den Hörigenstand. Dies dürfte einen selbstbewussten und risikobereiten Teil der ehemals freien alemannischen Siedler zu einer politisch motivierten Auswanderung bewogen haben. Sie erfolgte anfangs in kleinen Gruppen und hatte Gebiete zum Ziel, die im Besitz oberitalienischer Klöster waren. Dort wurden die Selbstverwaltungsrechte der neuen Siedler anerkannt. Die an harte Lebensbedingungen gewöhnten Einwanderer waren bald als Bebauer brachliegender Gebirgsgebiete und als Passhüter geschätzt und konnten außerordentliche Freiheitsrechte erwerben. So ergab es sich, dass die Walser während Jahrhunderten mit ihrem selbstgewählten Ammann in verhältnismäßig großer Autonomie und in Abgeschiedenheit lebten. Sie pflegten kaum Kontakt zu den Menschen ihrer romanischen Umgebung und beschränkten ihre Beziehungen auf die alte Heimat und auf ihre Landsleute in benachbarten Siedlungen. In der Tat bewahrten sie ihre Sitten und Gebräuche und auch ihre Sprache bis ins 20. Jahrhundert hinein und widerstanden allerlei Umwelteinflüssen. Ein schwerer Einbruch in die Existenz der höher gelegenen Siedlungen war der Gletschervorstoß der »Kleinen Eiszeit« ab dem 17. Jahrhundert. Er vernichtete viel Kulturland und unterband wichtige Verbindungen zu anderen Siedlungen. Auf alten Bildern werden daher die Gletscher auch als talfressende Drachen dargestellt. Verschiedene wirtschaftliche und politische Veränderungen besiegelten schließlich im letzten Jahrhundert das Ende der walserischen Bergbauerngemeinschaften. Agaro und

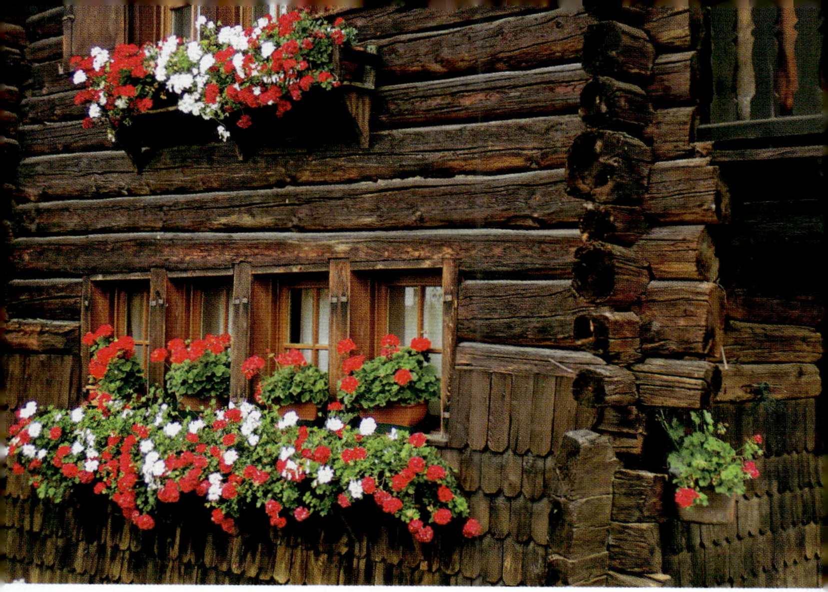

Blumengeschmücktes Walserhaus in Isella bei Macugnaga.

Morasco versanken in Stauseen, und das faschistische Regime Italiens hob die Gemeindeautonomie durch Eingliederung in größere Einheiten auf. Auch wurde das Deutsche als Umgangssprache verboten, sogar die Namen wurden italianisiert. Aus diesem Grund findet man beispielsweise auf dem Friedhof von Salecchio nur italienische Namen, obwohl dort ausschließlich Walser ruhen. Letzten Endes führte dann der allgemeine Niedergang der Alpwirtschaft zur Abwanderung aus den Bergtälern und der damit verbundenen Aufgabe der traditionellen Lebensweise.

Obwohl der italienische Staat nach Kriegsende das Sprachverbot aufhob und besondere Förderprogramme für Minderheiten einführte, sprechen in den noch bewohnten ehemaligen Walsersiedlungen nur noch wenige Menschen das »Titsch«. Insbesondere im Val Formazza hört man es noch, inzwischen auch wieder von jüngeren Menschen, wogegen es in Macugnaga und Ornavasso ausgestorben ist und nur noch zu folkloristischen Zwecken wieder ins Gedächtnis gerufen wird. Seit einiger Zeit finden regelmäßige Walsertreffen der verschiedenen Gemeinden statt, und die Internationale Vereinigung für Walsertum in Brig setzt sich zum Ziel, das Kulturgut dieser einzigartigen Volksgruppe zu erhalten (www.wir-walser.ch).

Folgende Doppelseite: Blick von der Alpe Rina auf die Valli Anzasca, Antrona und Bognanco und die dahinterliegenden Walliser Viertausender.

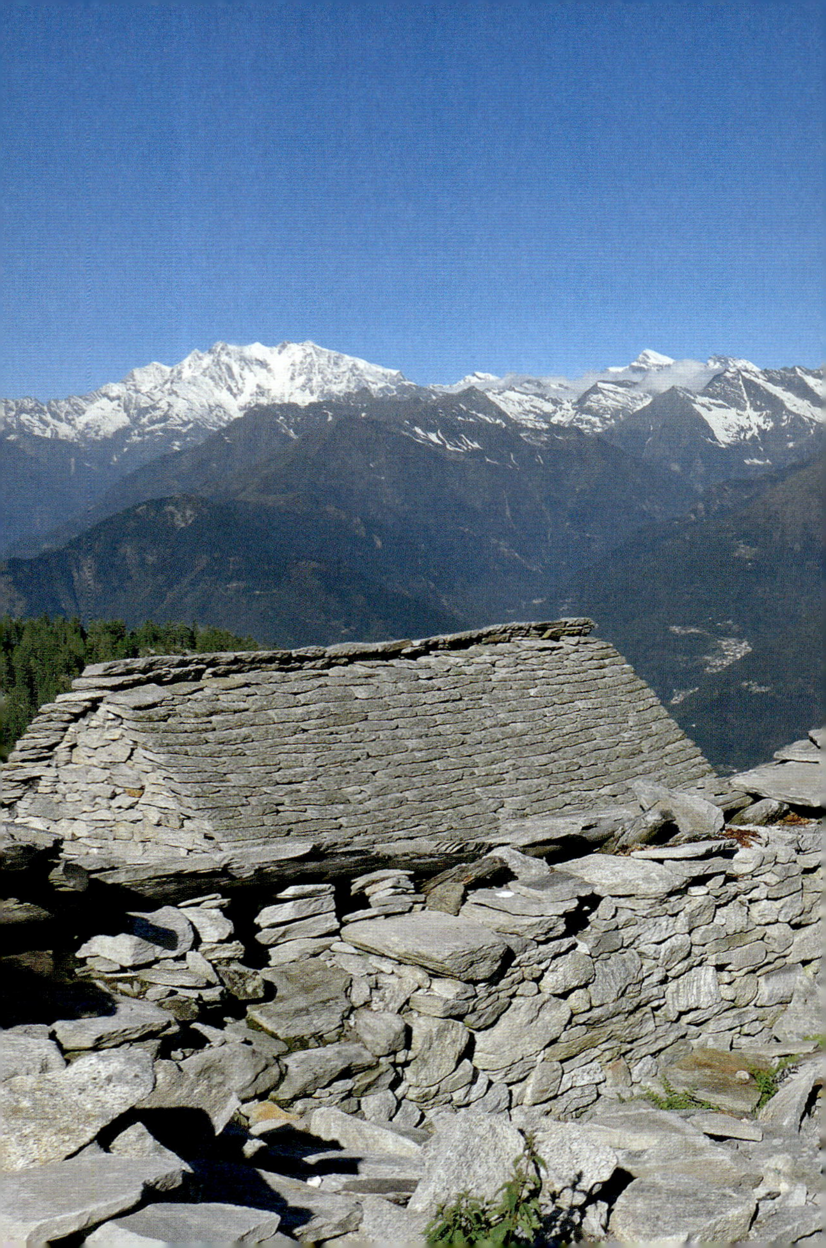

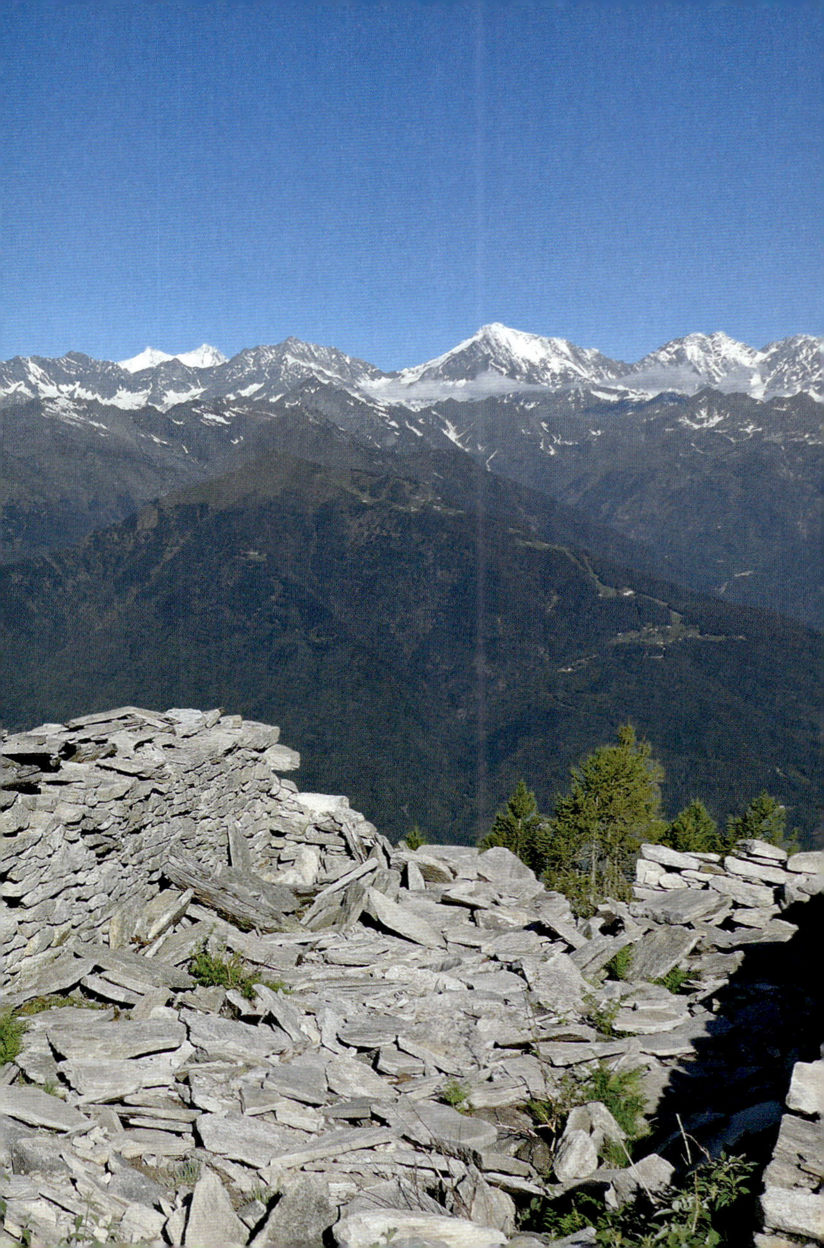

TOP

1 Montorfano, 794 m

↗ 660 m | ↘ 660 m | 10,0 km

4.30 h

In Granit gemeißelte Geschichte

Panoramareiche und geschichtsträchtige Rundwanderung auf einen frei stehenden Granitbrocken mitten im Ossola.

Der rund geschliffene Montorfano widerstand dank seines harten Gesteins den Gletschern der letzten Eiszeit und bietet eine wunderbare Aussicht auf die Laghi Maggiore, Mergozzo und Orta. Auch aus geschichtlicher Sicht handelt es sich um eine der spektakulärsten Wanderungen der Gegend. So kommen wir im gleichnamigen Dorf an einer romanischen Kirche aus dem 11. Jahrhundert vorbei, die auf Resten eines keltischen Tempels errichtet wurde. Unterwegs passieren wir zahlreiche aufgegebene Steinbrüche, in denen sich noch alte Werkzeuge begutachten lassen. Und wir begehen einen der schönsten Abschnitte der Linea Cadorna, einer Verteidigungslinie aus dem Ersten Weltkrieg, die glücklicherweise nie zu Kriegszwecken genutzt werden musste.

Ausgangspunkt: Mergozzo, 196 m, Station der Regionalzüge Domodossola – Milano (Verbindung ungefähr alle zwei Stunden) und Halt der Buslinie Verbania – Domodossola von VCO Trasporti. Großer kostenloser Parkplatz am nördlichen Dorfrand an der Hauptstraße in Richtung Domodossola.
Anforderungen: Gut markierte und unterhaltene Wege, Aufstieg vom Ort Montorfano auf den Gipfel stellenweise steil, Abstieg über den Militärweg einfach.
Einkehr und Unterkunft: In Mergozzo zahlreiche Restaurants, zu empfehlen sind die Pizzeria Vecchio Olmo direkt an der Promenade, Piazza Cavour 2, Tel. +39 0323 80335, und für regionale Spezialitäten das Pagul in der Ortsmitte bei der oberen Ampel, Vicolo XI, Tel. +39 347 0857140. Als Unterkunft bietet sich das B&B Il Picchio im Ortsteil Bracchio an, Via Tarì 9, Tel. +39 333 6545208, www.il-picchio.eu, deutschsprachige Vermieterin. Die Trattoria Belvedere in Montorfano ist derzeit geschlossen.
Karte: Carta Geo4Map 114 »Val Grande« 1:25.000.
Beste Jahreszeit: Ganzjährig möglich.
Varianten: Am Bahnhof von Verbania-Pallanza halten mehr Züge und Busse als in Mergozzo. Von dort erreicht man in 20 Minuten über ein Sträßchen den Sentiero Azzurro kurz vor dem Dorf Montorfano.
Von der Polveriera kann man dem »Abstiegsweg« der neuen Via Ferrata folgen. Er ist stellenweise etwas ausgesetzt, kürzt jedoch eine lange Serpentine der Linea Cadorna ab und kommt an einem herausragenden Aussichtspunkt vorbei.

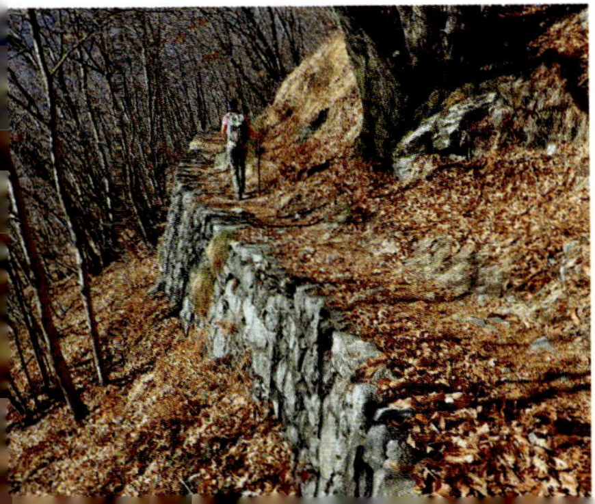

Die Linea Cadorna, ein Maultierweg aus dem Ersten Weltkrieg.

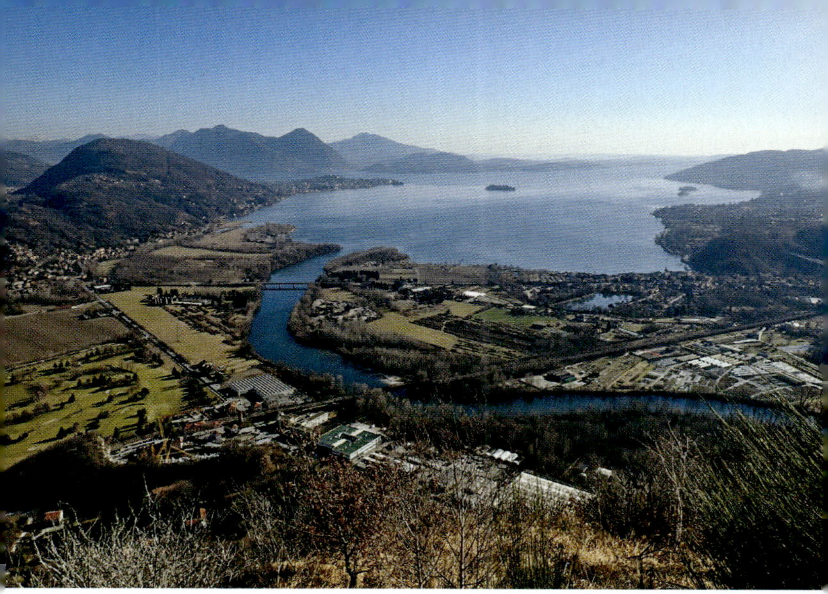

Blick vom Montorfano auf den Lago Maggiore mit den Borromäischen Inseln.

Unsere Wanderung beginnt direkt an der pittoresken Uferpromenade von **Mergozzo** ❶, 196 m. Links neben der Pizzeria Vecchio Olmo biegen wir in die Via Borzoni ein, um gleich wieder links einem ansteigenden Sträßchen zu folgen. Nach einer Kurve sehen wir links die rot-weiße Markierung »A56« und folgen ihr in die Via al Sasso hinein. So gelangen wir auf den Sentiero Azzurro, einen schönen Maultierpfad, der in stetem Auf und Ab am Steilufer des Lago di Mergozzo entlangführt. An dessen Ende kommen wir zur Straße, die vom Bahnhof Verbania-Pallanza heraufzieht. Auf ihr erreichen wir in Kürze den kleinen Weiler **Montorfano** ❷, 318 m, mit seiner romanischen Kirche und der jahrhundertealten Eibe davor. Bei den Schildern etwas weiter nördlich setzt ein alter Ziehweg an, dem wir bis

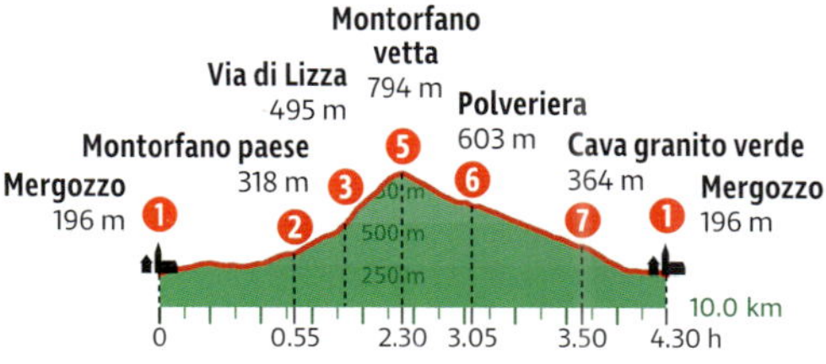

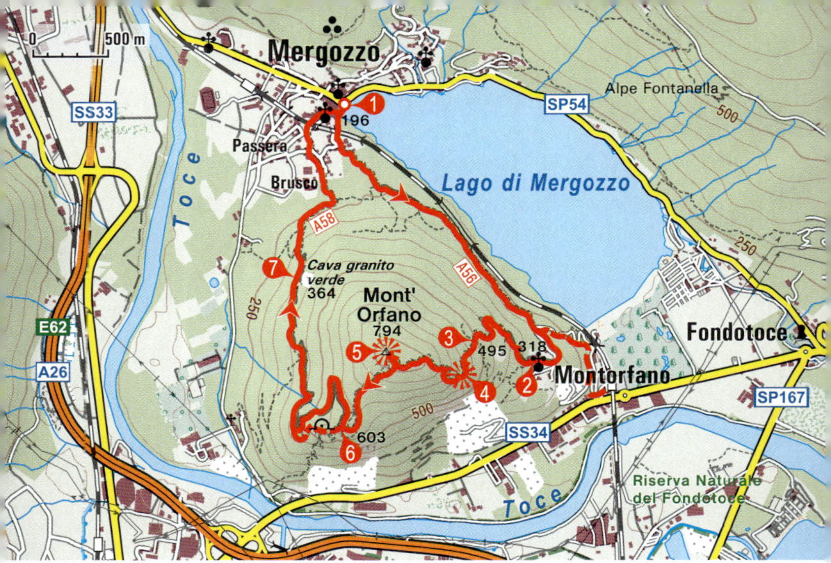

zu einem aufgegebenen Steinbruch folgen. Hier beginnt ein schmaler und steiler, aber gut unterhaltener Bergpfad, der sich durch die nun felsigen Zonen schlängelt. Dabei kommen wir auch an einer sogenannten **Via di Lizza** 3 vorbei (siehe auch Tour 5). Über diese unwahrscheinlich steilen Rampen wurden einst an abenteuerlichen Seilkonstruktionen die aus dem Berg gesägten Granitblöcke ins Tal hinunterbefördert, von wo sie in alle Welt als hochwertiges und geschätztes Baumaterial verkauft wurden. Etwas später erreichen wir eine riesige Stützmauer und gleich dahinter einen herrlichen **Aussichtspunkt** 4, 610 m, mit einem kleinen Bänkchen. Der Blick auf den Lago Maggiore und darüber hinaus ist unvergleichlich. Weiter geht es an einem zweiten Aussichtspunkt vorbei und durch recht steilen Wald zum Gipfelplateau mit Wegweisern.

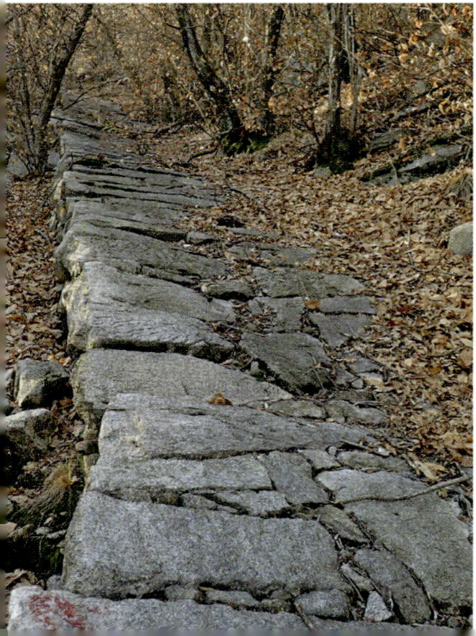

Alte Steinbruchrutsche »Via di Lizza«.

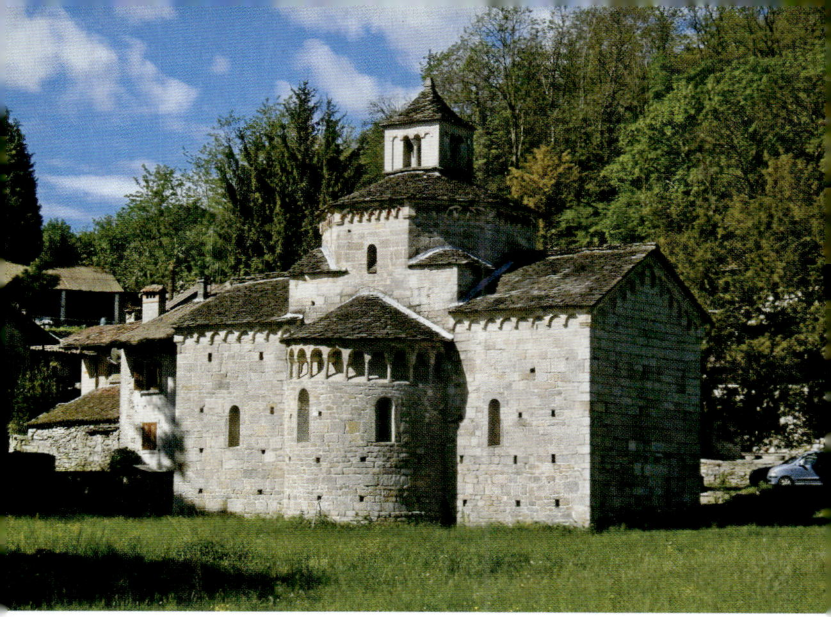

Romanische Kirche San Giovanni Battista in Montorfano.

Überall lassen sich Reste der Bunkeranlagen aus dem Ersten Weltkrieg begutachten. Ein kleiner Pfad führt von den Schildern nach rechts auf den höchsten Punkt des **Montorfano** 5, 794 m. Er ist ziemlich überwuchert, daher lohnt sich ein Abstecher auf ein Felsplateau westlich davon, um auch den Blick ins Ossolatal und auf das Weissmies, einen Walliser Viertausender, zu genießen.

Wir gehen wieder zurück zum Wegweiser und beginnen den Abstieg, der zunächst auf zahlreichen Serpentinen der schön angelegten Linea Cadorna verläuft. Nach einiger Zeit erreichen wir die **Polveriera** 6, 603 m, ein ehemaliges Pulverlager für die hier einst stationierten Geschütze. Nun wird der Weg immer breiter, über großzügige Kehren wandern wir auf einer Naturstraße bergab. Bei Weggabelungen halten wir uns stets rechts (Schilder beachten). Nachdem wir einen **Steinbruch** 7, in dem früher grüner Granit abgebaut wurde, passiert haben, müssen wir etwas aufpassen, da unsere Route den breiten Ziehweg wiederum nach rechts verlässt (gut markiert) und in einen alten Kastanienhain einbiegt. Durch diesen Wald erreichen wir bei einem Brunnen, der gutes Quellwasser führt, die ersten Häuser von **Mergozzo** 1. Wir schlängeln uns durch die Siedlung, überqueren die Eisenbahnlinie und gehen rechts hinter dem Kirchlein von Sant'Elisabetta wieder hinunter zur Uferpromenade.

↗ 1180 m | ↘ 1180 m | 13,5 km

2 Monte Faiè, 1352 m

6.40 h

Spektakuläres Panorama vom südlichsten Gipfel des Val Grande

Rundwanderung vom pittoresken Mergozzo über die steinzeitliche Behausung Cà d'la Norma und die Einsiedelei Vercio zur Erhebung des Monte Faiè am Rand des Nationalparks. Obwohl mehr ein Hügel als ein echter Gipfel, bietet er eines der umwerfendsten Panoramen der Gegend: die fünf Seen Maggiore, Varese, Monate, Mergozzo und Orta liegen zu unseren Füßen, in der Ferne grüßen die Walliser Viertausender und dazwischen öffnen sich Tiefblicke in die Wildnis des Val Grande.

Ausgangspunkt: Mergozzo, 204 m, Station der Regionalzüge Domodossola – Milano (Verbindung ungefähr alle zwei Stunden). Großer kostenloser Parkplatz am nördlichen Dorfrand an der Hauptstraße in Richtung Domodossola.
Anforderungen: Gut markierte und unterhaltene Wege, Abstiege vom Monte Faiè und von Erfo nach Boscopiano steil. Pfad zum Cà d'la Norma recht wild.
Einkehr und Unterkunft: Mergozzo siehe Tour 1. In Bracchio die Trattoria il Risottino, Via Bracchio 77, Tel. +39 393 6173711, www.ilrisottino.it. Unterkunft bietet das B&B Il Picchio, Via Tarì 9, Tel. +39 333 6545208, www.il-picchio.eu, deutschsprachige Vermieterin. Das Rifugio Fantoli auf der Alpe Ompio ist üblicherweise an den Wochenenden von April bis Oktober sowie von Juni bis September durchgehend geöffnet, Tel. +39 340 5783883, www.rifugiofantoli.it – die Polenta ist fantastisch.
Karte: Carta Geo4Map 114 »Val Grande« 1:25.000.
Beste Jahreszeit: April – November.
Varianten: Den eher wilden Abstecher zum Cà d'la Norma kann man weglassen und direkt nach Bracchio hinaufwandern (10 Minuten kürzer).
Von Vercio kann man auf einem Höhenweg nach Ompio queren, was viele Höhenmeter spart.
Der Monte Faiè lässt sich auch vom Parkplatz in Ruspesso (10 Min. von Ompio entfernt) im Rahmen einer kurzen Rundwanderung besteigen (gesamt 2 Std.).

Hier lebten die Menschen vor vielen Tausend Jahren: das »Cà d'la Norma«.

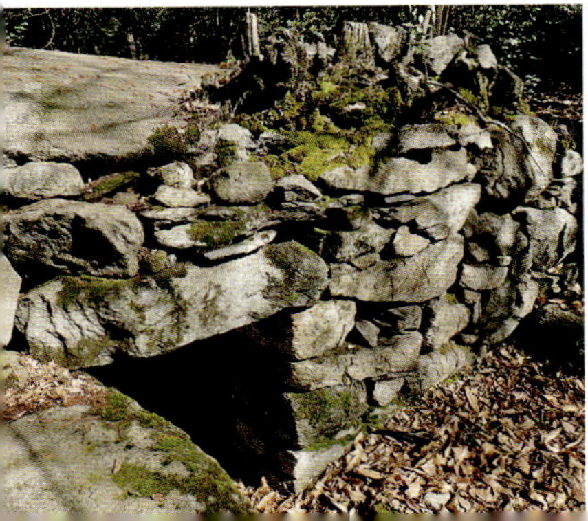

Wir gehen vom Dorfplatz in **Mergozzo** ❶, 204 m, in die Via Bracchio und nach zwei Minuten nach links in die Via Rungia ad Michel. An deren Ende beginnt der mit Holzschildern versehene, teilweise etwas verwilderte Weg, der uns zum **Cà d'la Norma** ❷, 306 m bringt. Bei der Steinhöhle handelt es sich um eine Behausung aus der Jungsteinzeit. Von dort gehen wir ein kurzes Stück zurück und wandern auf dem nun besseren Weg nach **Bracchio** ❸, 315 m. Am Ende der Straße gehen

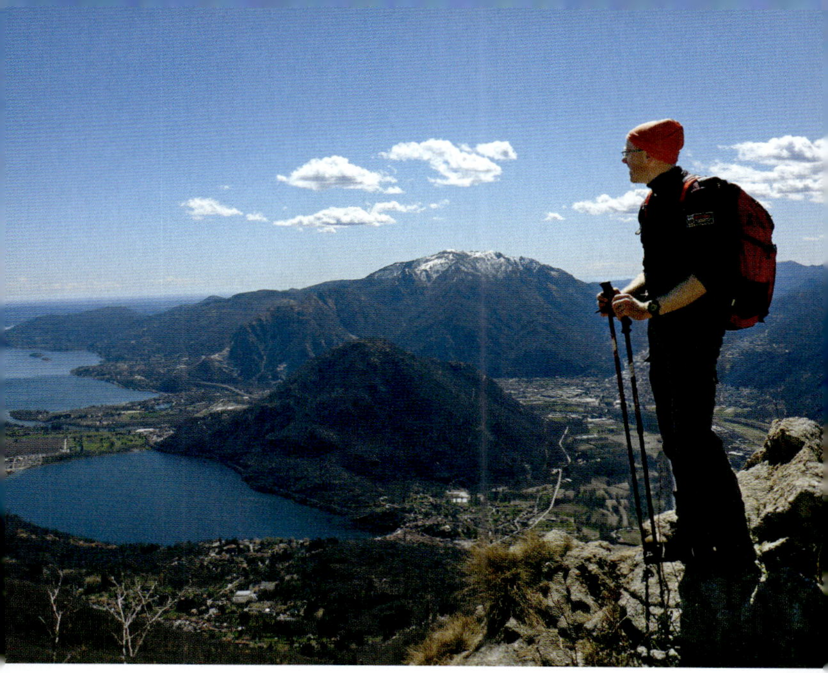

Fantastischer Ausblick vom Monte Faiè auf die Oberitalienischen Seen.

wir rechts in die Via Zanotti zur Kirche und folgen von nun an den rotweißen Zeichen des Weges A52. Am oberen Ende des Dorfs setzt eine wunderschöne Mulattiera an, die sich in stetiger Steigung durch Kastanienwald bis zur Einsiedelei von **Vercio** ❹, 830 m, windet. Wir gehen zur Kirche und dahinter weglos über eine Wiese geradeaus bergauf. Bei den obersten Häusern beginnt der gute Bergpfad (Schilder) zur **Colma di Vercio** ❺, 1255 m.

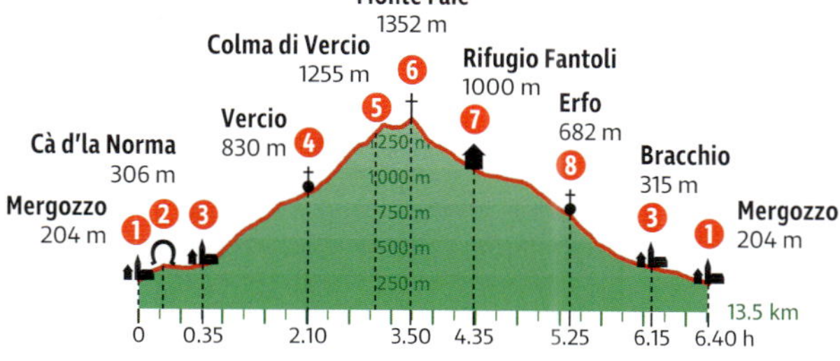

Auf dem Weg zur Colma di Vercio.

Oben angekommen, folgen wir mehr oder weniger exakt dem Gratverlauf nach Osten und erreichen so in Bälde den Gipfel des **Monte Faiè** ❻, 1352 m, von dem wir eine atemberaubende Aussicht genießen können.
Unser Abstieg beginnt mit einem steilen Stück auf rutschigem Buchenlaub – der Weg ist aber ausgetreten und ungefährlich. Bald flacht der Rücken etwas ab und bietet schöne Blicke in den wilden Val-Grande-Nationalpark. Bei einem kleinen Sattel halten wir uns rechts und kommen so in Kürze zum **Rifugio Fantoli** ❼, 1000 m, wo wir einkehren können. Ein breiter Weg führt weiter zum Parkplatz von Ruspesso, an dessen rechter Seite (hinter Mülltonnen) der Bergpfad wieder ansetzt. Er ist im Sommer manchmal etwas überwuchert. Nach einigen gekreuzten Serpentinen der Fahrstraße erreichen wir die kleine Kapelle von **Erfo** ❽, 682 m, wo wir die Straße endgültig verlassen und nach rechts in steilen Kastanienwald abbiegen. Sobald wir ein paar Häuser erreichen, wird der Weg angenehmer zu begehen. Kurz darauf erreichen wir wieder **Bracchio** ❸. Wir können uns im Abstieg durchs Dorf anfangs rechts halten, so kommen wir noch an einer schönen Malteservilla vorbei. Am Dorfplatz angekommen, folgen wir bis nach **Mergozzo** ❶ der Via Bracchio. An zwei Stellen, beim Friedhof und ein kurzes Stück später, können wir die Straße abkürzen.

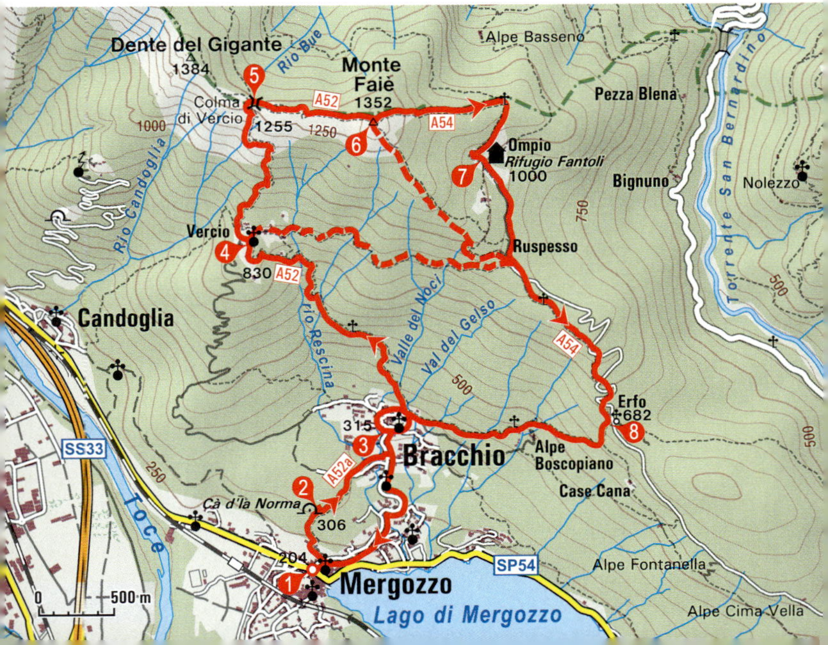

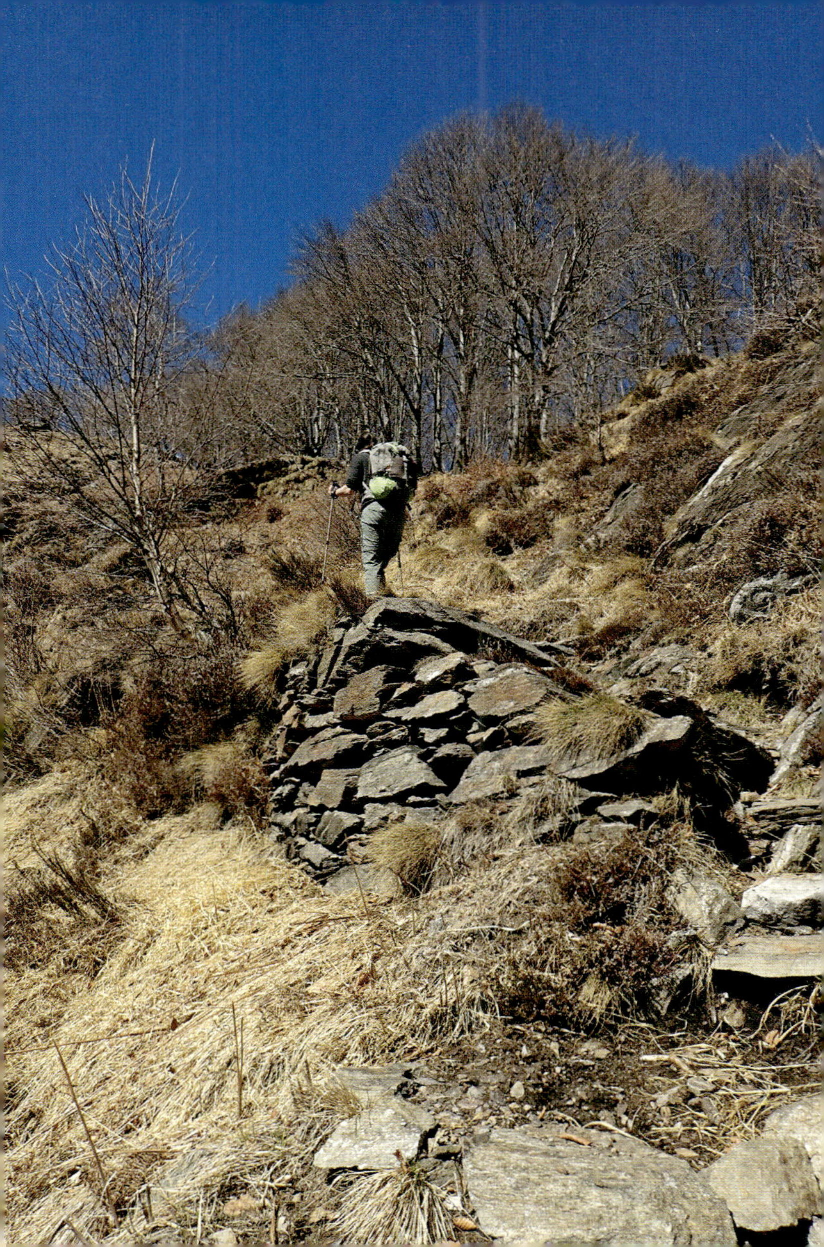

↗ 1740 m | ↘ 1740 m | 18,1 km

3 Monte Massone, 2161 m

9.30 h

Auf Walserwegen zum höchsten Berg des Bassa Ossola

Ausnahmen bestätigen die Regel: Im späten Mittelalter siedelten sich die Walser entgegen ihren Gewohnheiten, nur hohe Lagen zu bewohnen, auch in der Nähe des Lago Maggiore an. Von Urnafasch (heute Ornavasso) aus kultivierten sie die steilen Hänge bis hinauf zum Monte Massone. Geblieben sind viele seltsam anmutende Flur- und Alpnamen, ein Mix aus Walserdeutsch und Italienisch. Unsere Wanderung folgt den Wegen der Hirten bis zum Gipfel mit dem wohl umfassendsten Panorama der Gegend.

Ausgangspunkt: Madonna del Boden, 479 m, kostenloser Parkplatz vor der Kirche.
Anforderungen: Mitunter schlecht markierte und überwachsene Wanderwege in jedoch relativ einfachem Gelände. Viele Höhenmeter.
Einkehr und Unterkunft: Antica Trattoria del Boden, mit Zimmern, Tel. +39 0323 835976, www.trattoriaboden.it. Rifugio Cortevecchio, geöffnet von Mai bis Oktober, Tel. +39 0323 837051, www.rifugiocortevecchio.it.
Beste Jahreszeit: Juni – Oktober.
Karte: Carta Geo4Map 114 »Val Grande« 1:25.000.

Varianten: Wer nur den Gipfel besteigen möchte, kann bis Frasmatta fahren. Der Code für die Straßenschranke (Einfahrt) kann telefonisch beim Rifugio Cortevecchio erfragt werden – den Ausfahrtcode bekommt man nur direkt vor Ort, was eine Einkehr zwingend erforderlich macht. Eine interessante Querung führt von Cortemezzo über den Passo della Porta nach Lisingorto. Wer die vielen Höhenmeter der Gipfelbesteigung scheut, dem sei diese Variante empfohlen.
Von Boden kann man auf dem Trail »chilometro verticale« nach Vooscht und Pogalti aufsteigen. Er ist aber tatsächlich recht vertikal ...

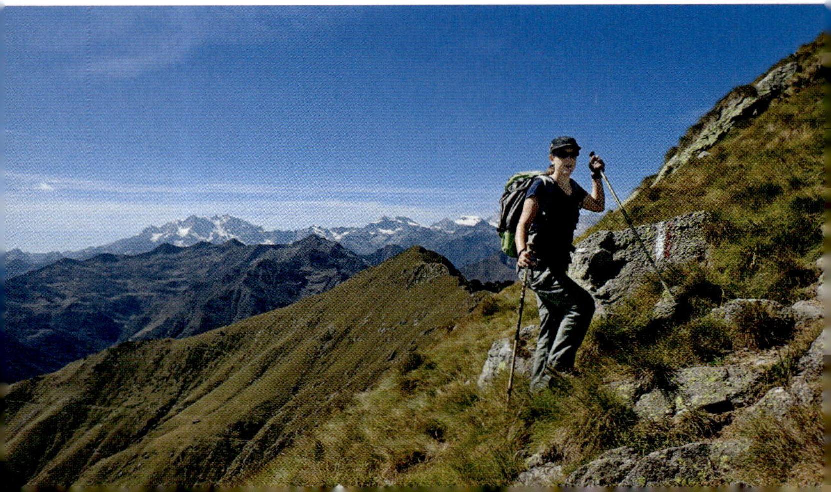

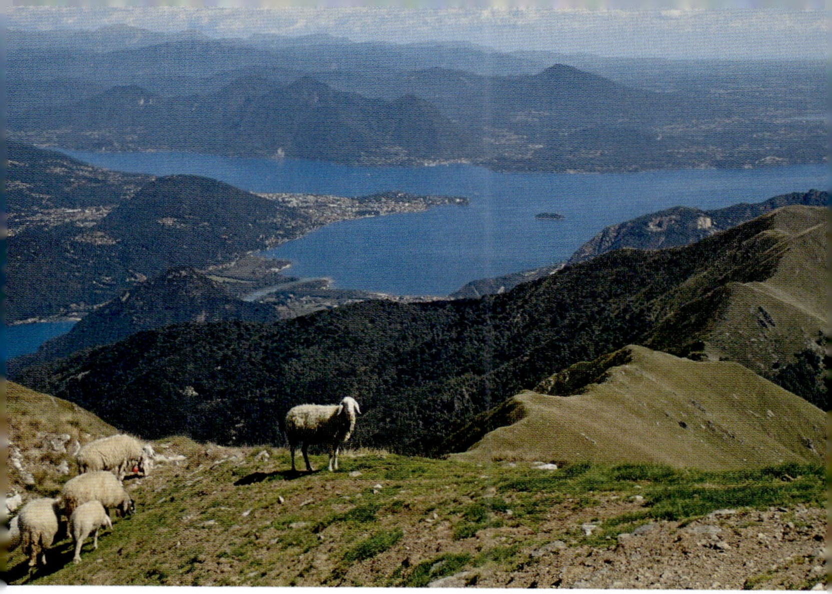

Oben: Ob auch die Schafe das Panorama genießen?
Links: Im Aufstieg zum Gipfel begleitet uns der Monte Rosa.

Hinter dem Parkplatz der Wallfahrtskirche von **Boden** ❶, 479 m, gehen wir wenige Meter auf der Straße, ehe wir rechts auf einen Ziehweg einbiegen. Diesem folgen wir in vielen Serpentinen bis nach **Grabo** ❷, 795 m, wo wir auf einer Piste nach links queren. Bald treffen wir auf Schilder des Berglaufs »chilometro verticale«. Ihm folgen wir auf schmalem Weglein, ehe wir bei **Pogalti** ❸, 1241 m, wieder auf eine großzügige Straße stoßen. Wir biegen

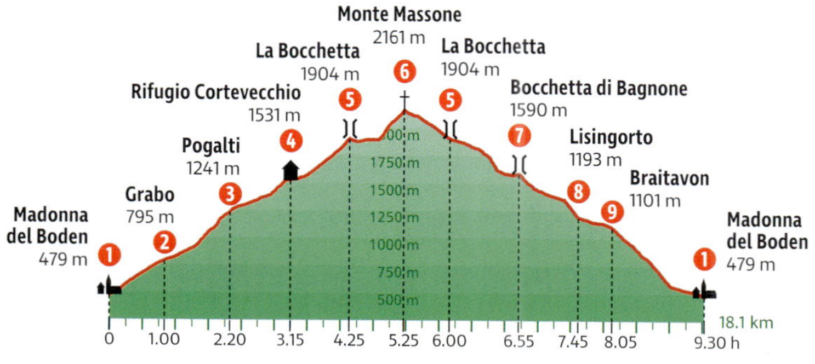

Ein Schützengraben am Monte Massone, Teil der Linea Cadorna.

nach links auf sie ein und gelangen in Kürze zu einer Abzweigung. Auf einem breiten Weg gehen wir ein Stück eben im Wald und müssen dann gut auf die Markierungen achten: Geradeaus geht es zum Passo della Porta (siehe Variante), wir jedoch steigen steil durch etwas unübersichtlichen Wald zum **Rifugio Cortevecchio** ❹, 1531 m, auf. Ab hier bis zur **Bocchetta** ❺, 1904 m, ist der Weg gut markiert und über ein Stück der Linea Cadorna (siehe Tour 1) einfach zu begehen. Am Pass steigen wir wenige Meter ab und queren nach rechts auf Schafspuren zum Sumpfgebiet des einstigen Lago di Massone. Gleich dahinter treffen wir auf einen Rücken, dem wir steil bergauf bis zum Gipfel des **Monte Massone** ❻, 2161 m, folgen.

Der Abstieg verläuft zunächst auf weiteren Resten der Linea Cadorna, die uns zur **Bocchetta** ❺ zurückbringen. Von hier wandern wir immer auf dem aussichtsreichen Grat bis zur unscheinbaren **Bocchetta di Bagnone** ❼, 1590 m, von der wir nach links absteigen (Schilder). Nun schlängelt sich ein recht wilder Pfad hinunter nach **Lisingorto** ❽, 1193 m, wo der Weg breiter wird und uns bequem nach **Braitavon** ❾, 1101 m, führt. Gleich nach dem ersten Haus geht es durch steilen Wald bergab, und vorbei an Ultosvendi kommen wir zur asphaltierten Straße, auf der wir zurück nach **Boden** ❶ wandern.

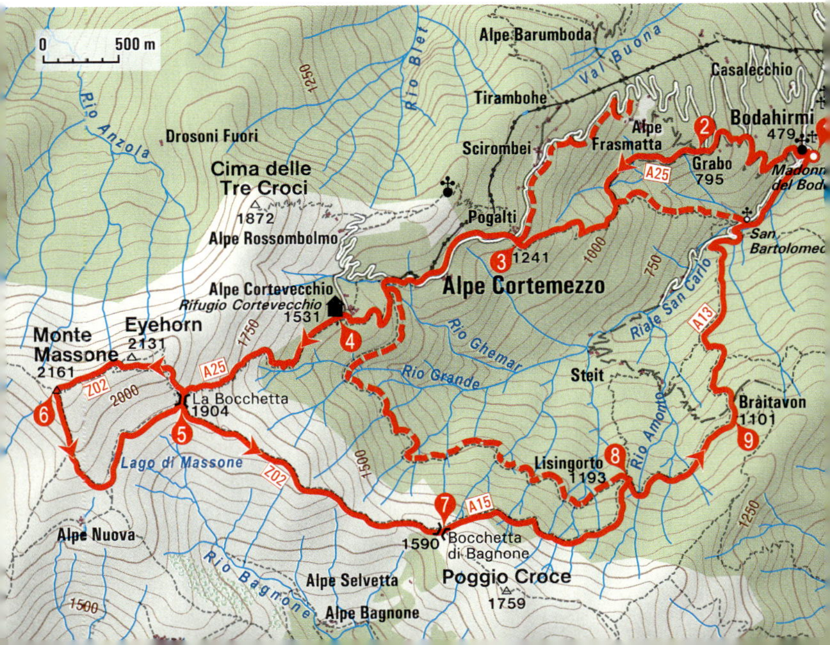

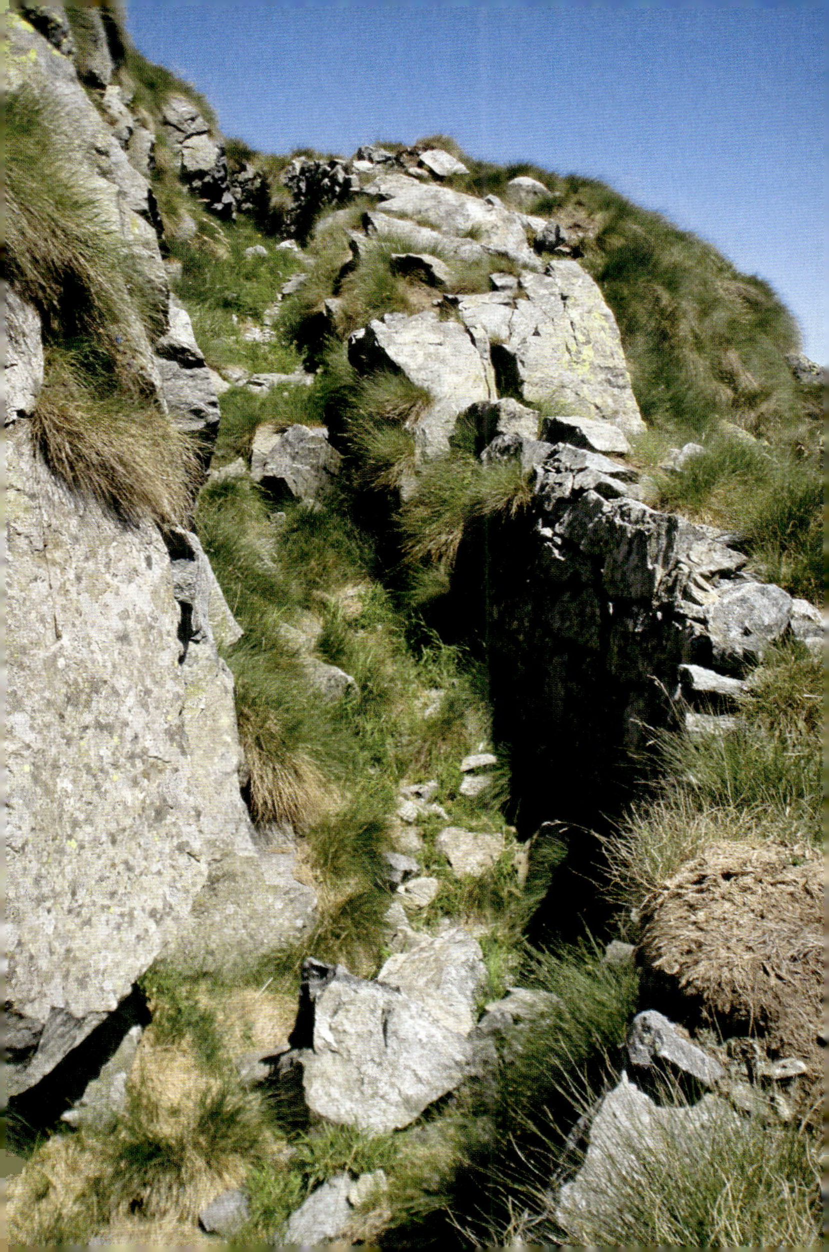

↗ 810 m | ↘ 820 m | 7,4 km

4 Capraga, 1000 m

4.30 h

Alte Kulturlandschaften zwischen Afrika und Europa

Auf steilen Pfaden wandern wir über die gut sichtbare geologische Grenze der Kontinente und kommen dabei an vielen Zeugnissen der hier einst betriebenen Landwirtschaft vorbei. In diesem schroffen Gelände wurden früher Wein, Roggen und Kastanien angebaut – heute ist alles vom Wald vereinnahmt.

Ausgangspunkt: Vogogna, 230 m, häufige Zugverbindungen von Domodossola, Verbania und Omegna.
Anforderungen: Markierte, besonders im Aufstieg steile und schmale Wege. Abstieg auf schönen Maultierpfaden.
Einkehr und Unterkunft: Vogogna: siehe Tour 5. Colloro: Circolo Acli, Via Premosello 16, Tel. +39 0324 1870640, mit Zimmervermietung. B&B Cà dal Preu, Via Fontana del Bosco 3, Tel. +39 0324 88745, www.ossolahiking.com, im historischen Pfarrhaus. Premosello: Ristorante Proman, Via Sempione 3, Tel +39 0324 88193, und die Happy Bar mit Küche und Eisdiele direkt am Dorfplatz.
Karte: Carta Geo4Map 114 »Val Grande« 1:25.000.
Beste Jahreszeit: Ganzjährig möglich.
Variante: Abstecher zur Ruine des Signalturms La Rocca.

In **Vogogna** ❶, 230 m, gehen wir direkt ins Zentrum zur Piazza Pretorio. Der mittelalterliche Dorfkern ist UNESCO-Weltkulturerbe. Vor dem alten Palast steigen wir nach links auf, kommen an der Visconti-Burg vorbei und überqueren in einem Tälchen erstmals die Kontinentalgrenze: rechts dunkles afrikanisches, links helles europäisches Gestein. Eine Mulattiera bringt uns zum hübschen Weiler **Genestredo** ❷, 362 m, an dessen oberem Ende ein steiler und schmaler Pfad ansetzt. Wir finden ihn, indem wir der Straße einige Meter nach links folgen. Zu Beginn des Wegs begleiten uns

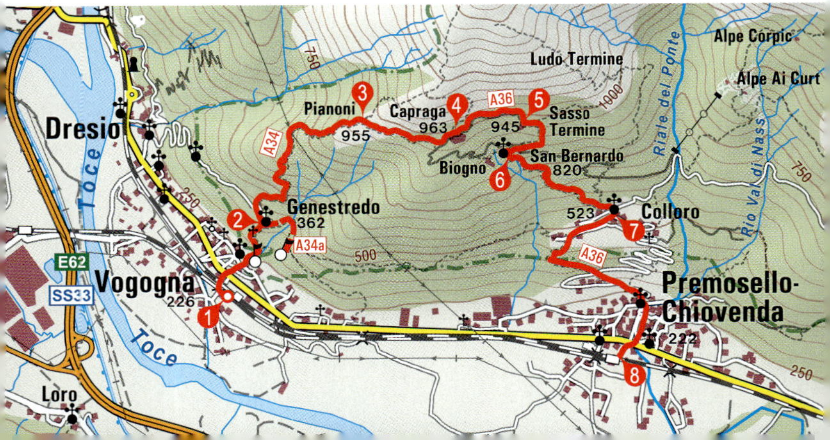

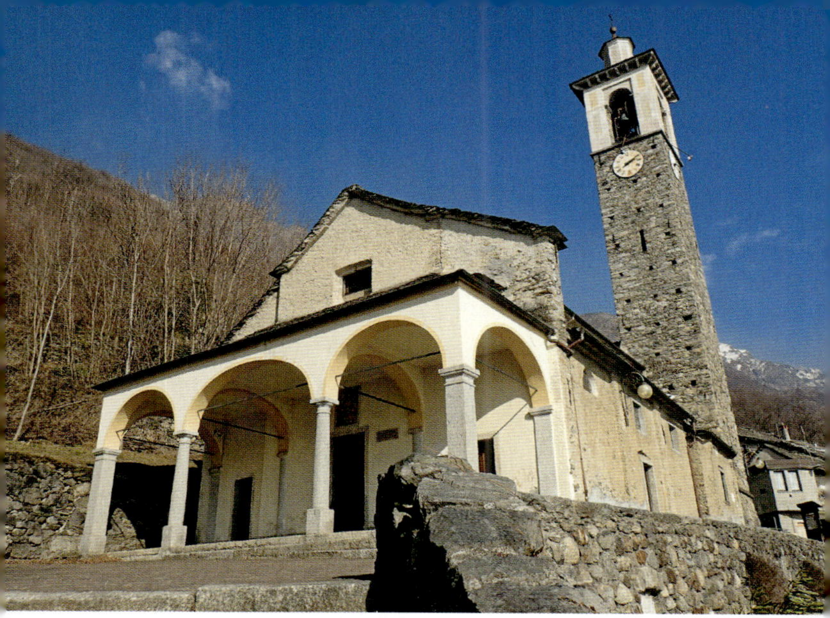

Die Kirche am oberen Dorfrand von Colloro.

viele Schilder mit schlauen Sprüchen. Später kommen wir an zahlreichen Ruinen mit teils interessanten Zeugnissen der aufgegebenen Bergkultur vorbei: Steinbrunnen, Wassertröge, Ziegengatter, Weidezäune. Schließlich beginnt etwas oberhalb von **Pianoni** 3, 955 m, eine Querung nach rechts. Sie ist stellenweise etwas ausgesetzt, die steilsten Passagen sind mit Ketten gesichert. Erneut wandern wir über die Kontinentalgrenze und kommen zu renovierten Häusern. Hier nehmen wir eine Straße bergauf (und folgen nicht bergab den Schildern, die nach Colloro weisen!), passieren **Capraga** 4, 963 m, und erreichen schließlich auf 1000 Metern den höchsten Punkt unserer Wanderung.

Am Ende der Straße liegt das Ruinendorf **Sasso Termine** 5, 945 m, durch das wir absteigen. Der hier beginnenden Mulattiera bleiben wir bis zum Schluss treu. Wir wandern durch verwilderte Kastanienhaine, kreuzen die Straße und kommen zur

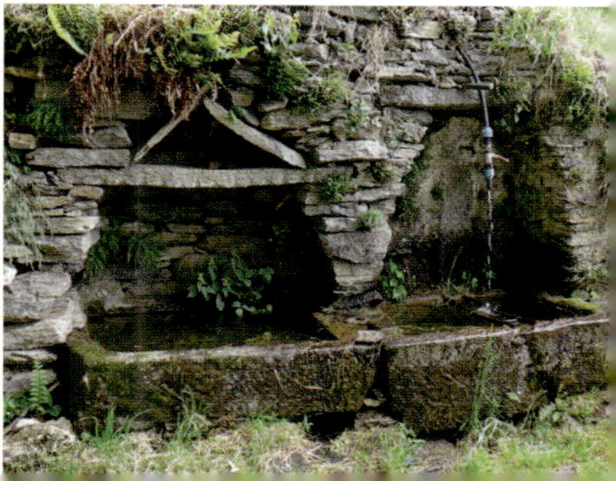

Kunstvoll gebauter Brunnen bei Sasso Termine.

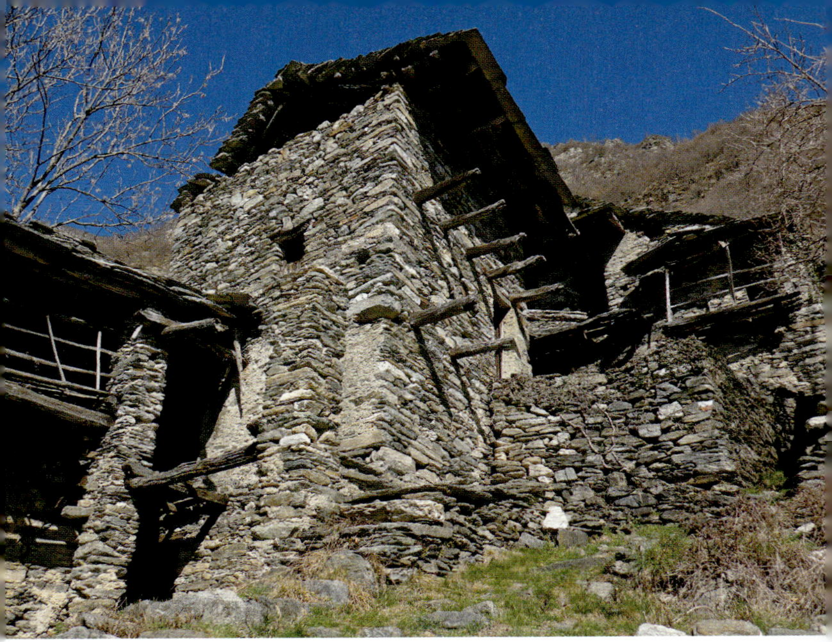

Im Ruinendorf Sasso Termine.

Kirche von San **Bernardo** ❻, 820 m. Kurze Zeit später passieren wir einen sehr schönen Panoramaplatz. Unser Maultierpfad windet sich weiter durch den Wald hinab, ehe er schließlich das ganzjährig bewohnte Dorf **Colloro** ❼, 523 m, erreicht. Wir folgen der Straße bergab, ignorieren Abzweigungen nach links und gehen immer geradeaus durch das Dorf. An dessen Ende finden wir wieder die Mulattiera, die uns ins Tal nach **Premosello** ❽, 222 m, bringt. Von hier können wir einen der häufig fahrenden Züge zurück nach Vogogna nehmen: Die Reise dauert ganze zwei Minuten.

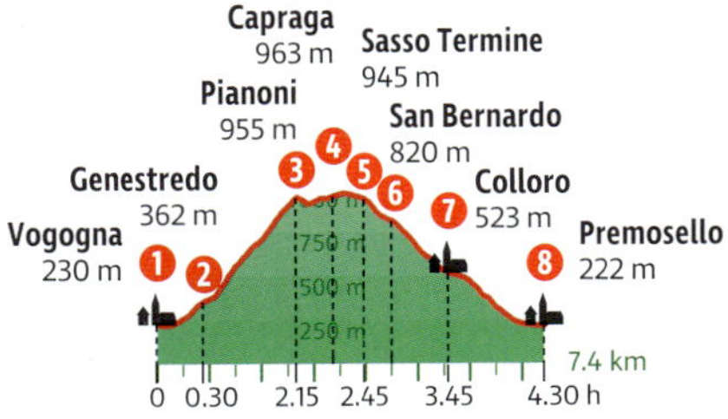

↗ 700 m | ↘ 700 m | 7,5 km

4.00 h

Alpe Marona, 880 m

5

Auf den Spuren der Bergarbeiter

Unsere Wanderung, die teilweise durch wildes Gelände führt, besucht zwei verlassene Steinbrüche, in denen es noch viele rostige Gegenstände aus dem Alltag der Arbeiter zu sehen gibt. Das Ziel ist ein herrlicher Aussichtspunkt hoch über dem Toce. Zurück geht es über eine sehr schön angelegte, historische Steinrutsche.

Ausgangspunkt: Vogogna, 230 m, häufige Zugverbindungen von Domodossola, Verbania und Omegna.
Anforderungen: Steile und teilweise von der Vegetation bedrängte Wanderwege mit verblassten Markierungen. Abstieg bei Nässe nicht zu empfehlen, da sehr rutschig.
Einkehr und Unterkunft: Bar Stazione, Via Nazionale 198, Tel. +39 349 8260237, ausgezeichnete Pizza. Vecchio Borgo, Piazza Chiesa 7, Tel. +39 0324 87504, www.ristorantevecchioborgo.it, gute lokale Küche, mit Zimmervermietung.
Karte: Carta Geo4Map 114 »Val Grande« 1:25.000.
Beste Jahreszeit: Oktober – Mai.
Variante: Aufstieg via La Rocca und Genestredo, siehe Tour 4.

Von Marona öffnet sich der Blick ins Ossola und auf den Monte Rosa.

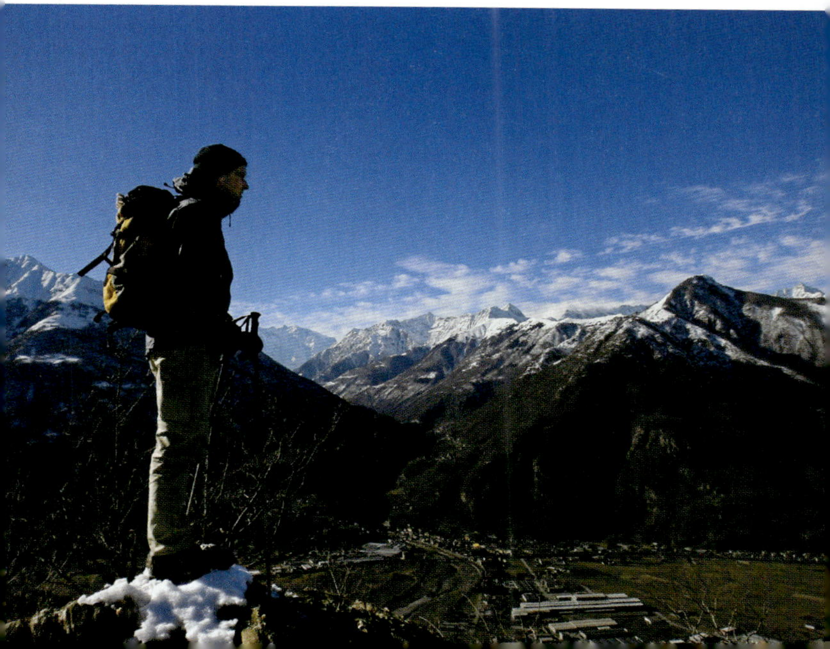

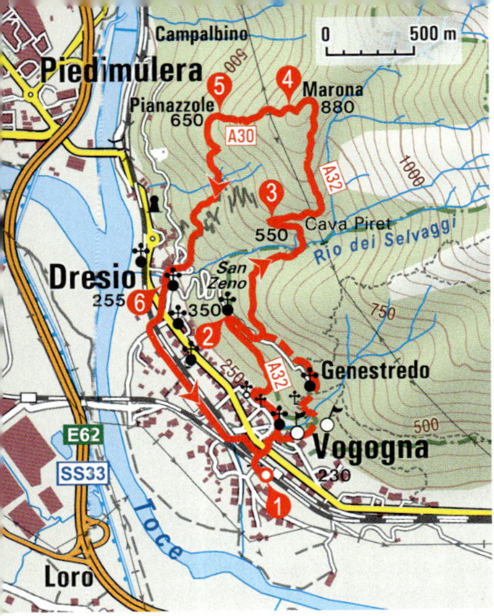

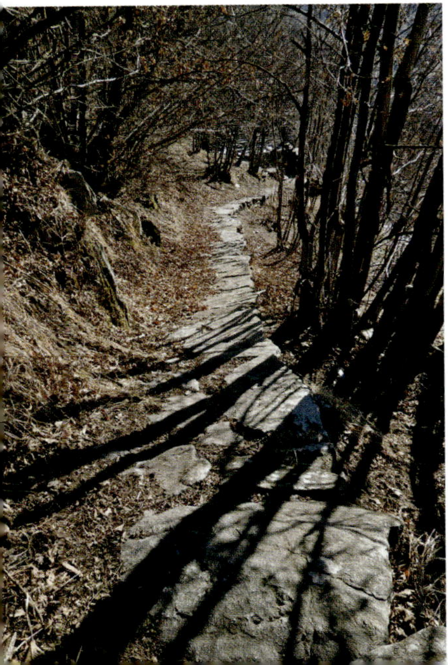

Die steile Via di Lizza, die wir auf unserer Wanderung begehen.

Wir gehen zur Kirche von **Vogogna** ❶, 230 m und weiter geradeaus in die Via de Regibus, die zur Via San Carlo wird, bis wir kurz vor einem Platz rechts abbiegen (gegenüber der Hausnummer 21). Durch eine schmale Gasse erreichen wir einen anfangs steilen Pfad, der zur Mulattiera wird. Wir kommen an einer winzigen, lange aufgegebenen Goldmine vorbei, passieren ein paar Häuser und gelangen nach einer felsigen Passage zur Kirche **San Zeno** ❷, 350 m. Sie hat ein schönes Steindach, auf dem eine Mauer die Ziegen daran hindern soll, hinaufzuklettern. Nun folgen wir einer Straße nach rechts, ehe vor einem Haus der Weg links abbiegt. Er steigt zwischen Mauern steil auf und bringt uns durch Wald und an einer Kapelle vorbei in die Schlucht des Rio Dresio. Auf der anderen Seite erreichen wir den verlassenen Steinbruch von **Piret** ❸, 550 m, über dem auf einem Felsen der ehemalige Pulverturm thront. Wir wandern weiter durch steilen Wald bergan und halten uns bei einer Abzweigung rechts. Auf einer Kuppe erblicken wir gegenüber die Halde der Cava di Cremosina, ein ebenfalls aufgegebener Steinbruch. Kurze Zeit später sind wir bei den Ferienhäuschen von **Marona** ❹, 880 m, und können den Blick ins Ossola und auf den Monte Rosa genießen.

Hinter dem obersten Haus beginnt der Abstieg auf oft schmalem und im Sommer überwuchertem Pfad. Nach wenigen Metern führt bei einem Haus ein einladender Weg nach links, wir bleiben jedoch rechts. Es folgen einige steile Serpentinen und

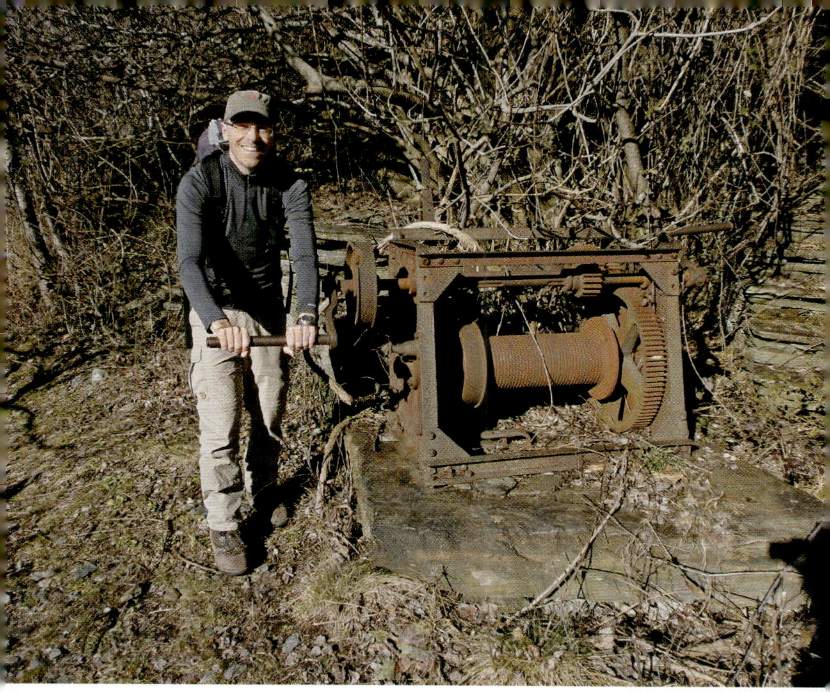

In den Steinbrüchen finden sich noch etliche Überbleibsel aus einer anderen Zeit.

eine mit einem Geländer gesicherte Passage, ehe wir am nächsten Steinbruch eintreffen. In **Pianazzole** 5, 650 m, beginnt die Via di Lizza (siehe Tour 1), der wir bis zu einer Schotterpiste treu bleiben. Wir kreuzen die Piste mehrmals und gelangen so nach **Dresio** 6, 255 m. Dort gehen wir links über eine Brücke und hinter der Kirche zur Hauptstraße hinunter. Auf der anderen Seite biegen wir in die Via Resiga ein. Nach einer Bahnunterführung folgen wir links einem Feldweg, der uns zurück nach **Vogogna** 1 bringt.

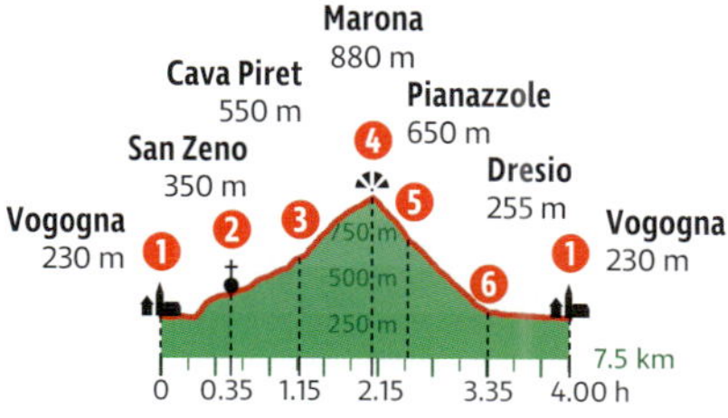

↗ 700 m | ↘ 700 m | 9,7 km

6 Val Toppa, 812 m

4.30 h

Goldrausch im Bassa Ossola

In einem unscheinbaren und schroffen Seitental im »Ossolaknick« versteckt sich eine gut erhaltene Goldmine. Sie wurde bis 1947 mit mäßigem Erfolg betrieben: Aus einer Tonne Aushub wurden ganze 25 Gramm Gold gewonnen. Noch heute findet man viele Spuren der einst umfangreichen Arbeiten vor. Zudem bietet die Wanderung schöne Blicke ins gesamte Ossolatal und passiert einige hübsch gelegene Weiler in einem kaum besuchten Gebiet.

Ausgangspunkt: Pieve Vergonte, 224 m, Zug- und Busverbindungen von Domodossola und Omegna.
Anforderungen: Gut gepflegte Wanderwege, Auf- und Abstieg mitunter recht steil.
Einkehr und Unterkunft: In Pieve Vergonte die Bar 91, Via Strade Vecchie 2, Tel. +39 333 4860414, sowie das Hotel La Pieve, www.hotellapieve.com. In der Panetteria Napolitano, Via Dottor Cicoletti 14, gibt es frisches Bio-Brot und raffinierte Naschereien. Tipp: die jungen Winzer vom Cà da l'Era produzieren hervorragenden Wein, Degustationen und Direktverkauf auf Anfrage, www.cadalera.it. Rifugio Cà Bianca bei der Goldmine, Öffnung nur für Gruppen auf Voranmeldung, Tel. +39 0324 86122.
Tipp: Ebenfalls auf Voranmeldung finden von Mai bis Oktober an den Wochenenden Führungen in die Mine statt, Tel. +39 0324 86122 oder +39 348 3178185.
Karte: Carta Geo4Map 106 »Valle Anzasca« 1:25.000.
Beste Jahreszeit: März – Oktober.

Alpe la Villa.

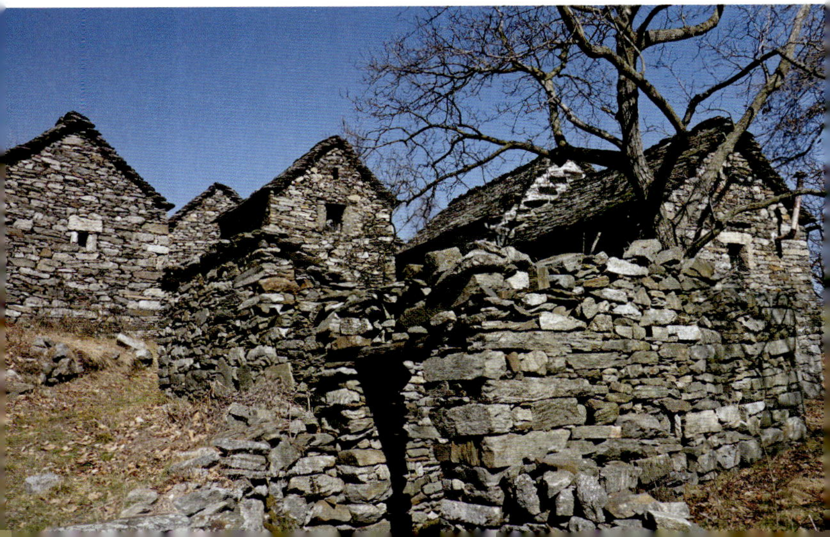

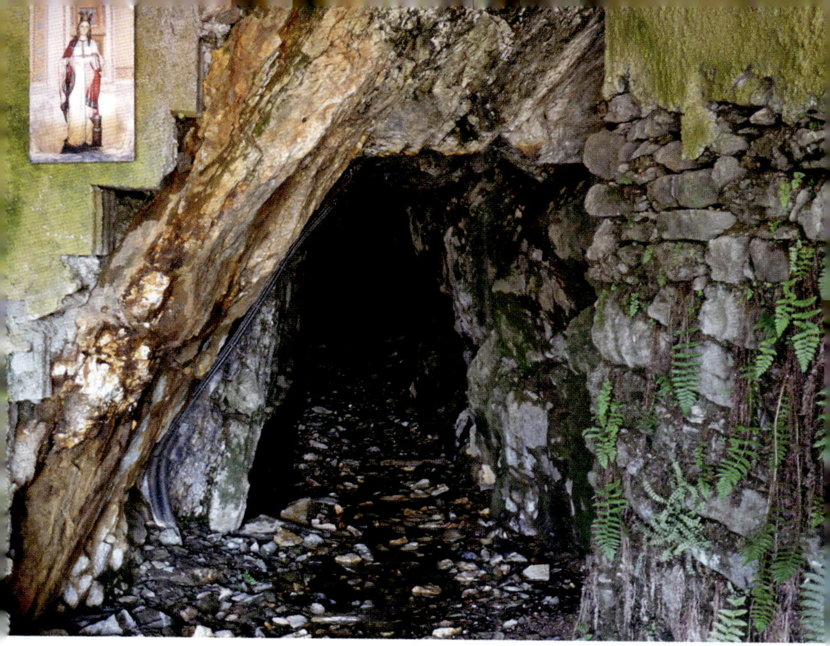

Eingang zum Stollen der Goldmine im Val Toppa.

Von der Bushaltestelle in Pieve **Vergonte** ❶, 224 m, gehen wir bergauf die Via Massari entlang, überqueren die Hauptstraße, gehen weiter geradeaus und biegen links in die Via Buchero ein. An deren Ende setzt der Wanderweg an, dem wir bis zur Goldmine treu bleiben. Er schraubt sich teilweise recht steil den Hang hinauf und passiert einige im Wald versteckte Ruinen und Ferienhäuschen. Ab und zu müssen wir bei Verzweigungen etwas aufpassen, unsere Route ist jedoch durchgehend gelb-rot markiert. Schließlich folgen wir bei einem Wegweiser einer Querung nach rechts bis zur Lichtung des **Casa Fontan** ❷, 800 m. Von hier haben wir einen herrlichen

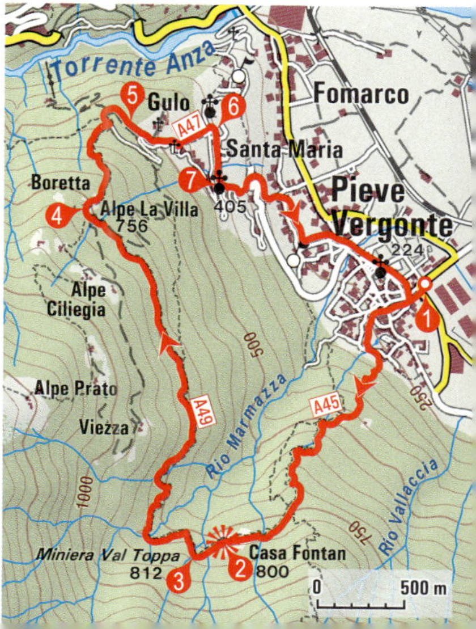

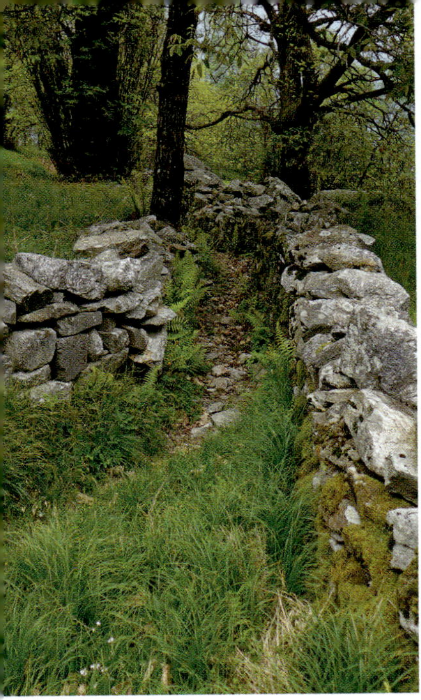

Von der Alpe la Villa führt dieser schöne Hohlweg nach Crosa hinab.

Blick nach Norden ins Ossolatal. Dahinter befindet sich das ehemalige Bergarbeiterhaus Cà Bianca. Direkt unter der Mauer vor der Hütte führt unser Weg weiter zum Rio del Mottone. Hinter dem Bach bringt uns ein kurzer Abstecher nach links zum gesperrten Eingang der **Goldmine** ❸, 812 m. Nun setzt ein gut gepflegter und schöner Höhenweg an. Zunächst über eine eindrucksvolle Treppenanlage, dann über einige Tobel und durch Kastanien- und Buchenwald bringt er uns zu einer Naturstraße. Ihr folgen wir ein kurzes Stück nach links und biegen bei der **Alpe la Villa** ❹, 756 m, auf einen rot-weiß markierten Weg nach rechts ein. Es geht steil hinab nach **Crosa** ❺, 521 m, wo wir zunächst auf einem Asphaltsträßchen weiterwandern. Hinter Gulo können wir ein paar Serpentinen abkürzen. Über einen Hohlweg kommen wir schließlich nach **Fomarco** ❻, 415 m. Wir überqueren die Straße und biegen gleich dahinter rechts ab. Auf einem alten Steinplattenweg gehen wir durch die Siedlung und gelangen so zur sechseckigen Kirche **Santa Maria** ❼, 405 m. Nun geht es über eine steile Mulattiera hinab ins Tal und dort auf einer Straße zur Häuseransammlung von Gaggia. Auf dem Dorfplatz wenden wir uns nach links, gehen rechts über den Rio Marmazza und schließlich wieder links zur Kirche von Pieve **Vergonte** ❶. Dahinter befindet sich die Bushaltestelle.

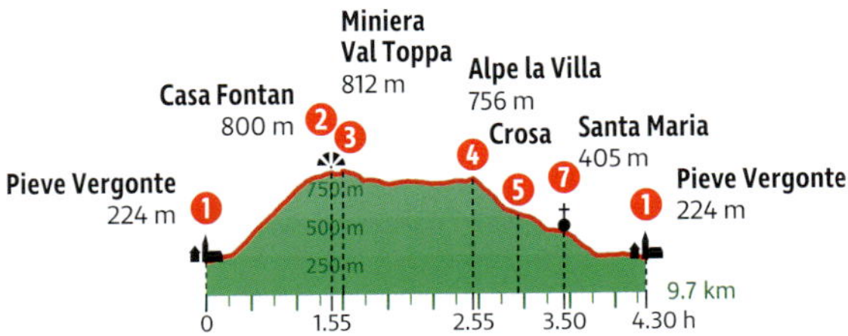

↗ 1400 m | ↘ 1400 m | 15,0 km

7.50 h

Pizzo Castello, 1607 m

7

Famoser Aussichtsberg zwischen Monte Rosa und Lago Maggiore

Die östlichste Erhebung zwischen Valle Anzasca und Valle Antrona wartet mit einem sagenhaften Panorama auf. Da lohnen sich all die Höhenmeter, die zu deren Besteigung zurückgelegt werden müssen. Unterwegs besteht auf der großen Hochebene von Colma eine Einkehrmöglichkeit im gleichnamigen Rifugio.

Ausgangspunkt: Castiglione, 470 m, Halt der Busverbindung Domodossola–Macugnaga.
Anforderungen: Gut gepflegte Wanderwege, Auf- und Abstieg mitunter recht steil.
Einkehr und Unterkunft: Bars in Castiglione. Das Rifugio Colma ist üblicherweise von Mai bis Oktober geöffnet.
Karte: Carta Geo4Map 106 »Valle Anzasca« 1:25.000.

Beste Jahreszeit: Mai – November.
Varianten: Anspruchsvoller Aufstieg über Selvavecchia und Camugher, steil und im Sommer stark von Vegetation bedrängt. Orientierungsvermögen notwendig.
Von Erbalunga kann man auf gutem Weg direkt nach Drocala absteigen. Von dort gibt es ebenfalls einen Direktabstieg nach Castiglione, er ist jedoch äußerst steil.

Pizzo Castello mit Blick auf die Berge von Anzasca und Antrona.

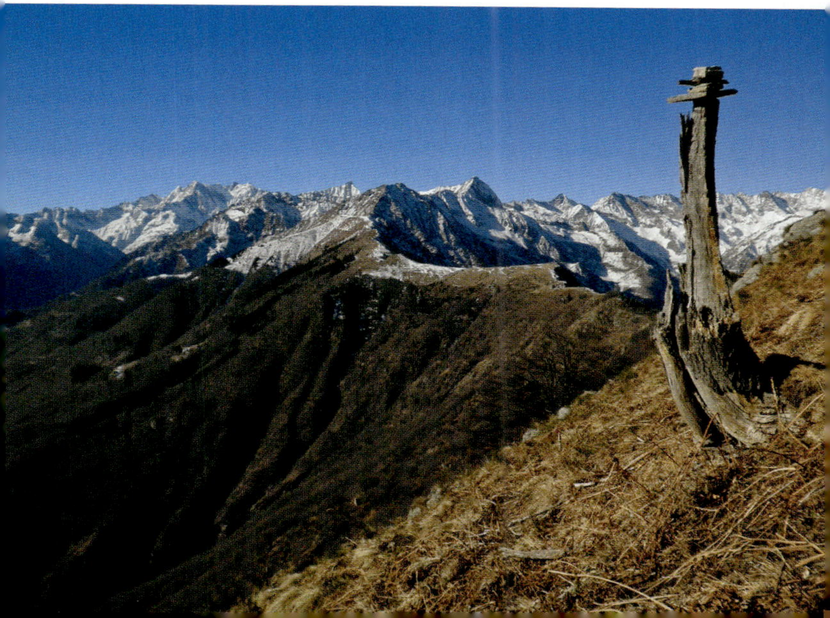

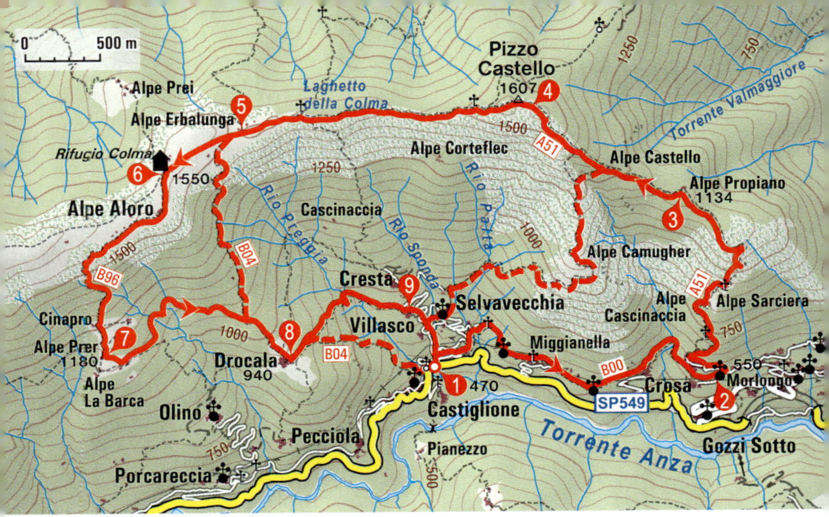

Unsere Wanderung beginnt kurz vor **Castiglione** ❶, 470 m, an der Brücke über den Rio Preggia (Parkmöglichkeit, die Bushaltestelle befindet sich zwei Kurven weiter im Zentrum von Castiglione). Wir steigen zwischen Häusern auf, folgen einer Fahrstraße bis zur ersten Kehre und gelangen hier auf die gut ausgebaute Mulattiera der Strà Granda (siehe Tour 11), die wir bis **Morlongo** ❷, 550 m, begehen. Kurz nach der Kirche schwenken wir nach links auf eine Piste, halten uns bei Schildern an deren Ende rechts und beginnen den langen Aufstieg über **Propiano** ❸, 1134 m, zum Gipfel. Der Weg ist stets gut markiert und bietet unterwegs einige schöne Ausblicke. Am **Pizzo Castello** ❹, 1607 m, angekommen, können wir einen grandiosen Rundumblick über fast das gesamte Ossola genießen.

Wir überschreiten den flachen Gipfel und wandern auf dem breiten und einfachen Grat der Colma weiter. Er ist zunächst baumbestanden, ehe er kurz vor **Erbalunga** ❺, 1526 m, in offenes Grasland übergeht. Nach einem kurzen Aufstieg erreichen wir das schön gelegene **Rifugio Colma** ❻, 1550 m, wo wir einkehren können. Weiter führt uns ein Höhenweg (die Ausblicke bleiben spektakulär) an der Alpe Aloro vorbei in einen Tannenwald. Hier beginnt schließlich der Abstieg auf einer breiten und angenehm zu begehenden Mulat-

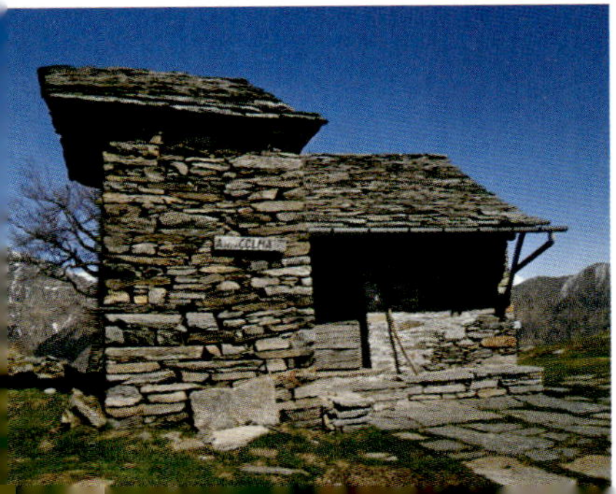

Erbalunga kurz vor dem Rifugio Colma.

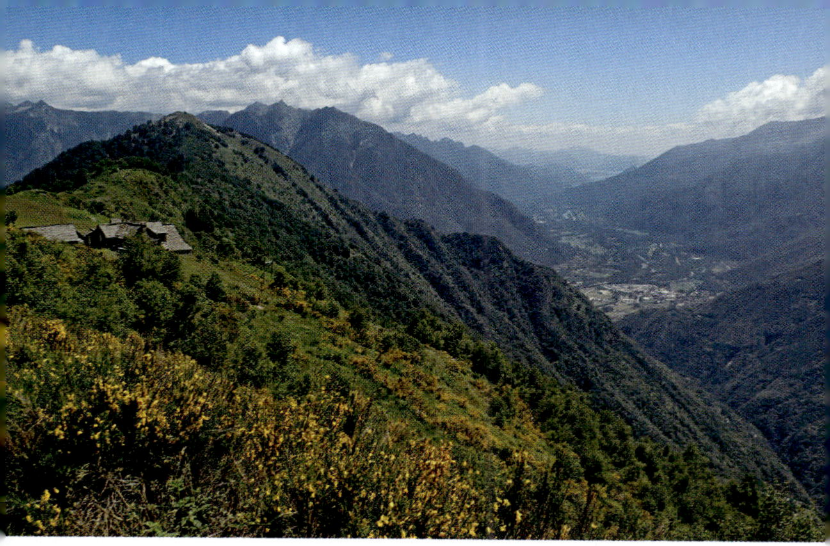

Ginsterblüte auf dem Rücken von Erbalunga, hinten der Pizzo Castello.

tiera zur **Alpe Prer** 7, 1180 m. Wir gehen nach links über eine Wiese zu einer Kapelle und weiteren Häusern. Kurz darauf, bei einer Ruine im lichten Wald, müssen wir aufpassen, da unsere Route nicht nach rechts absteigt, sondern zunächst die Höhe hält, um hinter der Alpe la Barca einige wilde Tobel zu queren. So kommen wir zur großen Siedlung von **Drocala** 8, 940 m, einst Hauptort der Gemeinde Calasca-Castiglione. Heute gibt es hier nur noch Ferienhäuschen. Unser Weg findet seine Fortsetzung direkt unterhalb der Kirche. Wir gehen nicht über die Wiese, sondern halten uns links und kommen ohne Höhenverlust an einem Gemüsegarten vorbei wieder in Wald. Hier folgen wir dem gut markierten, aber steilen Pfad nach **Villasco** 9, 694 m. Vorbei an einer Mühle und weiteren Häusergruppen erreichen wir schließlich wieder unseren Ausgangspunkt.

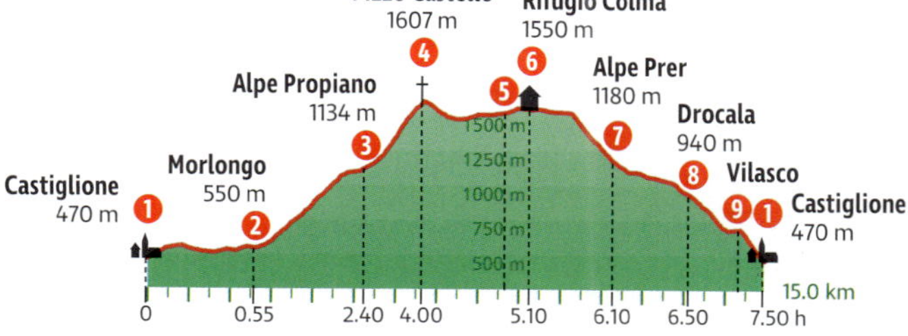

↗ 880 m | ↘ 880 m | 7,7 km

8 Alpe Cingora, 1283 m

5.30 h

Historische Panoramarunde im mittleren Anzascatal

Auf schönen Maultierpfaden erwandern wir eine alte Goldgräbersiedlung, die herrliche Blicke über weite Teile des Valle Anzasca bietet. Einst wurden dort oben zwei Minen betrieben, und noch heute sieht man die Reste der Trasse einer dampfbetriebenen Grubenbahn. Inzwischen sind viele der ehemaligen Arbeiterhütten zu Ferienhäusern umgebaut, und es gibt sogar ein kleines Bivacco. Unsere Wanderung führt uns auch zu drei schön gelegenen Marienkirchen und durch einige pittoreske Dörfchen.

Ausgangspunkt: Pontegrande, 535 m, Halt der Buslinie Domodossola–Macugnaga.
Anforderungen: Gut unterhaltene, aber steile Maultierpfade und Wanderwege.
Einkehr und Unterkunft: Bar Posta direkt bei der Bushaltestelle in Pontegrande. Das Bivacco der Alpe Cingora ist nur mit Schlüssel zugänglich, Info Tel. +39 349 2959683, www.alpecingora.it.
Karte: Carta Geo4Map 106 »Valle Anzasca« 1:25.000.
Beste Jahreszeit: März – November.
Varianten: Kurz vor Cingora zweigt ein markierter Pfad zur Goldmine von Agarè ab. Dort stehen bei den Stolleneingängen noch einige Minengebäude. Die Hangquerung dorthin ist jedoch abgerutscht und nicht einfach zu begehen. Auch die größere Miniera dei Cani ist nicht einfach erreichbar. Zwar gibt es in Cingora einen Wegweiser, der schmale Pfad ist jedoch ausgesetzt und in eher schlechtem Zustand. Er ist daher nur für erfahrene Berggänger geeignet!
Von San Carlo kann man auf der Strà Granda (siehe Tour 11) in 20 Minuten direkt nach Pontegrande wandern.
Ab der Madonna della Neve besteht die Möglichkeit, über Bannio (Einkehrmöglichkeit, siehe Tour 9) nach Pontegrande abzusteigen (10 Minuten länger).

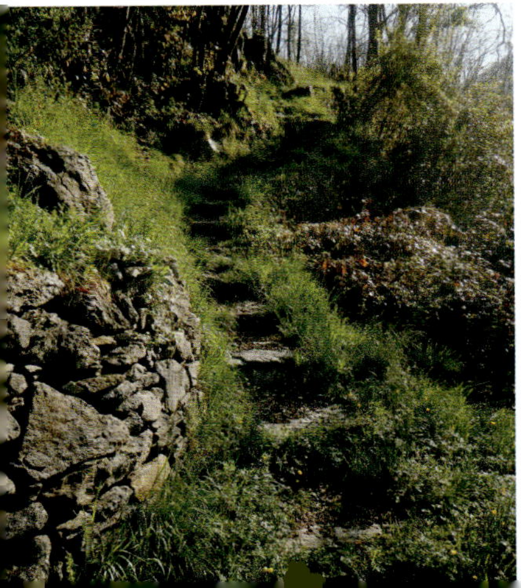

Von der Bushaltestelle in **Pontegrande** ❶, 535 m, gehen wir durch die Engstelle der Hauptstraße und biegen gleich danach rechts ab (Schilder). Wir steigen über Treppen zwischen Häusern auf und erreichen so den Beginn der Strà Granda (siehe Tour 11). Diesem schönen Maultierpfad folgen wir bis nach **Barzona** ❷, 700 m. An der Kapelle in der Ortsmitte verlassen wir die Hauptroute nach links und beginnen mit dem eigentlichen Aufstieg.

Auf diesem schönen Weg geht es von Pontegrande hinauf nach Barzona.

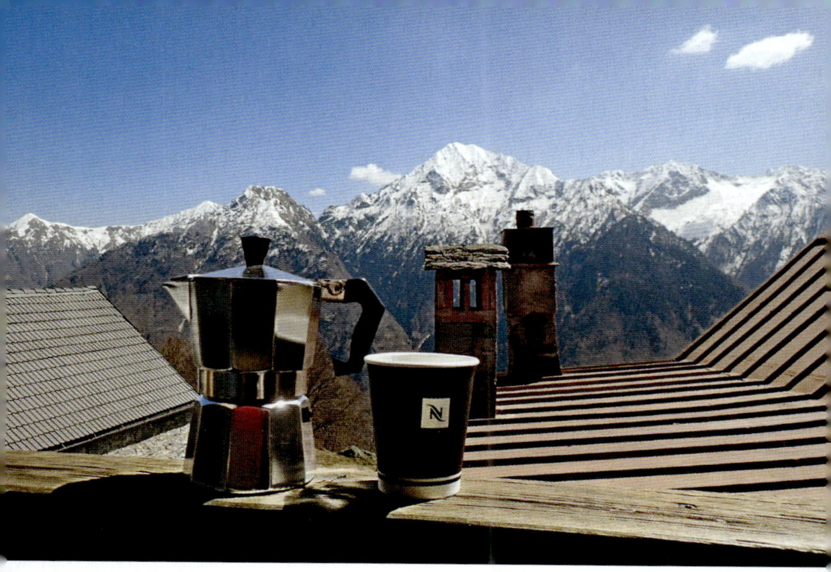

Kaffeepause in Cingora.

Der Weg bleibt gut, passiert einige aussichtsreiche Plätze, eine schöne Alp mit uralten Kastanienbäumen und erreicht schließlich das Kirchlein **Madonna del Sassello** ③, 951 m. Nun folgen wir einem etwas schmaleren und auch steileren Pfad. Im lichten Wald ist die Wegfortsetzung nicht immer eindeutig, hier müssen wir gut auf die Markierungen achten. Ab der Weide der Alpe Cresta wird es wieder einfacher, und nach einigen Serpentinen durch Buchenwald erreichen wir die **Alpe Cingora** ④, 1283 m. Kurz zuvor erblicken wir eine hohe Steinmauer, die einst die Grubenbahn zur nahen Goldmine stützte.
Am anderen Ende der Alp setzt unser Abstieg an. Der Weg ist zwar recht steil, aber sehr gepflegt. Wir passieren die Kirche **Madonna del Ronco** ⑤, 874 m, und erreichen schließlich das Dörfchen **Pianezza** ⑥, 664 m. Dort

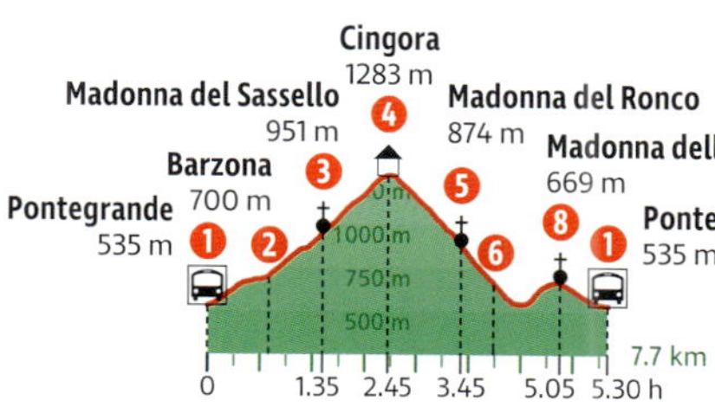

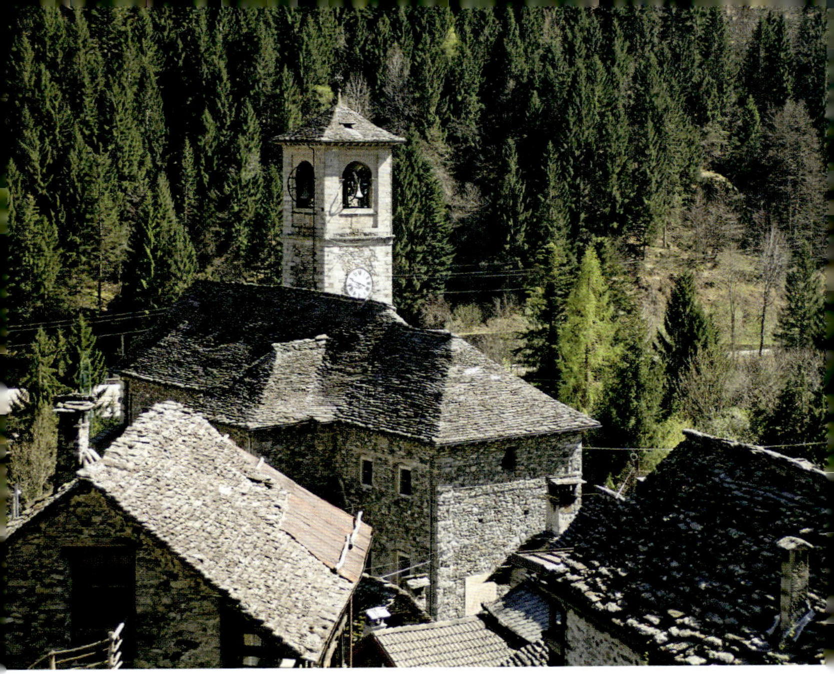

Die komplett mit Steinplatten gedeckte Kirche von San Carlo.

biegen wir kurz vor Erreichen des Kirchplatzes nach links und gleich wieder nach rechts ab (rosa Pfeile). Am unteren Dorfende führt schließlich eine breite Mulattiera in Kürze nach **San Carlo** 7, 580 m, wo wir bis zur großen Kirche gehen. Wir folgen ein Stück weit der Hauptstraße, gehen rechts über eine Brücke und gleich wieder links auf einen schmalen, sofort steil ansteigenden Waldweg. Deutliche rote Markierungen, die nach links weisen, ignorieren wir und bleiben auf dem Pfad, der weiterhin steil hinaufführt. Nach einigen engen Serpentinen flacht er aus und bringt uns zur Kirche der **Madonna della Neve** 8, 669 m. Vom Kirchplatz steigen wir nach links durch Wald ab und kommen so in Kürze wieder nach **Pontegrande** 1.

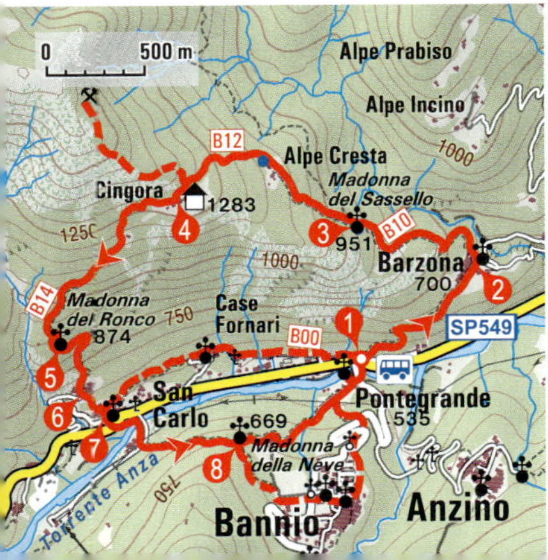

↗ 630 m | ↘ 630 m | 12,0 km

4.10 h

Bannio Anzino und Soi, 1001 m

9

Durch das größte Seitental des Valle Anzasca

Kaum jemand nimmt auf dem Weg nach Macugnaga die große Öffnung des Tals nach Süden wahr. Dabei verstecken sich hier einige interessante Schätze: die beiden abgelegenen und pittoresken Dörfchen Bannio und Anzino mit ihren großen Kirchen und Fresken auf den Hauswänden sind eine Reise wert, ganz zu schweigen von den vielen kleinen und hübsch renovierten Bauernhöfen links und rechts des wilden Torrente Olocchia. Und die gut unterhaltenen Wanderwege führen durch üppige Natur.

Ausgangspunkt: Pontegrande, 525 m, Halt der Busverbindung Domodossola-Macugnaga.
Höhenunterschied: 630 m.
Anforderungen: Einfache Wanderwege und gepflegte Maultierpfade, kurze Abschnitte auf Nebenstraßen.
Einkehr und Unterkunft: Bar Posta in Pontegrande, Via Monte Rosa 16 (direkt bei der Bushaltestelle), Tel. +39 347 0534489. Albergo Ristorante Passo Baranca in Bannio, Via Teresa Testone 6, Tel. +39 342 7017351. Circolo ACLI in Anzino, Piazza Municipale 5, Tel. +39 348 3603546. Ristoro Alpe Soi di Mirko e Claudia, Soi di dentro, Tel. +39 346 6655800, unregelmäßig geöffnet, unbedingt vorher anrufen.
Karte: Carta Geo4Map 106 »Valle Anzasca« 1:25.000.
Beste Jahreszeit: April – Oktober.
Variante: Wer nur die beiden Dörfer besuchen möchte, kann von Parcineto auf einem Sträßchen zum Torrente Olocchia absteigen. Dort trifft man wieder auf den talwärts führenden Teil der beschriebenen Route und ist in Kürze in Anzino.

Eine etwas versteckte Wandmalerei in einem Gässchen von Anzino.

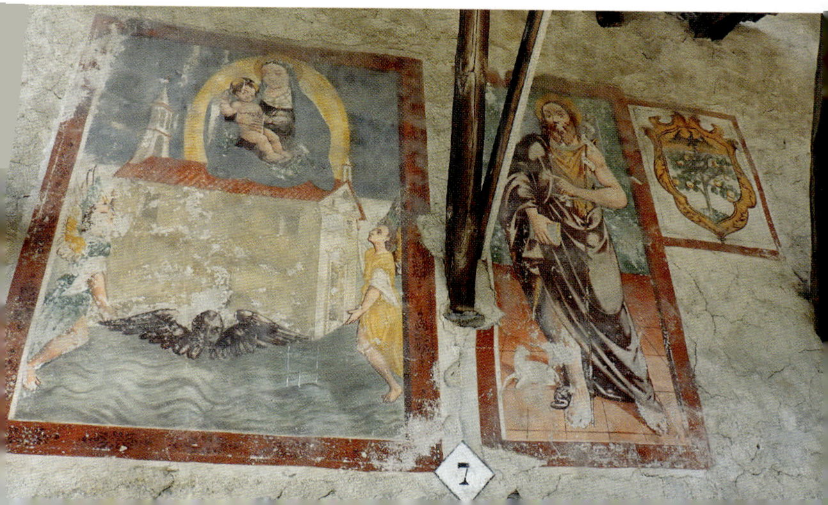

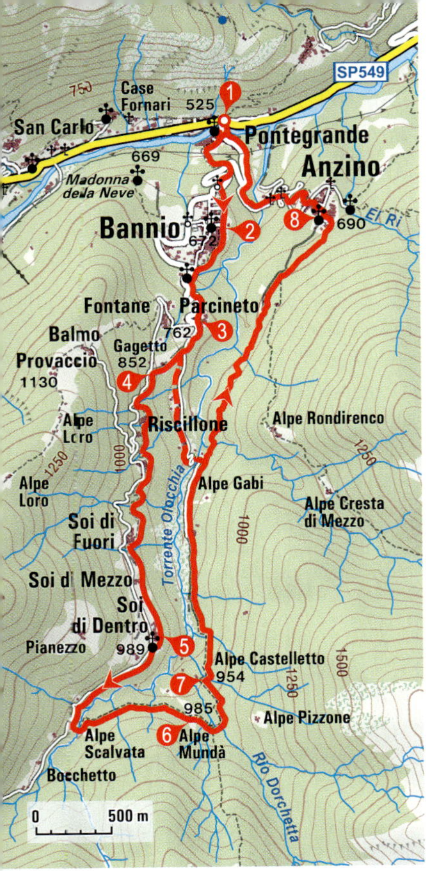

Von der Bushaltestelle in **Pontegrande** ❶, 525 m, gehen wir links über die »große Brücke« und direkt dahinter nach rechts in die Altstadt (Wegweiser). Wir wandern durch die engen Gassen, kommen an einem Spielplatz vorbei und gehen hinter einem einzelnen Haus links den Berg hinauf. Nun begehen wir einen historischen Maultierpfad, der mehrmals die neue Straße kreuzt, und erreichen so **Bannio** ❷, 669 m. Unsere Route führt uns geradeaus durch das pittoreske Dorf (um die Kirche zu besichtigen, machen wir einen kleinen Abstecher nach rechts), hinter dem wir wieder auf die Straße stoßen. Ihr folgen wir bergan zum Weiler **Parcineto** ❸, 762 m, wobei wir zwei ihrer Kehren abkürzen können (genau auf die Markierungen achten!). Am oberen Ende von Parcineto folgen wir einem Sträßchen geradeaus und biegen nach einigen Metern rechts auf einen Wanderweg ab. Er steigt über Wiesen nach **Gagetto** ❹, 852 m, auf. Auch hier treffen wir wieder auf eine Straße, und auch dieser folgen wir ein Stück in aufsteigender Richtung. In einem Tälchen verlassen wir sie nach links, steigen kurz auf die nun wieder vorhandene und ausgezeichnet markierte Mulattiera ab und folgen dieser durch zahlreiche kleine Weiler bis nach **Soi di dentro** ❺, 989 m, wo eine Einkehrmöglichkeit besteht. Etwas oberhalb kommen wir wieder auf die Straße, der wir bis zur Brücke bei La Resga folgen. Wir überqueren hier den Torrente Olocchia und wandern auf einem teilweise etwas schmalen, doch weiterhin gut markierten Weg zur **Alpe Mundà** ❻, 985 m.

Hier befindet sich unser Umkehrpunkt, bei dem der Abstieg auf der anderen Talseite beginnt. Dazu überqueren wir den Rio Orialetto, passieren das schön gelegene **Castelletto** ❼, 954 m, und erreichen nach einiger Zeit wieder ein Fahrsträßchen. Ihm folgen wir, bis es den Fluss überquert. Wir bleiben jedoch auf der rechten Talseite und wandern auf einem guten Wald-

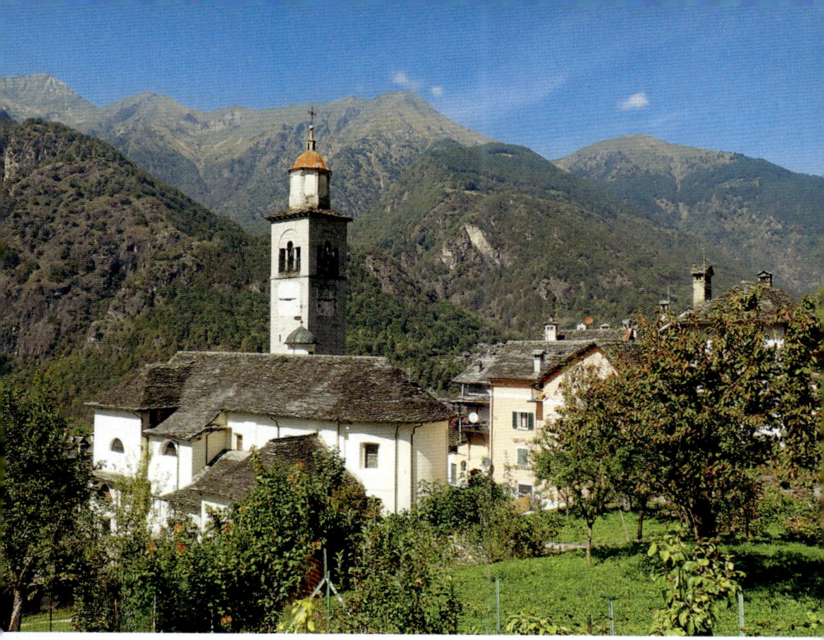

Santuario di Sant'Antonio di Padova, die Hauptkirche von Anzino.

weg bis nach **Anzino** ❽, 690 m. Das kaum besuchte Dorf besticht durch seine große Kirche, die schön renovierten Häuser und seine verwinkelten Gassen. Wir schlängeln uns durch sie hindurch, indem wir bei der Kirche rechts gehen und gleich wieder links auf die Via Vittorio Veneto einbiegen. Auf ihr gehen wir bergab, an deren Ende rechts, dann gleich wieder links, überqueren die Hauptstraße und treffen in der Via Piedivilla wieder auf die Mulattiera, die die Straße mehrfach kreuzt und bis zur großen Brücke über den Torrente Olocchio absteigt. Den letzten knappen Kilometer unserer Wanderung folgen wir der schwach befahrenen Straße, auf der wir wieder **Pontegrande** ❶ erreichen.

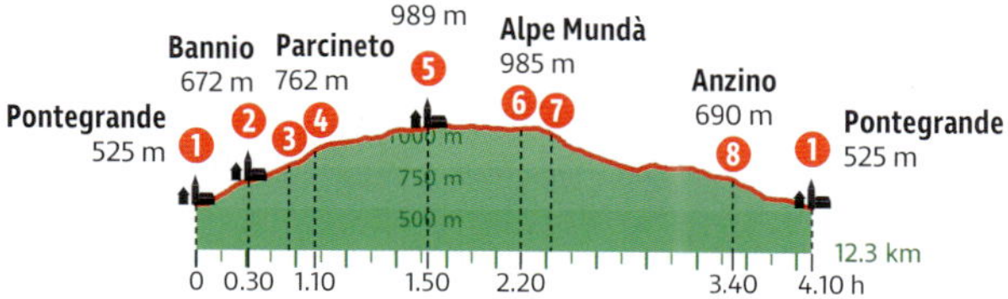

↗ 1500 m | ↘ 1500 m | 15,6 km

8.30 h

10 Campo Aostano und Pizzetto, 1879 m

Kleiner Gipfel ganz groß

Die Gegend im Süden des Valle Anzasca fristet ein reichlich unbekanntes Dasein, obwohl sie viel zu bieten hat: märchenhafte Alpenrosenfelder, lichte Lärchenwälder, pittoreske Berghöfe. Und das Gipfelchen (auf Italienisch eben »Pizzetto«) wartet mit einem einmaligen Ausblick über das gesamte Tal auf: der Blick schweift vom Monta Rosa über die kantigen Pizzo San Martino und Pizzo del Ton bis zu den Bergen des Val Grande.

Ausgangspunkt: Pontegrande, 535 m, Halt der Busverbindung Domodossola–Macugnaga.

Anforderungen: Gut gepflegte Wanderwege. Vor allem der Aufstieg ist lang und steil. Ein Stück am Pizzetto ist unmarkiert, aber einfach.

Einkehr und Unterkunft: Möglichkeiten siehe Tour 9.

Karte: Carta Geo4Map 106 »Valle Anzasca« 1:25.000.

Beste Jahreszeit: Juni – September. Im November goldene Lärchen, aber Aufstieg komplett im Schatten.

Variante: Mit dem Bus bis nach Vanzone, um dort den langen Aufstieg direkt anzugehen und die Wanderung um 1.30 Stunden zu verkürzen.

Von Balmo haben wir einen schönen Blick ins untere Valle Anzasca.

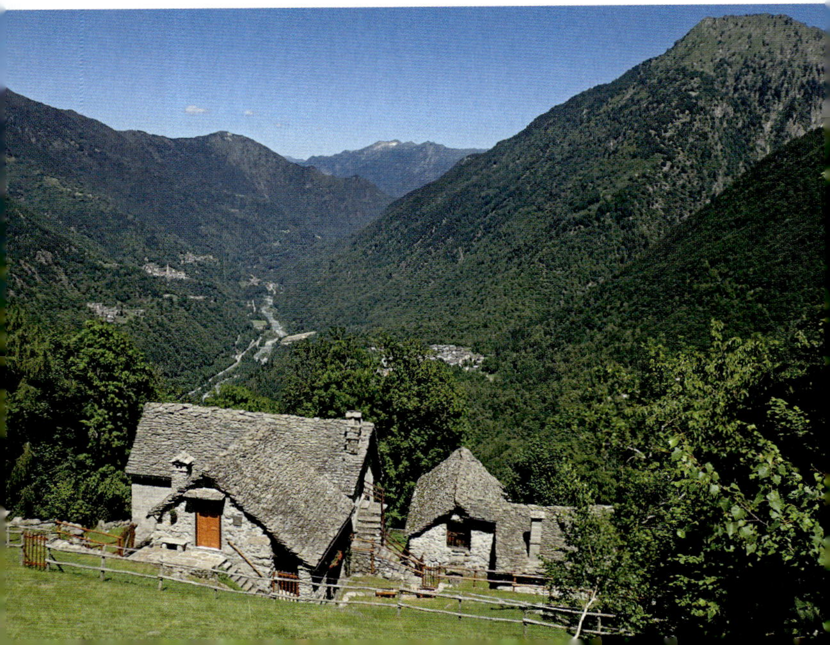

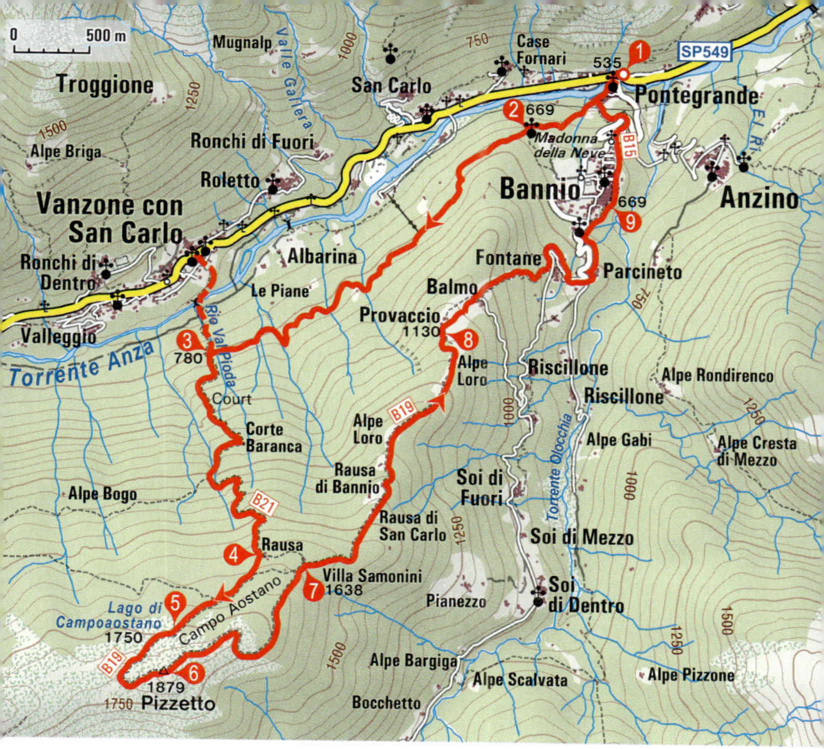

In **Pontegrande** ❶, 535 m, gehen wir über die Brücke und rechts durch einen alten Ortsteil. Hinter dem Spielplatz steigen wir zu einem Bildstock auf, wo rechts ein Weg zunächst über Wiesen, dann durch Wald zur **Madonna della Neve** ❷, 669 m, führt. Direkt hinter der Kirche steigen wir auf Spuren geradeaus durch den Wald hinauf. Einige deutliche Pfade, die nach rechts führen, ignorieren wir. So gelangen wir in Kürze zum gut ausgebauten und beschilderten »Sentiero Natura«, der sich in leichtem Auf und Ab den Hang entlangschlängelt und dabei zahlreiche Rinnen überwindet. Beim **Rio Val Pioda** ❸, 780 m, verlassen wir die Querung und steigen über viele Serpentinen nach **Rausa** ❹, 1638 m, auf. Nun haben wir das anstrengendste Stück hinter uns und können die sich hier öffnende herrliche Hochebene genießen. Wir kommen am **Lago di Campoaostano** ❺, 1750 m, vorbei und erreichen eine Lichtung, wo wir linker Hand den kurzen Anstieg zum **Pizzetto** ❻, 1879 m, in Angriff nehmen.

Unser Abstieg beginnt auf einem schmalen Pfad, der direkt hinter dem Gipfel ansetzt und dem sanften Rücken einige Zeit lang treu bleibt. Hier ist es

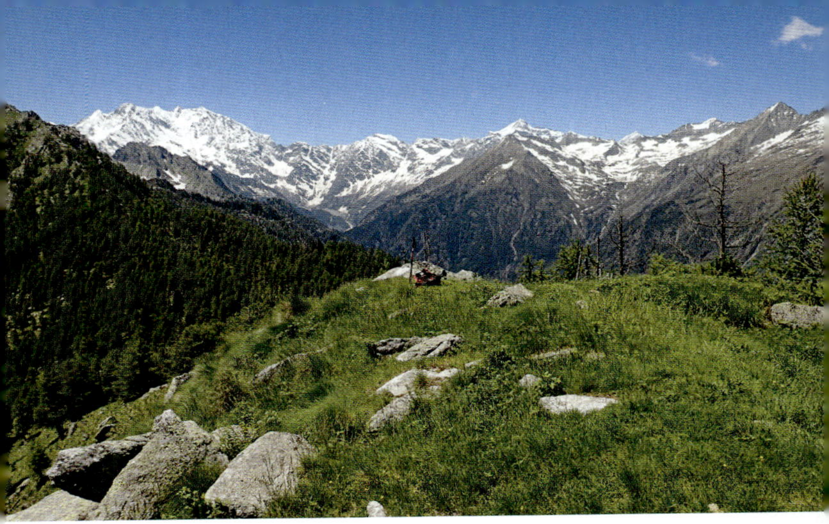

Oben: Der Monte Rosa thront über dem »Gipfelchen«, dem Pizzetto.

wichtig, nicht nach links abzusteigen, sondern immer eher leicht rechts der Erhebung zu bleiben. Sobald das Gelände steiler abfällt, wandern wir nach rechts weglos über Wiesen hinab, bis wir auf den guten und markierten Pfad aus dem Valle Olocchia stoßen. Er bringt uns in Kürze zur **Villa Samonini** 7, 1638 m. Weiter geht es stets auf dem Rücken bergab, zunächst noch recht sanft, dann steiler bis nach **Provaccio** 8, 1130 m. Hier verlassen wir den Grat endgültig. Wir steigen zu den Häusern von Balmo ab (nicht dem breiten Weg geradeaus folgen, sondern bei einem Baum oberhalb von Balmo rechts hinunter!) und kommen zur pittoresken Ortschaft von **Bannio** 9, 669 m. Durch enge Gassen und über eine historische Mulattiera gelangen wir letztlich wieder nach **Pontegrande** 1.

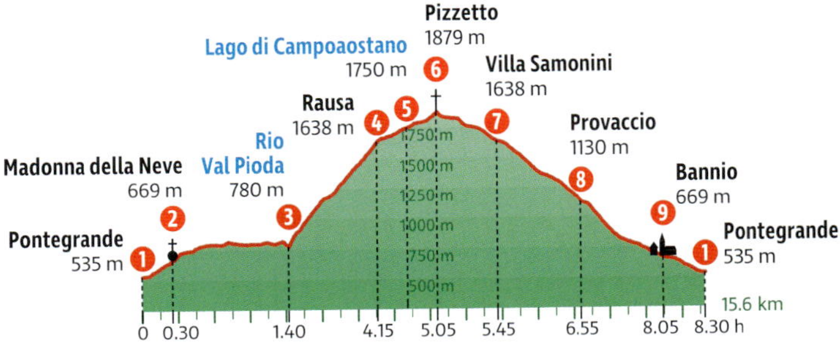

↗ 1930 m | ↘ 810 m | 31,5 km

12.00 h

TOP

Strà Granda, 1327 m

11

Auf dem berühmten Handelsweg vom Bassa Ossola zum Monte Rosa

Die »Strà Granda« (Dialekt für »Große Straße«) genannte Mulattiera verband einst das Ossola mit dem Wallis und war im 15. und 16. Jahrhundert ein wichtiger Handelsweg. Wir folgen dieser durchgehend gut erhaltenen Route durch das gesamte Valle Anzasca. Im eindrucksvollen, von schroffen Gipfeln umgebenen Tal wechseln sich wunderbar erhaltene Weiler mit Wasserfällen und tiefen Schluchten ab. Wir kommen an einer großen Kathedrale, einer Goldmine und alten Walserhäusern vorbei, ehe wir schließlich am Fuße des Monte Rosa vor der höchsten Wand der Alpen stehen – und dort auf den ältesten Baum Italiens treffen. Dabei haben wir unterwegs die Möglichkeit, in einer der wenigen Herbergen des Tals zu übernachten und so die lange Wanderung auf zwei Tage zu verteilen.

Ausgangspunkt: Piedimulera, 250 m, Halt vieler Busse und der Zuglinie Domodossola–Novara.
Anforderungen: Gepflegte, gut beschilderte und in der Regel schöne Maultierpfade.
Einkehr und Unterkunft: Bars in Castiglione, Pontegrande und Vanzone. Übernachtungsgelegenheit in Bannio siehe Tour 9 (kurzer Abstecher von Pontegrande – das dortige Lo Scoiattolo ist derzeit geschlossen). Ceppo Morelli: Hotel Ristorante Mondo d'Oro, Via Trabucati 9, Tel. +39 0324 890118, www.hotelmondodoro.com. Im touristischen Macugnaga gibt es ein reichhaltiges Angebot an Restaurants und Hotels.
Tipp: Goldmine Guia: ganzjährig geöffnet, Tel. +39 340 3953869, www.minieradoro.it.
Karten: Carta Geo4Map 105 und 106 »Valle Anzasca« 1:25.000.
Beste Jahreszeit: Bis Pontegrande meist ganzjährig möglich, weiter bis Macugnaga Mai – November.
Varianten: Von praktisch jedem Punkt der Wanderung aus erreicht man in Kürze die Hauptstraße, auf der mehrmals täglich Busverbindungen nach Piedimulera/Domodossola und Macugnaga bestehen. So lässt sich die Tour beliebig unterteilen.

Von der Bushaltestelle in **Piedimulera** ❶, 250 m, gehen wir zur Piazza Mercato und dort nach links in die Via Protasi zum alten Zollturm aus dem 16. Jahrhundert. Früher musste hier die Maut für die Passage durchs Tal entrichtet werden. Ohne zu bezahlen, wandern wir nun auf einem schönen Maultierweg bergan. Bis Pontegrande können wir uns an den gelben Schildern »Antica Mulattiera della Valle Anzasca« orientieren. Vorbei an einer alten Kirche und einigen Palazzi, erreichen wir **Cimamulera** ❷, 495 m. Auf dem Kirchplatz werden in einer ehemaligen Kapelle Gegenstände aus dem früheren Alltag der Bauern ausgestellt. Dahinter gehen wir durch eine Gasse bis zur Straße, die uns nach Morlongo bringt. Hier setzt erneut die Mulattiera an. Ihr folgen wir durch einige Weiler und vorbei an Kapellen und Aussichtsplätzen, von denen wir den noch weit entfernten Monte

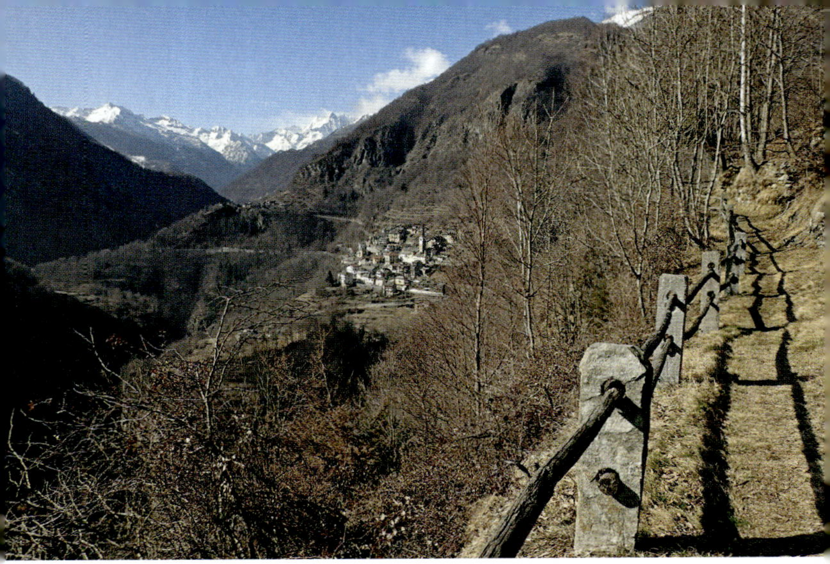

Die Strà Granda schlängelt sich am Hang über Castiglione entlang.

Rosa erblicken können. Kurz vor **Castiglione** ❸, 515 m, treffen wir wieder auf eine Straße. Deren letzte Serpentine können wir links abkürzen. Wir überqueren den Rio Preggia und biegen hinter einer Marienstatue gleich wieder rechts ab. Kurz darauf gelangen wir zum Dorfplatz und geradeaus weiter zur Fortsetzung der Mulattiera. Ohne nennenswerte Höhenunterschiede schlängelt sie sich am sonnenverwöhnten Hang entlang. Unterhalb von Porcareccia folgen wir nochmals für kurze Zeit einer Straße, die wir hinter einem Bildstock wieder verlassen. Bis Molini wandern wir fast eben weiter, ehe unsere Route nach rechts abbiegt (Schilder) und steil nach Vigino ansteigt. Nun müssen wir aufpassen: Wir überqueren einen Bach zunächst nach links und dann gleich wieder nach rechts. Zwischen Häusern steigen wir weiter auf, gehen auf einer Straße nach links und erreichen einen schön renovierten Waschplatz. Weiter geht es bergauf nach Boretta und vom aussichtsreichen Weiler schließlich zur riesigen Kirche von **Antrogna** ❹, 665 m. Da sie in einem Dorf mitten im Wald steht, wird sie auch »Cattedrale nei

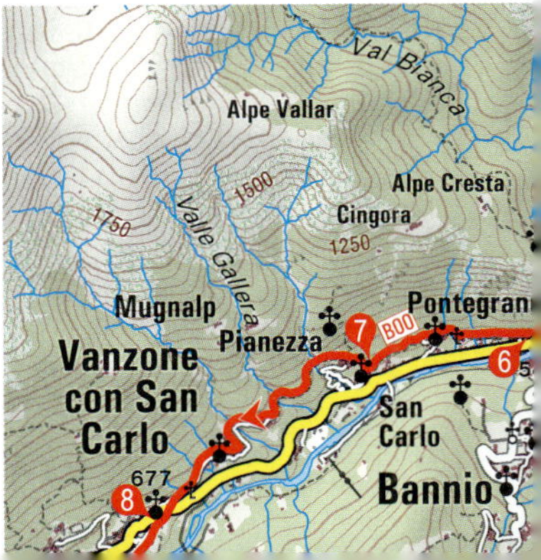

Boschi« genannt. Wir steigen durch die Gassen weiter auf, gehen unter einem Gewölbe hindurch und überqueren einen Bach. Hier haben wir einen schönen Blick zurück auf Antrogna, das, wie bereits Castiglione, einem Dorf der Cinque Terre in nichts nachsteht. Unser Weg führt nun bergab durch Calasca Dentro und wieder bergauf nach **Barzona** 5, 700 m. Dabei überqueren wir nochmals eine schöne Bogenbrücke. Auf einem weiterhin großzügigen Säumerweg geht es schließlich hinab nach **Pontegrande** 6, 540 m.

Ab hier weisen uns auf den Boden aufgesprühte rosafarbene Punkte und Pfeile stets den Weg. Wir bleiben kurz auf der Hauptstraße, biegen rechts in die Via Prucci ein und kommen nach einem kurzen Stich bergauf zum hübschen Weiler Fornari. Hinter der Kirche setzt eine Straßenserpentine an, nach der links der nun etwas schmälere Pfad nach **San Carlo** 7, 580 m, abbiegt. In der Dorfmitte folgen wir den Schildern nach Cingora und steigen auf einer Mulattiera nach Pianezza auf. Dort geht es durch die Gassen zu einer Wiese (immer den rosa Pfeilen nach) und weiter zum imposanten Wasserfall des Rio Rosso. Das sehr eisenhaltige Wasser ist für die Rotfärbung der Kaskade verantwortlich. Unser guter Weg führt uns durch Wald weiter zu den Weilern Ronchi Fuori und Roletto und schließlich nach **Vanzone** 8, 677 m. Am Dorfplatz biegen wir links in eine kleine Gasse ein (Schilder), umgehen den Friedhof unterhalb und steigen wieder zur Hauptstraße auf. Hinter dem Ristorante Concordia geht es nach links in eine leicht abfallen-

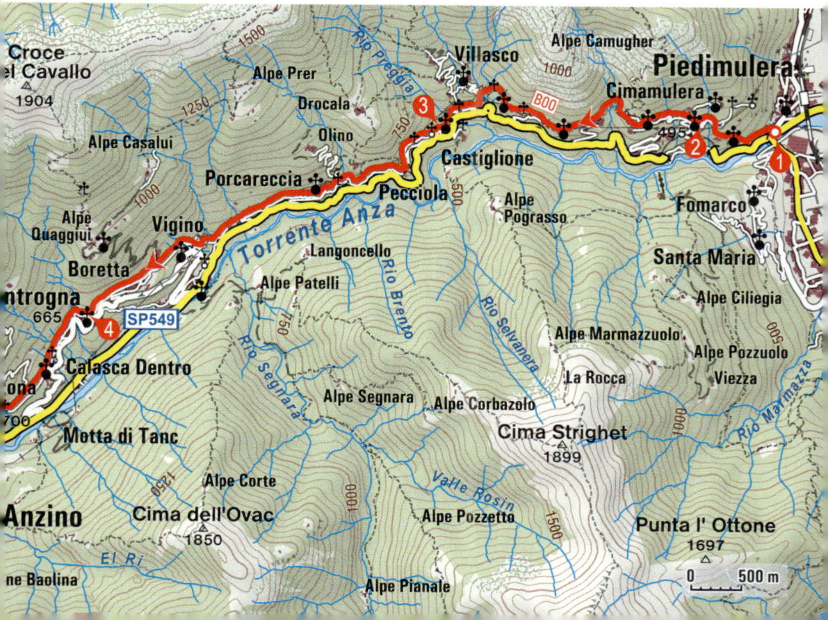

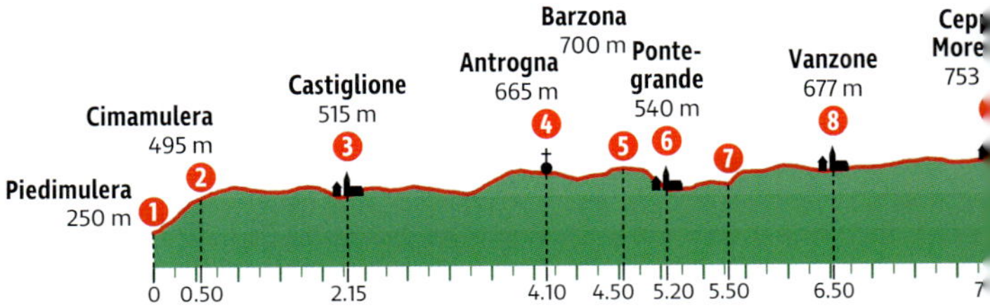

de Straße. Weiterhin können wir uns stets an pinkfarbenen Punkten und Pfeilen orientieren, die uns bis nach Macugnaga begleiten. Wir erreichen die Kirche von Croppo, wo sich ein Blick in eine renovierte Steingrotte lohnt. Hier wurden früher die im Winter Gestorbenen aufbewahrt, bis im Frühjahr die Erde wieder aufgetaut war und sie beerdigt werden konnten. Unsere Route führt uns zunächst an Croppo vorbei, dann hinauf nach Canfinello und wieder hinunter nach Borgone. Wir durchqueren das pittoreske Dorf und bleiben nun immer unterhalb der Hauptstraße, auch in **Ceppo Morelli** 9, 753 m. Am Ende der Ortschaft überqueren wir erstmals den Anza, und das auf einer der eindrucksvollsten Bogenbrücken des Ossola.

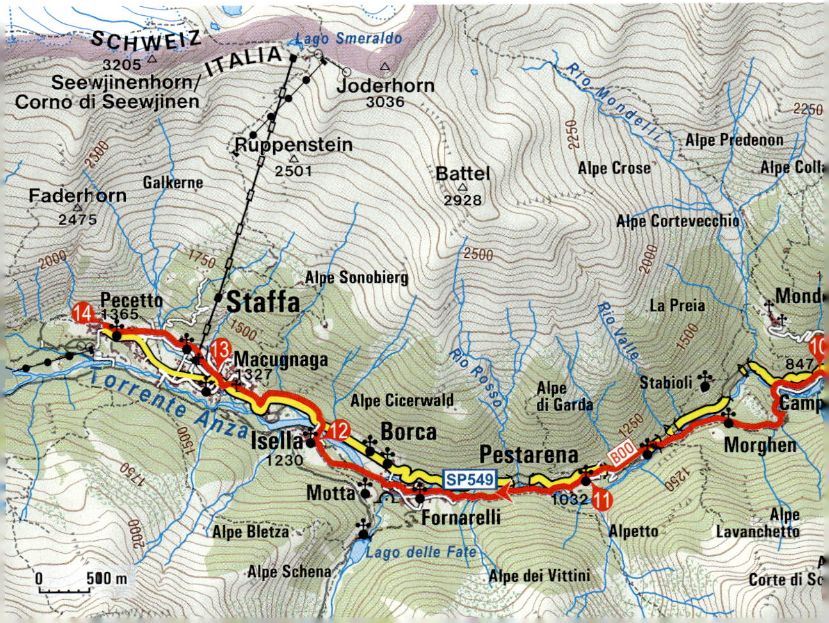

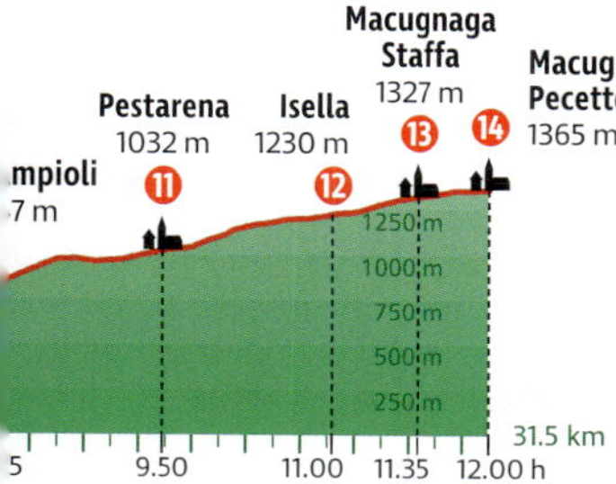

Auf der anderen Seite führen Steintreppen zu einer Piste hinauf, über die wir nach rechts zu einem kleinen Stausee kommen. Der nun folgende gute Weg wurde erst 2018 renoviert und ausgeschildert. Bei **Campioli** ⑩, 847 m, geht es gleich zweimal über den Fluss und auf einer Schotterpiste hinauf nach Morghen. Diese Engstelle im Tal bedeutete früher

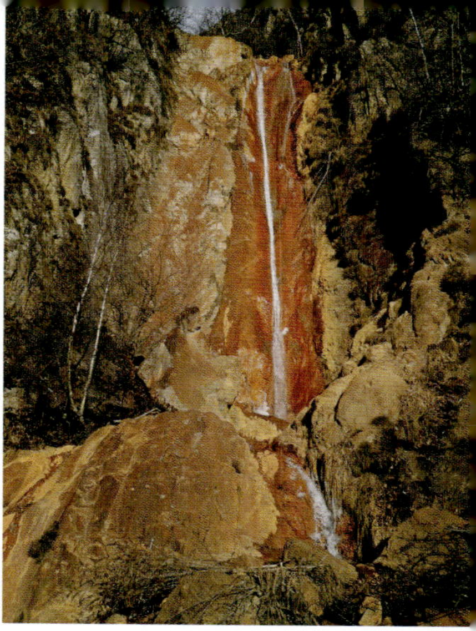

Vom Eisen rot gefärbt: der Wasserfall des Rio Rosso.

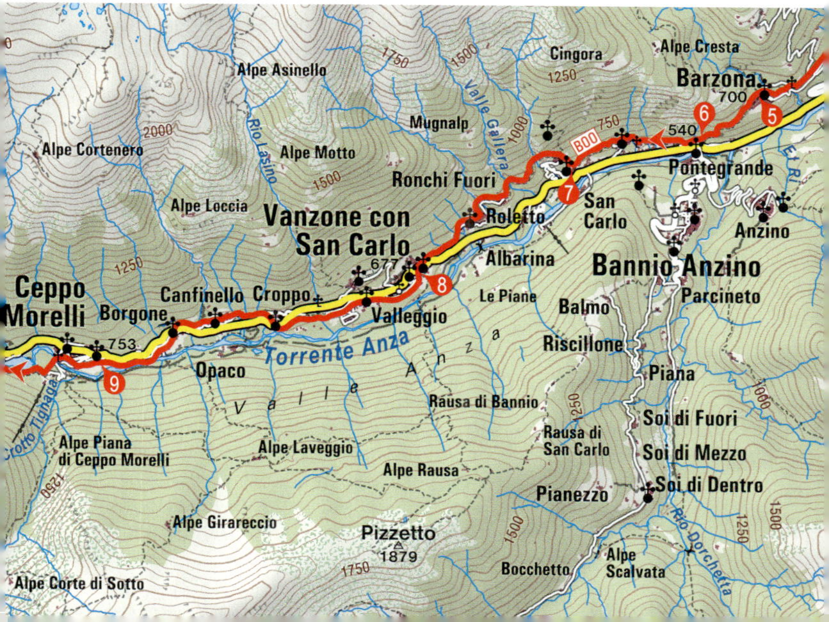

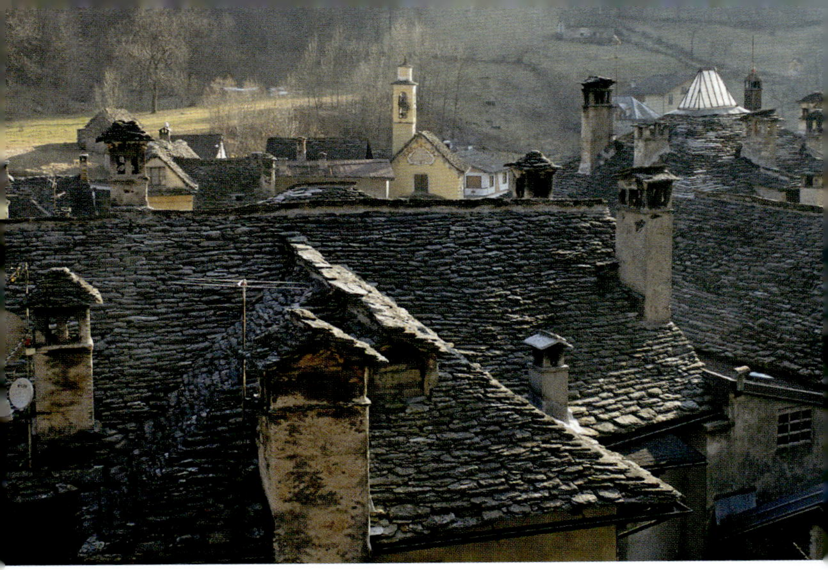

Oben: Alte Dächer in Pontegrande.
Rechts: Chiesa Vecchia mit Bergsteigerfriedhof in Macugnaga.

die natürliche Grenze zwischen den italienischen Siedlungen und den von Walsern bewohnten Gebieten. Nun wird die Piste wieder zur Mulattiera und bringt uns mit ein wenig Auf und Ab nach **Pestarena** ⓫, 1032 m, einem alten Goldgräberdorf und bereits Ortsteil Macugnagas, wo wir erstmals auf Walserhäuser treffen. Erneut überqueren wir den Anza und wandern weiter durch einen moosbewachsenen Märchenwald, ehe wir in Fornarelli zur berühmten Goldmine Guia kommen. Es ist die einzige Europas, die besichtigt werden kann. Kurz darauf erreichen wir das äußert schmucke **Isella** ⓬, 1230 m. Uns bieten sich nun zwei Möglichkeiten: Entweder wir bleiben auf dem orografisch rechten Ufer des Anza und wandern auf schönem Weg weiter bis zur Brücke von Opaco oder wir wechseln gleich die Flussseite, folgen ein Stück der Hauptstraße und kommen so zum Hauptort Macugnagas, **Staffa** ⓭, 1327 m. Ursprünglich gab es auch eine Brücke direkt bei Staffa, sie wurde jedoch 2018 von einer Lawine zerstört. Vom Dorfplatz in Staffa mit seiner Touristeninformation geht es auf der Via Chiesa Vecchia weiter zur Talstation der Monto-Moro-Seilbahn und zur 800 Jahre alten Linde am Bergsteigerfriedhof. Dieser älteste Baum Italiens wurde als Setzling von den Walsern aus der nahen Schweiz mitgebracht und zur Gründung Macugnagas um das Jahr 1200 gepflanzt. Nur wenige Minuten später haben wir mit der letzten Siedlung des Tals, **Pecetto** ⓮, 1365 m, unser Ziel erreicht. Hier startet auch der Bus nach Domodossola.

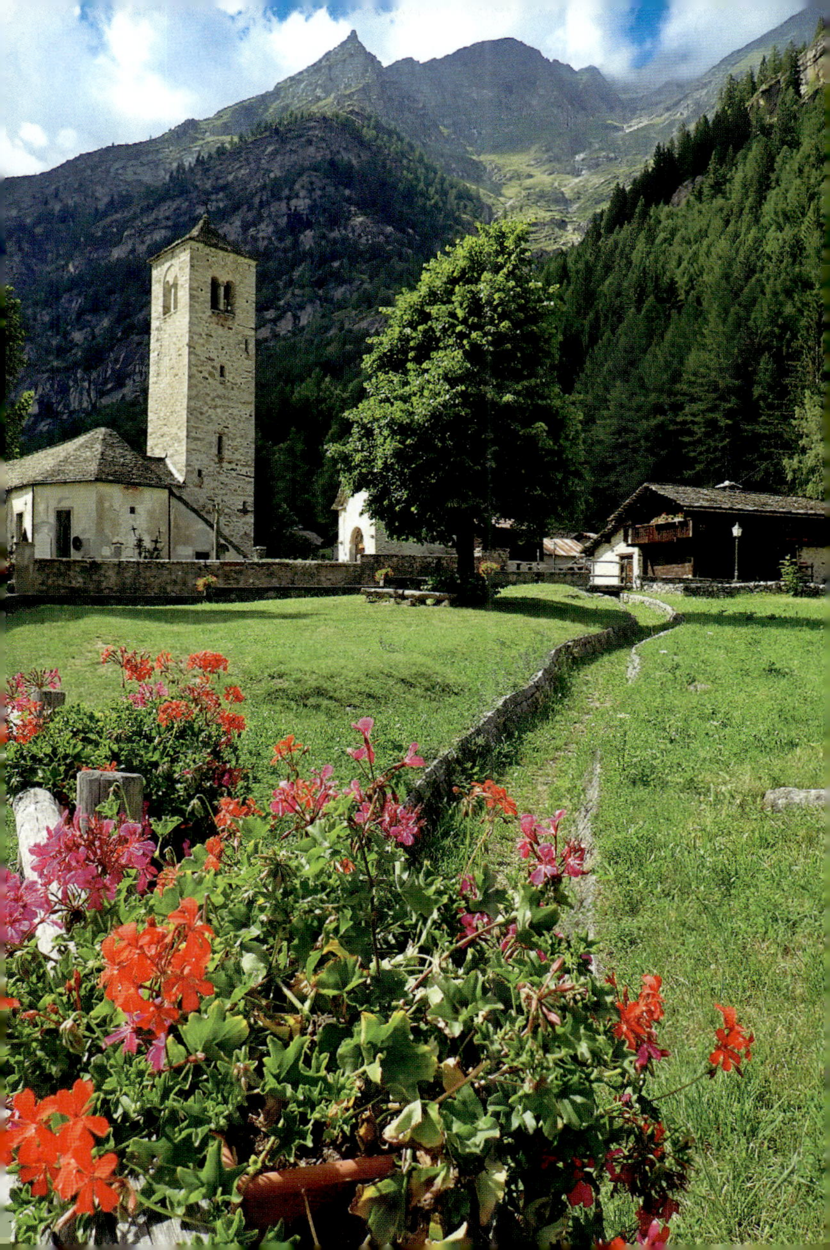

↗ 1370 m | ↘ 1130 m | 9,9 km

12 Cortenero, 2036 m

6.40 h

Zu einer der ältesten Alpen Europas

Historisches Anzasca: Cortenero wurde mit Unterstützung der EU originalgetreu wieder aufgebaut und erzählt so vom Leben in den Bergen vor über 400 Jahren. Das älteste Haus datiert von 1601. Beim Weg dorthin handelt es sich um eine uralte Passage der Bauern, die erst kürzlich wieder instand gesetzt wurde. Und in Mondelli kommen wir an der eindrucksvollen Casa degli Specchi vorbei. Die herrschaftliche Villa wurde 1840 von Giovanni Jacchetti erbaut, der in Bordeaux sein Glück mit Fenstern und Spiegeln machte. Tatsächlich ist überall das Wappen Bordeauxs abgebildet, und im Innern befindet sich ein großer Spiegelsaal.

Ausgangspunkt: Borgone, 750 m, Halt der Busse Domodossola-Macugnaga.
Anforderungen: Steiler und wilder, doch durchgehend markierter Aufstieg. Ab Cortenero Wege einfacher und stets gut markiert und ausgeschildert.
Einkehr: Keine.
Karte: Carta Geo4Map 105 »Valle Anzasca« 1:25.000.
Beste Jahreszeit: Juni – November.

Varianten: Direkter Abstieg nach Mondelli via Alpe Motto ungefähr 20 Minuten kürzer.
Von Mondelli kann man auf renoviertem Weg nach Campioli absteigen (Bushaltestelle), die Tour verkürzt sich dadurch um weitere 20 Minuten.
Cortenero lässt sich auch wesentlich einfacher und schneller von Mondelli (Parkplatz) aus erreichen.

Die sich perfekt in die Landschaft einfügende Häusergruppe von Cortenero.

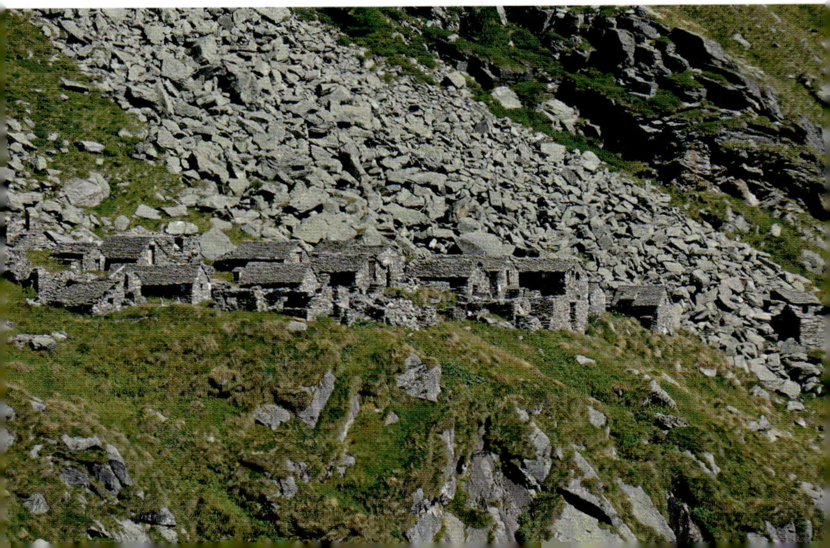

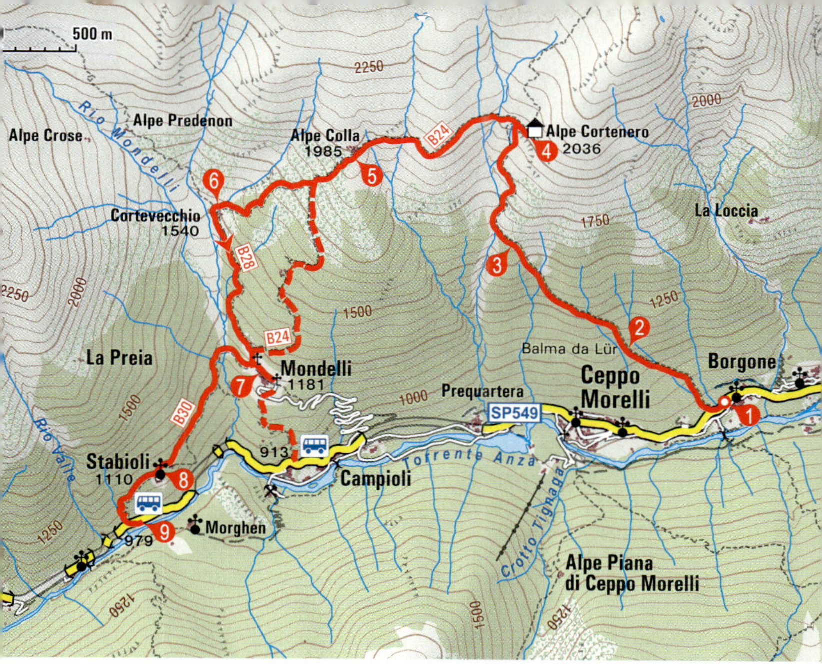

In **Borgone** ❶, 750 m, folgen wir ein kurzes Stück der Hauptstraße, ehe rechts die Strà di Canai (Schilder) abzweigt. Dieser erst vor wenigen Jahren komplett renovierte Steig war früher für die Älpler von Cortenero der direkteste Weg zu ihrem Bauernhof. Der Name (»Kanalweg«) rührt von seinem mittleren Abschnitt her, der durch steile und wilde Rinnen führt. Das Vieh konnte diese nicht passieren - es wurde über unsere Abstiegsroute hinauf getrieben.

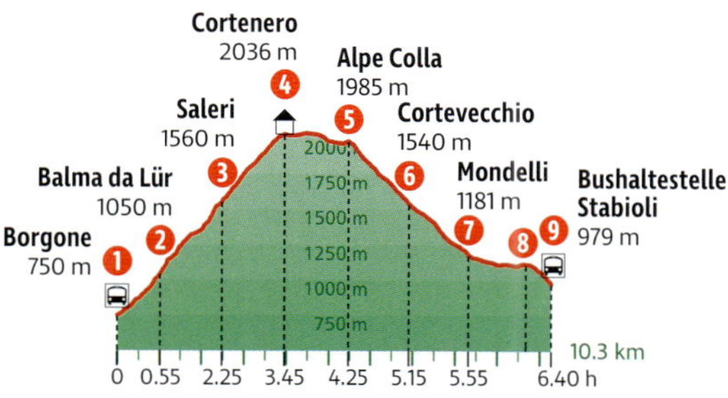

Unsere Route führt uns zunächst durch Kastanien- und Eichenwald bis zur Abzweigung nach Ceppo Morelli und weiter zum riesigen Findling **»Balma da Lür«** ❷, 1050 m, unter dem die Älpler bei schlechtem Wetter Unterschlupf fanden. Es wird nun immer steiler, der Pfad bleibt jedoch gut begehbar. Nach einer weiteren beschilderten Abzweigung nach Ronchetto erreichen wir die Nase von Scknela, wo wir erstmals den Monte Rosa in seiner ganzen Pracht erblicken. Nun queren wir, inzwischen im Buchenwald, in die felsige Zone der Rinnen hinein. Sie haben so klangvolle Namen wie »Canale Diavolo« und »Canale Grande« und sind trotz der Wegsanierung steil und teilweise auch etwas ausgesetzt zu begehen. Den Ausstieg erreichen wir nach einem luftigen Band bei einer mit vielen Heiligenbildchen versehenen großen Lärche, an die sich die Wiesen von **Saleri** ❸, 1560 m, anschließen. Von nun an ist das Gelände einfacher. Nach einem kurzen Aufstieg über einen Rücken queren wir erst kurz nach links, dann geht es rechts steil hinauf (immer auf die rot-weißen Markierungen achten, rote Punkte führen geradeaus weiter zum Rio Cortenero). Auf kunstvoll gelegten Steinplatten überwinden wir einige Geröllfelder und steigen schließlich durch weiterhin steile Grashänge nach **Cortenero** ❹, 2036 m, auf. Wer die renovierten Gebäude von innen betrachten möchte, findet den Generalschlüssel in einem der hintersten Häuser, der einfachen Schutzhütte des Alpenvereins. Bedingt durch den hier oben herrschenden Holzmangel wurden einige Dächer als Rundgewölbe konstruiert.

Am Ausstieg aus den »Canai« bedankten sich die Bauern mit zahlreichen Heiligenbildchen für die unbeschadet überstandene Durchquerung.

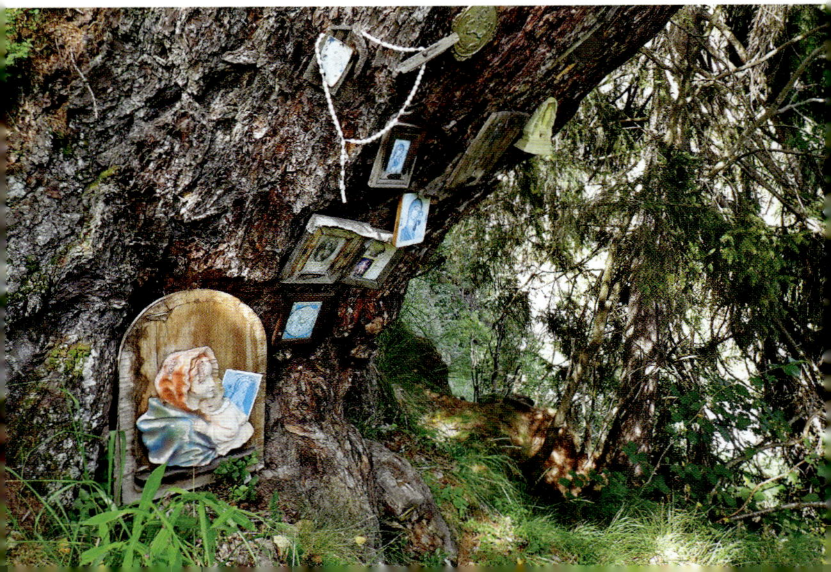

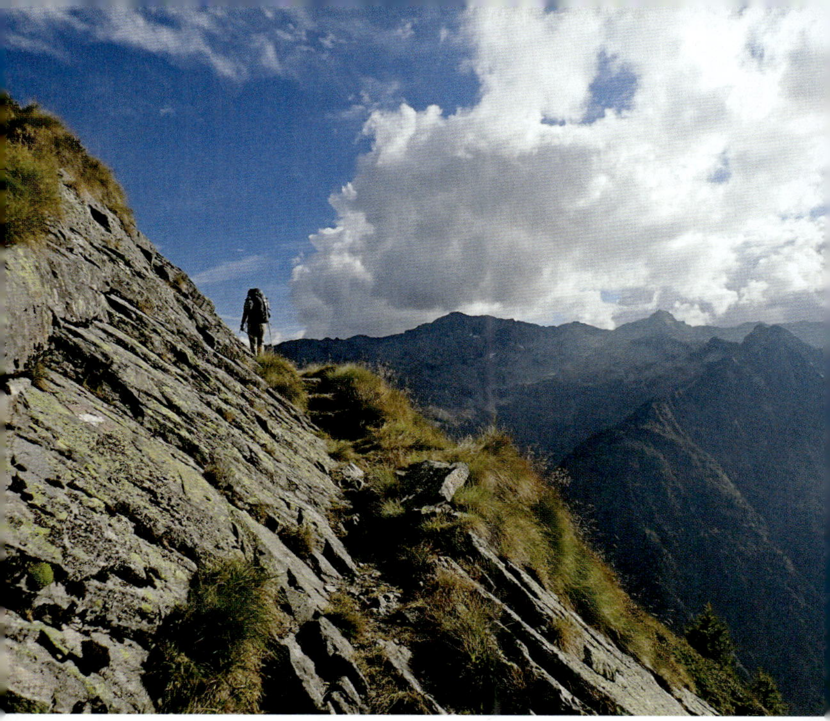

Auf dem Höhenweg von Colla nach Cortenero.

Unser Rückweg, der wesentlich bequemer ist als der Aufstieg, führt uns zunächst quer durch den Hang zum aussichtsreichen **Colla** ⑤, 1985 m, und weiter bergab. Bei einem Wegweiser auf 1760 m biegen wir nach rechts ab und begehen einen stellenweise etwas undeutlichen, doch durchgehend markierten Pfad bis **Cortevecchio** ⑥, 1540 m, wo wir bei einem Brunnen auf den Weg vom Passo Mondelli treffen. Ihm folgen wir nach links und steigen so bis nach **Mondelli** ⑦, 1181 m, ab. Unterwegs bei 1280 m haben wir noch die Gelegenheit, einen Abstecher zu einem schönen Wasserfall zu unternehmen (Schilder). In Mondelli gehen wir um das große Casa degli Specchi herum und wandern auf gut angelegtem Weg zu den türkisfarbenen Wassertöpfen des Rio Mondelli. Hier wird der Pfad etwas schmaler. Nach einigem Auf und Ab kommen wir zur kleinen Walsersiedlung **Stabioli** ⑧, 1110 m, mit ihrem Bergarbeiterfriedhof auf der Rückseite der Kirche. Eine schöne Mulattiera, die zweimal eine neu gebaute Piste kreuzt (auf Markierungen achten!), bringt uns schließlich zur **Bushaltestelle** ⑨, 979 m, an der Hauptstraße.

TOP

13

Meccia und Sonobierg, 1920 m

↗ 660 m | ↘ 660 m | 7,4 km

4.00 h

Zum Sonnenberg von Macugnaga

Während sich die Touristen vor allem bei den Seilbahnen zum Belvedere und Monte Moro tummeln, ist es am Südhang über Macugnaga meist viel ruhiger. Und das, obwohl er eines der großartigsten Panoramen auf die gigantische Ostwand des Monte Rosa bietet und mit viel unberührter Natur aufwartet.

Ausgangspunkt: Macugnaga Staffa, 1327 m, Halt der Busverbindung Domodossola-Macugnaga.
Anforderungen: Gut markierte Wanderwege, zwischen Meccia und Sonobierg recht steil.
Einkehr und Unterkunft: Macugnaga verfügt als touristische Hauptstadt des Tals über zahlreiche Restaurants und Hotels.
Karte: Carta Geo4Map 105 »Valle Anzasca« 1:25.000.
Beste Jahreszeit: April – November.
Varianten: Von Bill kann man direkt zur Chiesa Vecchia absteigen und unterwegs im sehr schön gelegenen Berggasthof Skarteboden (Tel. +39 393 9338769) einkehren. Oder man spart sich den Abstieg und fährt mit der Seilbahn hinunter. Betriebszeiten sind einzusehen unter www.macugnaga-monterosa.com.

Die steilste Stelle im Aufstieg nach Sonobierg ist mit einem Seil gesichert.

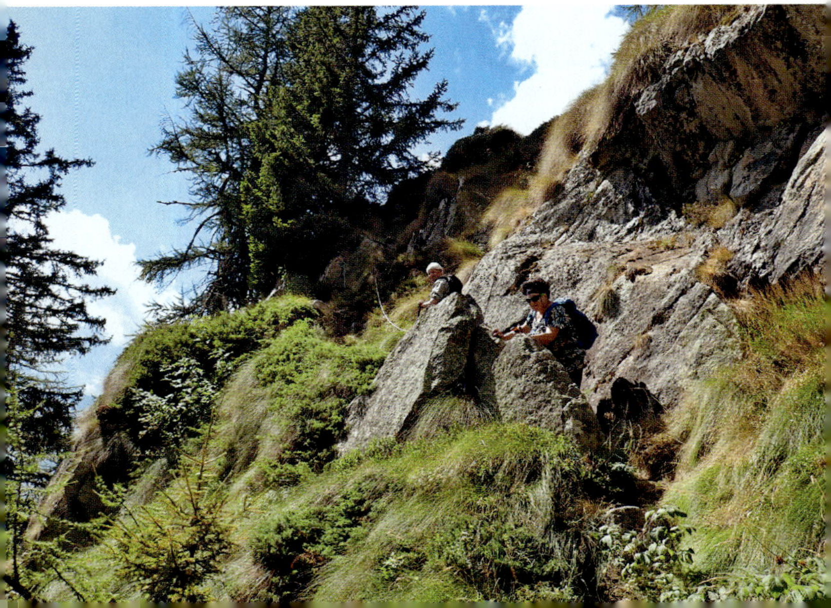

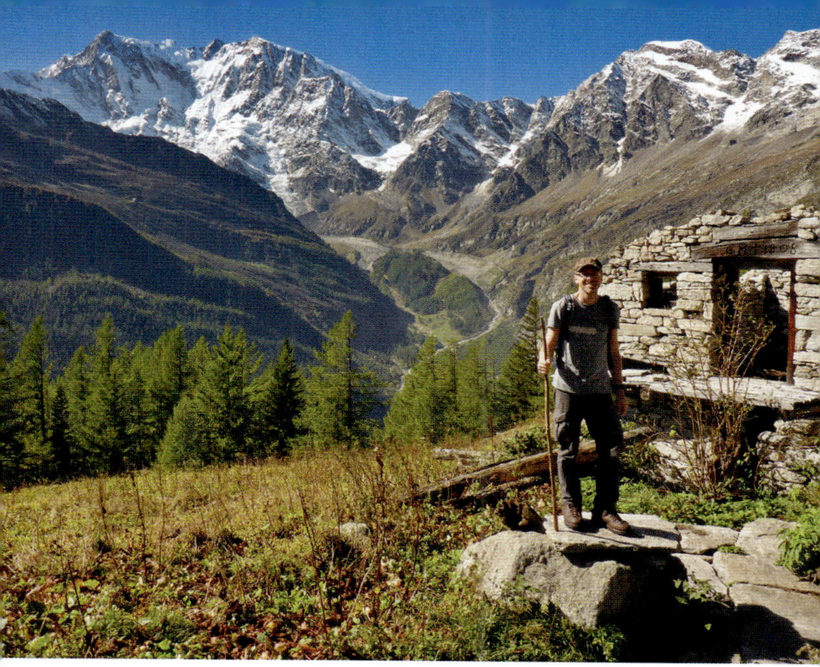

Großartiger Blick von der Alpe Meccia auf die Ostwand des Monte Rosa.

Am unteren Ende des Dorfplatzes von **Macugnaga Staffa** ❶, 1327 m, gehen wir in die Vicolo Stretto (»enge Gasse«), kommen für ein paar Meter wieder auf die Hauptstraße und biegen dann links in die Via alle Ville ab. An deren Ende setzt der gute Wanderweg an, der uns durch kühlen Tannen- und Lärchenwald hinauf zur **Alpe Meccia** ❷, 1812 m, bringt. Unterwegs lassen wir eine Abzweigung zur Alpe Bill links liegen. Von Meccia haben wir einen großartigen Blick auf die Ostwand des Monte Rosa, den Belvedere-Gletscher und die umliegenden, teilweise noch vereisten Bergriesen. Vor Ort erinnert ein Gedenkstein an hier im Zweiten Weltkrieg ermordete Partisanen. Nun steigen wir weiter den inzwischen nur noch spärlich bewaldeten Hang

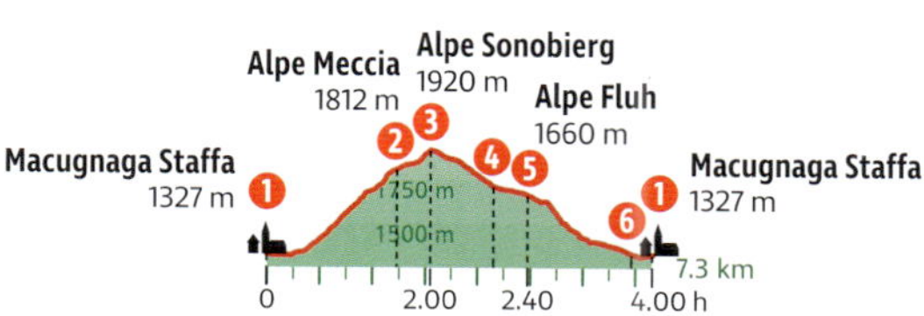

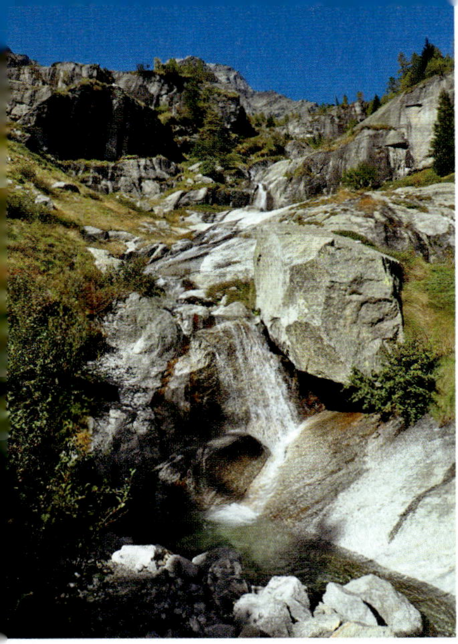

Über die steile Flanke des Faderhorns stürzt der Tannbach herab.

hinauf, erklimmen ein kurzes, aber recht steiles Geröllfeld und kommen nach einer mit einem Seil gesicherten Stelle zur ebenfalls sehr schön gelegenen **Alpe Sonobierg** ❸, 1920 m. Auch vom »Sonnenberg« ist die Aussicht überwältigend.

Hier beginnt unser Abstieg, und im folgenden Abschnitt müssen wir genau auf die Markierungen achten, denn der Wanderweg wurde abschnittsweise von einer neuen Piste unterbrochen. Er kreuzt sie mehrmals und folgt ihr manchmal auch ein kurzes Stück. Wir passieren die Seilbahnstation der **Alpe Bill** ❹, 1711 m, und kommen nach einer weiteren Querung der Piste zur Abzweigung zum neu angelegten und abwechslungsreichen Weg nach Pecetto. Wir verlassen also den Hauptweg und biegen nach rechts zur **Alpe Fluh** ❺, 1660 m, ab. Der Pfad überquert einige Bächlein, steigt kurz an und folgt einem Rücken abwärts zu einer aussichtsreichen Kuppe. Von hier haben wir einen schönen Blick auf Macugnaga. Es folgt ein anfangs etwas steilerer, schließlich bequemer Abstieg durch Wald bis zu einer Piste, der wir nach links folgen. Bei einem großen Parkplatz halten wir uns wiederum links, überqueren ihn und gehen auf einem Sträßchen zum alten **Bergsteigerfriedhof** ❻, 1350 m, auf dem zahlreiche namhafte Alpinisten, darunter viele Erstbegeher der umliegenden Gipfel, ihre letzte Ruhe gefunden haben. Vor ihm steht einer der ältesten Bäume Italiens, eine Linde, die die Siedler vor 800 Jahren aus dem Wallis als Erinnerung an ihre alte Heimat mitgebracht haben. An ihr gehen wir vorbei und dann immer geradeaus auf der Via Chiesa Vecchia, die uns vorbei an der Talstation der Seilbahn zurück nach **Macugnaga Staffa** ❶ bringt.

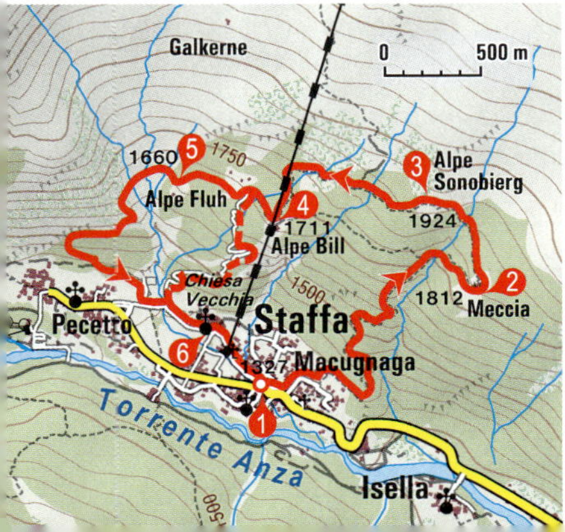

↗ 850 m | ↘ 850 m | 11,5 km

5.10 h

Belvedere, 1908 m

14

Über Gletscher unter der höchsten Wand der Alpen

Eindrucksvolle Rundwanderung, die gleich mit mehreren Superlativen aufwartet: Wir kommen auf Tuchfühlung mit der Monte-Rosa-Ostwand, die unmittelbar neben uns 2600 Meter in den Himmel ragt. Sie ist damit die höchste Wand der Alpen und die einzige himalayischer Dimensionen – und darüber hinaus mit 4634 Metern die zweithöchste Erhebung Europas. Und wir überqueren den geröllbedeckten Belvedere-Gletscher auf einem Weg, der wegen der starken Eisschmelze fast täglich neu gerichtet werden muss.

Ausgangspunkt: Macugnaga Pecetto, 1365 m, Endstation der Buslinie aus Domodossola.
Anforderungen: Gut unterhaltene Wege. Abstieg teilweise recht steil. Für die Gletscherüberquerung bedarf es keiner zusätzlichen Ausrüstung, da er komplett mit Geröll bedeckt ist.
Einkehr und Unterkunft: Mittelstation Burki: Ristoro Paradiso, Tel. +39 339 4300523. Bergstation Belvedere: Wengwaldhütte, Tel. +39 333 3128701. Beide nur tagsüber und während der Hauptsaison geöffnet. Rifugio Zamboni-Zappa, geöffnet von Juni bis September, im Oktober an den Wochenenden, Tel +39 0324 65313, www.rifugiozamboni.com.
Karte: Carta Geo4Map 105 »Valle Anzasca« 1:25.000.
Beste Jahreszeit: Juni – Oktober.
Varianten: Man kann den Aufstieg deutlich abkürzen, indem man mit dem Sessellift bis Belvedere fährt. Betriebszeiten unter www.macugnaga-monterosa.com. Bei der Abzweigung zur Alpe Crosa kann man auch rechts aufsteigend bis zur verfallenen Bergstation der Piani Alti gehen und von dort nach Rosareccio absteigen (45 Minuten länger).
Vom Rifugio Zamboni-Zappa lohnt sich ein Abstecher zum Lago delle Locce direkt am Fuß der großen Wand (150 Höhenmeter und 1 Stunde zusätzlich).
Die Gletscherüberquerung zur Alpe Fillar ist nicht mehr einfach möglich. Der Gletscher ist in den letzten Jahren so stark abgeschmolzen, dass seine Seitenmoränen zu steil geworden sind.

Mit dem gemütlich langsamen und etwas aus der Zeit gefallenen Sessellift lassen sich die ersten beiden Kilometer überbrücken.

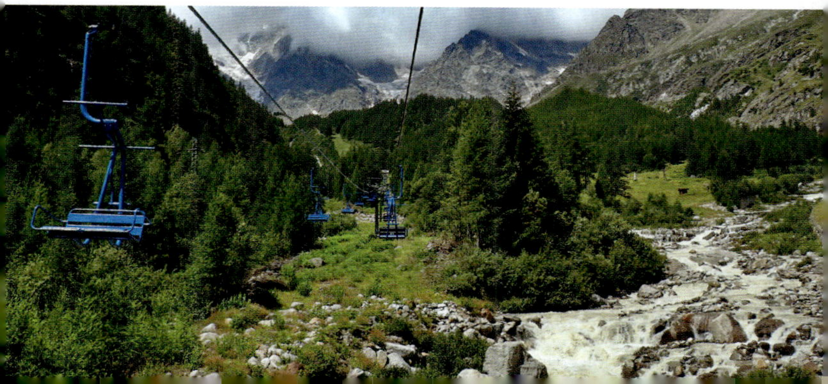

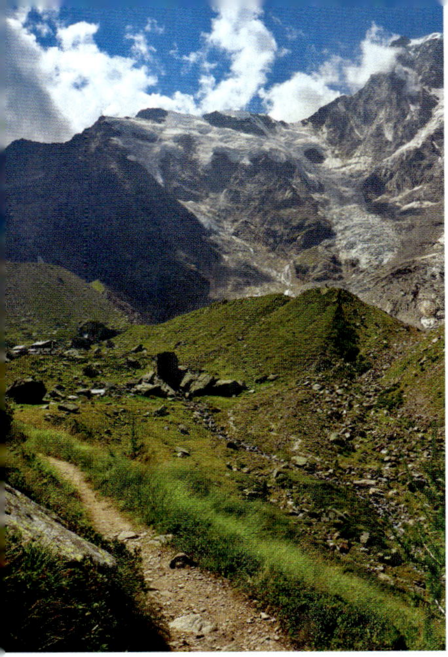

Blick zurück aufs Rif. Zamboni-Zappa und die vergletscherten Hänge des Monte Rosa.

Vom Dorfplatz in **Pecetto** ❶, 1365 m, gehen wir auf der Straße bis zur Talstation des Sessellifts und weiter auf einer breiten Piste zum im Hochsommer wild tosenden Torrente Anza. Wir überqueren ihn, folgen noch ein kurzes Stück der Piste und biegen rechts zur **Alpe Burki** ❷, 1595 m, ab. Von den renovierten Häusern queren wir hinüber zur Mittelstation und steigen auf gutem Weg durch Lärchenwald zur Bergstation **Belvedere** ❸, 1908 m, auf. Kurz darauf machen wir uns an die Überschreitung der vollständig mit Schutt bedeckten Gletscherzunge. Die Route ist gut markiert und muss aufgrund der Gletscherbewegung und Eisschmelze ständig erneuert werden. Hier und da schaut manchmal etwas Eis aus dem Geröll.

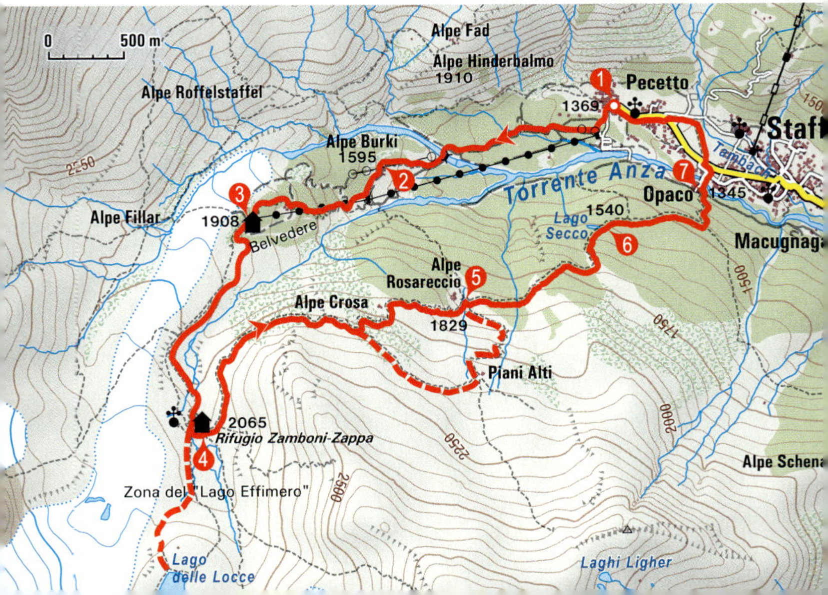

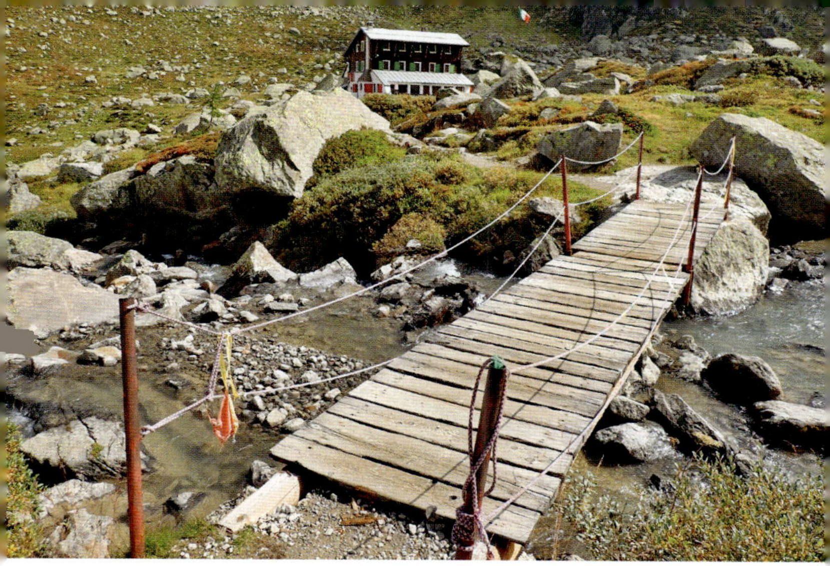

Rifugio Zamboni-Zappa, direkt unter der Monte-Rosa-Ostwand.

Auf der anderen Seite wandern wir weiter entlang der großen Seitenmoräne zum **Rifugio Zamboni-Zappa** 4, 2065 m, wo wir während der Saison einkehren können. Unsere Route setzt sich auf der anderen Seite des Tals fort, ohne große Höhenunterschiede quert sie den Hang. Bei einem Schild halten wir uns links und steigen über einen neu angelegten Weg zur **Alpe Rosareccio** 5, 1829 m, ab. Beim Wegweiser gehen wir ein kurzes Stück nach rechts und bei einem weiteren Schild wieder nach links. Nun geht es steil zum **Lago Secco** 6, 1540 m, hinunter. Er ist tatsächlich meist trocken. Der Wald wird nun etwas flacher, ehe wir über ein paar letzte Serpentinen den Talboden bei **Opaco** 7, 1345 m, erreichen. Wir überqueren den Anza, gehen auf einem Feldweg nach links, kreuzen die Hauptstraße und steigen auf einem Wiesenpfad zum Sportzentrum von Pecetto auf, von dem wir in Kürze wieder an unserem Ausgangspunkt sind.

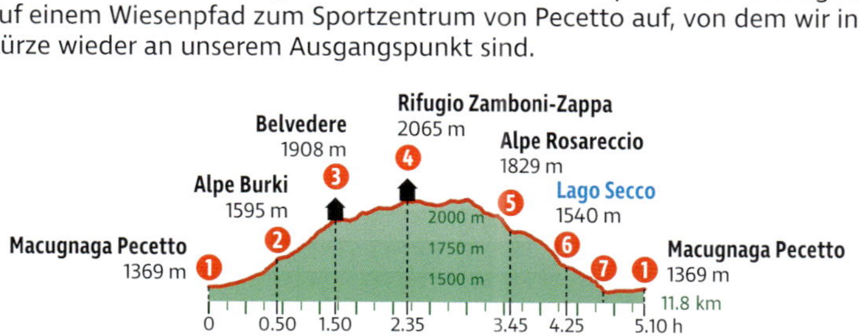

↗ 1430 m | ↘ 1430 m | 21,1 km

15 Cingino und Camposecco, 2325 m

9.30 h

Staudamm-Steinböcke und Stollengang

Berühmt aus Funk und Fernsehen: die Steinböcke, die in der fast senkrechten Staumauer des Lago di Cingino Mineralien aus den Steinen schlecken. Eigentlich müsste man von Steingeißen sprechen, denn es sind nur die Weibchen und ihr Nachwuchs, die der Schwerkraft trotzen. Die Männchen sind dafür einfach zu schwer. Doch unsere Wanderung besucht nicht nur die Kletterkünstler, sondern führt auch durch einen kilometerlangen Stollen der Wasserkraftwerke. In vielen Ländern wäre der Durchgang wohl verboten, in Italien verläuft hier der offizielle Wanderweg ...

Ausgangspunkt: Antronalago, 1080 m.
Anforderungen: Bergpfade steil, aber in gutem Zustand. Für den Stollen muss eine Stirn- oder Taschenlampe mitgenommen werden.
Einkehr und Unterkunft: Albergo Ristorante Lago Pineta in Antronalago, Tel. +39 0324 51808, www.lagopineta.com.
Karte: Carta Geo4Map 107 »Valle Antrona« 1:25.000.
Beste Jahreszeit: Juli – Oktober.

Varianten: Am Tunnelausgang bei Crestarossa führt ein markierter, aber sehr steiler Pfad direkt zur Alpe Banella. Die Wanderung verkürzt sich damit um 2 Stunden.
Die lange Tour lässt sich auch auf zwei Tage aufteilen. Das Bivacco Cingino bietet außer Matratzen und ein paar Decken jedoch keinerlei Komfort, auch keine Heiz- und Kochgelegenheit. Man muss also alles mitnehmen.

Am Lago di Camplicciolì geht es durch einige Tunnels der alten Werksbahn.

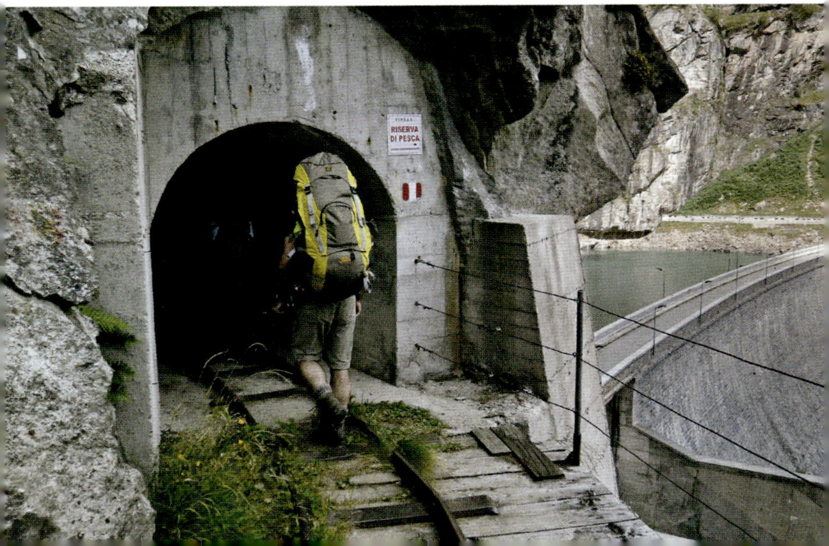

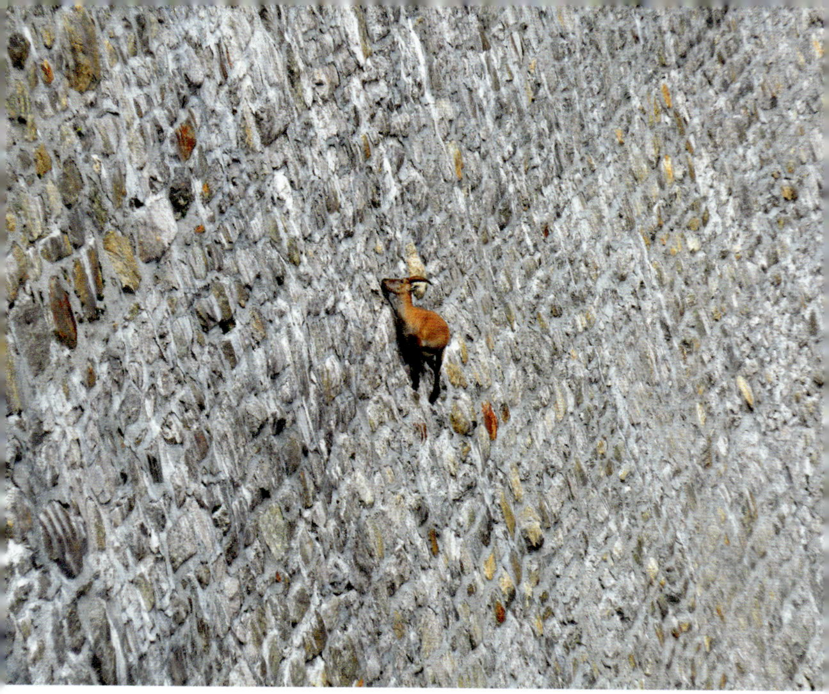

Eine Steingeiß trotzt der Schwerkraft am Staudamm des Lago di Cingino.

Vom Parkplatz in **Antronalago** ❶, 1080 m, gehen wir zum See hinunter. Er wurde 1642 durch einen Bergsturz gebildet, bei dem über 100 Menschen ihr Leben verloren. Nach einem Stück auf der Uferpromenade beginnt links der Aufstieg. Wir folgen nun bis nach Cingino der historischen »Strada Antronesca«, einem im Mittelalter wichtigen Handelsweg ins nahe Wallis. Die Mulattiera, die einmal kurz von einer Straße unterbrochen wird, bringt uns zur Staumauer des **Lago di Campliccioli** ❷, 1345 m. Oberhalb erblicken wir eine alte Gleistrasse, der wir bis zum Ende des Sees folgen. Dort überqueren wir den Wildbach und biegen links auf einen Pfad ein, der sich immer am Bach entlangschlängelt und dabei die **Alpe Casaravera** ❸, 1477 m, passiert. Kurz hinter der Alpe Lombraoro beginnt auf 1650 m der steile Aufstieg zum **Bivacco Cingino** ❹, 2265 m. Dabei kommen wir an einigen der größten Lärchen des Ossolas vorbei und haben einen Blick auf einen der schönsten Talkessel der Alpen.
Die Staumauer des **Lago di Cingino** ❺, 2250 m, auf der sich normalerweise die Steinböcke tummeln, befindet sich gleich hinter der Hütte. Auf der anderen Seite des Damms steigen wir zu einem Kanal ab, an dessen Ende

wir den Einstieg in den Stollen finden. Links hinter der Tür befindet sich der Lichtschalter. Auch unsere Stirnlampen müssen wir einschalten. Nach der halben Strecke betätigen wir einen weiteren Schalter, da das Licht nach 30 Minuten automatisch erlischt. Im Stollen quetschen wir uns, meist gebückt, an einer Druckleitung vorbei, dazu ist der Boden mit Pfützen übersät. Ein Abenteuer! Sollte die Tür am Ende des Tunnels nicht aufgehen, müssen wir eine kleine Klappe öffnen, hindurchgreifen und den Schieber entriegeln. Nun folgen wir einem weiteren Kanal bis zu einer äußerst steilen Gleisanlage, die wir hinaufgehen, um oben den **Lago di Camposecco** 6, 2325 m, zu erreichen. Auch hier steht ein kleines Biwak. Wir lassen die Staumauer links liegen, gehen zu einem verfallenen Gebäude und finden

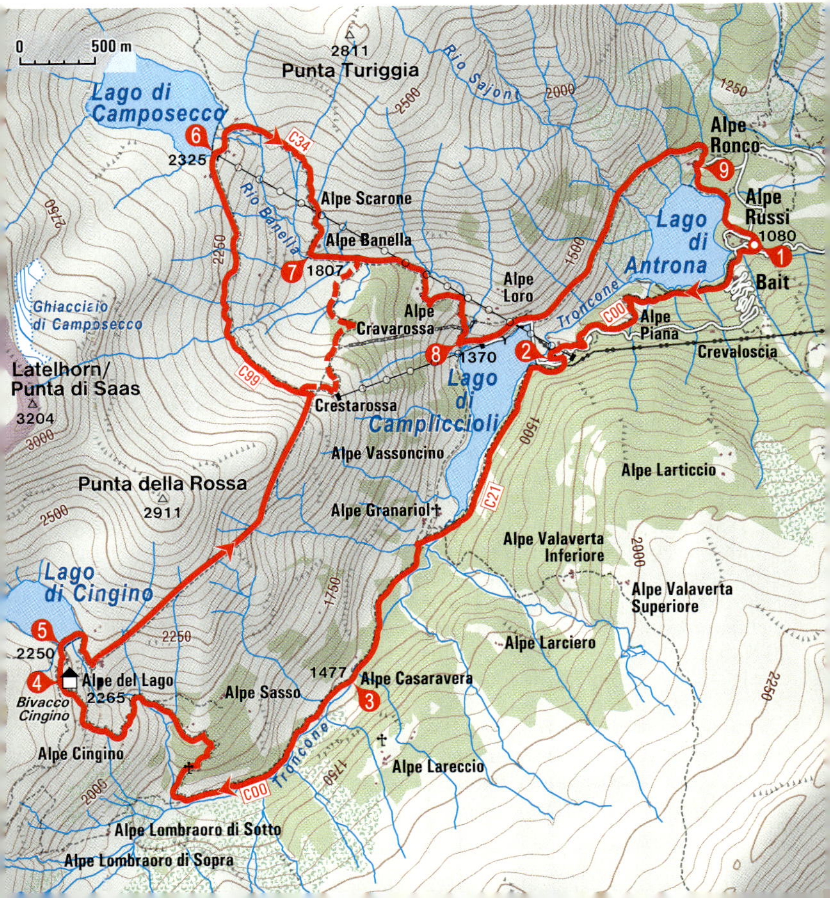

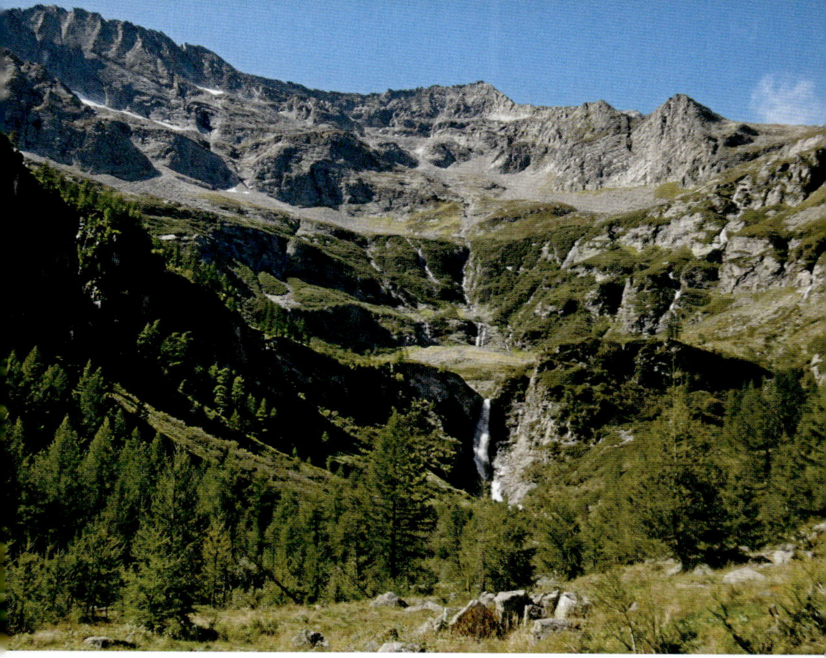

Wasserfälle stürzen in einen der schönsten Talkessel der Alpen.

dort den gut markierten Weg wieder. Er zieht sich steil zur **Alpe Banella** 7, 1807 m, hinunter. Nachdem wir ein Hochtal durchquert haben, folgt der zweite steile Abschnitt bis zum Westufer des Lago di **Camplicciolі** 8, 1370 m. Wir gehen zur Staumauer, bleiben aber links davon und steigen auf gut ausgebautem Weg zur **Alpe Ronco** 9, 1109 m, ab. Dort folgen wir den Wegweisern zum Lago di Antrona und erreichen schließlich wieder den Parkplatz.

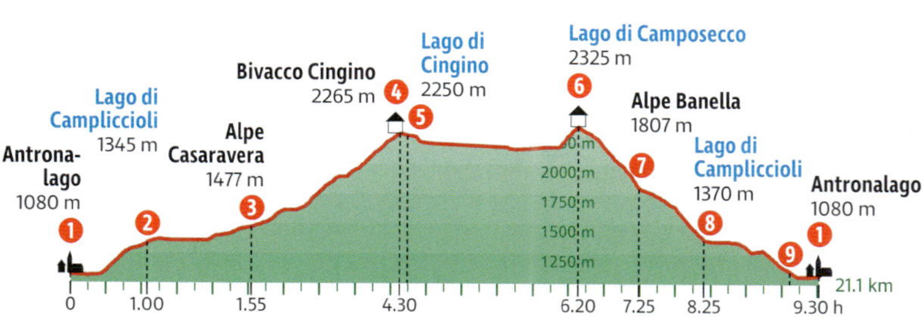

↗ 750 m | ↘ 750 m | 13,3 km

16 Andolla, 2109 m

5.30 h

Abgeschiedenes Hochtal im Reich der Steinböcke

Ganz am Ende des Valle Antrona versteckt sich ein kaum besuchtes Tal, das mit vielen Überraschungen aufwartet. Sei es der Blumenreichtum, das türkisfarbene Wasser oder die vielen Steinböcke, die sich an den Hängen tummeln. Ein Ausflug ins Val Loranco lohnt sich auf jeden Fall. Ganz besonders zur Himbeerzeit im August und September.

Ausgangspunkt: Cheggio, 1490 m.
Anforderungen: Gut unterhaltene Wanderwege. Der Abschnitt zwischen dem Rifugio Andolla und der Alpe Campolamana wird aber wenig begangen, ist daher nicht immer deutlich erkennbar und dazu auch manchmal etwas ausgesetzt.
Einkehr und Unterkunft: Ristorante Alpino in Cheggio, Tel. +39 0324 575975, www.albergoalpinocheggio.it, mit Zimmern. Rifugio Andolla, Tel. +39 0324 575980.
Karte: Carta Geo4Map 107 »Valle Antrona« 1:25.000.
Beste Jahreszeit: Juli – Oktober.
Variante: Rückweg im Uhrzeigersinn um den Bacino dei Cavalli von Gabbio über Teste inferiore und den Höhenweg über dem See (siehe Tour 17).

Das Rifugio Andolla im oberen Val Loranco lädt zur Mittagspause.

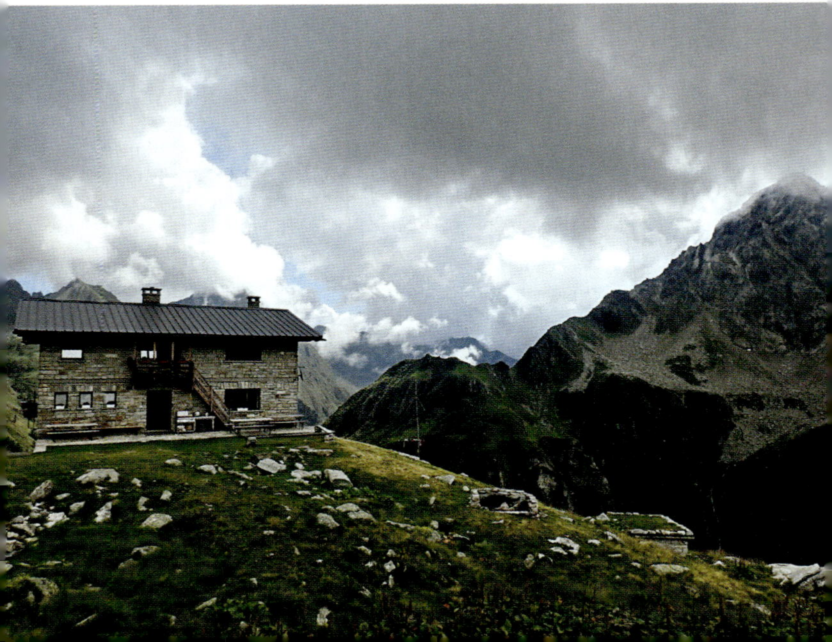

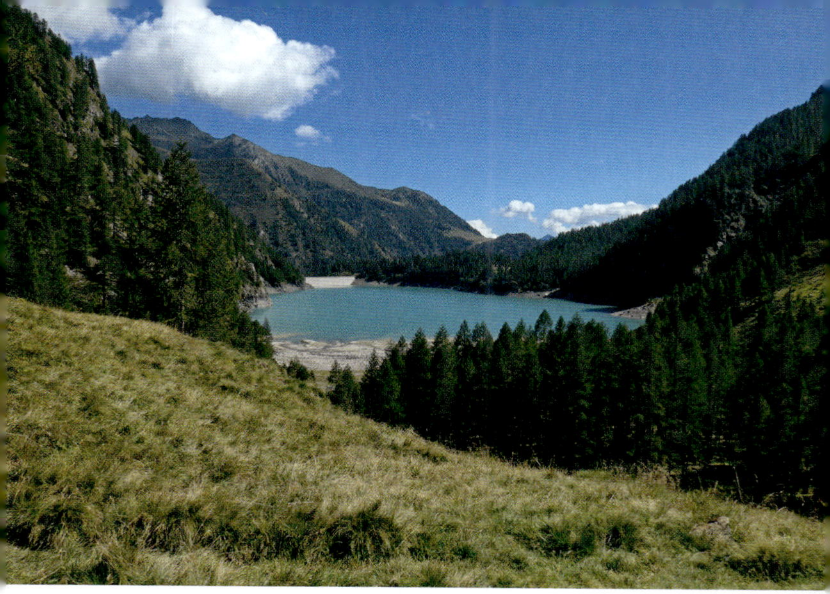

Der türkisblaue Stausee Bacino dei Cavalli.

Wir starten am Parkplatz von **Cheggio** ❶, 1490 m, überschreiten die Staumauer des Bacino dei Cavalli und wandern auf gutem Weg immer am Südwestufer des Sees entlang. An dessen Ende wechseln wir bei der **Alpe del Gabbio** ❷, 1530 m, die Talseite und durchqueren die Himbeerfelder der **Alpe Piana Ronchelli** ❸, 1580 m. Kurz nachdem sich das Tal verengt hat, halten wir uns bei einer Weggabelung rechts und steigen über viele Serpentinen zum aussichtsreich gelegenen **Rifugio Andolla** ❹, 2061 m, auf. Hinter der Hütte setzt sich unsere Route in den Talkessel hinein fort. Zunächst noch leicht ansteigend, dann stärker fallend zieht sich der nun schmale Pfad durch eine steile Flanke. Einige ausgesetzte Stellen sind mit Ketten gesichert. Kurz vor der **Alpe Camasco** ❺, 1967 m, biegen wir nach links ab und treffen im Abstieg kurze Zeit später auf eine große Felsplatte, unter

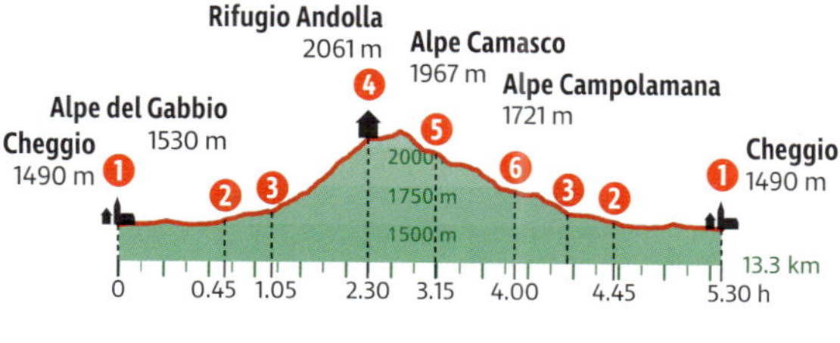

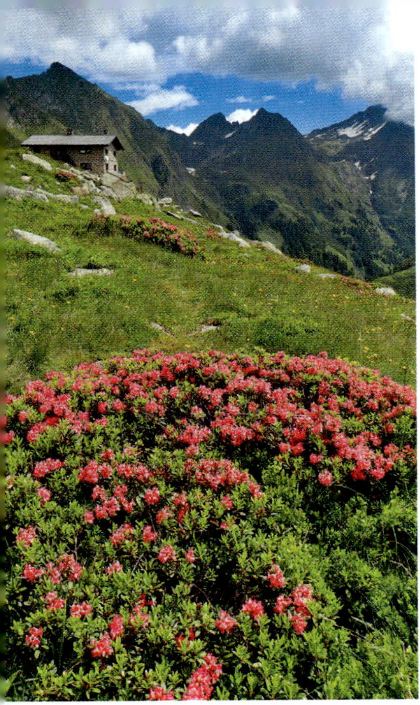

Links: Im Juni blühen die Alpenrosen rund um das Rifugio Andolla in voller Pracht. Rechts: Natur pur im abgeschiedenen Talkessel des Val Loranco.

der sich eine »Balm« befindet. In diesem Unterschlupf hausten vor vielen Jahrhunderten die Bauern mitsamt ihrem Vieh. Er ist wegen der hohen Vegetation nicht immer einfach zu erkennen. Weiter geht es durch den wilden Talkessel bergab. Vorbei an der Abzweigung zu den Seen von Pozzuoli (ein stark verwilderter und daher nicht einfach zu begehender Weg), führt uns unser Pfad durch eine wieder recht abschüssige Flanke immer am Torrente Loranco entlang. Schließlich öffnet sich das Tal, und kurz nach der **Alpe Campolamana** **6**, 1721 m, treffen wir wieder auf die Abzweigung zum Rifugio Andolla. Von dort wandern wir auf unserer Aufstiegsroute zum Parkplatz zurück.

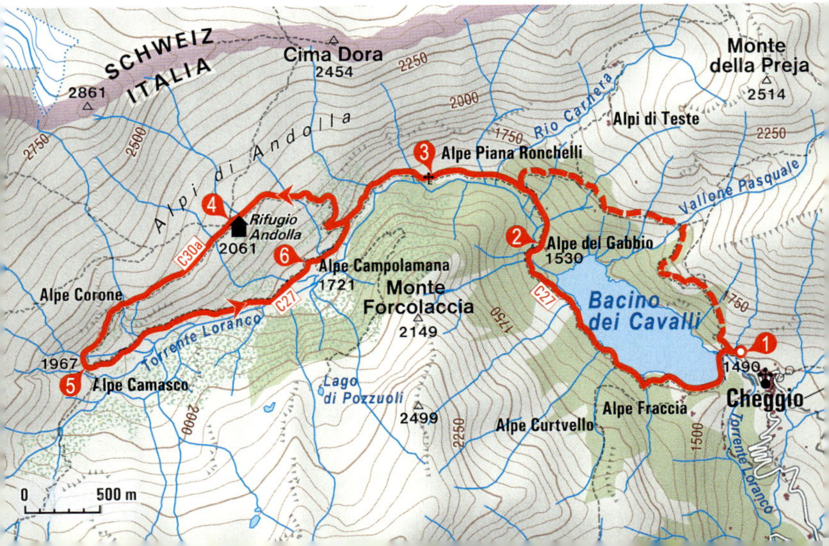

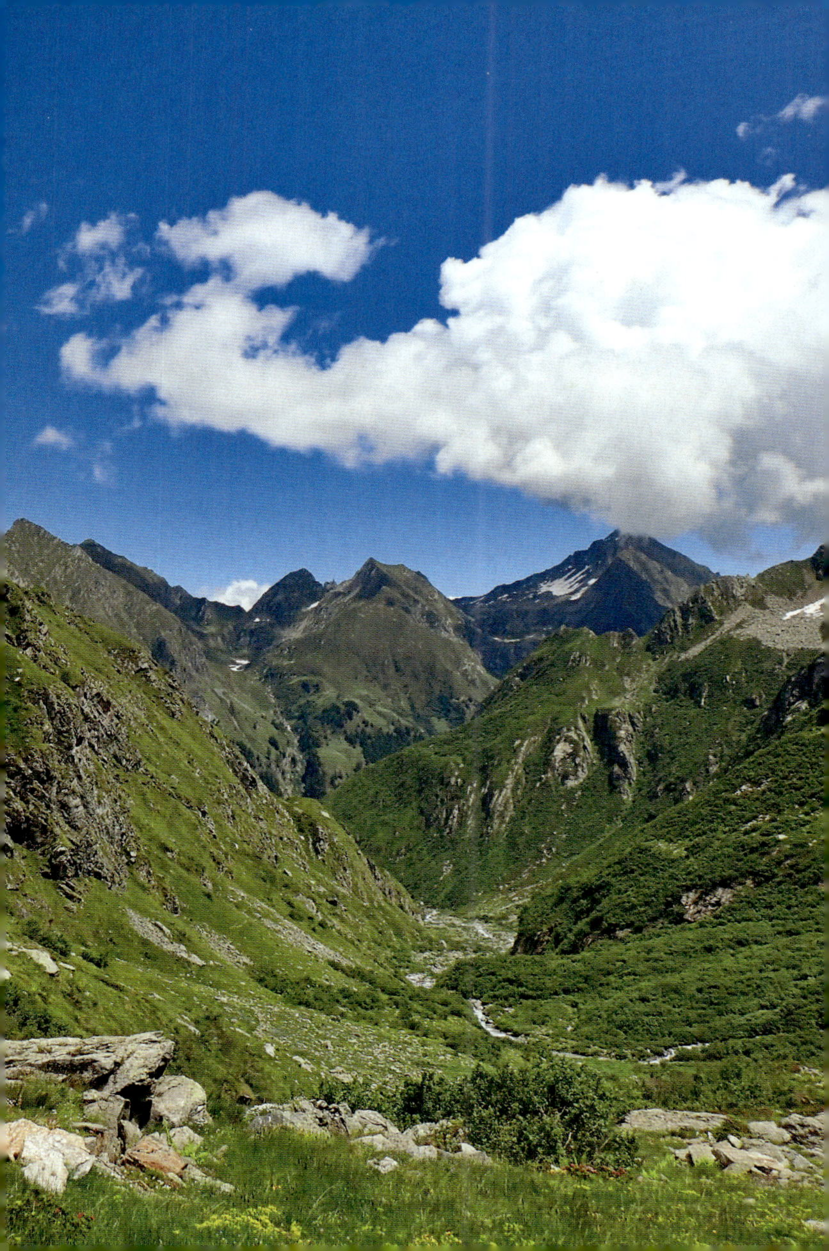

↗ 1380 m | ↘ 1380 m | 11,4 km

8.00 h

17 Montalto, 2705 m

Gipfelpyramide in der Einsamkeit

Der selten besuchte Montalto ist einer der spektakulärsten Panoramagipfel im Ossola und ein echter Geheimtipp. Er erhebt sich mitten im Grat zwischen Valle Antrona und Valle Bognanco und überragt seine Nachbarn deutlich, wodurch er einen Blick über fast die gesamte Region bietet, inklusive Domodossola und Lago Maggiore, ganz nah an den 4000ern im Wallis. Auf unserer Rundtour wandern wir zudem über Wiesen voller Edelweiße und treffen mit etwas Glück auf größere Steinbockkolonien.

Ausgangspunkt: Cheggio, 1490 m.
Anforderungen: Kaum begangene, steile Bergpfade. Das letzte Stück zum Gipfel ist nicht markiert und bedingt ab und zu den Einsatz der Hände, Schwindelfreiheit erforderlich.
Einkehr: Ristorante Alpino in Cheggio, Tel. +39 0324 575975, www.albergoalpinocheggio.it, mit Zimmern.
Karte: Carta Geo4Map 107 »Valle Antrona« 1:25.000.
Beste Jahreszeit: Juli – September.
Variante: Abstieg von Teste inferiore zur Alpe del Gabbio und im Gegenuhrzeigersinn entlang des Stausees nach Cheggio (siehe Tour 16).

Kristallklares Wasser im Lago dei Pianei.

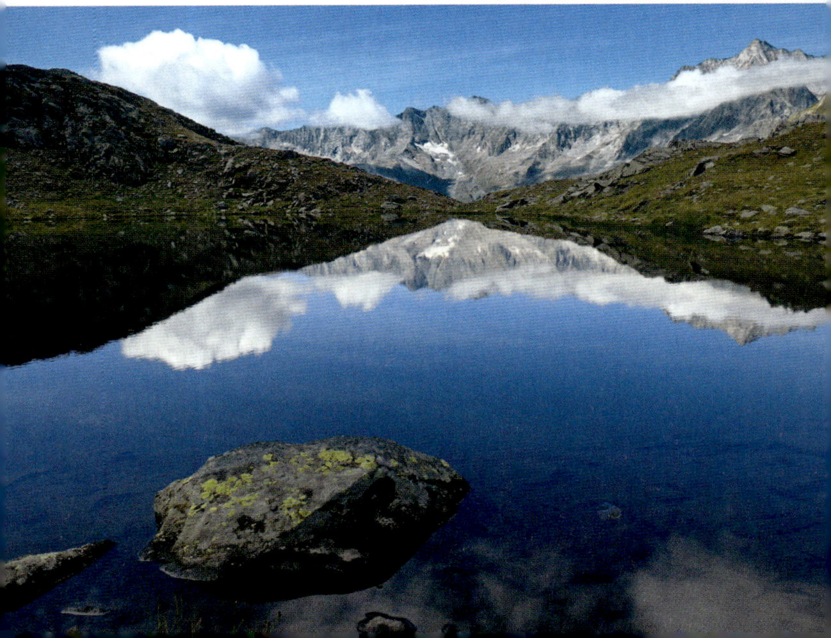

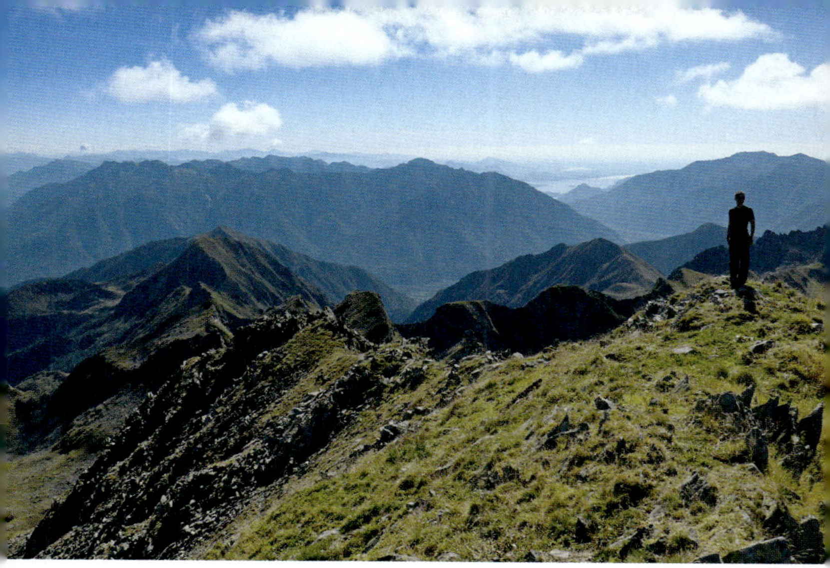

Vom Montalto liegt uns das Ossola zu Füßen, ganz hinten taucht sogar der Lago Maggiore auf.

Unser Aufstieg beginnt direkt am Parkplatz von **Cheggio** 1, 1490 m, wo wir den Schildern nach Pianei folgen. Nach einiger Zeit kommen wir zu einer Abzweigung, bei der wir uns rechts halten und durch eine steile Wiesenrinne weiter an Höhe gewinnen. Es folgt eine Querung durch hohe Vegetation, an deren Ende wir die Ruine der Alpe Pasquale inferiore passieren. Der nun mit zahlreichen Steinmännchen markierte Pfad steigt weiter steil über einen Wiesenhang an und flacht kurz vor der **Alpe Pianei** 2, 2179 m, aus. Wir durchqueren eine schöne Hochfläche, ehe wir etwas oberhalb eines Wegweisers und knapp vor der Bocchetta dei Pianei rechts

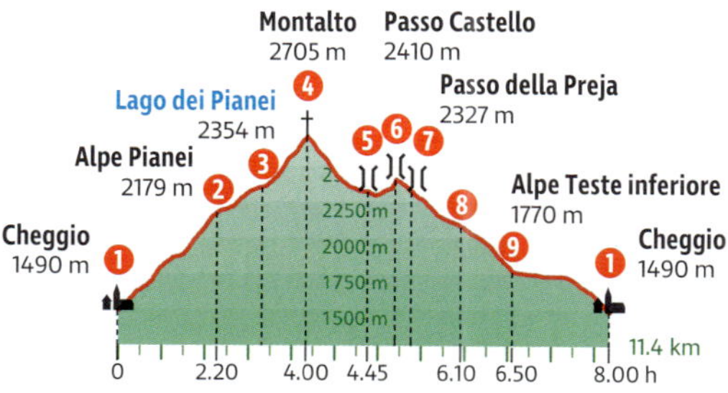

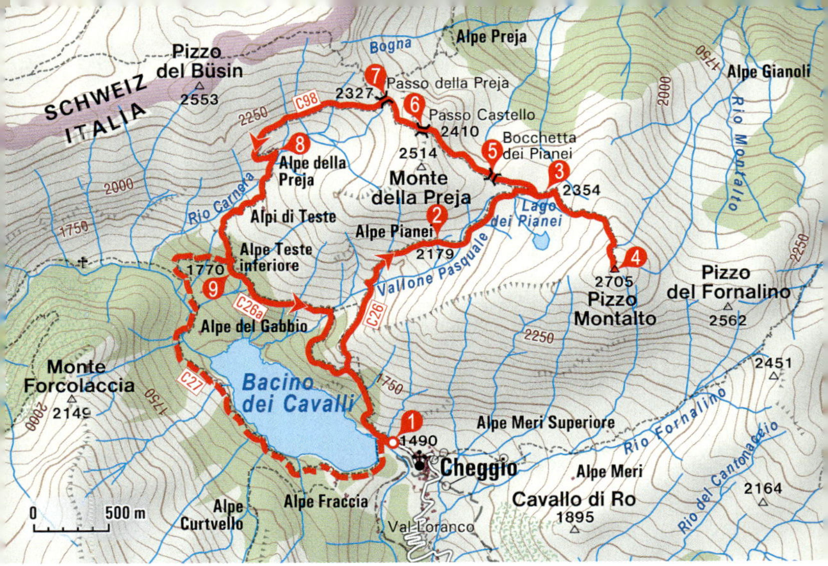

Hier nicht auf Steinböcke zu treffen, ist eher die Ausnahme.

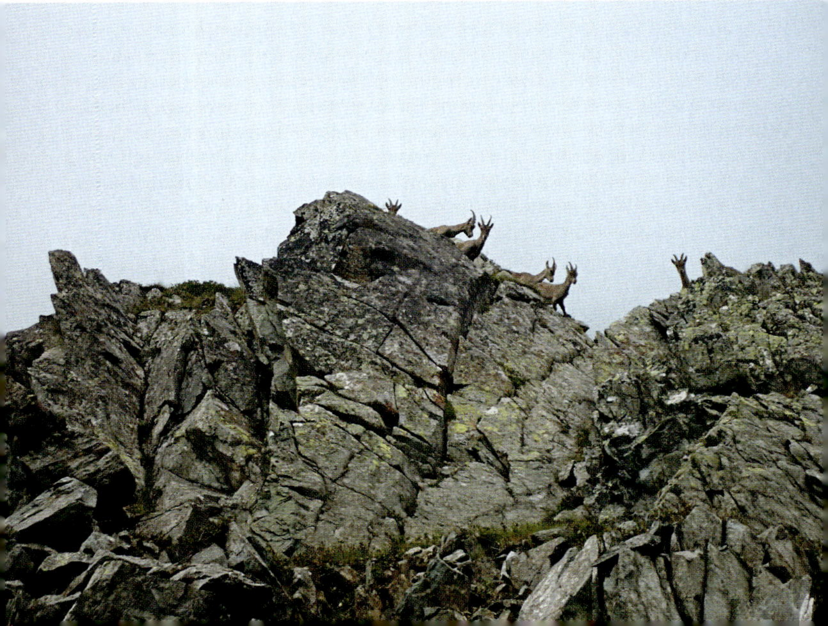

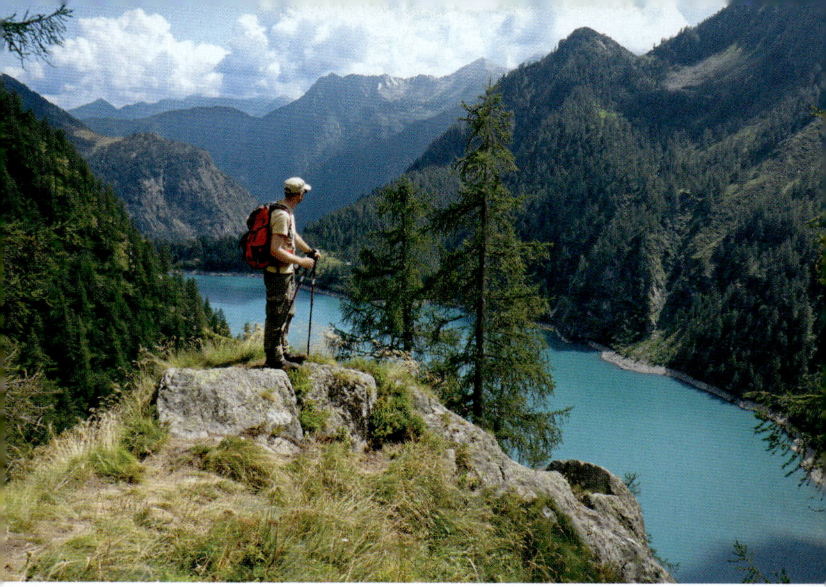

Unsere Route führt uns hoch über dem Bacino dei Cavalli entlang.

auf einen deutlichen Pfad abbiegen. Auch er ist mit Steinmännchen markiert. In Kürze kommen wir so zu einem flachen Rücken und zum **Lago dei Pianei** ❸, 2354 m. Wir steigen weiter auf, erst direkt auf dem Rücken, später etwas rechts haltend und erreichen den Nordgrat des Montalto. Auf diesem geht es weiter hinauf. Ab und zu müssen wir etwas nach links ausweichen (einige ausgesetzte Stellen). Bei 2600 m wird der Grat flacher, und wir erreichen nach einem unproblematischen Schuttfeld den Gipfel des **Montalto** ❹, 2705 m.

Bis zur Bocchetta dei **Pianei** ❺, 2325 m, geht es auf derselben Route zurück. Wir überschreiten den Pass ins Valle Bognanco, steigen auf nun gut markiertem Weg etwas ab, queren nach Nordwesten und steigen sehr steil zum **Passo Castello** ❻, 2410 m, auf. Direkt nach dem Pass müssen wir uns mit den Händen über eine etwas ausgesetzte Stelle bugsieren. Dann steigen wir über Wiesen zum **Passo della Preja** ❼, 2327 m, ab, wo wir auf einen guten Weg treffen. Ihm folgen wir über Blumenwiesen und über viele kleine Bäche ins Valle Antrona hinab, vorbei an der **Alpe della Preja** ❽, 2083 m, und bis zur **Alpe Teste inferiore** ❾, 1770 m. Nun folgen wir einem sehr schönen Höhenweg nach links. In stetem Auf und Ab quert er den Hang über dem türkisfarbenen Stausee Bacino dei Cavalli und trifft nach einiger Zeit wieder auf den Weg, über den wir am Morgen aufgestiegen sind. Über ihn erreichen wir in Kürze wieder unseren Ausgangspunkt.

↗ 930 m | ↘ 930 m | 9,3 km

6.00 h

18 Alpe Cavallo, 1374 m

Vom berühmten »Sonnenspiegel-Dorf« in eine wilde Schlucht

In Viganella geht im Winter die Sonne drei Monate lang nicht mehr auf. Also hat 2006 der findige Bürgermeister einen riesigen Spiegel in den Berghang über dem Dorf bauen lassen – er reflektiert nun die Sonnenstrahlen auf den Dorfplatz.

Die Gegend hat aber noch mehr Berühmtheiten zu bieten: Auf unserer Wanderung kommen wir auch an einer aktiven buddhistischen Gemeinde vorbei. Sie hat den verlassenen Weiler Bordo zu neuem Leben erweckt. Und wir folgen im wilden Val Balmel den Spuren des Eisenerzabbaus, der dem Tal einst zu Reichtum verholfen hat.

Klassische Fensterbauweise im Ossola, hier bei der Alpe Brig.

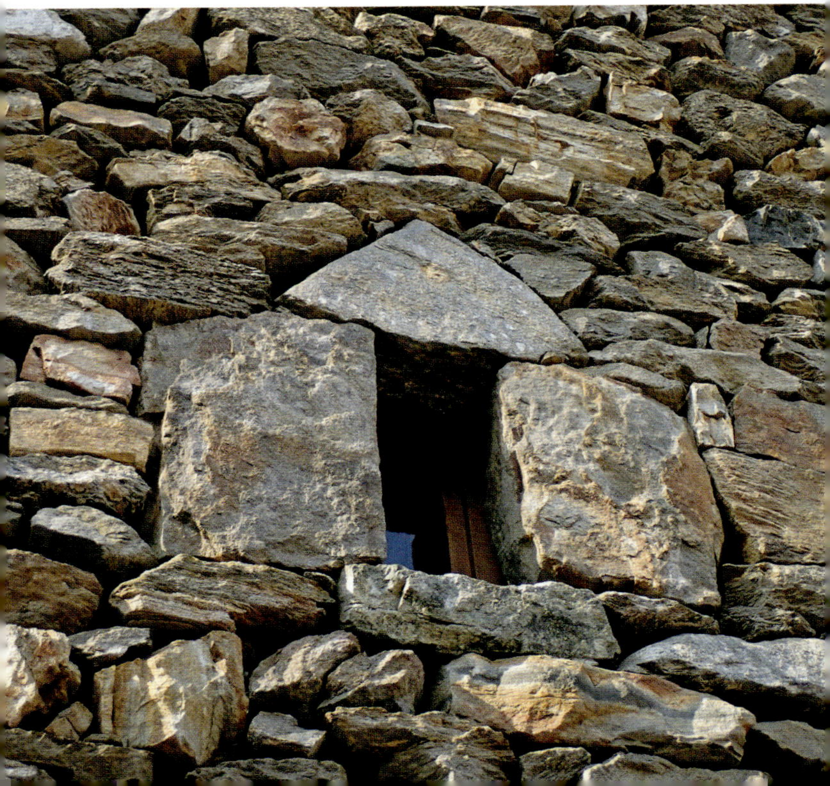

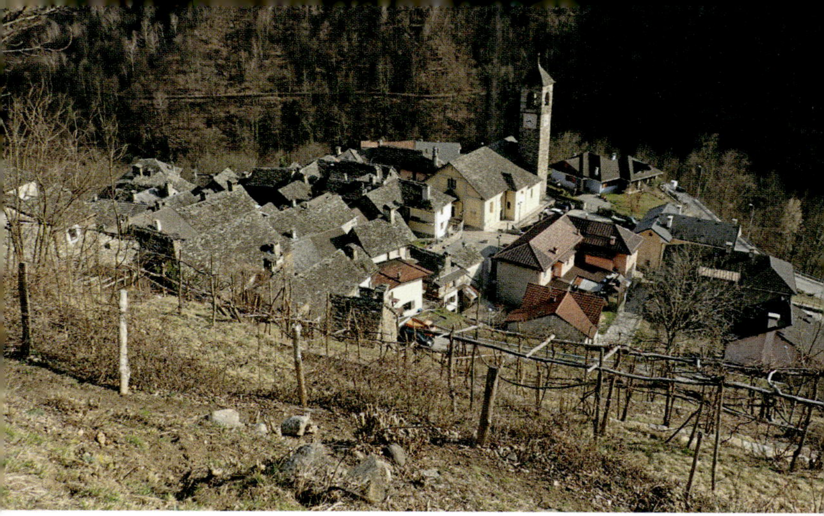

Viganella, dessen Dorfplatz im Winter vom Sonnenspiegel erhellt wird.

Ausgangspunkt: Viganella, 582 m, Busverbindung von Domodossola.
Anforderungen: Gut gepflegte, jedoch manchmal etwas steile und im Val Balmel auch ausgesetzte Wege.
Einkehr und Unterkunft: An der Hauptstraße in Rivera das Cip e Ciop, Bar mit Snacks und Eis, Tel. +39 347 2336042. Infos zur buddhistischen Gemeinde von Bordo unter www.bordo.org.
Karte: Carta Geo4Map 107 »Valle Antrona« 1:25.000.
Beste Jahreszeit: April – November.
Varianten: Man kann die Tour auch von/nach Cheggio gehen (schmale Straße, kleiner Parkplatz). Dann zweigt man auf dem Rückweg bei der Alpe Barco rechts auf einen mit gelben Punkten markierten, guten Weg ab, der direkt nach Bordo führt. Die Rundtour verkürzt sich dadurch um gut 1 Stunde.
Um den Spiegel zu besuchen, biegt man im Abstieg kurz vor einer Treppenanlage links auf ein unscheinbares Weglein nach Pianezzo ein. Von dort führt eine breite Piste bis zum Spiegel. Nun geht man wieder etwas zurück und folgt einem Pfad hinab in den Wald. Er führt direkt zur Alpe Barco.
Die auf vielen Karten eingetragenen Wege jenseits des Spiegels in Richtung Casale und Zonca sind mittlerweile verschwunden und leider nicht mehr begehbar.

Vom Dorfplatz in **Viganella** ❶, 582 m, gehen wir hinunter zur Hauptstraße, überqueren sie und folgen dem Wanderweg nach Rivera. Wir steigen durchs Dorf hinauf und treffen bald auf den sehr guten Pfad nach **Bordo** ❷, 734 m. Nachdem wir die buddhistische Gemeinschaft durchquert haben, wandern wir hinüber nach **Cheggio** ❸, 755 m, wo der eigentliche und steile Aufstieg beginnt. Der Weg ist aber weiterhin sehr gepflegt, und so erreichen wir nach vielen Höhenmetern im Kastanien- und Buchenwald die panoramareiche Kuppe der **Alpe Cavallo** ❹, 1374 m. Hier setzt unser

Auf dem Weg ins Val Balmel.

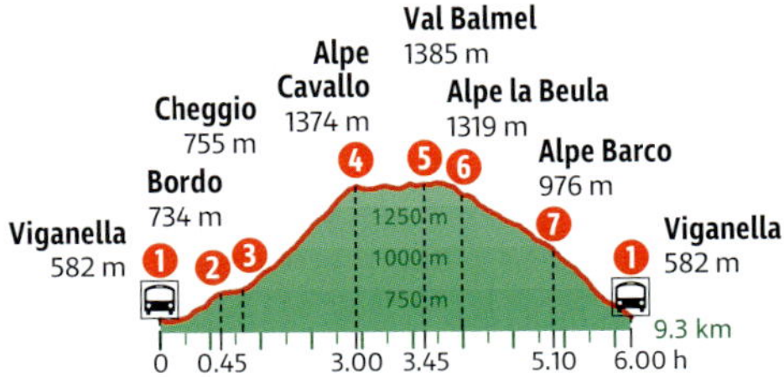

Höhenweg ins schroffe **Val Balmel** 5, 1385 m, an. Er ist zwar ebenfalls gut unterhalten, leidet aber an manchen Stellen unten den ständigen Erdrutschen und Lawinen. Nach einigem Auf und Ab überqueren wir zuhinterst im Tal den Wildbach und wandern auf der anderen Seite wieder aus der Schlucht hinaus. Hier ist der Pfad abschnittsweise mit Ketten und Stegen versehen. Bald erreichen wir die **Alpe la Beula** 6, 1319 m. Von den hier ehemals zahlreichen Erzminen ist kaum noch etwas zu sehen. Der Weg wird nun wieder breiter, passiert einige Ruinen und erreicht schließlich die **Alpe Barco** 7, 976 m. Kurz zuvor müssen wir aufpassen, der deutlichere Weg zieht nach rechts (gelber Pfeil), wir halten uns jedoch zunächst leicht aufsteigend links. Von Barco windet sich eine schöne Mulattiera durch Kastanienwald bis hinunter nach **Viganella** 1.

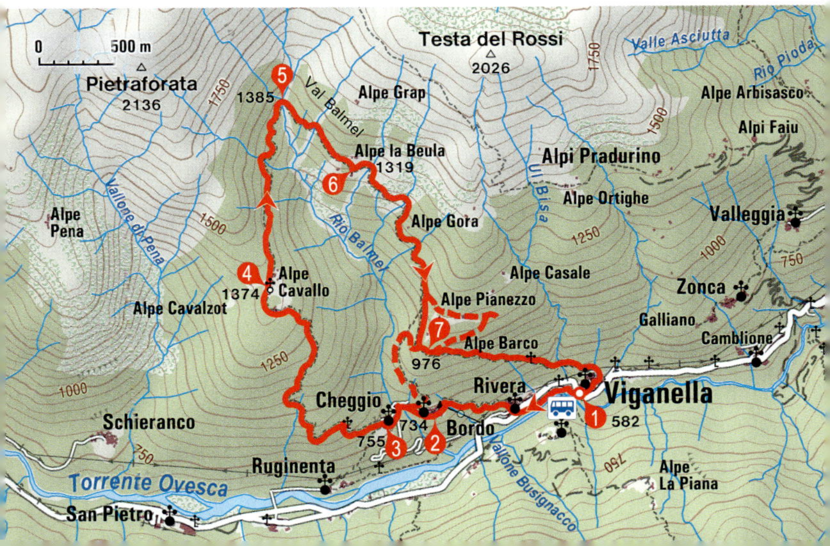

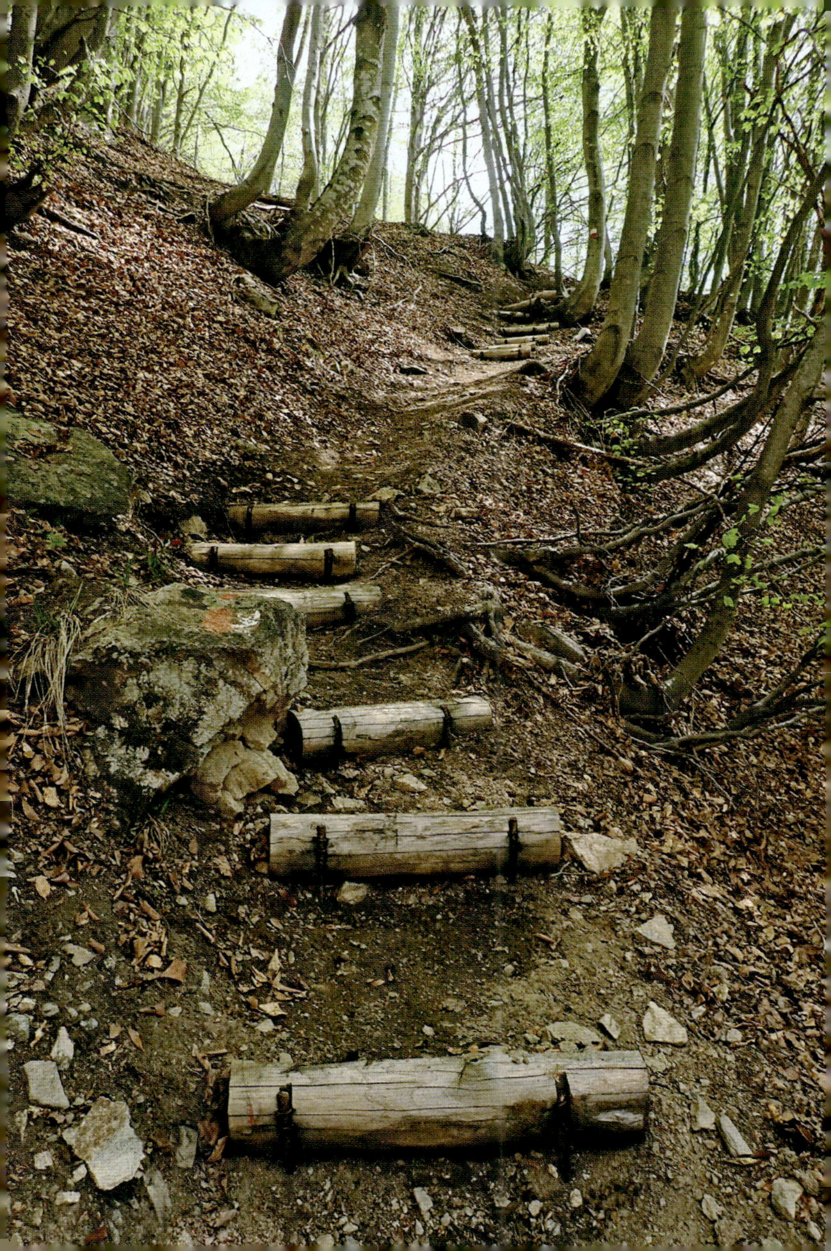

19 Val Brevettola und Vallemiola, 1064 m

4.10 h

Val Brevettola und Vallemiola, 1064 m

Auf kaum bekannten Pfaden wandern wir durch zwei der eindrucksvollsten Seitentäler im Valle Antrona: üppiges Grün, rauschende Wildbäche, versteckte Steinhäuser. Vom höchsten Punkt, der Nase von Aulamia, haben wir einen schönen Blick auf Montescheno und die umliegenden wilden Berge. In den uralten Weilern von Aulamia und Vallemiola können wir zahlreiche Relikte aus längst vergangenen Zeiten bewundern, und in Varchignoli treffen wir sogar auf steinzeitliche Megalithbauten.

Ausgangspunkt: Seppiana, 520 m, Halt der Busverbindung Domodossola-Antrona.
Anforderungen: Größtenteils gut markierte und gepflegte Wanderwege, ab Aulamia stellenweise steil in mitunter wildem Gelände.
Einkehr und Unterkunft: Seppiana: Le Coccinelle an der Hauptstraße Richtung Viganella, perfekte Pizza, Tel. +39 334 8939941, www.lecoccinellepizzeria.it. Montescheno: Bar am Dorfplatz in Sasso, Piazza Enrico Minacci, guter und starker Cappuccino. Boschetto: Circolo direkt an der Bushaltestelle, unregelmäßig geöffnet.
Karte: Carta Geo4Map 107 »Valle Antrona« 1:25.000.

Beste Jahreszeit: März – November, oft ganzjährig möglich, besonders schön im Frühling und Herbst
Varianten: Von Cresti, dem untersten Ortsteil von Montescheno, kann man die Tour als Rundwanderung begehen, indem man auf der Mulattiera bis nach Sasso aufsteigt, wo man auf die beschriebene Route trifft, und von Varchignoli auf dem Hauptwanderweg C00 wieder dorthin zurückkehrt (ungefähr gleiche Gehzeit).
Eine kurze Runde ist möglich, wenn man mit dem Auto bis nach Sasso fährt, von dort die beschriebene Route geht, jedoch von Vallemiola via Mulini zurück nach Sasso wandert (gesamte Gehzeit 3 Std.).

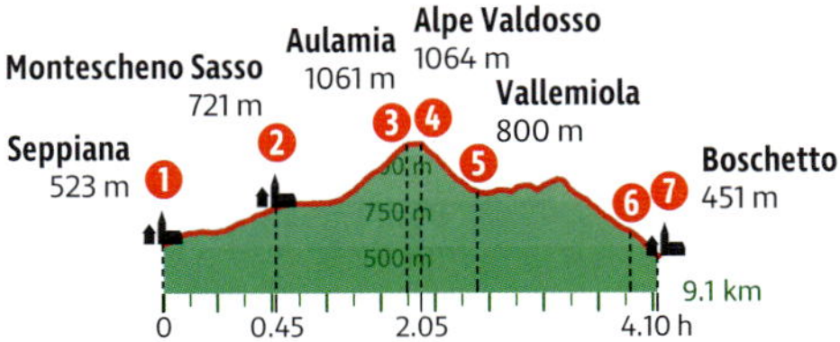

In **Seppiana** ❶, 523 m, gehen wir von der ersten Bushaltestelle wenige Meter auf der Straße zurück und links eine Treppe hinauf. Sie bringt uns zur oberen Dorfstraße, der wir nach links folgen. Wir durchschreiten fast den kompletten Ort und steigen kurz vor Erreichen einer größeren Straße über eine steile Treppe rechts zur Kirche auf. Hier setzt der gut ausgeschilderte Weg nach Montescheno an. Wir wandern rechts oberhalb am Friedhof vor-

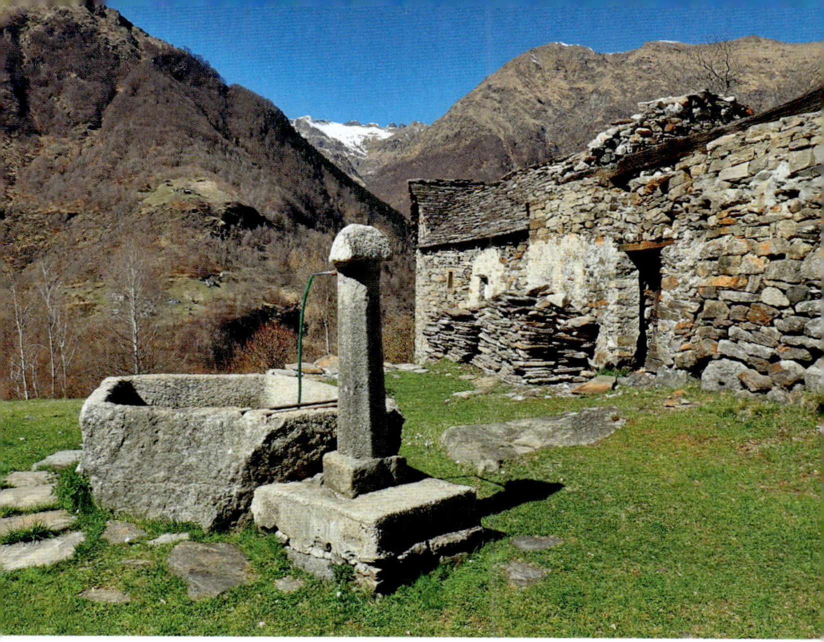

Der Felsenbrunnen von Aulamia.

bei und folgen dem historischen Maultierpfad bis kurz nach einer Kapelle (schöner Blick ins Tal). Bei der dortigen Weggabelung nehmen wir den oberen Pfad, auf dem wir immer geradeaus zum Ortsteil Ovesco kommen. Stets etwas links haltend durchqueren wir ihn, gehen bei der Hauptstraße rechts und biegen gleich wieder links ab. Eine noch teilweise erhaltene Mulattiera bringt uns so am Sportplatz vorbei nach **Montescheno Sasso** ❷, 721 m, mit seiner großen Kirche und kleinen Dorfbar. Neben dem Alimentari A&B erblicken wir an einer Garage Schilder, die uns den Weiterweg weisen. Wir kommen an einer Mühle vorbei, halten uns bei Verzweigungen stets rechts und gelangen schließlich zu einer gedeckelten Wasserleitung. Auf ihr wandern wir ohne Höhenunterschied in die enge Schlucht des Val Brevettola hinein. An einem Kraftwerk vorbei, kommen wir zu einer schönen Bogenbrücke, auf der wir den Wildbach überqueren und direkt danach am Wegesrand die Reste einer Specksteinmine vorfinden. Unser Pfad folgt noch ein kurzes Stück dem Bach, ehe wir bei einer Weggabelung (Schilder) nach rechts aufsteigen. Nach einem steileren Abschnitt queren wir über einige verfallene Terrassierungen (genau auf die Markierungen achten!) und treffen auf einen breiten Weg, auf dem wir bis nach **Aulamia** ❸, 1061 m, aufsteigen. Hier lohnt ein Abstecher zur Dorfmitte, wo wir einen aus einem einzelnen großen Felsblock herausgemeißelten Brunnen bewundern können. Wir wandern weiter über die Kuppe, passieren den Weiler Caral und erreichen schließlich die **Alpe Valdosso** ❹, 1064 m. Dort gehen wir rechts unter einem Durchgang zwischen den Häusern hindurch und steigen über die Wiese zu einem einzelnen Haus ab, wo wir die Wegfortsetzung finden. Der folgende Abschnitt ist unmarkiert, der Weg jedoch deutlich und auch mit Steinmännchen versehen. Er bringt uns hinunter zu einer Forstpiste oberhalb von **Vallemiola** ❺, 800 m. Wir können nun der Piste nach links folgen, wo wir in der ersten Kurve den Beginn des Pfades nach Boschetto finden. Oder wir drehen noch eine Runde durch den pittoresken Weiler, was absolut lohnenswert ist. Dafür folgen wir der Piste ein kurzes Stück nach rechts und steigen dann auf einem Pfad zu den Häusern ab. Er endet in der Dorfmitte, wo wir nach links gehen (rechts können wir noch den alten Ofen, ein Kirchlein und verfallene Gewölbe besichtigen). Hinter einem Grillplatz treffen wir wieder auf die Piste, der wir bergan bis zur genannten Kurve folgen. Nun wandern wir immer auf dem neu markierten Weg durch den Hang von Zasca, mit einigen Gegensteigungen und durch teilweise wildes und abschüssiges Gelände. Schließlich kommen wir nach **Varchignoli** ❻, 584 m, mit seinen Megalithmauern, die den Archäologen nach wie vor Rätsel aufgeben. Wir gehen geradewegs durch das Dorf hindurch und auf einem breiten Maultierpfad bergab. Bei einer beschilderten Verzweigung wählen wir den rechten Weg und gehen bei einer Häusergruppe, dort, wo ein Sträßchen endet, nach links. So treffen wir direkt bei der Bushaltestelle von **Boschetto** ❼, 451 m, auf die Hauptstraße.

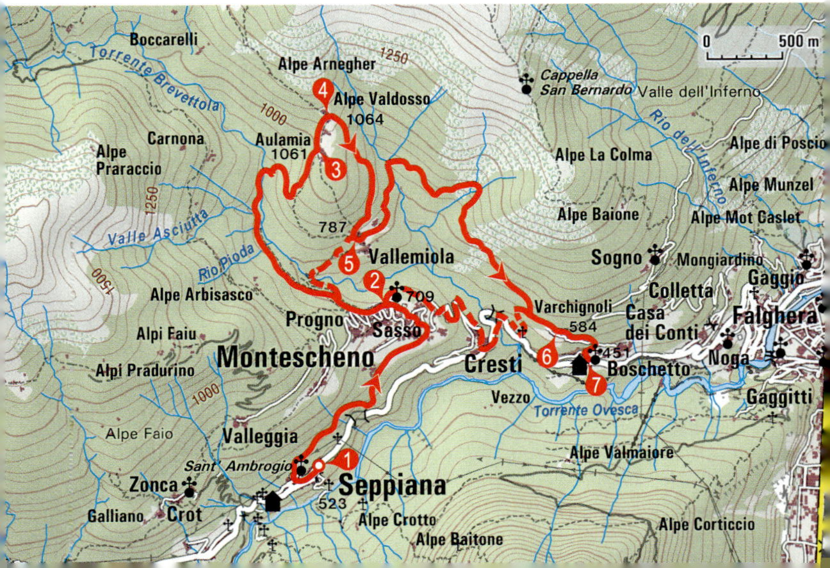

↗ 900 m | ↘ 900 m | 9,8 km

5.00 h

Moncucco, 1902 m **20**

Der erschlossenste Gipfel im Ossola – über die wilde Variante

Vom in den Achtzigerjahren erbauten Skigebiet »Domobianca« wurde auch der Moncucco nicht verschont. Lifte führen bis fast auf den Gipfel des Hausbergs Domodossolas, und im Winter pflügen sich die Schneekatzen durch die von Musik beschallten Hänge. Entsprechend einfach ist die Besteigung, zumindest wenn man den planierten Nordhängen folgt. Es gibt aber auch hier eine kaum bekannte, wilde und sehr schöne Variante, um auf den nach wie vor fantastischen Aussichtsberg zu gelangen.

Ausgangspunkt: Lusentino, 1092 m.
Anforderungen: Aufstieg auf kaum begangenen Pfaden, die zwar markiert, aber oft überwachsen und stellenweise auch ausgesetzt sind. Abstieg einfach.
Einkehr: Lusentino: Lusebar direkt am Parkplatz (nur tagsüber), Tel. +39 0324 44652. Ristorante La Roccia etwas oberhalb, Tel. +39 0324 47887. In Foppiano das Ristorante Baita Motti, Tel. +39 0324 44652. Infos auch auf www.domobianca365.it.
Karte: Carta Geo4Map 108 »Valle di Bognanco« 1:25.000.
Beste Jahreszeit: Mai – November.
Variante: Von Corte dei Raffi direkt zum Gipfel hinauf, das verkürzt die Runde um 45 Minuten.
Wem die Wildnis rund um Corte dei Raffi und San Bernardo zu viel ist, kann einfach auf der Abstiegsroute zum Gipfel aufsteigen. Oder, noch einfacher, durchs Skigebiet auf befestigten Wegen. Letzteres ist auch für Kinder geeignet.

Auf dem Moncucco blühen im Frühsommer überall Enziane.

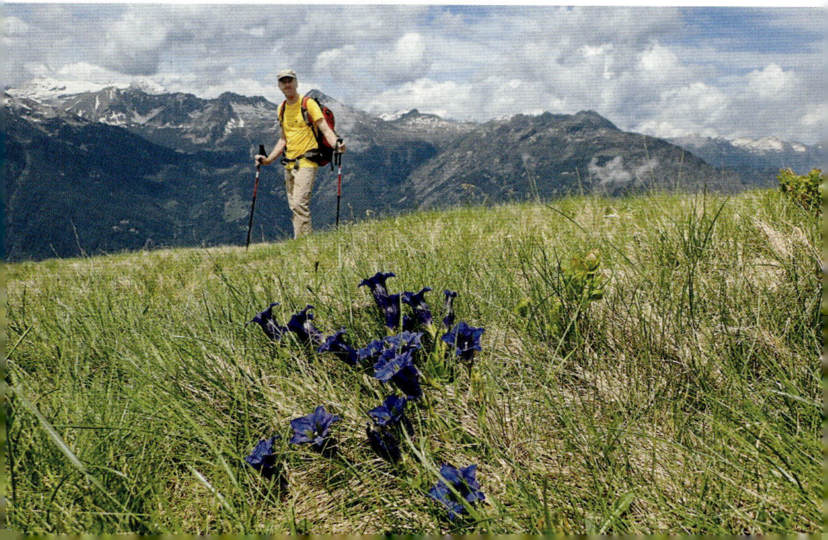

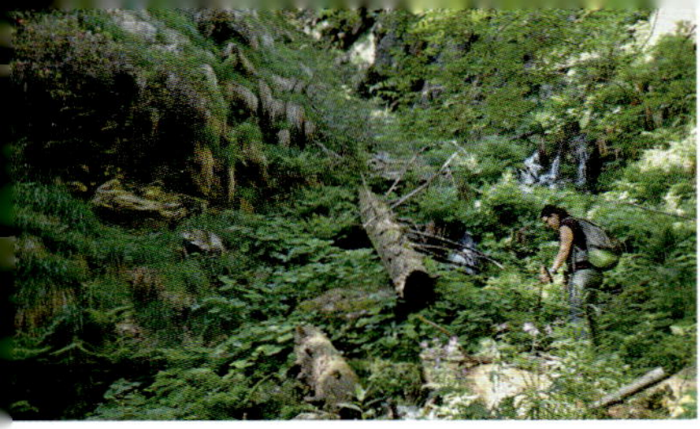

Üppige Vegetation auf der wilden Querung zur Corte dei Raffi.

Vom Parkplatz in **Lusentino** ❶, 1092 m, gehen wir geradewegs die Wiese hinauf und biegen bei einer Gruppe Kiefern links auf einen Weg ein, der uns zu Häusern und später zu einem Sessellift bringt. Wir steigen unter dem Lift auf, gehen jedoch nicht bis zu dessen Ende, sondern folgen kurz vor **Foppiano** ❷, 1240 m, einem breiten Weg nach links in den Wald hinein. Er verläuft entlang einer Wasserleitung, der wir ein gutes Stück weit folgen. Bei einer Verzweigung wählen wir den unteren Weg, der bald aufsteigt und uns an einem abgerutschten Hang vorbeiführt. Nach zwei Rinnen verlassen wir den Weg wiederum nach rechts und steigen steil durch Buchenwald auf. Bei einer weiteren Verzweigung (Wegweiser) halten wir uns links. Auch wenn der Pfad im weiteren Verlauf nicht immer gut ersichtlich ist, so ist die Route doch durchgehend markiert. Sie verliert bald an Steigung und quert den Hang durch wildes Gelände bis zur **Corte dei Raffi** ❸, 1384 m. Wir steigen ein Stück auf dem Direktweg zum Moncucco auf, gehen dann aber auf einem deutlichen Weg nach links (weiterhin gut markiert), passieren eine alte Tränke und queren durch Wald zur Kapelle

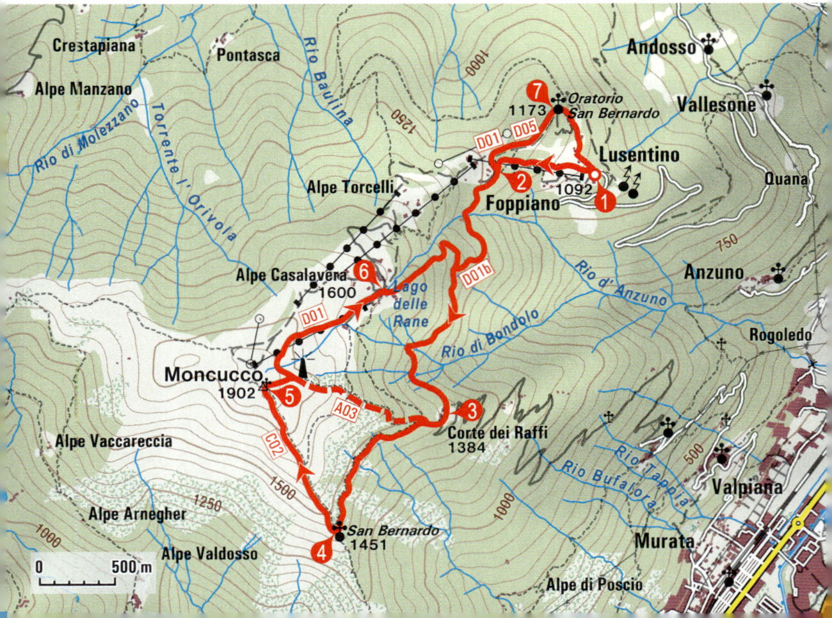

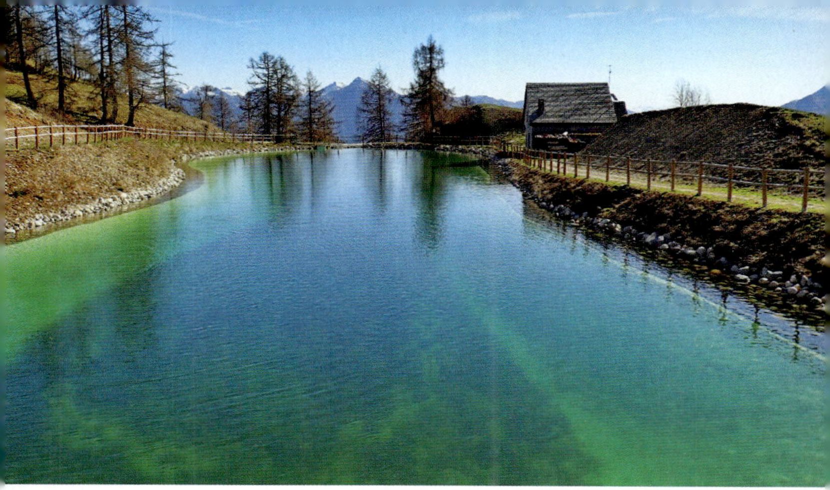

Künstlich angelegter Lago delle Rane bei Casalavera.

von **San Bernardo** ❹, 1451 m. Hier öffnet sich eine fantastische Aussicht auf das Val d'Ossola und die umliegenden Berge. Nun bleiben wir immer auf dem Südostgrat des Gipfels, über den wir zunächst noch recht abenteuerlich, dann immer einfacher bis zum **Moncucco** ❺, 1902 m, aufsteigen. Für den Abstieg begehen wir zunächst den Nordostgrat und biegen kurz nach einem großen metallenen Reflektor nach links auf die Skipiste ab. Auf ihr wandern wir bis zum künstlichen **Lago delle Rane** ❻, 1600 m, hinter dem wenige Meter weiter rechts wieder ein schöner Wanderweg ansetzt (der ursprüngliche Weg weiter links wurde zur Downhillstrecke für Mountainbikes umgewandelt). Er bringt uns zurück zur Verzweigung, die wir schon vom Aufstieg kennen. Links haltend kommen wir so wieder zur Wasserleitung und zum Lift bei **Foppiano** ❷, wo wir nun geradeaus weiter bis zum **Oratorio San Bernardo** ❼, 1173 m, und dahinter durch Wald zum Ristorante La Roccia gehen. Dort führt ein guter Weg (Schild »sentiero autorizzato«) zurück zum Parkplatz.

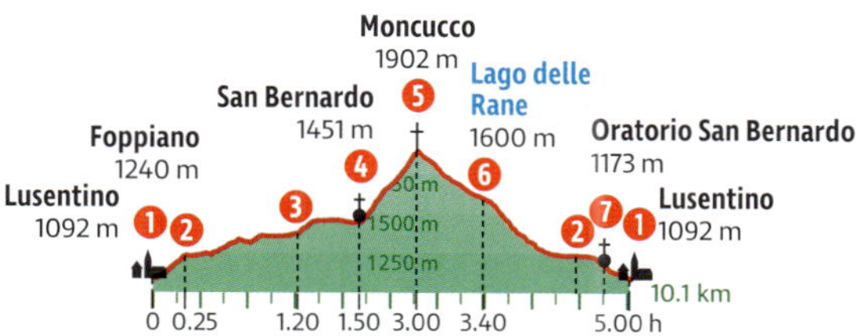

↗ 610 m | ↘ 590 m | 11,2 km

21 Via dei Torchi e dei Mulini, 770 m

4.30 h

Alter Handelsweg hoch über dem Ossolatal

Die sehr schön hergerichtete Mulattiera führt immer entlang der westlichen Flanke des Ossolatals. Dabei durchquert sie hübsche alte Weiler mit Weinpressen (»torchi«) und Mühlen (»mulini«). Auch die Ausblicke ins Tal und auf die Berge des Val Grande kommen nicht zu kurz, und die Mittagspause können wir auf einem kleinen Weingut mit ausgezeichneter Küche verbringen.

Ausgangspunkt: Villadossola, 250 m, Halt zahlreicher Buslinien aus Domodossola sowie der Regionalzüge Domodossola–Novara.
Anforderungen: Gut markierte und unterhaltene Wege, zumeist schöne und breite Maultierpfade.
Einkehr und Unterkunft: Unterwegs Cantina di Tappia, Tel. +39 320 4880589, Reservierung obligatorisch. Knapp über Anzuno das Agriturismo la Tensa mit Gästezimmern, Tel. +39 340 6088716, www.agriturismotensa.it. Auf dem Sacro Monte Calvario das Circolo Santa Croce, Tel. +39 0324 47049. Domodossola erfüllt als Hauptstadt des Tals alle Wünsche.
Karte: Carta Geo4Map 108 »Valle di Bognanco« 1:25.000.
Beste Jahreszeit: Ganzjährig möglich, besonders schön im Winter und Frühjahr.
Varianten: Der Bus nach Antronapiana hält in Boschetto, unterhalb Varchignoli, was 200 Höhenmeter Aufstieg spart. Von Tappia kann man über den Weg »A00a« auch wieder nach Villadossola zurückwandern (steil und etwas verwildert).
Ab Anzuno lässt sich die Wanderung über die hübschen Weiler Vallesone und Prata ausdehnen. Die Wege sind in gutem Zustand und markiert, der Abstieg nach Domodossola ist stellenweise steil.

Ein gut angelegter und gepflegter Weg: die Via dei Torchi e dei Mulini.

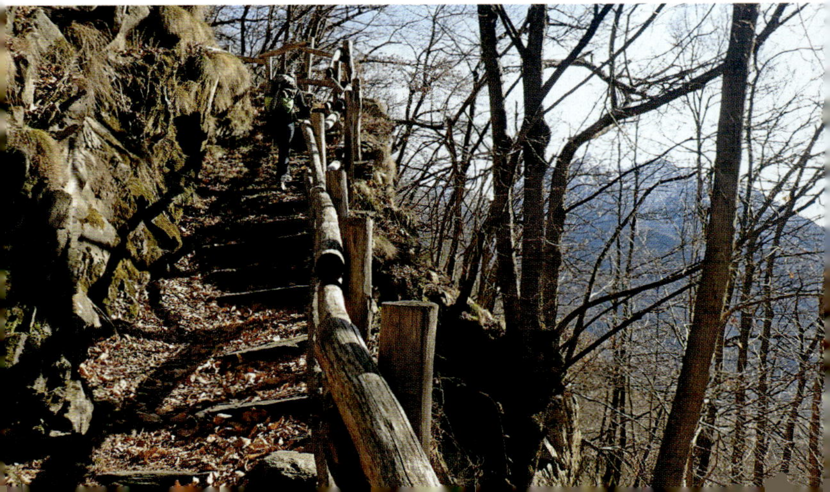

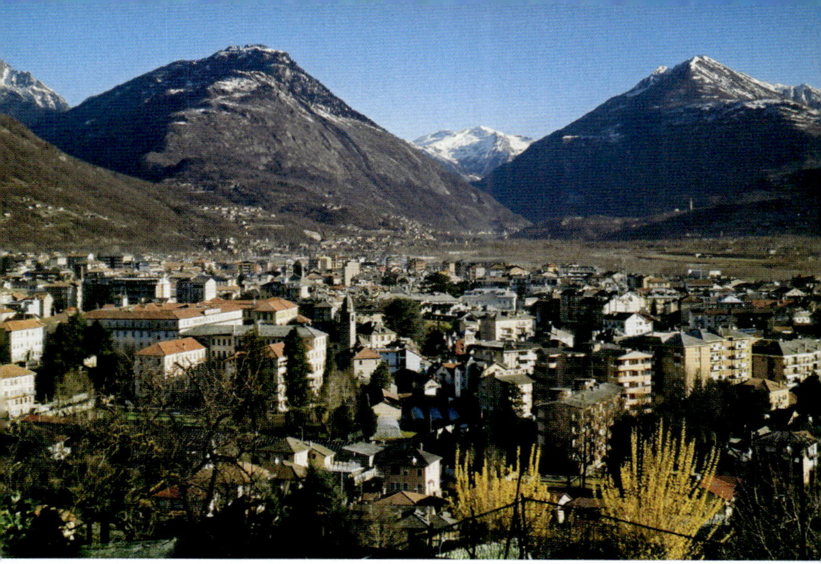

Domodossola, Hauptstadt des Tals.

In **Villadossola** ❶, 250 m, folgen wir dem Corso Italia, überqueren an dessen Ende eine Bogenbrücke und den dahinterliegenden kleinen Platz und gehen geradeaus weiter in die Via Crotto. Nach wenigen Metern biegen wir nach links ab und folgen nun stets einer schön angelegten Mulattiera. Sie steigt zur großen Kirche von Noga an, quert dreimal die Hauptstraße und bringt uns so zur Häusergruppe **Casa dei Conti** ❷, 470 m. Wir gehen durch eine steile, enge Gasse bis zur Dorfmitte, wo wir uns links halten und kurz darauf ein kleines Schild »Cammino tra natura e spiritualità« und die rot-weiße Markierung »A01« antreffen. Sie begleiten uns bis zum Ende der Wanderung. Weiter geht es bergauf nach **Varchignoli** ❸, 584 m, in dessen Nähe sich steinzeitliche Megalithanlagen bestaunen lassen (Schilder). Am oberen Dorfrand stoßen wir auf eine Straße, der wir bis kurz vor **Sogno** ❹, 736 m, folgen. Weiter wandern wir durch Kastanienwald, durchqueren ein

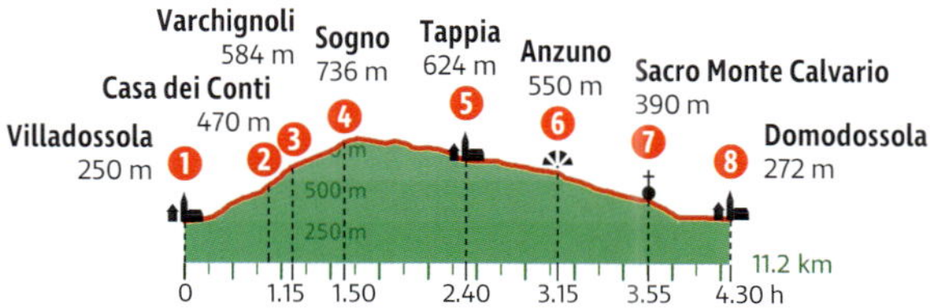

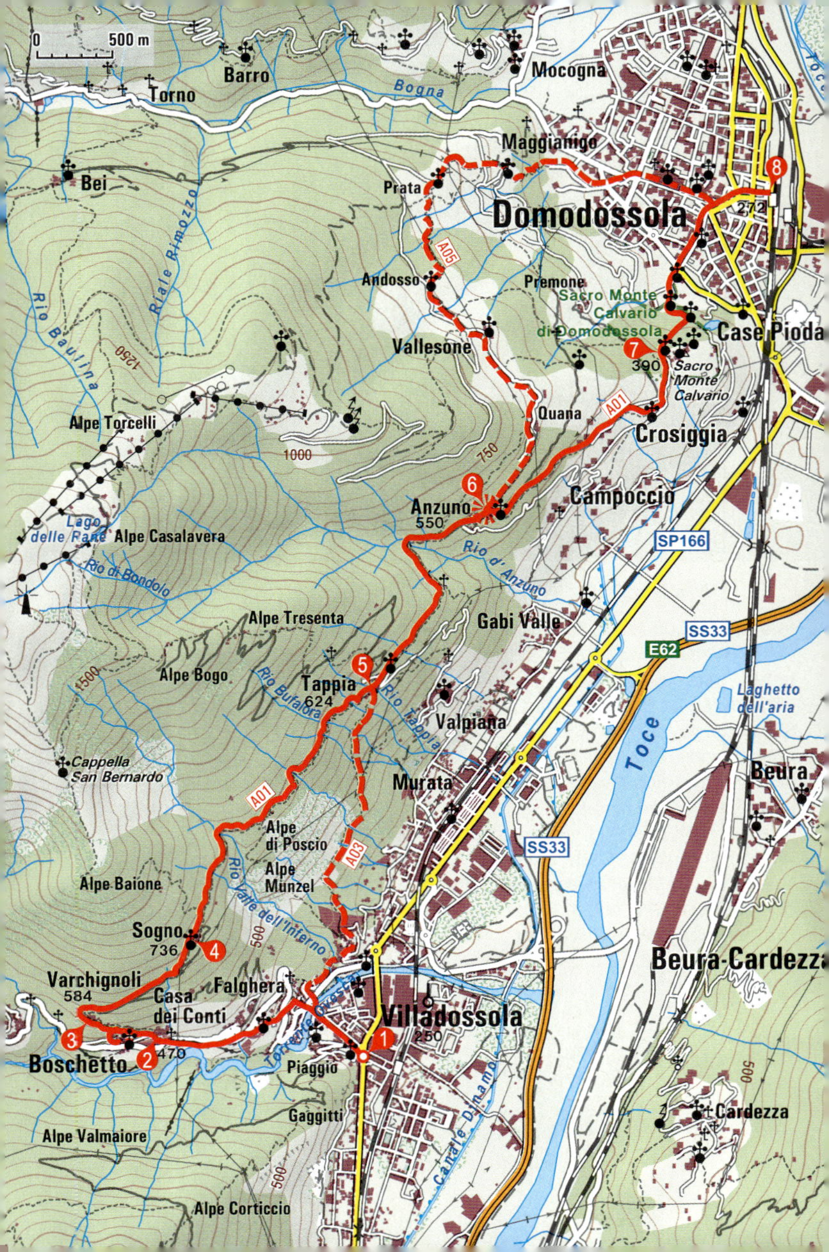
0 500 m
Torno
Barro
Mocogna
Bogna
Maggianigo
Bei
Prata
Domodossola
272
Riale Rimozzo
Rio Baulina
A05
Andosso
Premone
Sacro Monte Calvario di Domodossola
Case Pioda
Vallesone
390
Sacro Monte Calvario
1250
Alpe Torcelli
Quana
A01
Crosiggia
1000
750
Anzuno
550
Campoccio
Lago delle Rane
Alpe Casalavera
Rio d'Anzuno
SP166
Rio di Bondolo
Gabi Valle
Alpe Tresenta
SS33
E62
1500
Alpe Bogo
Tappia
624
Rio Bufalora
Rio Tappia
Valpiana
Laghetto dell'aria
Toce
Cappella San Bernardo
Murata
Beura
A01
Alpe di Poscio
A03
SS33
Alpe Baione
Alpe Munzel
Rio Valle dell'Inferno
Sogno
736
500
Beura-Cardezza
Varchignoli
584
Casa dei Conti
Falghera
Villadossola
250
Boschetto
470
Piaggio
Torrente Ovesca
500
Gaggitti
Cardezza
Alpe Valmaiore
Canale Dinamo
500
Alpe Corticcio

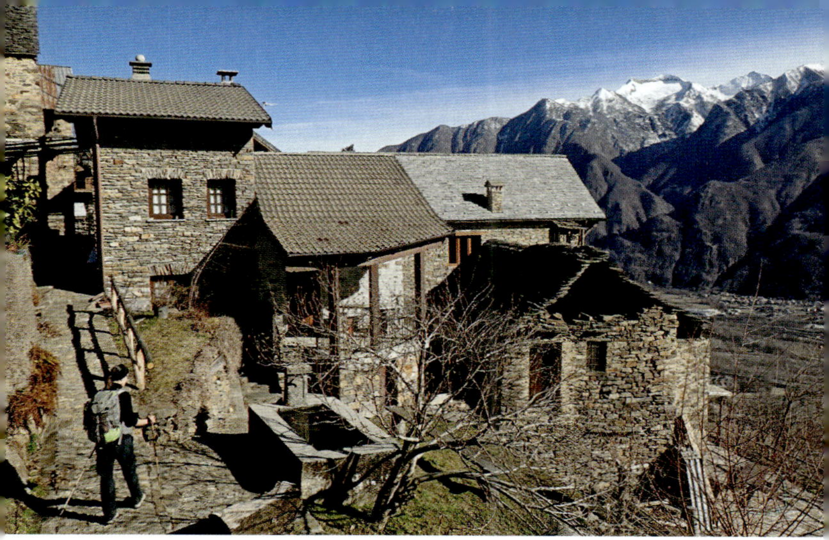

In Tappia lädt ein Wirtshaus mit lokalen Spezialitäten zur Einkehr.

tief eingeschnittenes Tal und erreichen nach etwas Auf und Ab **Tappia** ❺, 624 m. In der dortigen kleinen Gaststätte lässt es sich vorzüglich speisen und den lokalen Wein degustieren.

Ohne große Höhendifferenzen wandern wir weiter am alten Friedhof von Tappia vorbei und durch ein Seitental, in dem sich einige alte Mühlen befinden. Kurz darauf erreichen wir **Anzuno** ❻, 550 m, mit seinem großartigen Blick ins Tal. Hier können wir auch einen alten Waschplatz und einen Brotofen bewundern. Kurz vor der Kirche biegt unser Weg nach rechts und steigt zum UNESCO-Weltkulturerbe Sacro **Monte Calvario** ❼, 390 m, ab. Wir folgen seinem Kreuzweg, in dessen Kapellen lebensgroße Figuren untergebracht sind, bis nach **Domodossola** ❽, 272 m.

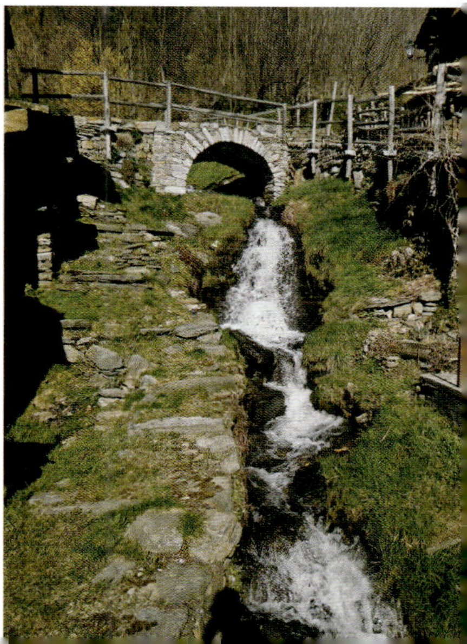

Ein rauschender Bach fließt mitten durch das Örtchen Tappia.

↗ 500 m | ↘ 500 m | 4,7 km

22 Cosasca und Pra la Varda, 765 m

3.30 h

Halbtagestour zu den Bergkirchen Trontanos

Wegen der früher regelmäßigen Überschwemmungen befinden sich die einstigen Hauptorte des Tals leicht erhöht an den Hängen. Wo heute der Wald wuchert, pulsierte früher das Leben. Zeugen davon sind noch überall zu sehen: Herrenhäuser, Weinberge, Terrassen, Kirchen und auch Friedhöfe. Unsere Wanderung führt durch die kaum besuchten Weiler über Cosa und kommt dabei an einer großen Kirchenruine und einigen sehr schönen Aussichtsplätzen vorbei.

Ausgangspunkt: Cosa, 270 m, Haltestelle des Circolare-Sud-Busses von/nach Domodossola.
Anforderungen: Gute, durchgehend markierte Wege. Im Abstieg stellenweise steil.
Karte: Carta Geo4Map 114 »Val Grande« 1:25.000.
Beste Jahreszeit: Ganzjährig möglich.
Variante: Empfehlenswerter Abstecher von San Lorenzo auf schöner Mulattiera nach Cacciolo und Mura durch alte Kastanienhaine zu eindrucksvollen Panoramaplätzen.

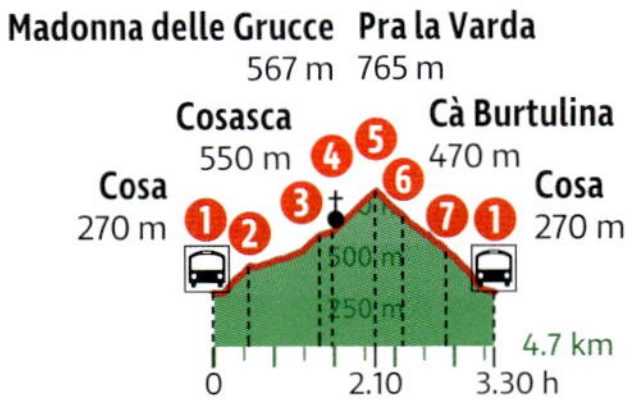

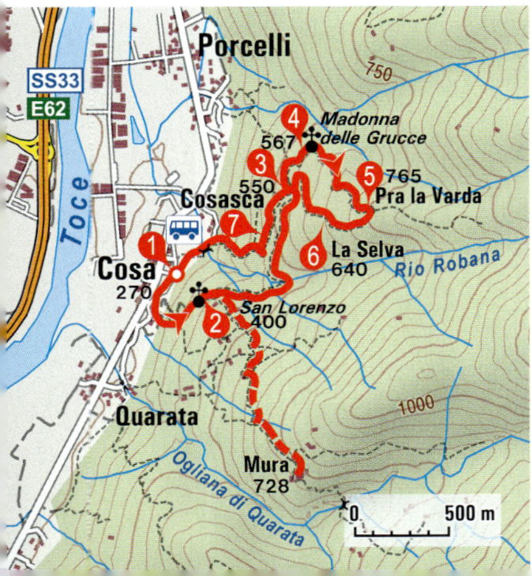

Vom Parkplatz bei der Kirche von **Cosa** ❶, 270 m, gehen wir auf einem Hohlweg nach Süden, ehe bei einer Kapelle unsere Route nach links abzweigt. Die sehr schöne Mulattiera führt steil bergauf, kreuzt mehrere Male eine Schotterpiste und führt schließlich zur Kirche von **San Lorenzo** ❷, 400 m. Dahinter befinden sich der alte Friedhof und einige restaurierte Weinberge. Wir wandern am untersten Haus vor der Kirche nach Norden (Schild), halten uns rechts und folgen einem deutlichen Pfad bergauf. Er quert einige Bäche und passiert zahlreiche Ruinen und uralte Kastanienbäume. Unmittelbar vor dem herausgeputzten Weiler **Cosasca** ❸, 550 m, kommen wir an einer weiteren, allerdings vollständig eingestürzten und überwucherten Kirche vorbei. In Cosasca gehen wir geradeaus durch die Häuser bis zu einem hierher ver-

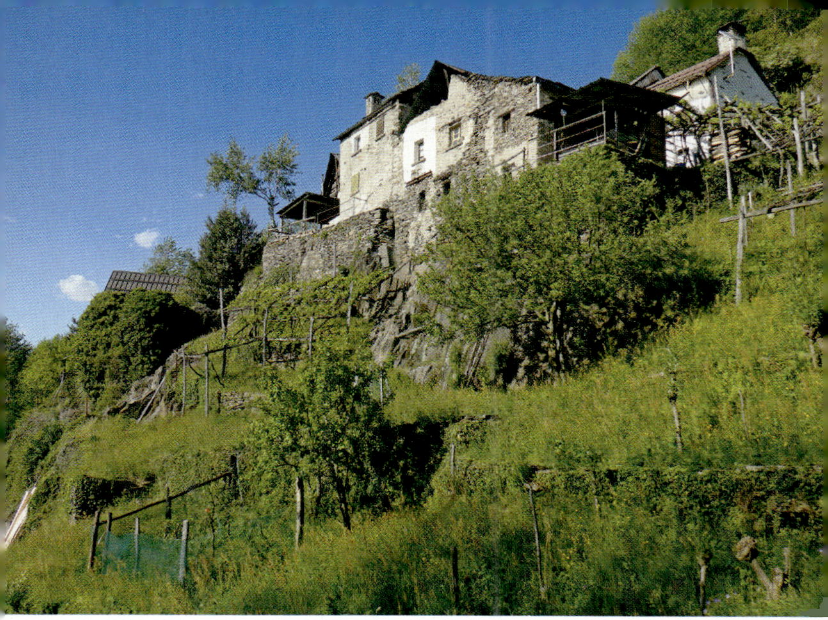

Einst ein belebter Weiler, heute kaum noch besucht: Cosasca.

frachteten blauen Straßenschild. Wir halten uns weiterhin geradeaus und kommen zur Kapelle **Madonna delle Grucce** ④, 567 m, wo ein mit gelben Punkten markierter Weg rechts den Berg hinaufführt. Ihm folgen wir und erreichen nach einem Aufstieg durch Kastanienwälder unseren Umkehrpunkt **Pra la Varda** ⑤, 765 m. Auf dem den Häusern vorgelagerten Hügel befindet sich ein Picknickplatz mit Brunnen.

Unser Abstieg führt uns vor dem Haus rechts in den Wald hinein und ist weiterhin mit gelben Punkten und auch Wegweisern markiert. Der Weg beschreibt erst einige Serpentinen, kommt an einer riesigen Buche vorbei und zieht dann nach rechts zum aussichtsreich gelegenen Weiler **La Selva** ⑥, 640 m. Rechts hinter den Häusern finden wir die Wegfortsetzung und erreichen in Kürze das Straßenschild in **Cosasca** ③. Wir gehen ein kurzes Stück nach links und biegen beim letzten Haus vor der Kirchenruine nach rechts ab, wobei wir ein »proprietà privata«-Schild ignorieren (es verweist auf den Weg rechts zwischen den Häusern). Weiterhin folgen wir den gelben Punkten und Pfeilen, passieren **Cà Burtulina** ⑦, 470 m, und wandern mitunter recht steil in Richtung Cosa hinab. Das letzte Stück verläuft über in die Felswand geschlagene Treppen (Vorsicht bei Nässe!). Es endet bei einem schönen Wasserfall, auf dessen anderer Seite ein Waldweg hinter der Kirche zum Parkplatz in **Cosa** ① führt.

↗ 1870 m | ↘ 1870 m | 20,9 km

23 Giro del Tignolino, 2070 m

10.30 h

Hinein in die Wildnis des Nationalparks Val Grande!

Diese lange Rundwanderung führt uns in den von der Außenwelt abgeschnittenen Kessel des Val Grande, seit 1992 Nationalpark und offiziell größtes Wildnisgebiet der Alpen. Wenn wir erst einmal den Aufstieg geschafft haben, wandern wir lange auf einem Höhenweg, der uns erst großartige Panoramen auf die Walliser Viertausender, später eindrucksvolle Tiefblicke ins Val Grande und bis zum Lago Maggiore gewährt. Wer sich nicht davor scheut, einen schweren Rucksack zu tragen, kann die anstrengende Tour auf zwei Tage verteilen und in einem der beiden einfachen Bivacchi nächtigen. Oder wir genießen die Gastlichkeit des Rifugio Parpinasca und können so ebenfalls etwas entspannter an die große Runde herangehen.

Ausgangspunkt: Trontano, 525 m. Stündlicher Halt der Vigezzina-Bahn Domodossola–Locarno.
Anforderungen: Gut markierte Wege, zwischen Rina und Basagrana einige ausgesetzte Stellen. Viele Höhenmeter.
Einkehr und Unterkunft: Das Rifugio Parpinasca ist üblicherweise von Juni bis September durchgehend geöffnet, im Mai und Oktober an den Wochenenden, www.rifugioparpinasca.it. 22 Plätze im Massenlager, gute Küche. Die einfachen Schutzhütten Rina und Ragozzale sind immer offen und bieten eine Kochgelegenheit auf Holzöfen, sonst jedoch keinerlei Komfort. Ein guter Schlafsack, Isomatte und sämtliche Lebensmittel dürfen für eine Übernachtung nicht fehlen.
Karte: Carta Geo4Map 114 »Val Grande« 1:25.000.
Beste Jahreszeit: Juni – Oktober.
Varianten: Wer mit dem Auto anreist, kann auf holpriger Piste bis nach Faievo auf 960 m fahren. Das spart zwei Stunden Gehzeit.
Von der Alpe Campo kann über Briasca und die Graglia-Schlucht auf nicht immer gut markierten Pfaden abgestiegen werden, sodass die Tour zu einer kompletten Rundtour wird.

Vom Bahnhof **Trontano** ❶, 525 m, gehen wir rechter Hand die Via Tignolino hinauf. Wir folgen den Schildern und Hinweisen »Sentiero Natura«, die uns durchs Dorf in den darüberliegenden Kastanienwald führen. Dort finden wir bald eine gut erhaltene Mulattiera vor, auf der wir bis zum **Rifugio Parpinasca** ❷, 1220 m, bleiben. Wir kreuzen dabei immer wieder eine Fahrstraße und müssen etwas die Augen offenhalten, um die jeweilige Fortsetzung der Route zu finden. Dabei helfen uns auch Steinmännchen. Hinter dem Rifugio gehen wir geradeaus eine Wiese hinauf, finden rechts des ersten Hauses die Wegfortsetzung und später im Wald auch wieder Steinmännchen, die uns bis zur Alpe Pieso begleiten. Dort steigen wir zunächst nicht weiter auf, sondern queren eine von Felsbrocken durchsetzte Wiese, ehe wir nach einem kleinen Bach wieder an Höhe gewinnen. Kurz nach einem Wegweiser, bei dem wir uns links halten und eine Kehre aus-

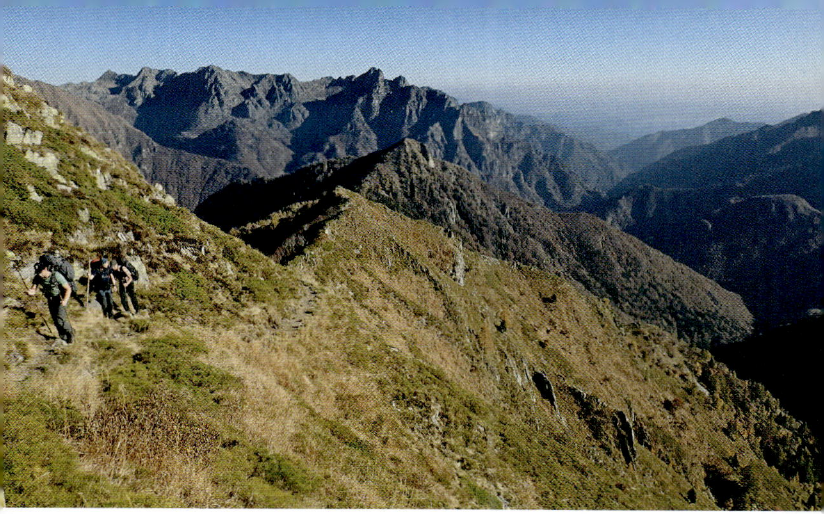

Blick in die Wildnis: der Nationalpark Val Grande, hinten der Lago Maggiore.

laufen, zweigt ein deutlicher Pfad nach rechts ab. Auf ihm steigen wir steil auf und erreichen so die **Alpe di Nava** ❸, 1725 m, mit ihrem fantastischen Aussichtsplatz mit Kreuz etwas weiter rechts. Nun folgen wir dem Rücken auf einer Pfadspur nach Osten, wo wir bald wieder auf den offiziellen Wanderweg treffen, der uns nach einigem Auf und Ab zum **Bivacco Rina** ❹, 1720 m, mit seiner guten Quelle bringt. Unser Höhenweg führt um eine Nase herum, quert dabei etwas ausgesetzt eine Felsflanke und steigt durch Lärchenwald und über Geröllfelder zur Alpe Menta an. Kurz vor den verfallenen Alpgebäuden müssen wir noch durch eine breite Rinne, die oft

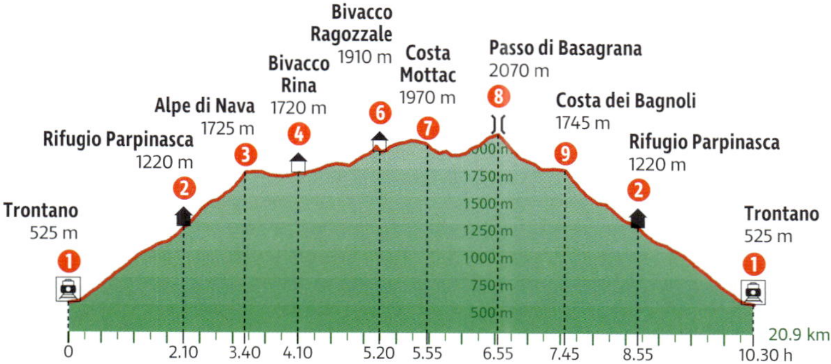

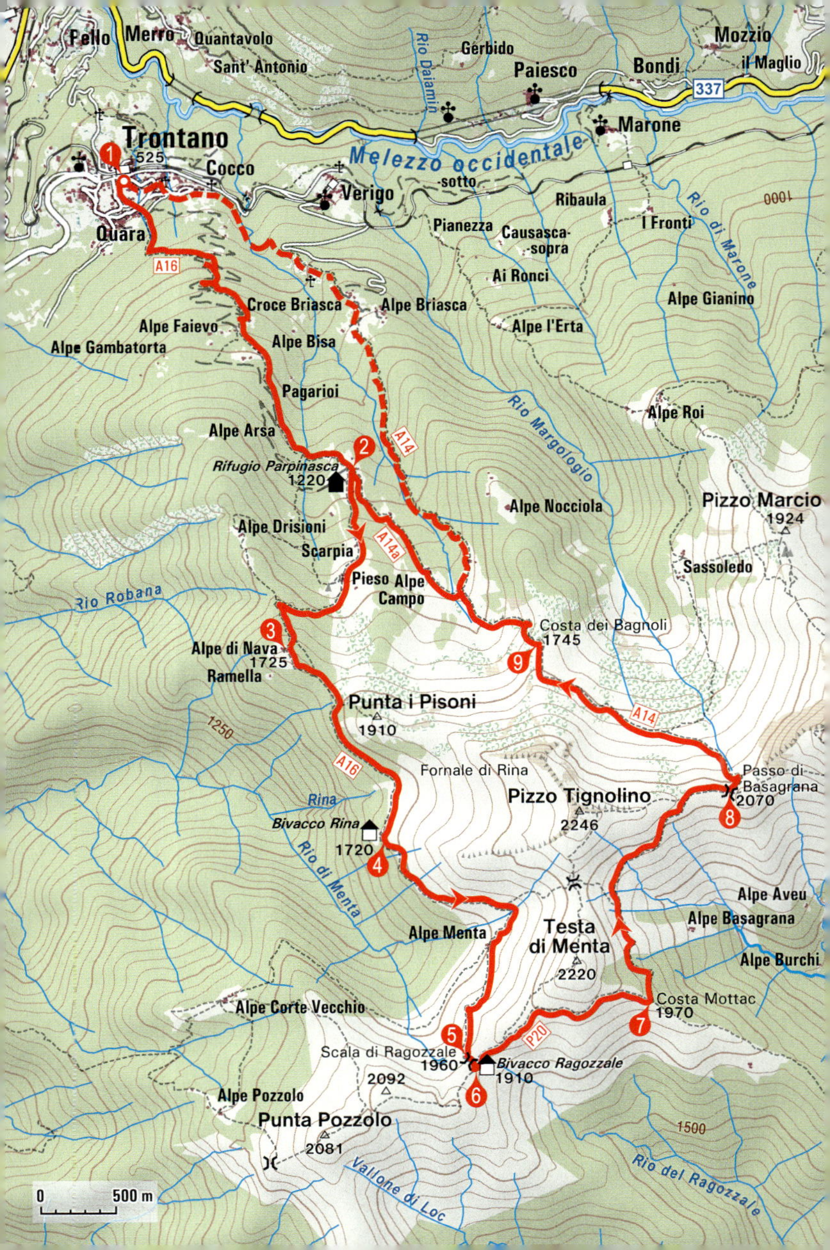

Pello
Merro
Quantavolo
Sant' Antonio
Rio Daiamin
Gerbido
Paiesco
Bondi
Mozzio
il Maglio
337
Marone
Trontano
525
Cocco
Melezzo occidentale
-sotto
Verigo
Quara
Pianezza
Causasca-
-sopra
Ribaula
I Fronti
Rio di Marone
1000
A16
Ai Ronci
Croce Briasca
Alpe Briasca
Alpe Gianino
Alpe Faievo
Alpe Gambatorta
Alpe Bisa
Alpe l'Erta
Pagarioi
Rio Margologio
Alpe Roi
Alpe Arsa
A14
Rifugio Parpinasca
1220
Alpe Nocciola
Pizzo Marcio
1924
Alpe Drisioni
A14a
Scarpia
Sassoledo
Pieso
Alpe
Campo
Rio Robana
Costa dei Bagnoli
1745
Alpe di Nava
1725
Ramella
Punta i Pisoni
1910
1250
Fornale di Rina
Passo di
Basagrana
2070
Pizzo Tignolino
2246
Rina
Bivacco Rina
1720
Rio di Menta
Alpe Aveu
Alpe Basagrana
Testa
di Menta
2220
Alpe Menta
Alpe Burchi
Costa Mottac
1970
Alpe Corte Vecchio
P20
Scala di Ragozzale
1960
Bivacco Ragozzale
1910
2092
Alpe Pozzolo
Punta Pozzolo
2081
1500
Rio del Ragozzale
Vallone di Loc
0
500 m

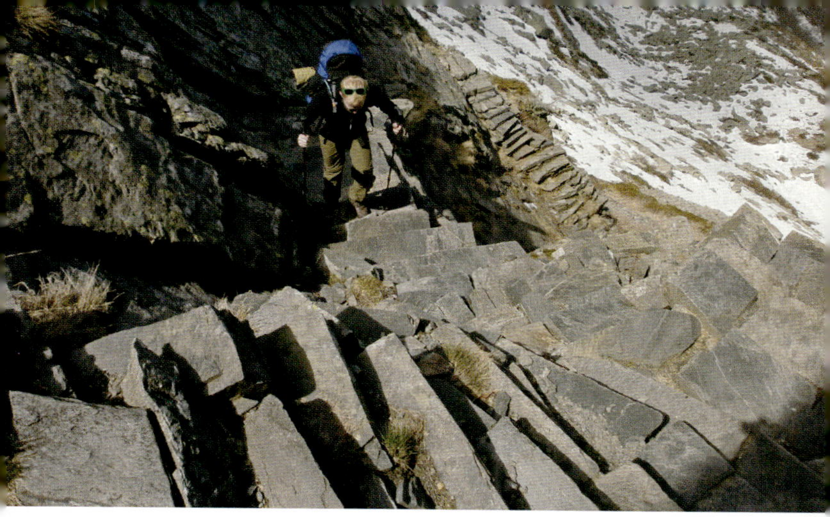

Meisterwerk der Wegebaukunst: die Kuhtreppe von Ragozzale.

bis in den Sommer hinein mit Lawinenschnee gefüllt ist. Nun führt uns unsere Route durch Himbeerfelder, steigt weiter an und quert schließlich unter einer Felswand hindurch zur eindrucksvollen Konstruktion der **Scala di Ragozzale** ❺, 1960 m. Diese kühne Treppe wurde im 17. Jahrhundert errichtet (und letztmalig 1880 renoviert), um die Kühe auf die Weiden im Val Grande führen zu können. Heute stellt die herausgebrochene Scharte das Tor zu einer anderen Welt dar, da uns auf der anderen Seite die Stille und Einsamkeit des Nationalparks erwarten – und ein Blick bis zum Lago Maggiore. Gleich unterhalb des Übergangs kommen wir zum **Bivacco Ragozzale** ❻, einer sehr schön gelegenen Schutzhütte, bei der es aber oft kein Wasser gibt. Wir biegen nun nach links und bleiben unserem Höhenweg weiter treu, der uns durch die Südflanke des Testa di Menta bringt. Er leidet etwas unter Erosion und ein paar Stellen sind recht luftig. Haben wir diese Passage geschafft, kommen wir bei der **Costa Mottac** ❼, 1970 m, zu einer Abzweigung, an der wir uns weiterhin links halten (Holzschild). Wir wandern in den Kessel von Basagrana hinein und steigen jenseits davon zum gleichnamigen Pass auf. Am **Passo di Basagrana** ❽, 2070 m, verabschieden wir uns vom Val Grande und steigen auf wieder besserem Weg durch ein weitläufiges Quellgebiet zur **Costa dei Bagnoli** ❾, 1745 m, ab. Wir folgen ihr nur ein paar Meter, ehe unsere Route nach links auf vielen Serpentinen zur Alpe Campo hinunterführt, wo wir, wieder links haltend, zwei Bäche überqueren. Wir passieren zwei weitere Häuseransammlungen und erreichen schließlich wieder das **Rifugio Parpinasca** ❷, von dem wir auf unserer Aufstiegsroute nach **Trontano** ❶ absteigen.

↗ 1060 m | ↘ 960 m | 15,5 km

24 Cappella di Larecchio, 1691 m

6.30 h

Sonnenverwöhnte Alpen im Valle del Basso

Zwischen dem Val Vigezzo und dem Nationalpark Val Grande versteckt sich ein noch von der Alpwirtschaft genutztes Seitental, das dem Wandererherz alles bietet, was es begehrt. Wir wandern über alte Maultierpfade und »Kuhstraßen«, kommen an zahlreichen renovierten Bauernhöfen vorbei und genießen tolle Ausblicke in die Centovalli und auf die Tessiner Berge.

Ausgangspunkt: Malesco, 750 m, Züge von Domodossola und Locarno (Vigezzina).
Anforderungen: Markierte Wanderwege und Maultierpfade. Allerdings ist die Querung Al Cedo–Larecchio schmal und recht wild.
Einkehr und Unterkunft: In Malesco und Santa Maria Maggiore zahlreiche Bed & Breakfasts und Restaurants. Zu erwähnen sind in Malesco das Leon d'Oro, Via Trabucchi 23, Tel. +39 345 7141686, www.leondoro.eu (mit eigener Brauerei), und in Santa Maria das Miramonti, Piazzale Diaz 3, Tel +39 0324 95013, www.almiramonti.com. Das Rifugio Al Cedo ist eine gut ausgestattete Selbstversorgerhütte, Reservierung über www.caivigezzo.org, Schlüssel kann auch an einer Bar hinterlegt werden.
Karte: Carta Geo4Map 114 »Val Grande« 1:25.000.
Beste Jahreszeit: Juni – Oktober.
Varianten: Vom Parkplatz Patqueso erreicht man in 15 Minuten Crotte. Möglichkeit einer Rundtour mit Abstieg via Balmet und Oro (unmarkiert und steil), gesamte Gehzeit 4.30 Stunden.
Von Alpe Cima über Costa di Fracchia zurück nach Malesco. Das erste Stück verläuft auf steilem und ausgesetztem Pfad, später geht es durch einfachen Buchenwald immer dem Rücken folgend bis Niva.

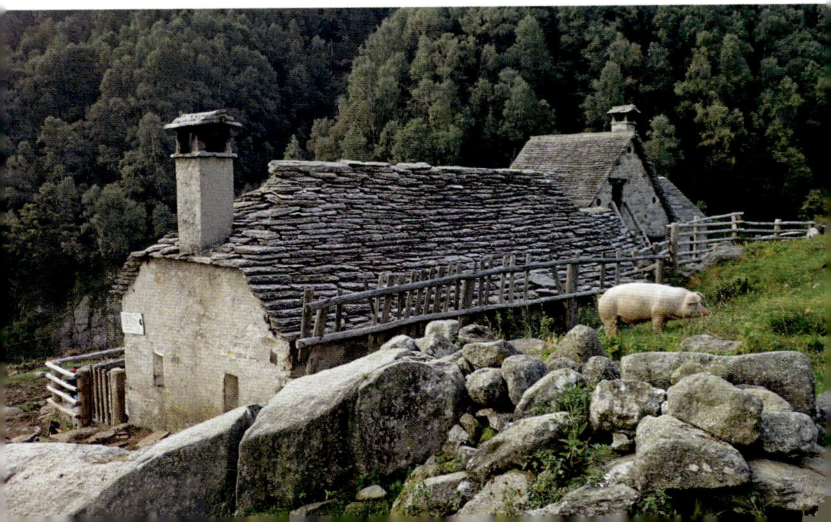

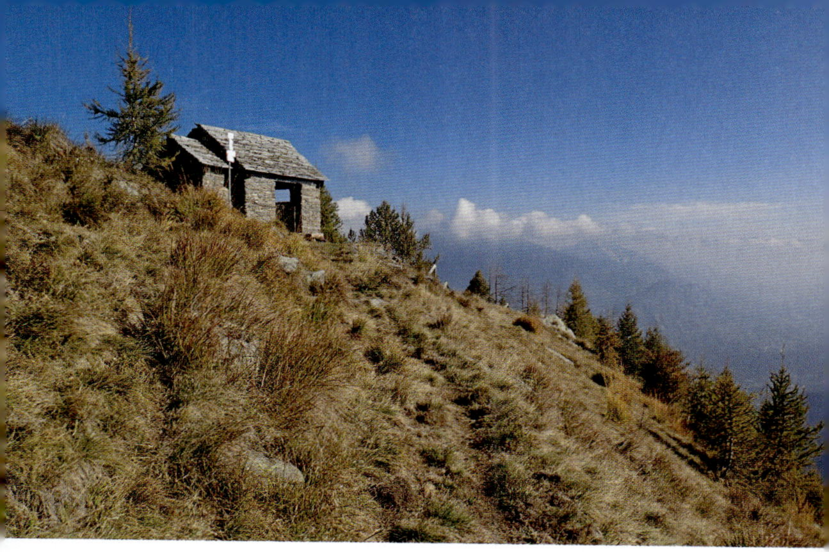

Oben: Cappella di Larecchio hoch über dem Valle Vigezzo.
Links: Im Valle del Basso wird noch Alpwirtschaft betrieben.

Vom Bahnhof **Malesco** ❶, 750 m, gehen wir auf der Via Stazione bis zum Hauptplatz, dann gegenüber auf der Via dei Monti quer durchs Dorf. Am Ende der Via dei Monti weisen uns gelbe Zeichen den Weg nach rechts über Wiesen, ehe wir unmittelbar nach einer Hängebrücke den Asphalt links verlassen. Nach einem kurzen Steilstück durch Kiefernwald wandern wir auf einer Mulattiera bis zur Kapelle von **Sant'Antonio** ❷, 963 m. Es folgt ein kurzer Abstieg und nach einer wackligen Brücke ein Gegenanstieg. Wir kommen an einigen Häusern vorbei und erreichen schließlich bei **Crotte** ❸, 1005 m, das Valle del Basso. Nun wandern wir eine Zeit lang auf einer Schotterpiste, die wir ab den Weiden der Alpe Basso auf einem Weg kreuzen können. Es besteht auch die Möglichkeit, auf einem kleinen Weglein

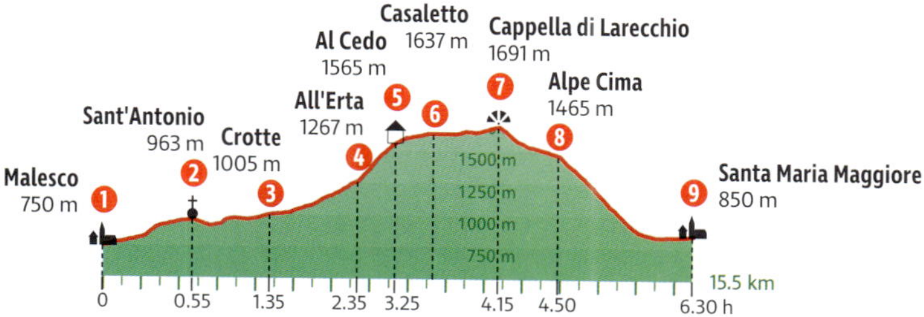

auf der orografisch rechten Seite des Tals bis zur Alpe Basso zu wandern. Im Sommer ist er jedoch etwas verwachsen. Bei **All'Erta** 4, 1267 m, biegen wir inmitten der Häuser nach rechts ab und folgen einer breiten Mulattiera bis nach **Al Cedo** 5, 1565 m. Hinter dem verschlossenen Rifugio steigen wir noch ein Stück weit über Wiesen auf und halten uns dann rechts, ehe wir bei zwei Häusern wieder auf den Wanderweg treffen. Wir überqueren einen Bach, bleiben bei einer Verzweigung links (leicht steigend) und erreichen in Kürze das renovierte **Casaletto** 6, 1637 m. Der folgende Abschnitt verläuft auf einem schmalen und von der Vegetation bedrängten Pfad. Er ist jedoch

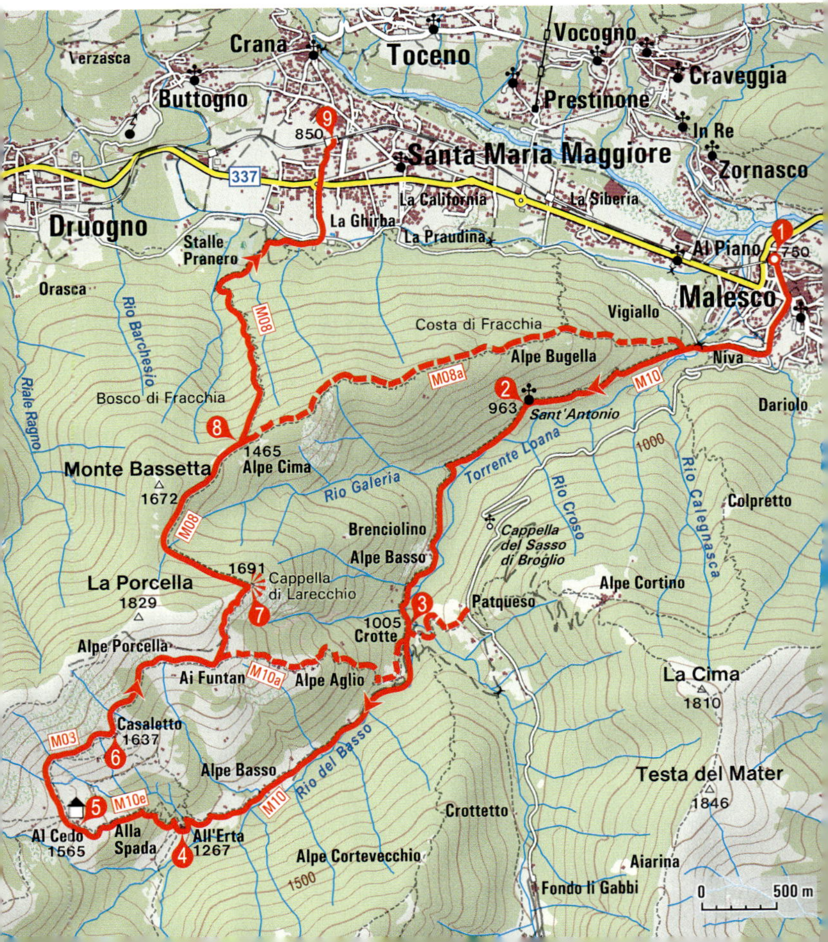

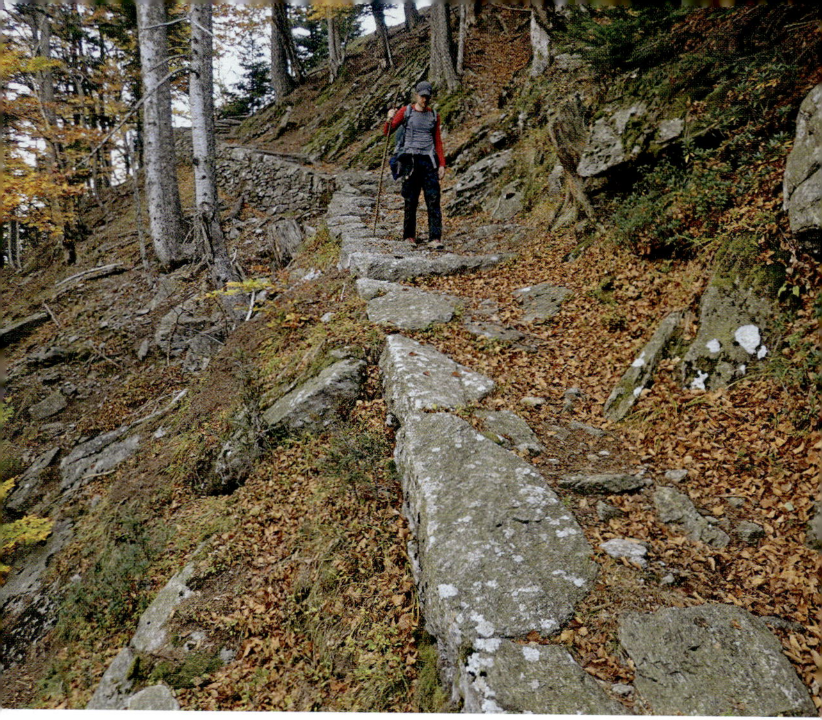

Abstieg nach Santa Maria Maggiore über eine schön angelegte Strà di Vacch.

stets gut ersichtlich. Ohne wesentlichen Höhenunterschied kommen wir zu einem weiteren renovierten Haus und steigen schließlich zur **Cappella di Larecchio** 7, 1691 m, auf. Hier öffnet sich ein großartiges Panorama über fast die gesamten Centovalli mit dem schroffen Bergrücken des Gridone. Unser Abstieg verläuft zunächst auf einem gut angelegten Weg durch Lärchenwald. Nachdem wir einen kleinen Kessel durchschritten haben, erreichen wir einen Sattel knapp unterhalb der **Alpe Cima** 8, 1465 m, wo eine breite Kuhstraße ansetzt. Auf diesem Meisterwerk der Baukunst steigen wir über schier unzählige Serpentinen ins Tal ab. Bei einer Wasserfassung, fast schon im Talgrund, halten wir uns rechts und umgehen einen Golfplatz ebenfalls rechts (rote Punkte und Pfeile). Der Weg mündet in ein geteertes Sträßchen, dem wir wiederum nach rechts folgen. Nachdem wir an einer Reitanlage vorbeigekommen sind, gehen wir links auf der Via Pineta nach **Santa Maria Maggiore** 9, 850 m. Um zum Bahnhof zu gelangen, überqueren wir die Hauptstraße, gehen geradeaus in die Via Cavalieri hinein und folgen an deren Ende einem beschilderten Weglein.

↗ 1480 m | ↘ 1480 m | 16,5 km

25 Monte Ziccher, 1967 m

8.15 h

Wilde Schlucht und großer Gipfel

Diese anspruchsvolle Wanderung führt uns vom berühmten Wallfahrtsort Re mit seiner großen Basilika, in der an ein Blutwunder aus dem Jahre 1494 gedacht wird, zu einem der berühmtesten Aussichtsberge des Valle Vigezzo. Dabei durchstreifen wir ein wildes Tal, kommen bei einer inmitten einer Geröllhalde errichteten Alp vorbei und wandern über den Panoramabalkon des Tals mit dem sonderlichen Namen Blitz. Zudem statten wir Villette, dem Dorf der Sonnenuhren, einen Besuch ab.

Ausgangspunkt: Re, 680 m, häufige Züge der Vigezzina von Domodossola und Locarno (www.vigezzinacentovalli.com).
Anforderungen: Durchgehend markierte, doch abschnittsweise wilde und steile Pfade. Zwischen Corticc und Caneto sowie Blitz und Villette im Sommer meist von Gras und Farn überwuchert.
Einkehr und Unterkunft: Re: Trattoria Gargino, Via Stazione 2 (gleich beim Bahnhof), Tel. +39 0324 97257, www.trattoriagargino.it, die Trattoria Svizzera, Piazza Peretti, Tel. +39 335 5691772, kleine aber feine Speisekarte, und die Pizzeria La Serenella, Via Locarno 11, Tel. +39 0324 346042. Folsogno: Trattoria Bar Pace, Via Superiore, Tel. +39 0324 97357, www.trattoriapace.it, mit Zimmern, gutes Essen. Alpe Blitz: Rifugio Blitz, Tel. +39 0324 94235, im Sommer durchgehend, sonst an den Wochenenden geöffnet. Villette: Locanda Lo Scoiattola, Piazza Bonzani 7, Tel. +39 0324 970009, www.locandaloscoiattolo.it, mit Zimmervermietung und hervorragender Küche.

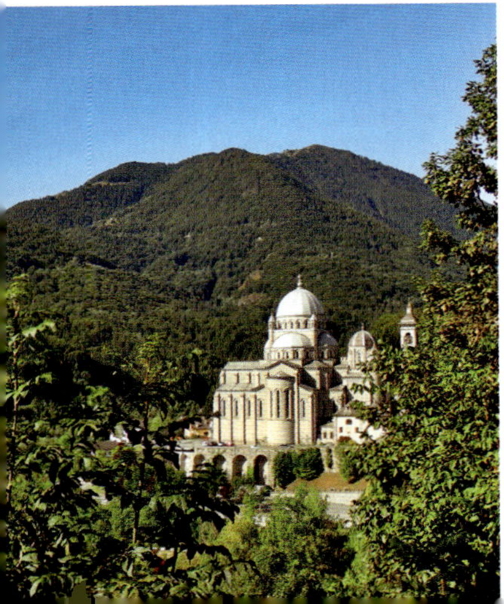

Karte: Carta Geo4Map 112 »Valle Isorno« 1:25.000.
Beste Jahreszeit: Mai – Oktober.
Varianten: Den wilden Abstieg von Blitz nach Villette kann man auf einfachem Weg via Londrago umgehen (etwa 15 Minuten länger).
Man kann den Gipfel weglassen und dessen Pyramide auf einem Höhenweg queren, was 150 Höhenmeter und etwa eine halbe Stunde spart.
Statt durch das wilde Valle degli Orti kann man auch auf einfachen Wegen über Dissimo, Rovina und Colma zur Bocchetta di Sant'Antonio aufsteigen. Die Höhenmeter ändern sich kaum, doch die Tour ist ein paar Kilometer länger.
Wer mit dem Auto anreist, kann in Blitz starten und in 45 Minuten nach Cailina queren. Dort trifft man auf die beschriebene Route. Die Runde verkürzt sich so um 400 Höhenmeter und ungefähr 2 Stunden.

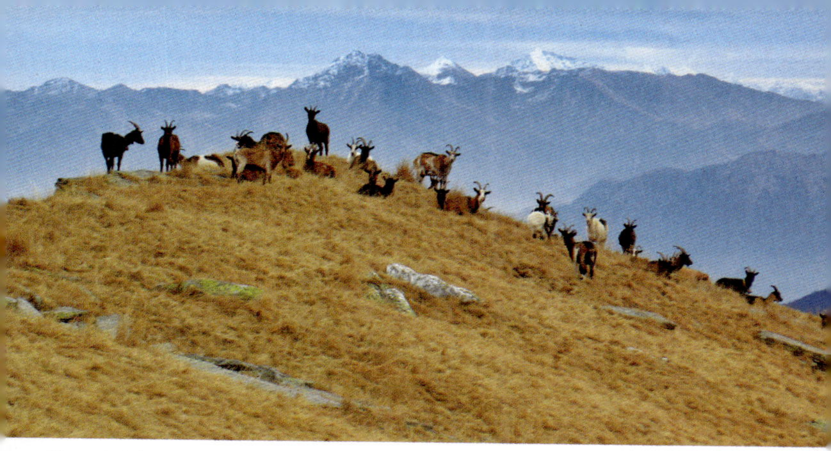

Oben: Auf dem Gipfel des Monte Ziccher haben sich einige Zicklein eingefunden.
Links: Die berühmte und auch etwas überdimensioniert wirkende Basilika von Re.

Vom Bahnhof in **Re** ❶, 680 m, gehen wir auf einem Sträßchen zur Ortschaft hinauf und hinter der riesigen Basilika durch eine Gasse hindurch. Zurück auf der Hauptstraße, folgen wir dieser bis nach einer Brücke, biegen links ab und wandern auf einer schönen und ausgeschilderten Mulattiera zum Örtchen **Folsogno** ❷, 765 m. Am Dorfplatz halten wir uns zunächst rechts, dann links bergauf (Schilder und Markierungen) und treffen bald auf den guten Weg M39, der uns erst durch Kastanien-, dann Buchenwälder zu den Ruinen von la Mira bringt. Hier gehen wir scharf nach links (Wegweiser) und in einer langen Rechtskurve hinauf nach Cailina (einen guten Weg, der im Wald nach links führt, ignorieren wir). Dort steigen wir weglos über Wiesen bis zu den oberen Häusern auf, wo wir zunächst dem breiten Weg in Richtung Blitz folgen, ehe wir bei einem Schild nach rechts ins Valle degli Orti abbiegen. Wir schlängeln uns praktisch ohne Höhenunterschied am Hang entlang und treffen schließlich bei einer schönen Badestelle auf den Rio

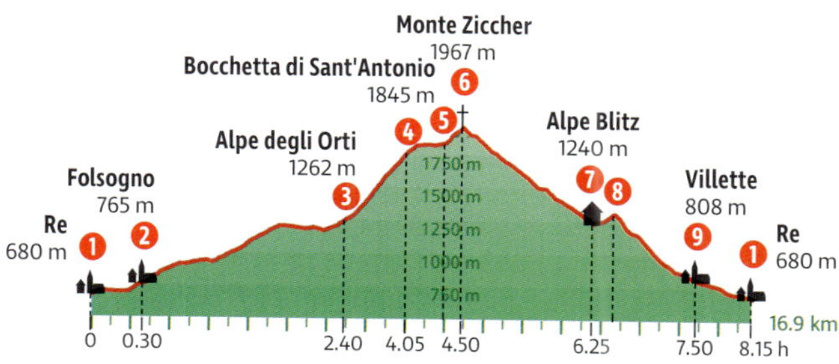

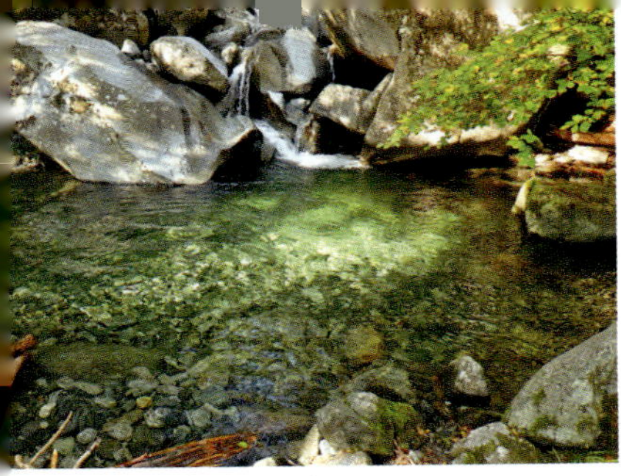

Im Valle degli Orti führt unsere Route an dieser schönen Badestelle vorbei.

degli Orti. Weiter geht es auf der anderen Talseite, und wir erreichen in Kürze die **Alpe degli Orti** ❸, 1262 m. Nun wird es steil: ein zunächst guter, später etwas verwilderter Steig (immer genau auf die Markierungen achten!) bringt uns in sehr direktem

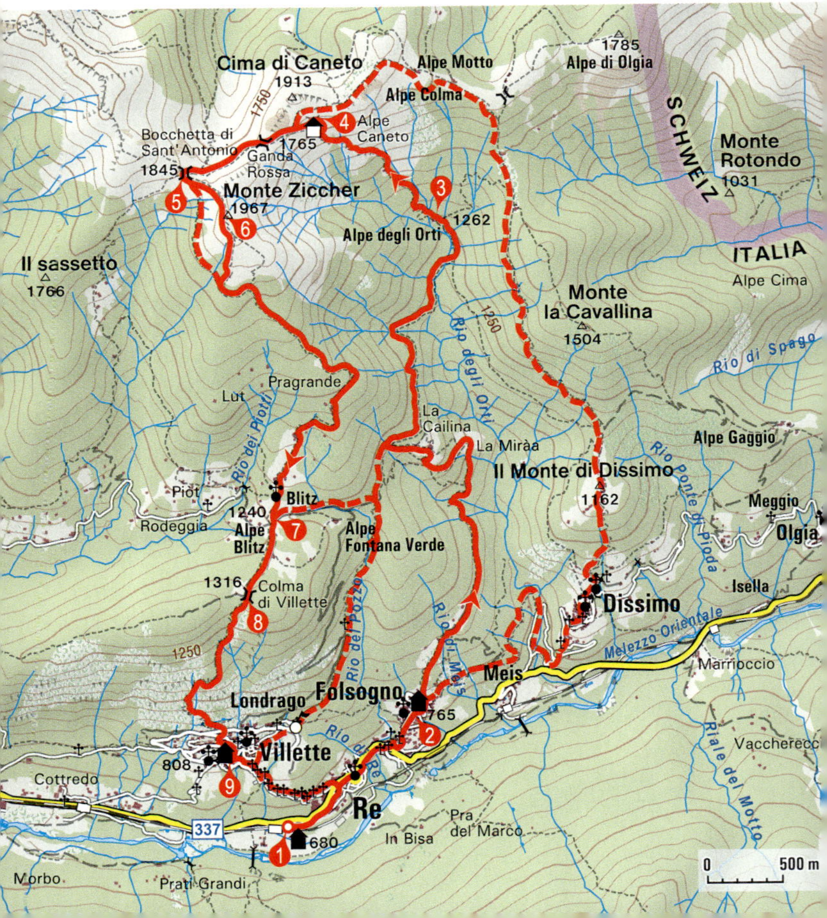

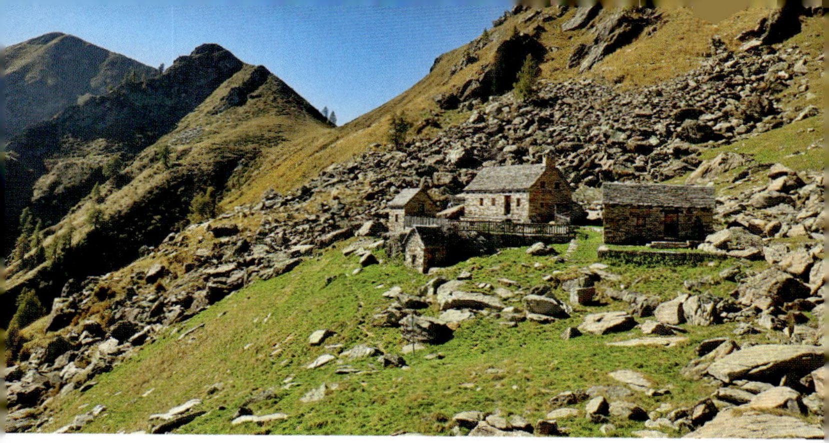

Von der Alpe Caneto sehen wir links hinten schon unser Ziel, den Monte Ziccher.

Aufstieg zur wunderschön gelegenen **Alpe Caneto** ❹, 1776 m, mit ihrer guten Quelle. Die Häuser wurden mitten in einem Geröllfeld erbaut. In jenem ganz rechts befindet sich eine einfache Schutzunterkunft. Wir gehen durch ein Gatter, betreten einen Platz inmitten der Häuseransammlung und finden hinter einem weiteren Gatter die Wegfortsetzung. Auch hier müssen wir gut auf die manchmal etwas zu klein geratenen Zeichen achten, während wir durch das Geröllfeld navigieren. Schließlich bringt uns ein nun wieder guter Weg zur **Bocchetta di Sant'Antonio** ❺, 1845 m, ebenfalls mit Schutzhütte und Quelle versehen, und links ein Pfad entlang des Bergrückens zum Gipfel des **Monte Ziccher** ❻, 1967 m.
Wir überschreiten die Bergspitze und gehen auf der anderen Seite durch lichten Lärchenwald hinunter, ehe wir auf den ab hier sehr guten M37 treffen. Diesem Weg folgen wir bergab bis zum großen Sattel von **Blitz** ❼, 1240 m, von dem wir einen einmaligen Blick auf das Valle Vigezzo haben. Wir gehen geradeaus und leicht aufsteigend weiter bis zur **Colma di Villette** ❽, 1316 m, bei der der abenteuerliche Abstieg nach Villette beginnt. Es handelt sich zwar um eine ehemalige, gut ausgebaute »Kuhstraße«, doch sie wird wenig begangen und ist im Sommer stark von Gras und Farn überwuchert. Dafür bietet sie einige atemberaubende Ausblicke ins Tal und auf die umliegenden Berge. Am Ende der mitunter steilen Passage erreichen wir eine Straße, der wir kurz nach rechts, dann nach links bergab in die Ortschaft **Villette** ❾, 808 m, folgen. Fast jedes Haus trägt hier eine Sonnenuhr an der Fassade. Am Dorfplatz, wo sich auch das gute Restaurant befindet, halten wir uns links, kommen an zwei renovierten Waschplätzen vorbei und folgen schließlich einer breiten Mulattiera hinab nach Re, das wir bei der Trattoria Svizzera erreichen. Von dort gelangen wir in Kürze zurück zum Bahnhof.

↗ 810 m | ↘ 810 m | 10,4 km

26 Conca del Melezzo, 1657 m

5.20 h

Höhenweg durch faszinierende Landschaften

Hinter der Schlucht des Torrente Melezzo öffnet sich ein weitläufiger Kessel unter eindrucksvollen Bergflanken. Unsere Wanderung beschreibt einen großen Halbkreis auf historischen Pfaden vorbei an zahlreichen Wasserfällen, über blumenreiche Wiesen, durch dunkle Buchen- und lichte Lärchenwälder.

Ausgangspunkt: Arvogno, 1247 m. Anfahrt auf guter und geteerter Bergstraße.
Anforderungen: Markierte Wanderwege und Maultierpfade.
Einkehr und Unterkunft: Direkt am Parkplatz Ristorante Arvogno da Pio, Tel. +39 328 9060489, und Ristorante del Moro, Tel. +39 336 740153, www.rifugiodelmoro.it.
Karte: Carta Geo4Map 112 »Valle Isorno« 1:25.000.
Beste Jahreszeit: Juni – November.
Varianten: Von Verzasco direkte Aufstiegsmöglichkeit nach Colla (Verkürzung um eine Stunde) und von Campeglio direkte Abstiegsmöglichkeit nach Coier (ebenfalls eine Stunde kürzer).

Die alten Steinhäuser der Alpe Campeglio verfallen immer mehr.

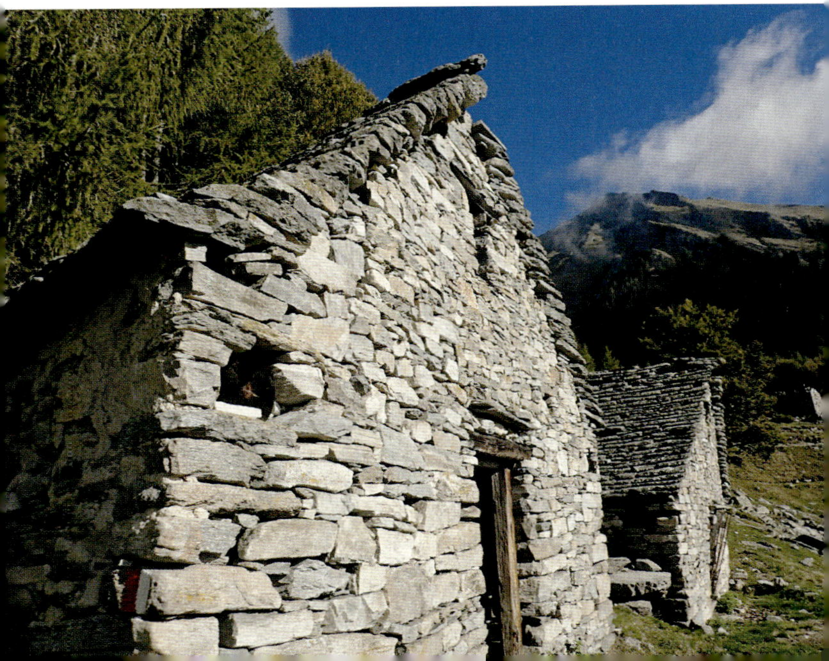

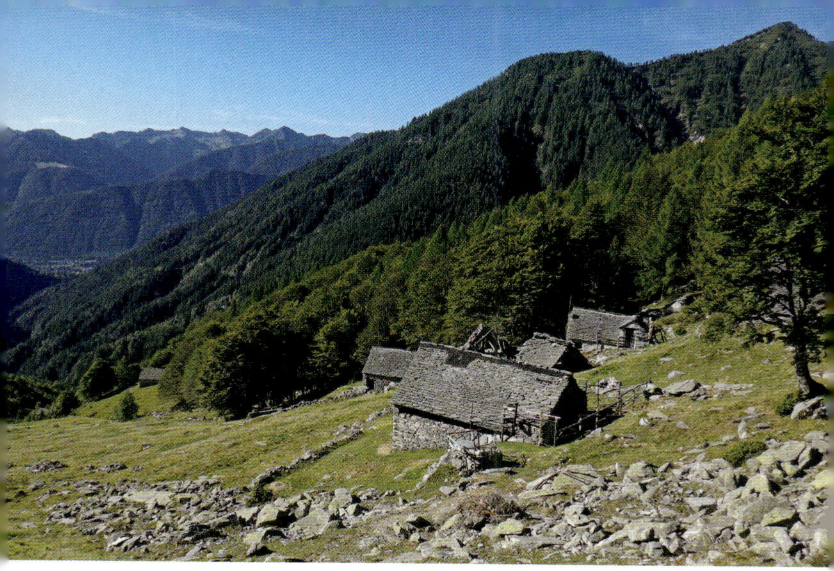

Blick von Campeglio ins Valle Vigezzo und auf die Berge des Val Grande.

Start ist am großen Parkplatz von **Arvogno** ❶, 1247 m, direkt vor den beiden Restaurants. Wir folgen der asphaltierten Straße bergab bis zu einer großen Gumpe, in die ein Wasserfall stürzt, und biegen dahinter rechts auf eine breite Mulattiera ab. Nach einem kurzen Aufstieg treffen wir wieder auf die Straße und folgen ihr nach links über eine Brücke, wo sie bei **Verzasco** ❷, 1280 m, endgültig in den Maultierpfad übergeht. Es handelt sich um die längste und größte Mulattiera im Ossola, über die einst Hunderte Kühe auf die Alpweiden getrieben wurden. Auf ihr gehen wir bis zur **Alpe Villasco** ❸, 1644 m, wo wir den Höhenweg, der nach links abzweigt (Schild), erreicht haben. In stetem Auf und Ab wandern wir zunächst durch Lärchenwald, passieren zahlreiche Bergbäche und kommen an ein paar Ferienhäuschen vorbei. Bei einer Weggabelung einige Zeit später wählen wir den rechten oberen Weg. Er führt uns durch dichten Buchenwald zu einer weiteren Verzweigung, bei der wir geradeaus weitergehen. Nach einem kurzen Ab- und Wiederaufstieg erreichen wir die **Alpe Colla** ❹, 1560 m. Weiter geht es auf dem Höhenweg durch nun wieder locke-

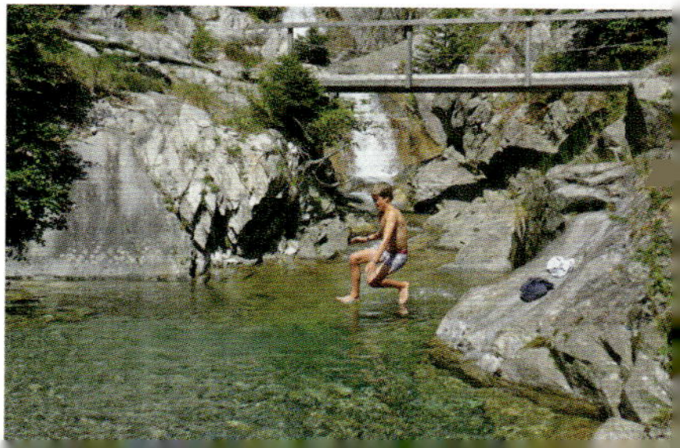

Im Sommer verführen die klaren Bäche zum Baden.

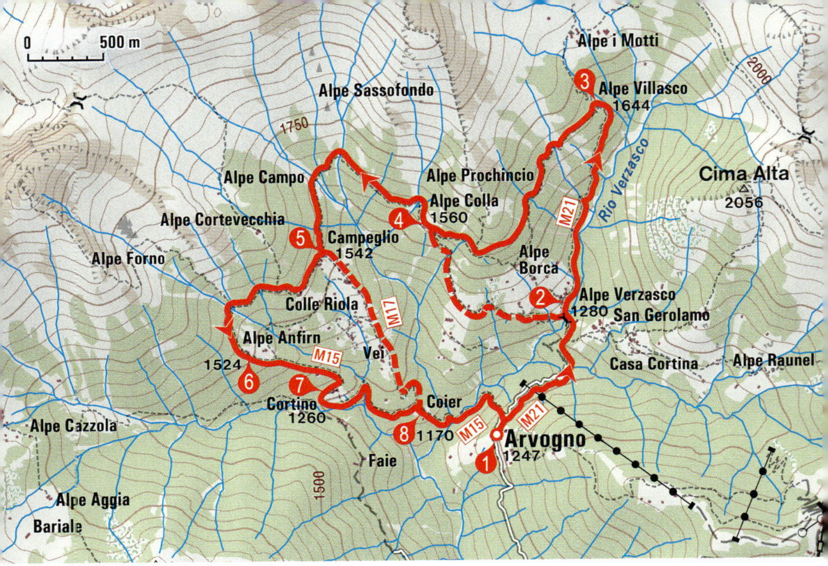

ren Wald und einige tief eingeschnittene Rinnen bis zum panoramareichen Rücken von **Campeglio** ❺, 1542 m. Wir halten uns rechts, gehen hinter einigen Häusern vorbei und steigen nun etwas steiler durch Buchenwald auf. Den höchsten Punkt haben wir an einem Bergbach erreicht, nach dem es zunächst steil bergab und schließlich fast eben zur **Alpe Anfirn** ❻, 1524 m, geht. Über einen kleinen Rücken steigen wir nach **Cortino** ❼, 1260 m, ab, wo wir auf eine Piste treffen. Auf ihr bleiben wir nur kurz, da unser Weg nach links auf eine Wiese hinunterzieht. Er überquert sie, schlängelt sich durch Wald am Hang entlang, führt über einen kleinen Bach und trifft schließlich auf die Häuser von **Coier** ❽, 1170 m. Nun geht es recht steil in die Schlucht des Torrente Melezzo hinab. Unten haben wir bei einem kristallklaren Bach die Gelegenheit, uns ins kühle Nass zu stürzen, ehe uns auf der anderen Seite der Schlucht ein kurzer, aber steiler Gegenanstieg zurück nach **Arvogno** ❶ bringt.

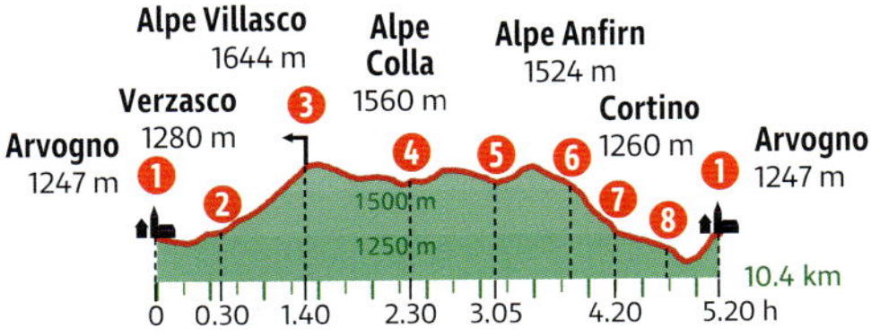

↗ 1450 m | ↘ 1450 m | 16,6 km

8.20 h

Monte Paver, 2127 m

27

Drei Gipfel auf einen Streich

Im Nordwesten des Valle Vigezzo erhebt sich die kaum bekannte Bergkette des Monte Paver, die wir auf unserer Rundwanderung komplett überschreiten. So erleben wir nicht nur das spektakuläre Panorama vom »Aussichtsberg der Schafe« (Loccia di Peve, wie die Erhebung auch genannt wird), sondern besteigen quasi im Vorbeigehen noch zwei weitere Gipfel.

Ausgangspunkt: Druogno, 823 m. Stündlicher Halt der Vigezzina-Bahn Domodossola-Locarno.
Anforderungen: Markierte Wanderwege, stellenweise steil.
Einkehr und Unterkunft: Coimo: Antica Osteria Ul Matacc, Via Don Aldo Bara (direkt am Dorfplatz), Tel. +39 347 0354991.
Albogno: Trattoria Belvedere, Via Belvedere 11a, Tel. +39 339 3191681.
Karte: Carta Geo4Map 112 »Valle Isorno« 1:25.000.
Beste Jahreszeit: Juni – November.

Vom Bahnhof in **Druogno** ❶, 823 m, gehen wir geradeaus zur Kirche, überqueren den Kirchplatz links haltend und folgen der Via Sasseglio bis zum gleichnamigen Ortsteil. Bei einer Kreuzung mit Kapelle gehen wir links durch das hübsche Dorf hindurch und biegen nach einer Brücke rechts ab (Wegweiser). Ansteigend erreichen wir auf einem schönen Maultierpfad **Albogno** ❷, 1025. Hinter der Kirche gehen wir nach links zur Trattoria Belvedere und steigen oberhalb über einen gepflasterten Weg auf. An dessen Ende treffen wir auf eine Piste, auf der wir zum Aussichtspunkt

Das Panorama vom Monte Alom reicht vom Ossolatal bis zu den Walliser Viertausendern.

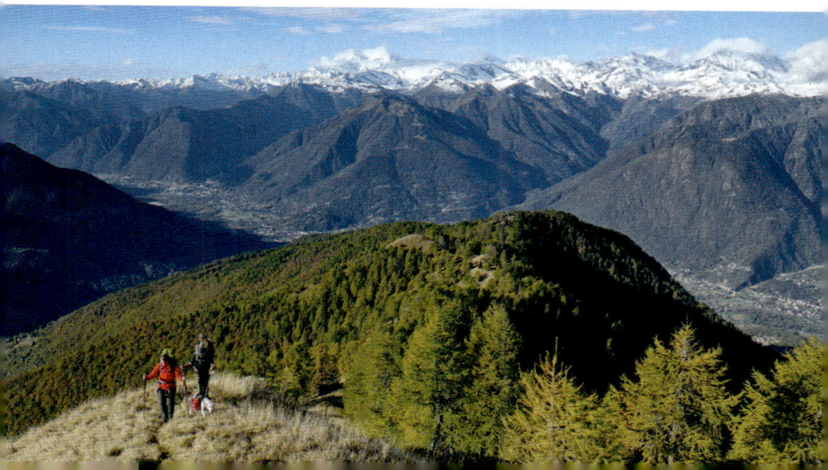

Belvedere ❸, 1090 m, wandern. Wir halten uns rechts und steigen weiter über die Schotterstraße auf, ehe wir sie kurz nach ein paar Häusern rechts verlassen. Im weiteren Verlauf des zwar steilen, aber gut beschilderten Aufstiegs kreuzen wir sie mehrmals. Nach einiger Zeit überschreiten wir einen kleinen Rücken und wandern auf schmalem Pfad in ein Seitental hinein, meist eben oder sogar leicht an Höhe verlierend. Nachdem wir eine kleine Rinne überquert haben, steigt unser Weg wieder steil an und gewinnt über zahlreiche Serpentinen die **Alpe Burial ❹**, 1890. Vom einzelnen renovierten Haus steigen wir nach rechts zum **Passo della Margina ❺**, 1977 m, und über den breiten Südostgrat bis zum Gipfel des **Monte Paver ❻**, 2127 m, auf. Hier haben wir einen 360-Grad-Blick über fast das gesamte Ossola und bis zu den Berner Alpen.

Nun geht es über den sanften und kaum ausgesetzten Südwestgrat weiter, wobei wir die Erhebung des Monte **Alom ❼**, 2011 m, und auch die Kuppe des **Croce di Rovareccio ❽**, 1767 m, passieren. Bei Letzterem verlassen wir den Rücken und steigen über einen Grashang nach Südosten ab. Nach wenigen Metern treffen wir auf ein Schild, bei dem wir einen deutlichen Pfad

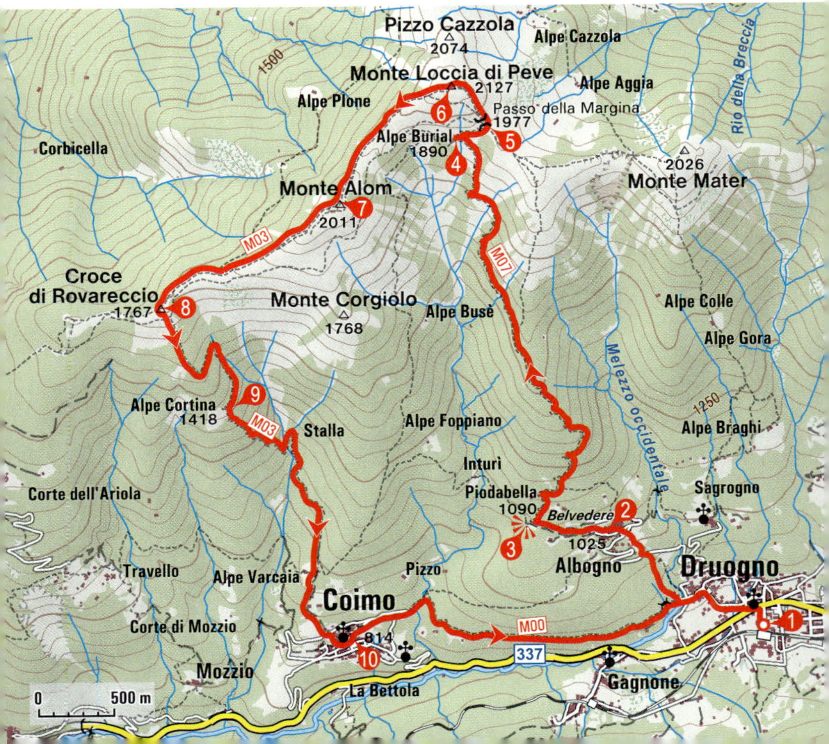

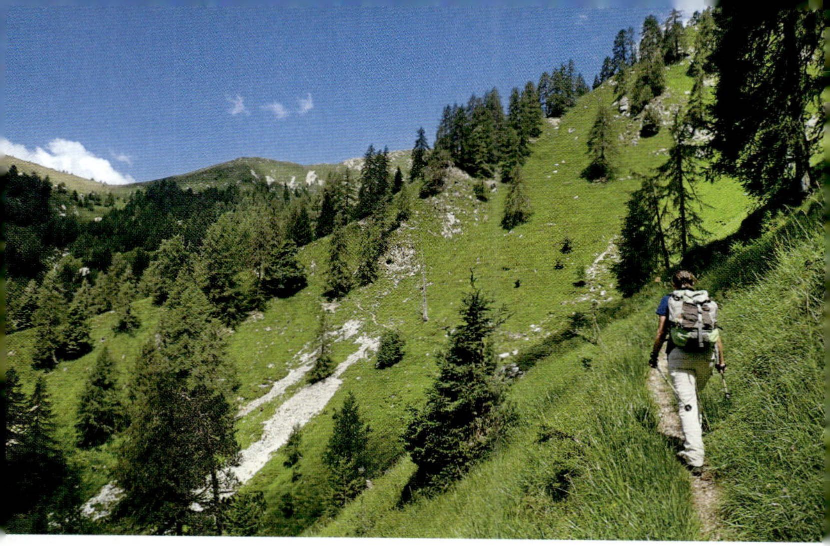

Steiler Aufstieg nach Burial und zum Monte Paver.

überqueren und weiter geradeaus steil absteigen. Der Weg wird bald besser, zieht nach links in den Wald hinein, beschreibt kurz vor einer Quellfassung eine scharfe Kehre und führt nach rechts zur **Alpe Cortina** 9, 1418 m. Über eine gut ausgebaute und sehr schöne Mulattiera steigen wir schließlich nach **Coimo** 10 ab. Dort gehen wir durch schmale Gässchen bergab bis zur kleinen, sehenswerten Kirche in der Dorfmitte, hinter der wir links in die Via Cavallini hineingehen, nun wieder bergan. An deren Ende halten wir uns rechts und treffen auf eine geteerte Straße, der wir bis zur ersten Kehre folgen, wo wir in eine Piste Richtung Druogno (Schild) einbiegen. Dieser Piste bleiben wir bis Sasseglio treu. Von dort gehen wir auf bekanntem Weg zum Bahnhof von **Druogno** 1 zurück.

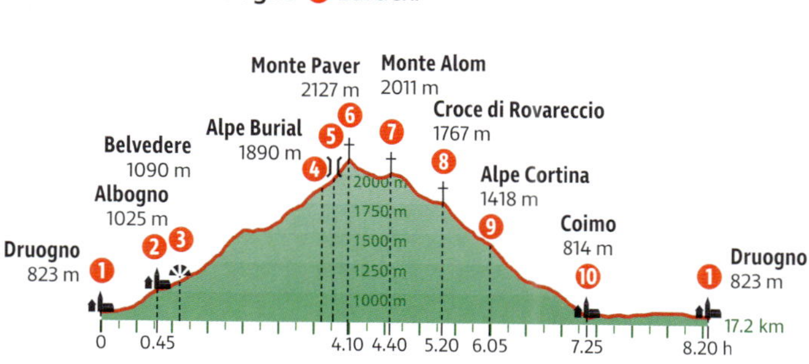

↗ 510 m | ↘ 510 m | 9.2 km

28 Frazioni di Masera, 665 m

3.10 h

Weinberge mit alten Villen

Kreuz und quer geht es durch Masera: auf engen Gassen durch die weit verstreuten, historischen Fraktionen und auf Maultierpfaden vorbei an Weinpressen, Wasserkanälen, Villen und alten Höfen. Ziel der Wanderung ist das schön gelegene Seelein von Onzo.

Ausgangspunkt: Masera, 290 m, Station der Vigezzina (www.vigezzinacentovalli.com).
Anforderungen: Meist gut markierte und unterhaltene Wege. Der Abschnitt von Rancaldina zum Lago d'Onzo verläuft auf unmarkiertem, aber gut ersichtlichem Weg.
Einkehr und Unterkunft: In Masera gibt es zwei berühmte Spezialitätenrestaurants: Divin Porcello, Frazione Cresta 11, Tel. +39 0324 35035, www.divinporcello.it, und Trattoria Vigezzina, SS337 57, Tel. +39 0324 232874, www.trattoriavigezzina.it. Das B&B Casa Tomà bietet Zimmer im Ortskern: Via Menogno 5, Tel. +39 333 8609763, www.casatoma.it.
Karte: Carta Geo4Map 112 »Valle Isorno« 1:25.000.
Beste Jahreszeit: Die Tour ist ganzjährig möglich.
Varianten: Die Gemeinde Masera hat vier verschiedene Themenwege angelegt, die jeweils mit einem anderen Farbpunkt markiert sind. Sie lassen sich beliebig kombinieren. Karte und Infos unter www.comune.masera.vb.it/comitinerari.asp.

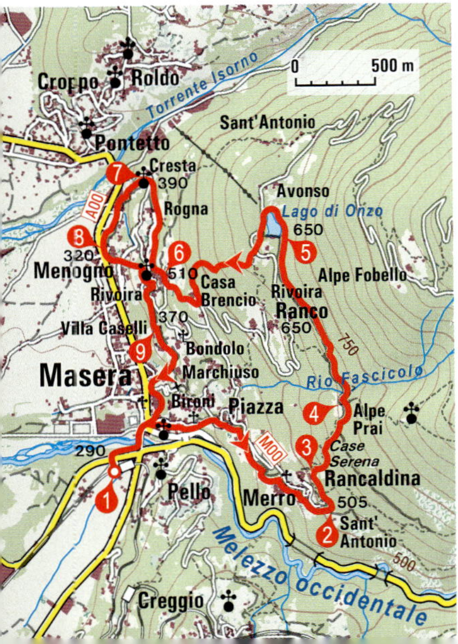

Wir starten am Bahnhof von **Masera** ❶, 290 m, folgen kurz der Hauptstraße und gehen nach links über eine Brücke zur Kirche. Rechts hinter dieser befindet sich die Karte der Themenwege. Wir folgen zunächst der roten Route. Der Aufstieg führt uns durch eine schmale Gasse und anschließend auf historischen Maultierpfaden an zahlreichen neuen und alten Villen vorbei, ehe wir in Merro zu einer renovierten Weinpresse kommen (Schilder »torchio«). Bei der Kirche von **Sant'Antonio** ❷, 505 m, halten wir uns scharf links und queren durch einen Weinberg zum Ruinendorf Rancaldina und aufsteigend zu den **Case Serena** ❸,

In Rivoira kommen wir an einem alten Ofen mit vorgelagerter Feuerstelle vorbei.

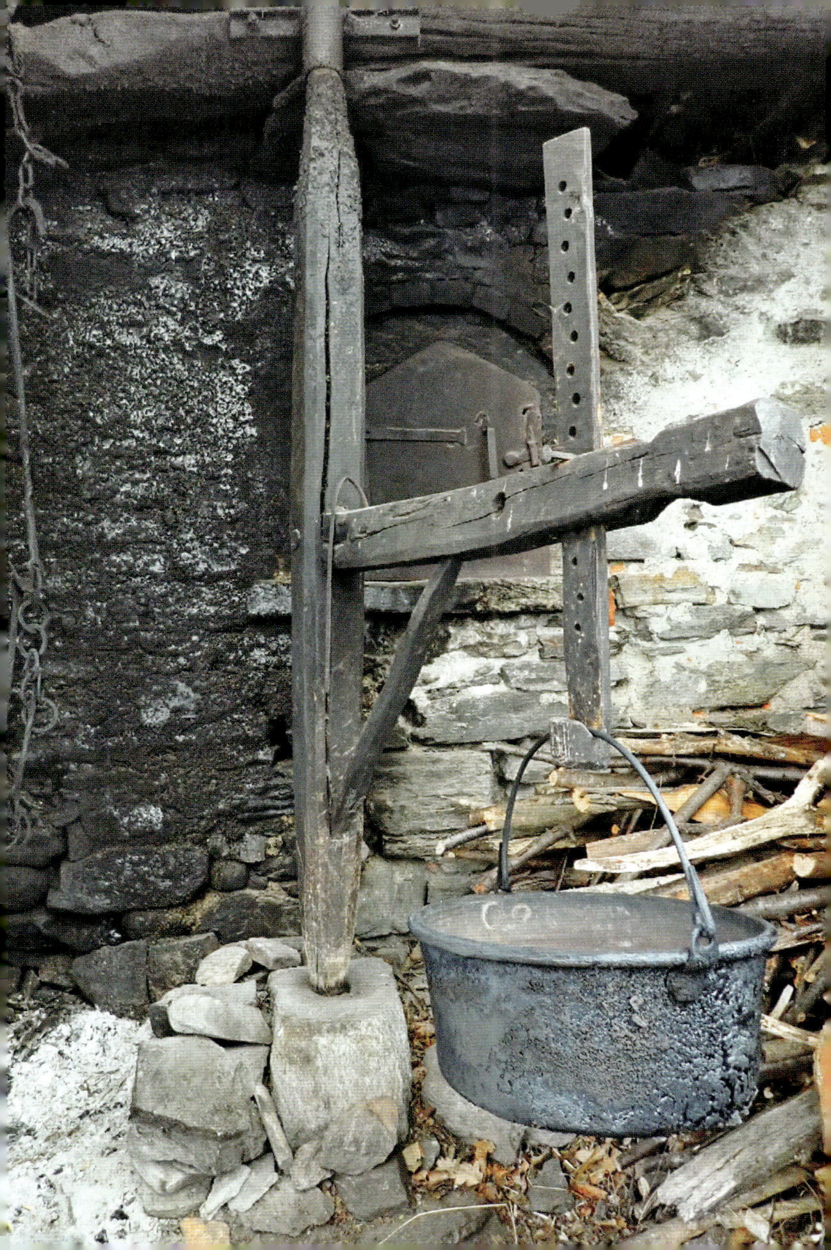

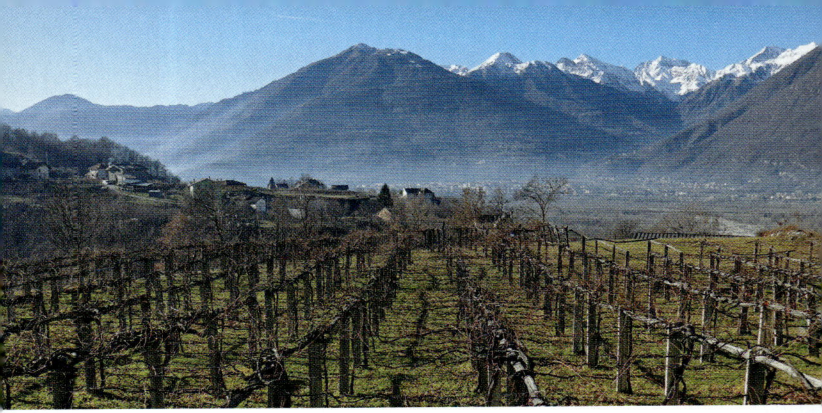

In den Weinbergen Maseras gedeiht der edle Prünent.

525 m, mit einigen Wandmalereien. Unmittelbar vor einem kleinen Bach gehen wir nach rechts (Wegweiser Richtung Fornale und Pescia) und steigen auf nun etwas schmalerem Pfad zur **Alpe Prai** ❹, 665 m, auf. Wir passieren die Häuser, treffen auf die Mulattiera von Fornale und wenig später auf eine gedeckelte Wasserleitung, die wir bereits im Aufstieg kurz vor Prai überquert haben. Dieser folgen wir bis zum kleinen Stausee **Lago d'Onzo** ❺, 650 m, um den wir herumgehen. Zurück bei der Staumauer, nehmen wir den nun gelb markierten Pfad, der eine Straße kreuzt und später steil bergab führt. Sobald wir auf eine Straße treffen, halten wir uns wieder an die roten Punkte, die wir aufmerksam verfolgen müssen, um den richtigen Weg nach **Rivoira** ❻, 510 m, zu finden. Auch hier gibt es einen riesigen Weintorkel. Die rote Route bringt uns weiter nach **Cresta** ❼, 390 m, wo wir im hervorragenden Divin Porcello einkehren können, und schließlich bis zur Talsohle nach **Menogno** ❽, 320 m. Es folgt ein Wiederanstieg zur Kirche nach Rivoria. Wir wechseln auf die blaue Route und erreichen kurze Zeit später die nicht mehr bewohnte **Villa Caselli** ❾, 370 m, mit ihrer großen Parkanlage. Wir umgehen den Park und steigen über breite Treppen hinunter zur Kirche von **Masera** ❶, von wo wir in wenigen Minuten wieder am Bahnhof sind.

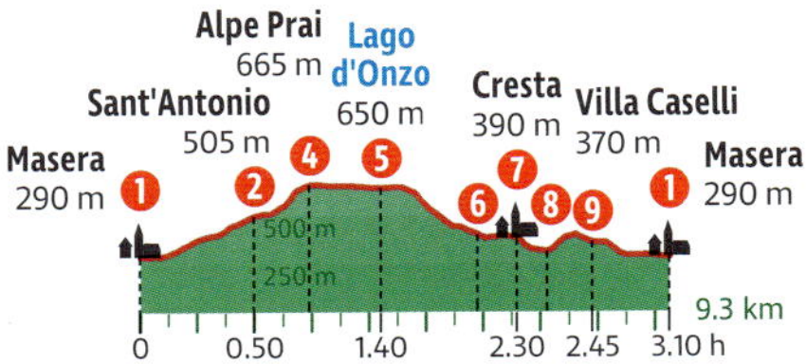

↗ 480 m | ↘ 430 m | 11,5 km

TOP

3.45 h

Montecrestese und Oira, 618 m

29

Auf Saumwegen durch das »Museum unter offenem Himmel«

Zahlreiche alte Weiler wie aus dem Bilderbuch bilden einen wahren Flickenteppich in den Weinbergen am nördlichen Ende der Toce-Ebene. Durch sie wandern wir auf schönen Maultierpfaden und durch verwinkelte Gassen, kommen dabei an einer vorchristlichen Kultstätte, dem höchsten Kirchturm im Ossola sowie vielen Zeugnissen des einstigen bäuerlichen Lebens vorbei. Die vielleicht schönste Dorfwanderung der Gegend!

Ausgangspunkt: Pontetto, 330 m, Halt der Circolare-Nord-Buslinie von Domodossola.
Anforderungen: Gepflegte, gut beschilderte und meist sehr schöne Steinplattenwege.
Einkehr: Roldo: Bar delle Alpi, Via Roldo 56, bei der Abzweigung nach Burella. Oira: Ristorante C'era Una Volta, Via Valle Formazza 15, Tel. +39 0324 33294, www.ceraunavoltaoira.it, gutes Risotto und gute Weine (hier hat der heimische Cà d'Matè seinen Ursprung). Circolo Oira, Via Valle Formazza 7, Tel. +39 338 7071673. Crevoladossola: Rosmarino Cucina, Via Valle Antigorio 16, Tel. +39 353 4017811.
Karte: Carta Geo4Map 108 »Valle di Bognanco«.
Beste Jahreszeit: Ganzjährig möglich.
Variante: Wenn man die Runde bis zu den obersten Ortsteilen Altoggio und Nava erweitert, lässt man keinen Weiler Montecresteses aus, verpasst dann allerdings die wunderschöne und absolut empfehlenswerte Mulattiera zwischen Naviledo und Chiesa. Sowohl in Pontemaglio als auch in Oira besteht eine Busverbindung nach Domodossola (Formazza-Linie).

Unsere Wanderung beginnt an der Bushaltestelle von **Pontetto** ❶, 330 m. Wir biegen in eine Gasse ein (Schilder) und gehen gleich links unter einem Gewölbe hindurch. Im Aufstieg kreuzen wir dreimal die Straße, wobei wir in einer Serpentine am Kirchlein von Pontetto vorbeikommen. Nach der letzten Straßenquerung erreichen wir **Roldo** ❷, 425 m, mit seinem Tempel der Lepontier aus dem 1. Jahrhundert vor unserer Zeitrechnung. Gleich dahinter halten wir uns rechts (Wegweiser Vignamaggiore) und queren über Wiesen, auf denen wir dem Pfad

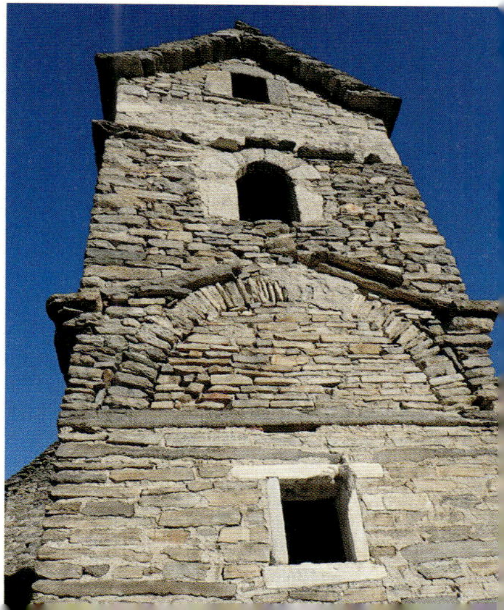

Der lepontinische Sonnentempel in Roldo.

Historischer Brunnen im Ortsteil Burella.

links über eine Kuppe folgen. Wir gehen durch einen Bauernhof hindurch, kommen zu einer Straße und steigen auf der anderen Seite nach **Burella** ❸, 458 m, auf. Hier versteckt sich eine große Weinpresse in den schmalen Gassen links hinter einem Türchen, das immer offen steht. Vorbei an einem schönen Waschplatz mit Trinkbrunnen wandern wir weiter durch Weinberge bergauf und kommen so nach Cardone. Dieser kleine Ortsteil ist zu nennenswertem Reichtum gekommen, da einer seiner Bürger der Leibarzt Napoleons war. Auch hier gibt es wieder einen schönen Torkel zu bewundern. Wir gehen weiter in westliche Richtung, überqueren eine Wiese, auf der sich ein alter Ziehbrunnen befindet, und gelangen so zum nächsten Weiler Giosio. Nun wandern wir ein kurzes Stück auf der kaum befahrenen Straße bis nach Oro. Der Name hat nichts mit Gold zu tun, sondern stammt vom dialektalen Ausdruck »Ör«, das nichts weiter als »Kuppe« bedeutet. In der Spitzkehre der Straße gehen wir geradeaus in das fast vollständig verfallene Dorf hinein und durchqueren es komplett. Am anderem Ende

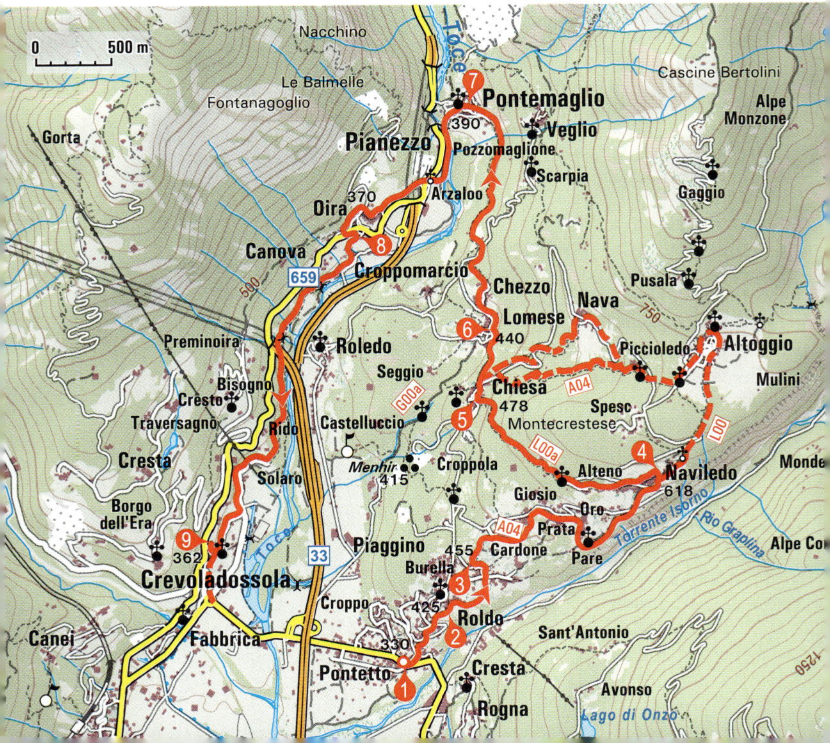

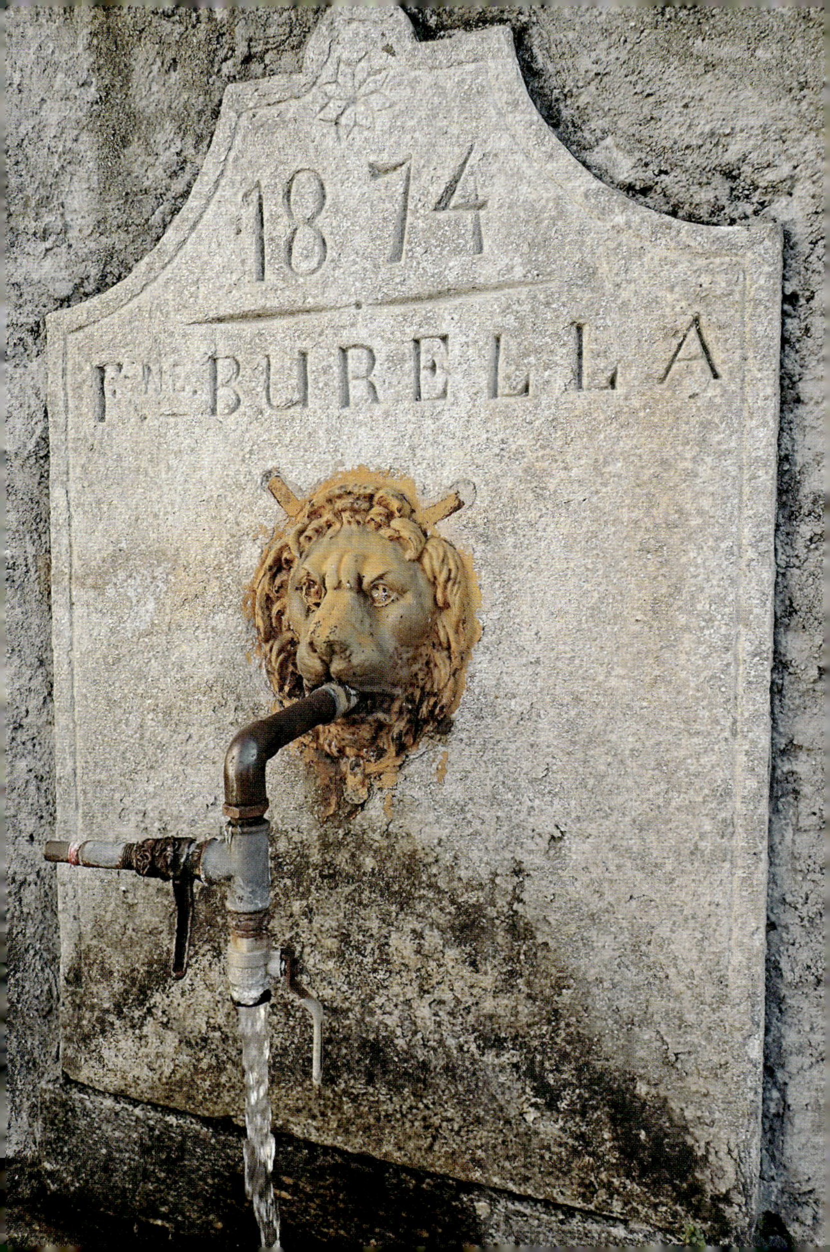
1874
F.NA BURELLA

befindet sich eine kleine Kapelle, bei der wir auf den Weg »L00« treffen. Diesem folgen wir bergauf. Wir passieren Stallungen und treffen schließlich in **Naviledo** 4, 618 m, ein. Bevor wir die Route fortsetzen, lohnt sich ein kleiner Rundgang durch den pittoresken Weiler. Es gibt einen Ziehbrunnen aus dem Jahre 1662, einen Brotofen, viele verwinkelte Gassen und natürlich auch eine kleine Kirche.

Zurück auf der Straße, gehen wir nach rechts und halten uns gleich hinter einem Parkplatz wieder links. Sanft absteigend erreichen wir so Alteno mit seinem Signalturm. Damit konnte vor den im Mittelalter immer wieder einfallenden Schweizern gewarnt werden – dank eines ausgeklügelten Systems von Signaltürmen erreichte die Nachricht Mailand in nur einer Stunde. Nun setzt eine wunderschöne Mulattiera an, der wir durch alte Weinberge und Kastanienhaine bis zum Ortsteil **Chiesa** 5, 478 m, folgen. Hier steht die Hauptkirche Montecresteses mit ihrem 68 Meter hohen Turm, dem höchsten im ganzen Ossola. Hinter dem Municipio biegen wir links und dann gleich wieder rechts ab. So kommen wir in Kürze nach **Lomese** 6, 440 m, einem weiteren hübschen Ortsteil. Einst stand hier eine Burg aus dem 9. Jahrhundert. Heute sind davon nur noch Ruinen übrig. Wir erreichen sie, indem wir bei einer Kapelle links unter einem langen Gewölbe hindurchgehen.

Wir kommen wieder auf die Straße und sind hinter der nächsten Kurve schon in Chezzo, einem der schönsten Ortsteile von Montecrestese, wo wir einige gut erhaltene Wandmalereien und eine mitterlalterliche Gasse bewundern können. Durch das Dorf geht es bergauf und über eine Kuppe, hinter der wir auf einem Pfad erst leicht links, dann bei einer Abzweigung rechts zu einer Piste wandern. Bei einem Bildstock auf der anderen Seite finden wir die Wegfortsetzung. Gleich darauf kommen wir zu einer gut erhaltenen Balm (rechts vom Weg, neben einem Haus hinter einer Mauer). Nun begehen wir einen ausgebauten alten Handelsweg, der uns nach **Pontemaglio** 7, 390 m, und dahinter zu einer der großartigsten Bogenbrücken des Ossolas bringt. Auf ihr überqueren wir den Toce und halten uns bei der Bushaltestelle links. Dort treffen wir auf einen Weg, dem wir dem Flussufer entlang folgen, eher wir bei einer

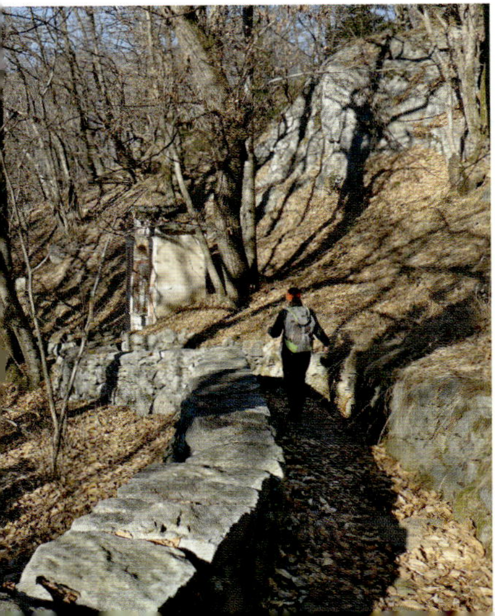

Auf der spektakulär gebauten Mulattiera zwischen Naviledo und Chiesa.

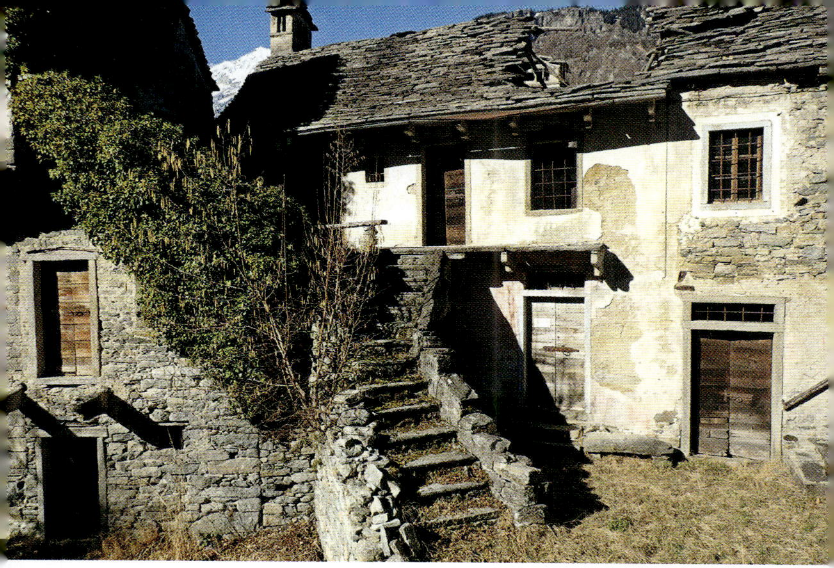

Der Verfall lässt sich auch in Lomese nicht ganz aufhalten.

Abzweigung nach rechts in Richtung Arzalovo gehen. Bei einer Kapelle überqueren wir die Hauptstraße und kommen so zu den oberen Häusern von **Oira** 8, 370 m. Auf einem Sträßchen gehen wir nach links und zwischen Wohnhäusern eine Treppe hinunter zurück zur Hauptstraße, wo wir im guten Ristorante einkehren oder gleich weiter zur großen Kirche wandern können. Wir steigen rechts nach Canova ab und treffen unten auf den historischen Säumerweg »Via del Gries« oder »Sbrinz-Route«. Im Mittelalter wurde hier beträchtlich Handel mit der Schweiz getrieben, die Maultierkolonnen zogen von Domodossola nach Luzern und umgekehrt. Auf dieser historischen Strecke erreichen wir schließlich **Crevoladossola** 9, 362 m, mit seiner marmorbestückten Kirche. Hier lohnt sich eine kurze Runde durch die Altstadt mit ihren Torbögen und einem alten Ziehbrunnen. Oben an der Hauptstraße können wir den Bus der Formazza-Linie nehmen oder noch wenige Meter zum Kreisverkehr in der Ebene absteigen, wo der Circolare-Nord-Bus alle zwei Stunden vorbeikommt.

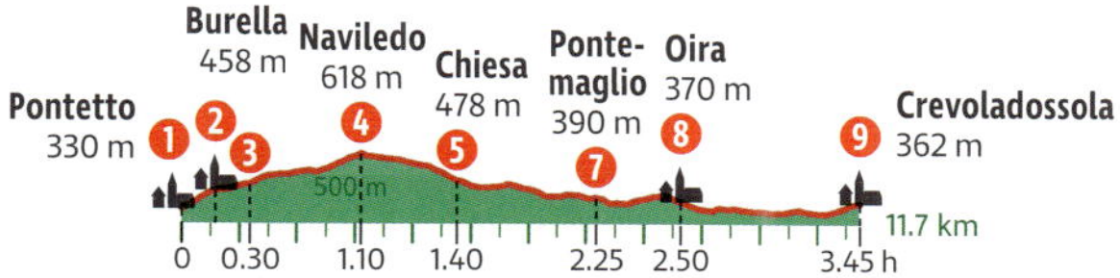

↗ 260 m | ↘ 960 m | 11,1 km

30 Val Bognanco, 977 m

4.30 h

Auf spektakulärem Talweg zur Hauptstadt des Ossolatals

Wanderung durch das komplette Valle Bognanco, ein Tal voll wunderschöner Steinhäuser und tief eingeschnittener Schluchten mit Wasserfällen. Wir folgen größtenteils der historischen Via Stockalper, einst ein wichtiger Handelsweg ins Wallis. Unterwegs kommen wir an zahlreichen Weilern und Dörfchen vorbei und können in Monteossolano eine großartig restaurierte Weinpresse bewundern. Unser Ziel ist das geschäftige Domodossola mit seinem ältesten Marktplatz Italiens.

Ausgangspunkt: San Lorenzo, 977 m, Busverbindung von Domodossola.
Höhenunterschied: Aufstieg 260 m, Abstieg 960 m.
Anforderungen: Gut unterhaltene Maultierpfade.
Einkehr: In Monteossolano das Circolo mit einfacher, aber guter Küche. Sporadisch geöffnet, Tel. +39 351 9185897.
Beste Jahreszeit: Ganzjährig möglich.
Karte: Carta Geo4Map 108 »Val Bognanco« 1:25.000.
Variante: Bei einem Start in Bognanco Fonti spart man sich ein paar Höhenmeter im Abstieg und umgeht das steilste Stück. Die Wanderung verkürzt sich dadurch um ungefähr eine halbe Stunde.

In Monsignore wandern wir unter einer Pergola aus Rebstöcken hindurch.

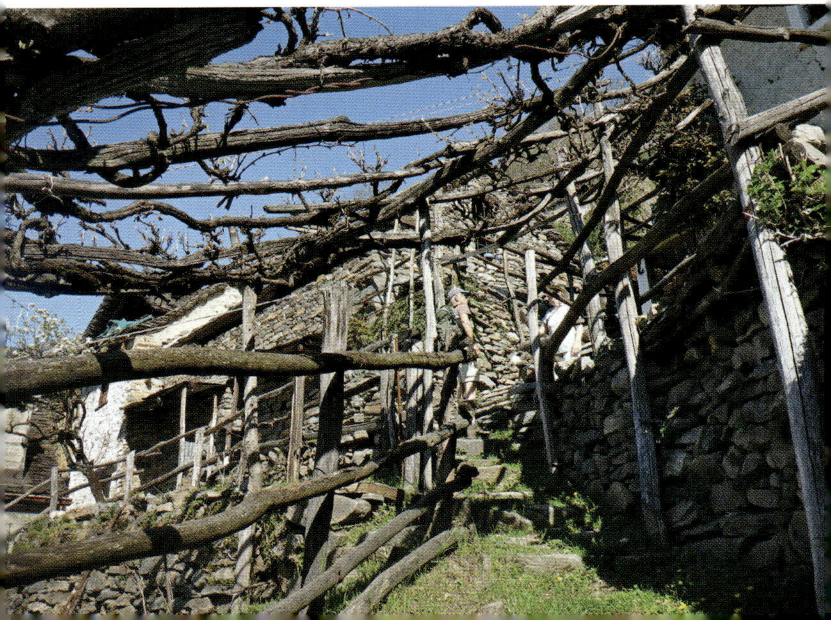

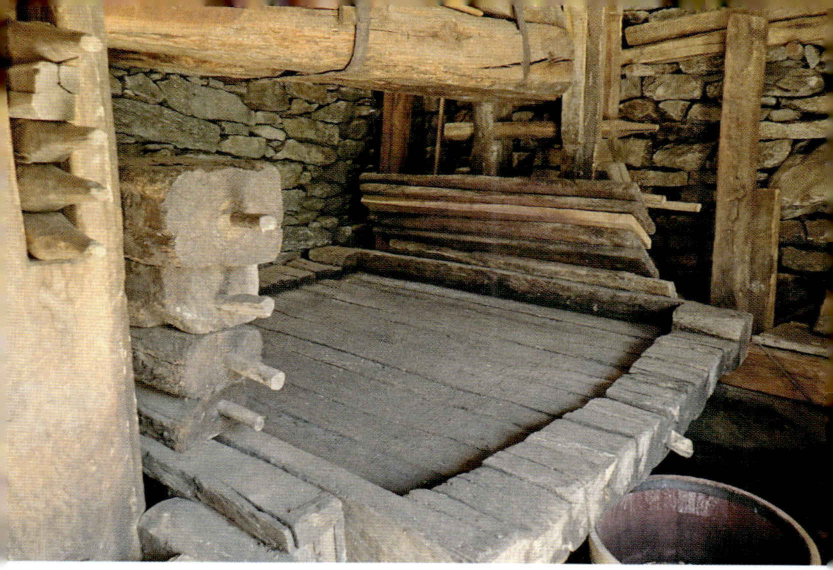

Die jahrhundertealte Weinpresse von Monteossolano wird nach wie vor genutzt.

In **San Lorenzo** 1, 977 m, biegen wir hinter der Kirche rechts in eine Unterführung und steigen an der Ruine einer Seilbahnstation vorbei zur Straße nach Moraso ab. Ihr folgen wir nach links. Kurz vor Moraso verlässt der Wanderweg die Straße und verläuft oberhalb von ihr bis zur Kapelle von **San Giuseppe** 2, 916 m. Hinter dieser steigen wir recht steil nach **Valpiana** 3, 780 m, und weiter zur Brücke am Rio Resiga ab. Der Weg ist hier stellenweise etwas schmal. Am Fluss treffen wir auf die historische Stockalper-Route, auf der früher die Maultierkolonnen mit Salz und Kleidung zwischen Brig und Domodossola verkehrten. Nach einem kurzen Aufstieg zum hübschen Weiler **Monsignore** 4, 724 m, wandern wir in die tiefe Schlucht des Rio Dagliano hinab. Kunstvoll windet sich die Mulattiera hinunter zu ei-

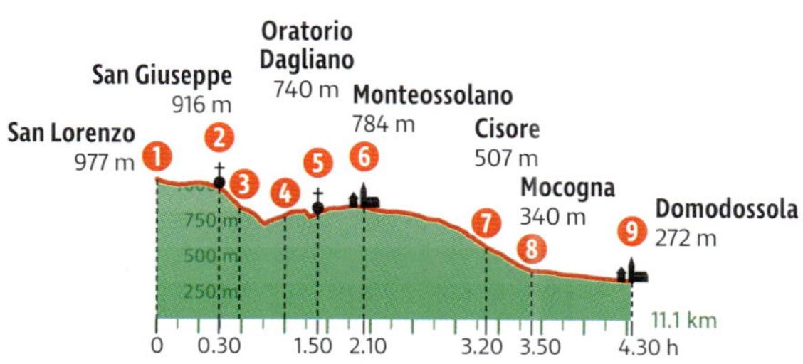

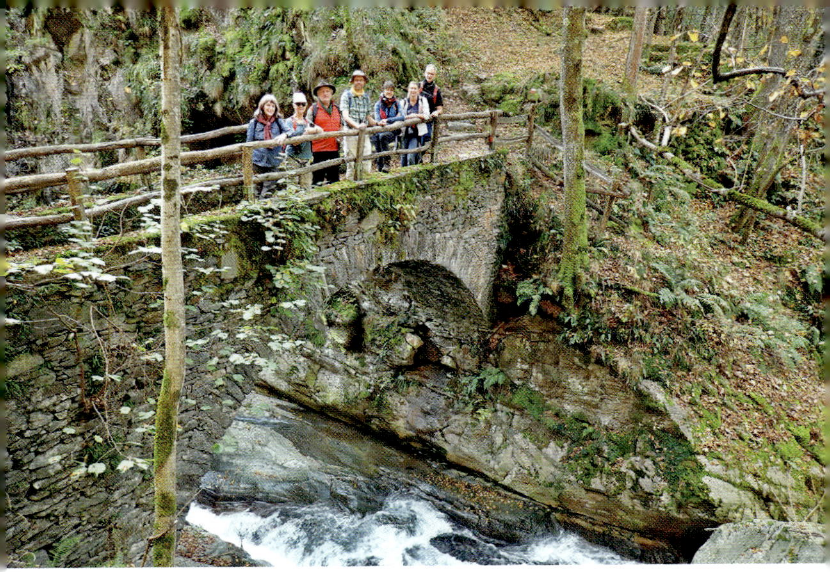

Eine der zahlreichen schönen Bogenbrücken, hier über den Rio Rasiga.

ner kühnen Bogenbrücke. Jenseits davon steht das **Oratorio Dagliano** ❺, 740 m, und kurz darauf erblicken wir schon das ganzjährig bewohnte Dorf **Monteossolano** ❻, 784 m, mit seiner großen Kirche und der berühmten Weinpresse. Sie wird nach wie vor genutzt und ist zugänglich, indem man einen Euro in den Türöffner wirft. Manchmal kann man dort auch lokalen Wein kaufen. Am Ende des Dorfs treffen wir auf eine Straße, folgen dieser ein kurzes Stück und biegen wieder links auf den Wanderweg ein. Er schlängelt sich nun immer entlang der Bergflanke und passiert dabei

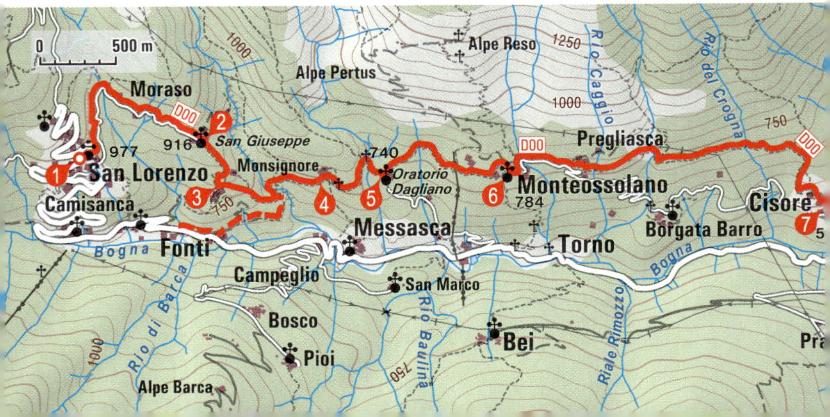

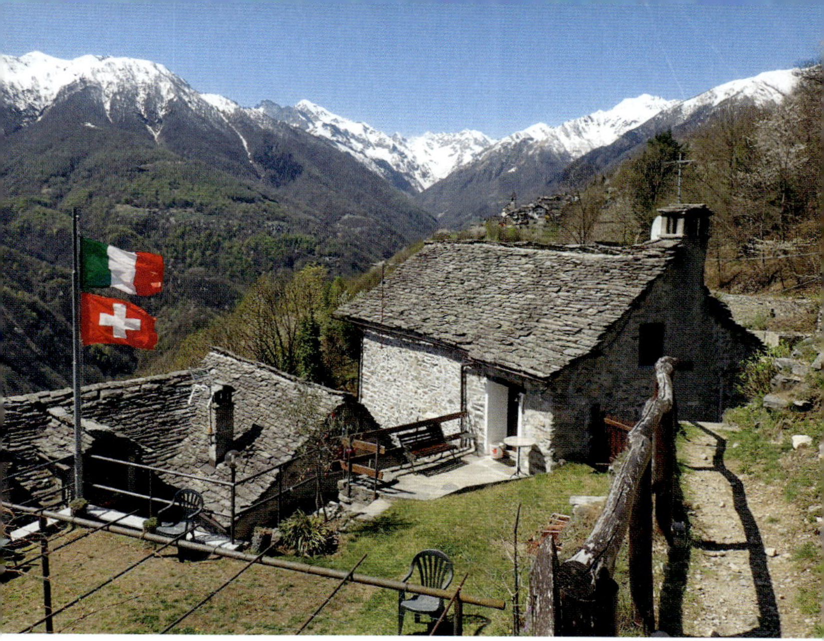

Pregliasca mit Blick ins Val Bognanco und auf Monteossolano.

einen kleinen Tobel (Ketten). Bevor er steil nach Cisore absteigt, biegen wir rechts ab (auf Markierungen achten!) und kommen zu ein paar Häusern. Wir queren einen Weinberg nach links, hinter dem wir wieder auf die Mulattiera treffen und schließlich nach **Cisore** 7, 507 m, gelangen. Die Via Stockalper wird nun immer breiter und bringt uns so bequem in die Talebene nach **Mocogna** 8, 340 m. Wir gehen nach rechts, überqueren den Fluss Bogna und biegen gleich nach der Brücke nach links auf die große Schutzmauer ab. Wir folgen ihr und verlassen sie bei der ersten Treppe nach rechts, wo wir uns durch Schrebergärten schlängeln (immer eher etwas rechts halten) und schließlich in **Domodossola** 9, 272 m, ankommen. Über den Marktplatz und den Corso Ferraris erreichen wir den Bahnhof, wo auch die Busse halten.

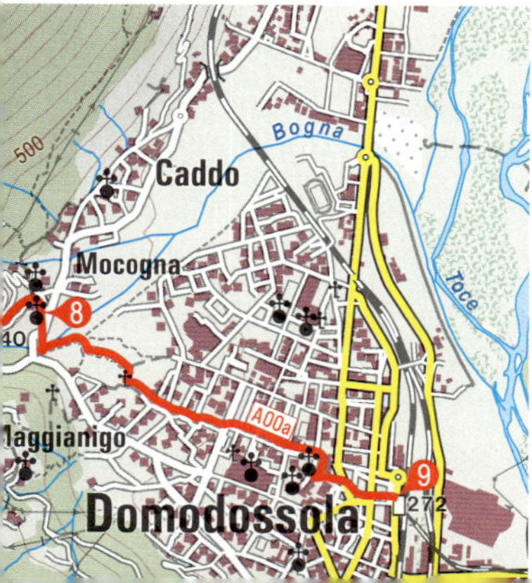

↗ 1470 m | ↘ 1470 m | 18,9 km

9.30 h

31 Alta Val Bognanco, 1949 m

Große Runde durch ein wildes und abgeschiedenes Tal

Während sich im nördlichen Alta Bognanco die Wanderer tummeln, schlummert das südliche Seitental vor sich hin: Kaum jemand verirrt sich in die »grüne Hölle« zwischen Fonti und den Quellen des Bogna. Hier atmen wir Natur pur, während wir ins Amazonien des Ossolas abtauchen. Unser Ziel ist ein großartiger Talkessel, umrahmt von schroffen Gipfeln. Zurück geht es auf einem bequemen Höhenweg, der unseren Abstieg mit sagenhaften Ausblicken versüßt.

Ausgangspunkt: Bognanco Fonti, 660 m, Busverbindung von Domodossola.
Anforderungen: Markierte Wege, teilweise schmal und von Vegetation bedrängt.
Einkehr und Unterkunft: Bognanco Fonti: Bar Mella in der Straßenkehre im Zentrum. Etwas oberhalb in der Via Marconi 1 gibt es im ehemaligen Ristorante Croce Bianca eine Brauerei mit Direktverkauf, Tel. +39 327 2570960, www.bognanco.shop. Graniga: Albergo Ristorante Da Cecilia, Frazione Graniga 37, Tel. +39 0324 234166, www.albergodacecilia.com. In Gomba gibt es den ganzjährig geöffneten Campingplatz Yolki Palki, Tel. +39 0324 234245, www.yolkipalki.it. Das Bivacco Marigonda ist eine immer geöffnete, einfache Selbstversorgerhütte (Matratzen vorhanden).
Karte: Carta Geo4Map 108 »Val Bognanco« 1:25.000.
Beste Jahreszeit: Juni – Oktober.
Info: Die Thermenlandschaft in Fonti ist ganzjährig geöffnet (dienstags Ruhetag). Eintritt ab 10 Euro (nur Schwimmbad) bzw. 30 Euro (Wellnessbereich). Tel. +39 0324 234137, www.bognanco.it.
Varianten: Man kann die Tour auch in San Lorenzo beginnen, was einige Höhenmeter und gut eine Stunde spart. Dazu steigt man via Camisanca nach San Martino ab, wo man auf die beschriebene Route trifft.
Ebenfalls möglich ist ein Start in Pizzanco, das man über ein Teersträßchen erreicht. Dann steigt man auf dem Rückweg von Oriaccia direkt dorthin ab. Die Tour verkürzt sich so auf gesamt 6 Std.
Konditionsmonster können noch einen Abstecher zum im Sommer bewirtschafteten Rifugio il Laghetto (Tel. +39 347 0320298, www.caiarsago.it) einbauen, indem sie von der Alpe Campo dem markierten Weg über den Passo di Campo folgen. Von der Hütte geht es nach Vallaro hinunter, wo man wieder auf die Originalroute trifft. Die Wanderung verlängert sich damit um eine Stunde.

Wir starten an der Bushaltestelle in **Fonti** ➊, 660 m, gehen zum Eingang der Therme und bei einer riesigen Rosskastanie rechts ein paar Treppen hinauf. Zurück auf der Hauptstraße, gehen wir links die Kehre bis zur Hälfte aus und folgen der dort beginnenden Mulattiera. Sie trifft kurz darauf wieder auf die Straße, die wir überqueren, und steigt weiter an. Bei einem Kirchlein erreichen wir erneut die Straße, der wir dieses Mal nach links bergab folgen. In einer Kehre gehen wir nach rechts auf eine Piste, die sogleich steil nach rechts ansteigt. Ihr bleiben wir eine Zeit lang treu, ehe

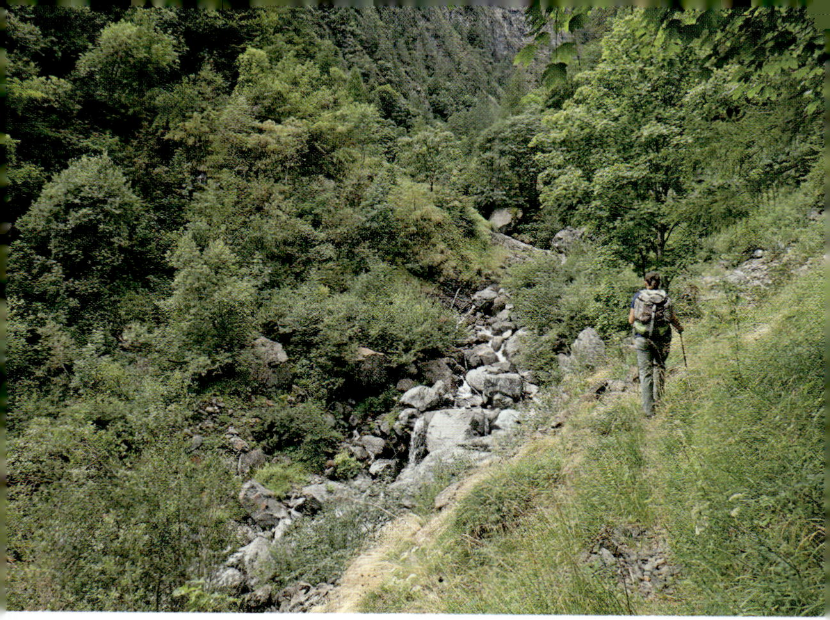

Auf dem Weg ins wilde Alta Val Bognanco.

wir etwa zehn Minuten nach dem Ruinendorf San Martino nach rechts auf einen Waldweg einbiegen (Schilder). Auf ihm steigen wir, vorbei an einem eingestürzten Wachturm, zum abgelegenen Dörfchen **Pizzanco** 2, 1127 m, auf. Wir gehen an der Kirche vorbei, halten uns leicht links und kommen am westlichen Dorfrand zu gelben Schildern. Der nun folgende Abschnitt bis zur Alpe Campo wurde erst 2018 saniert und neu markiert. Er führt zunächst leicht bergauf, kommt zu einer Abzweigung, bei der wir den deutlichen Weg nach rechts ignorieren, und senkt sich dann allmählich gegen das Flussbett des **Torrente Bogna** 3, 1162 m. Kurz vor der Brücke

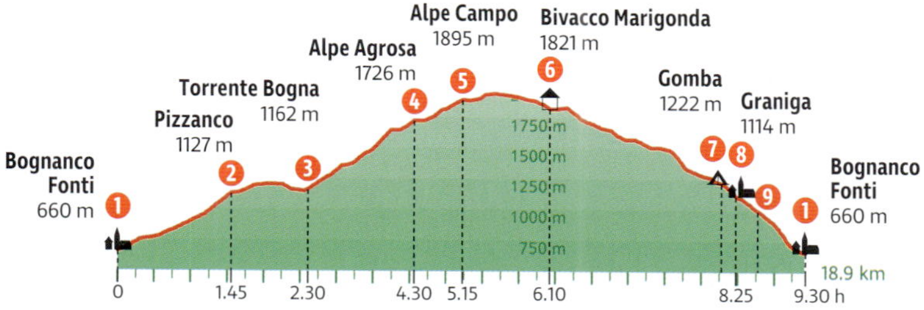

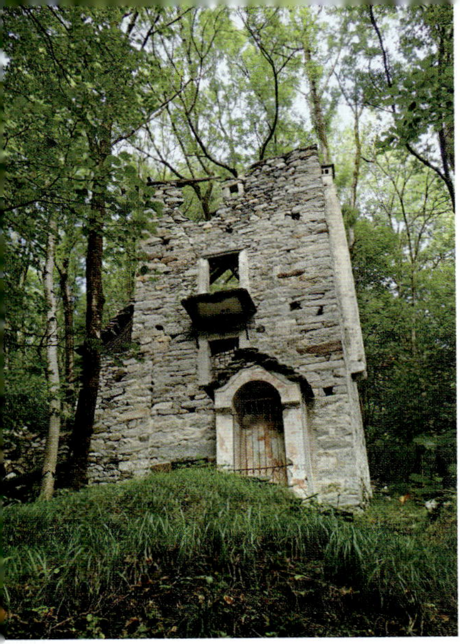

Ruine des Wachturms von Pizzanco mit ebenfalls halb verfallener Kapelle.

zweigt unser Pfad nach rechts ab. Er windet sich recht wild durch die nun enger werdende Schlucht, kommt an einer Wasserfassung und einem renovierten Haus vorbei und führt wieder zum Bach, den wir nun überqueren. Im Zweifelsfall kommen wir etwas flussaufwärts auch ohne Brücke auf die andere Seite. Der Pfad schlängelt sich nun steiler durch die wilde Flanke des Pizzo Gianoli, während unter uns die Wasserfälle rauschen. Nach einem letzten Anstieg auf einer Serpentine erreichen wir schließlich den großen Kessel von Agrosa. Wir folgen einem Pfad zum hier meist trockenen Bach hinab, gehen eine Zeit lang in seinem Bett bergauf und wandern über eine Wiese zu den Gebäuden der **Alpe Agrosa** ❹, 1726 m. Hier verläuft der Weiterweg zunächst horizontal auf einem breiten Weg nach Nordosten. Wir umrunden eine Rippe, steigen über eine mit Büschen durchsetzte Wiese auf und queren zum Rio Straciugo, hinter dem wir die **Alpe Campo** ❺, 1895 m, erreichen. Hier folgen wir einem guten Weg nach rechts und steigen zu einem kleinen Kreuz auf, von dem wir einen großartigen Blick auf

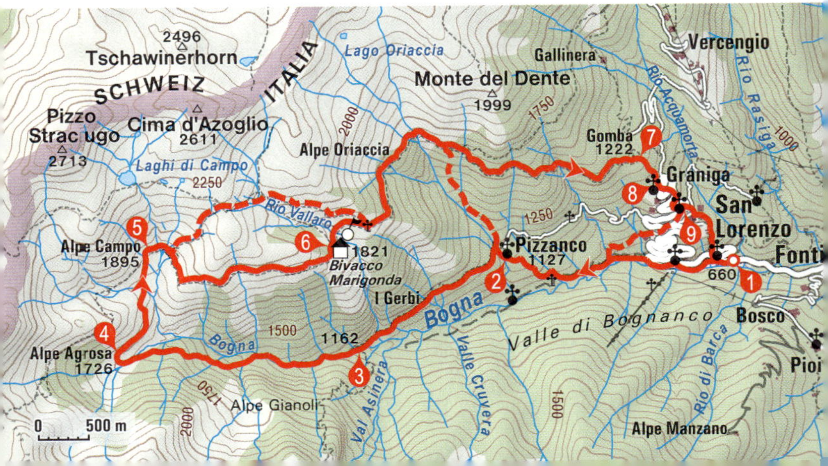

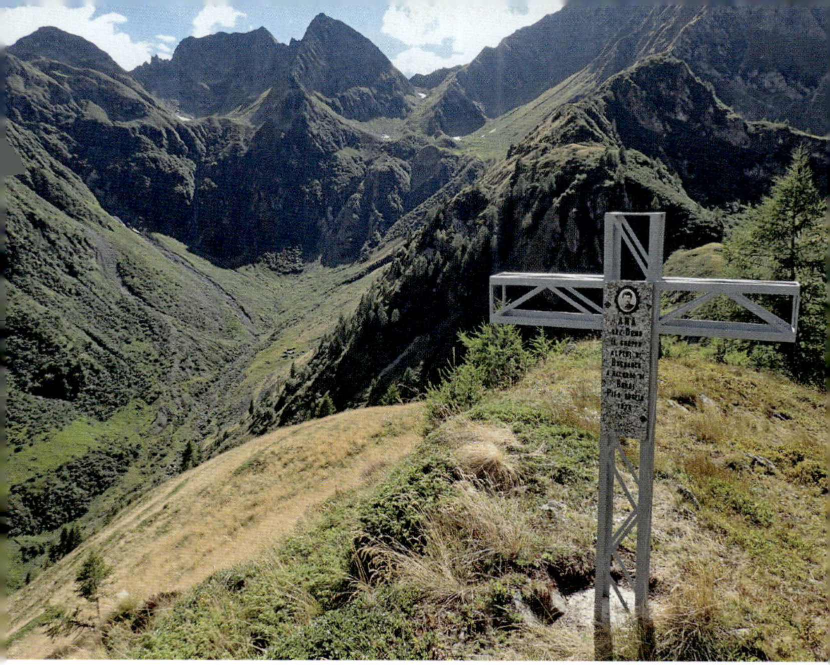

Blick vom Kreuz von Campo in den abgeschiedenen Kessel von Agrosa.

den durchwanderten Kessel haben. Nun bleiben wir stets auf dem sehr schön angelegten Höhenweg, von dem sich immer wieder das Panorama auf das gesamte Val Bognanco bis nach Domodossola öffnet. Wir passieren ein Seitental mit dem **Bivacco Marigonda** ❻, 1821 m, einen weiteren Panoramaplatz mit Gipfelkreuz und die Alpe Oriaccia, nach der die Route in teils dichten Nadelwald eintaucht. Bei Abzweigungen orientieren wir uns immer an den Schildern, die den Weg nach Gomba und San Lorenzo weisen. So erreichen wir nach einem weiteren längeren Stück durch Wald die unteren Häuser von **Gomba** ❼, 1222 m, bei denen wir nach rechts auf einen steil absteigenden Waldweg einbiegen. Er bringt uns direkt zum höchsten Dorf Bognancos, **Graniga** ❽, 1114 m. Wir gehen nach rechts, steigen etwas unterhalb der Kirche wiederum steil ab, kreuzen viermal die Hauptstraße und kommen zur Kirche von **San Lorenzo** ❾, 998 m. Hinter der Kirche erblicken wir die Ruine einer Seilbahnstation, vor der es durch eine kleine Unterführung hinunter in Richtung Boco geht. Der Weiler ist für seine Künstlergemeinschaft bekannt. Wir gehen quer durch Boco (und nicht auf einem deutlichen Weg nach links) und betreten am unteren Dorfrand eine schöne Mulattiera, die uns in vielen Serpentinen zurück nach **Fonti** ❶ bringt.

TOP

32 Gattascosa, 2236 m

↗ 740 m | ↘ 740 m | 11,2 km

5.00 h

Abwechslungsreiche Seenrunde durch Alpenrosenfelder

Hoch über Domodossola öffnet sich ein großartiges Wandergebiet, das berühmt ist für seine schönen Seen und seinen Blumenreichtum. Über allem thront das über 4000 Meter hohe Dreigestirn aus Weissmies, Laggin- und Fletschhorn, das sich jenseits der Grenze zur Schweiz erhebt und zum Greifen nah erscheint.

Ausgangspunkt: San Bernardo, 1638 m. Parkplatz beim gleichnamigen Ristorante.
Anforderungen: Gute Wanderwege. Der Pfad über den Grat ist manchmal etwas steil und schmal, jedoch nie besonders ausgesetzt.
Einkehr und Unterkunft: Ristorante San Bernardo, Tel. +39 338 7884574. Rifugio Gattascosa, Tel. +39 328 3151669, www.rifugiogattascosa.com, ganzjährig geöffnet (immer nachfragen!).
Karte: Carta Geo4Map 108 »Val Bognanco« 1:25.000.
Beste Jahreszeit: Juni – November. Im Winter schöne Schneeschuhwanderung (ohne die Gratüberschreitung).
Varianten: Kombination mit Tour 33. Man kann den Grat auslassen und vom Rifugio Gattascosa auf einem Ziehweg hinüber zur Alpe Monscera wandern. Dann wird die Runde zur leichten Tour.

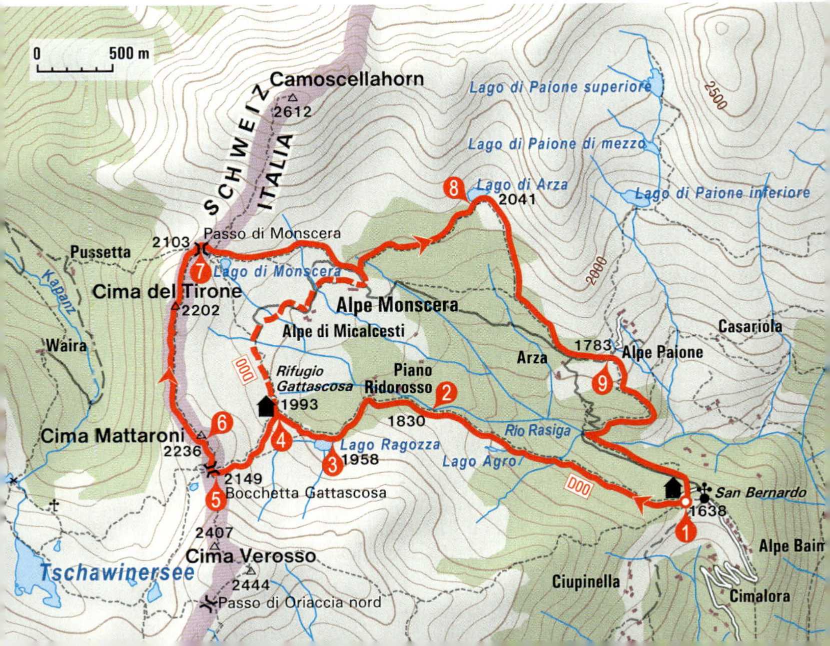

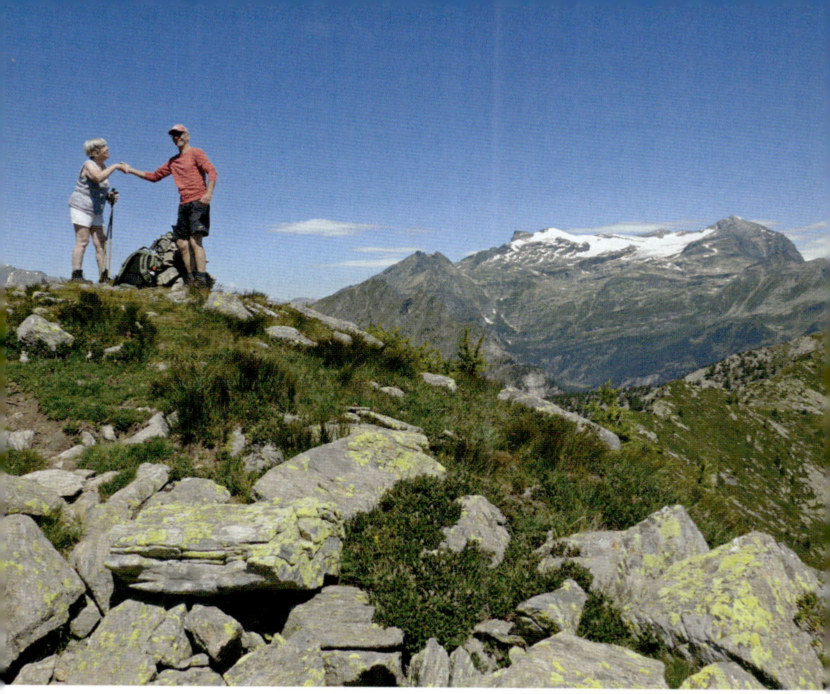

Auf dem Gipfel der Cima Mattaroni, hinten der Monte Leone.

Direkt am Ristorante **San Bernardo** ❶, 1638 m, beginnt unser gut ausgezeichneter Wanderweg. Er führt durch Nadelwald und vorbei an zahlreichen Bächen zum Hochmoor des **Piano Ridorosso** ❷, 1830 m, das wir auf einem langen Holzsteg durchqueren. An dessen Ende steigt der Weg steiler an, um den Kessel des **Lago Ragozza** ❸, 1958 m, zu erreichen. Wir wandern am schönen Bergsee entlang, halten uns leicht rechts und kommen in Kürze zum **Rifugio Gattascosa** ❹, 1993 m, wo wir einkehren können. Von der Hütte gehen wir auf einem nun etwas schmaleren Bergpfad nach links, umgehen eine Rippe und steigen durch ein kleines Tal zur **Bocchetta Gattascosa** ❺, 2149 m, auf. Hier haben wir die Schweizer Grenze erreicht, der wir nun nach Norden folgen. Unser Pfad ist anfangs sehr steil, wird dann aber rasch flacher und erreicht schon bald den höchsten Punkt der Wanderung, die **Cima Mattaroni** ❻, 2236 m. Wir bleiben immer auf der Gratschneide, die aber nur wenige ausgesetzte Stellen aufweist, und wandern im Auf und Ab bis zum **Passo di Monscera** ❼, 2103 m. Hier verlassen wir wieder den Grenzverlauf und steigen nach rechts zum gleichnamigen See ab, den wir an dessem nördlichen Ufer passieren. Der Weg wird breiter

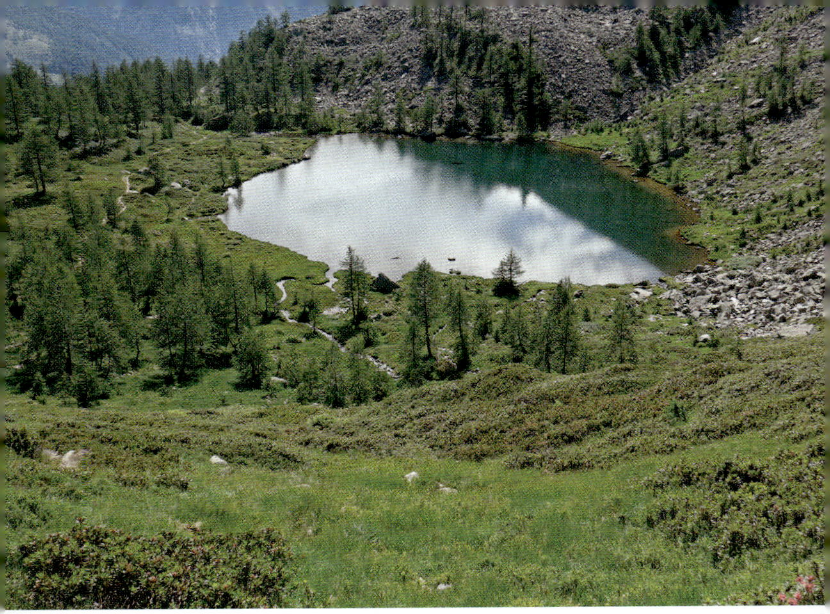

Lago Ragozza, im Sommer ein schöner Badesee.

und trifft kurz danach auf eine Alpstraße, der wir jedoch nur ein kurzes Stück folgen. Bei einem Schild biegen wir nach links ab und wandern auf einem kleinen Weglein durch lichten Lärchenwald und über zahlreiche kleine Moore zum **Lago di Arza** 8, 2041 m. Nun verliert unsere Route stärker an Höhe, erreicht wieder die Alpstraße, folgt ihr für fünf Minuten und zweigt dann leicht ansteigend nach links ab. Unmittelbar beim ersten Haus der **Alpe Paione** 9, 1783 m, geht es nach rechts über eine Wiese hinunter und schließlich auf einem Waldweg ebenfalls nach rechts zur geteerten Straße, die uns zurück nach **San Bernardo** 1 bringt. Die letzte Kurve können wir rechts durch Wald abkürzen.

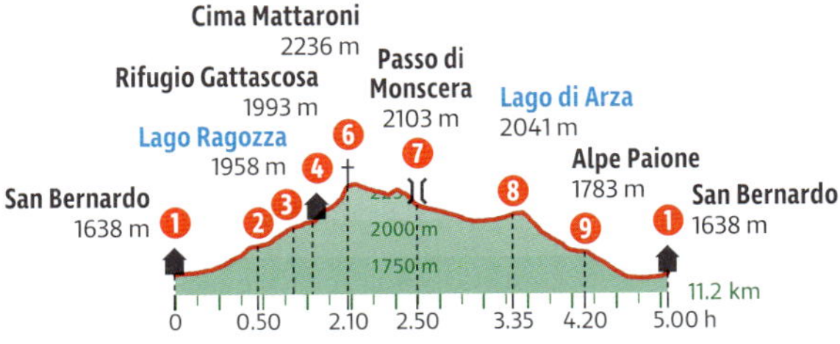

↗740 m | ↘740 m | 12,1 km

4.40 h

Laghi di Variola und Paione, 2169 m

33

Zu kristallklaren Bergseen im Alta Val Bognanco

Die weiten Landschaften im oberen Val Bognanco bestechen durch ihren Seenreichtum: Gleich fünf davon verstecken sich abseits der üblichen Wanderrouten. Daher ist für die Wegfindung auch etwas Spürsinn angebracht. Bei Nebel sollte man diese Runde nicht unbedingt angehen – sonst sind die sanften Weiden und Moorlandschaften aber einfach zu begehen und es ist nicht weiter schlimm, wenn man etwas von der Route abkommt.

Ausgangspunkt: San Bernardo, 1638 m. Parkplatz beim gleichnamigen Ristorante.
Anforderungen: Orientierungssinn ist gefragt, mitunter schlecht markierte Pfade oder weglos, Gelände jedoch einfach.
Einkehr und Unterkunft: Ristorante San Bernardo, Tel. +39 338 7884574. Rifugio il Dosso, Tel. +39 366 2630583, ganzjährig geöffnet (immer nachfragen!).
Karte: Carta Geo4Map 108 »Val Bognanco« 1:25.000.
Beste Jahreszeit: Juni – November.
Varianten: Kombination mit Tour 32. Sowohl vom Lago di Variola als auch vom Lago di Paione lassen sich Ausflüge zu den jeweils oberen Seen und weiter zu Aussichtspunkten ins Val Divedro unternehmen.

Alpe Dorca hoch über dem herbstlichen Dunst im Ossola.

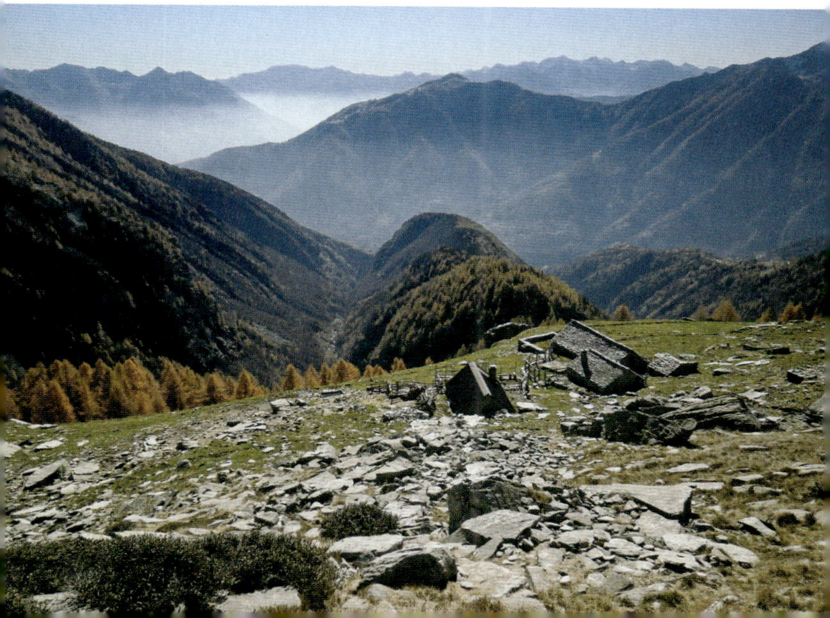

Wir starten am Ristorante **San Bernardo** ❶, 1638 m, und gehen rechts davon einen kleinen Waldweg zur Straße hinunter. Ihr folgen wir über einen Bach hinweg und verlassen sie in der ersten Kehre nach rechts. Nach einem kurzen Aufstieg zieht sich der nun schmaler werdende Pfad am Hang entlang, überquert einen Wildbach mit schönem Wasserfall und erreicht **Casariola** ❷, 1720 m. Im gesamten folgenden Verlauf ist die Route eher spärlich markiert und auch nicht immer besonders deutlich, daher müssen wir besonders gut auf die Wegführung achten. Wir wandern durch ein Waldbrandgebiet bergan und dann fast eben zur **Alpe Dorca** ❸, 1874 m, hinüber. Weiter geht es auf erst breitem, dann wieder schmalerem Pfad unter einer Felswand vorbei, über einige Bäche hinweg und schließlich zur **Alpe Variola** ❹, 1990 m, hinauf. Kurz darauf biegt die Route zu den Seen ab: Wir überschreiten eine kleine Rinne und halten uns unmittelbar vor dem nächsten, meist wasserführenden Einschnitt links. Weglos steigen wir über Matten auf und überqueren den Bachlauf etwas oberhalb des eben verlassenen Wegs, wo wir Steinmännchen erblicken. Ihnen folgen wir, zunächst etwas steiler über Felsen, dann über einen breiten Rücken zwischen Mooren und kleinen Seen zum **Lago di Variola** ❺, 2135 m, wo wir auf ein Schild

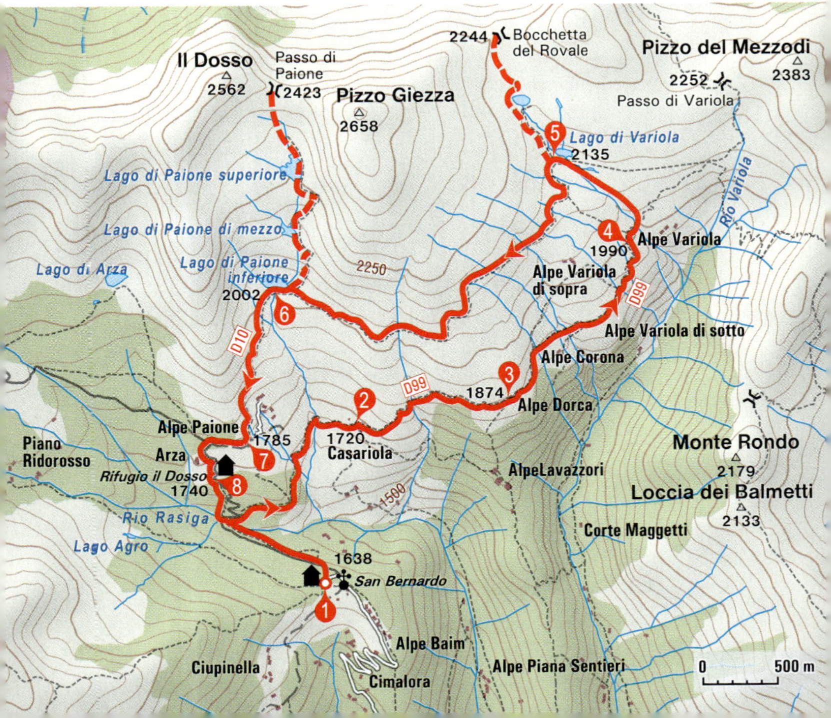

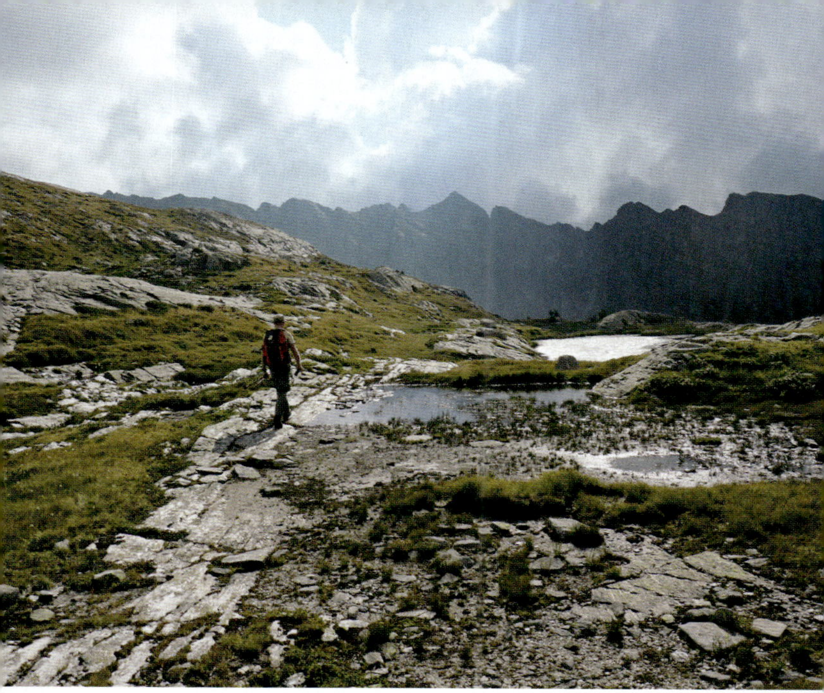

Seen- und Moorlandschaft der Laghi di Variola.

treffen. Die nun folgende Querung ist wieder besser markiert: Sie fällt erst leicht, steigt dann zu einem kleinen Übergang auf 2169 m an und senkt sich wieder zu einem von Weitem sichtbaren Sattel. Nun geht es in stetem Auf und Ab hinüber zum **Lago di Paione** 6, 2002 m, wo wir wieder auf einen guten Weg treffen. Auf ihm steigen wir zur **Alpe Paione** 7, 1785 m, und zum **Rifugio il Dosso** 8, 1740 m, ab. Eine geteerte Straße kürzen wir auf einem Waldweg ab und treffen am Rio Rasiga auf die Aufstiegsroute, auf der wir in Kürze wieder zum Ausgangspunkt unserer Wanderung gelangen.

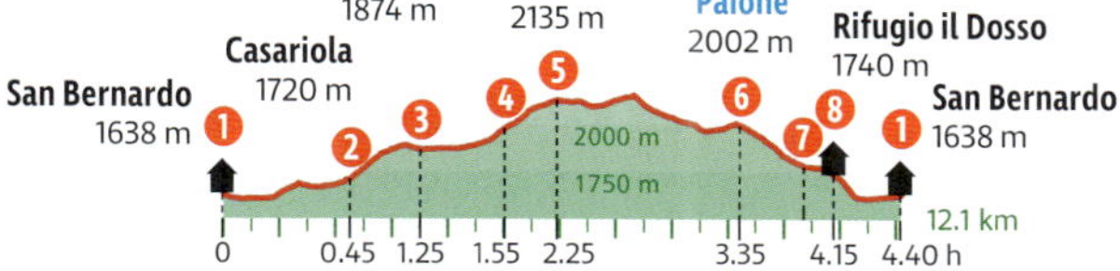

↗ 1220 m | ↘ 1300 m | 13,1 km

34 Giro di Trasquera, 1805 m

6.45 h

Zwischen Bergriesen zu sonnenverwöhnten Weiden

Früher wurde die eng eingeschnittene Diveria-Schlucht gemieden und statt dessen auf den weiten Hochflächen Trasqueras und im breiten Val Divedro bei Varzo gesiedelt. Erst die Simplonstraße Napoleons und später der Eisenbahntunnel haben das (Durchgangs-)Leben ins Tal befördert. Wir erleben auf unserer Wanderung beides, starten wir doch direkt am Südportal des 1906 eröffneten Tunnels, durchwandern die Weiden um Trasquera und steigen auf einer eindrucksvollen Mulattiera zum Hauptort Varzo ab.

Ausgangspunkt: Iselle Stazione, 620 m, häufiger Halt der BLS-Züge (Bern–Lötschberg–Simplon) Brig–Domodossola. Parkplatz direkt am Bahnhof.
Anforderungen: Gut markierte Wege, teilweise steil.
Einkehr und Unterkunft: Ristorante Gerry e Romy in Trasquera, Via Alpi Lepontine 1, Tel. +39 339 4634321. Varzo siehe Tour 35.
Karte: Carta Geo4Map 109 »Alpe Veglia« 1:25.000.
Beste Jahreszeit: Juni – November.
Varianten: Wenn man die Runde über Agro Dentro und Fuori weglässt und von Trasquera direkt nach Varzo absteigt, wird die Wanderung zu einer gemütlichen Halbtagestour.

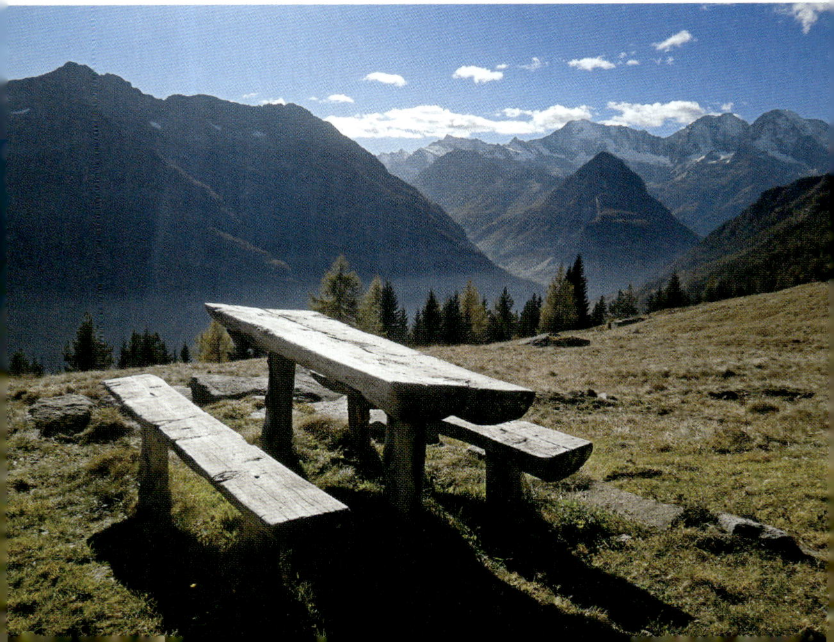

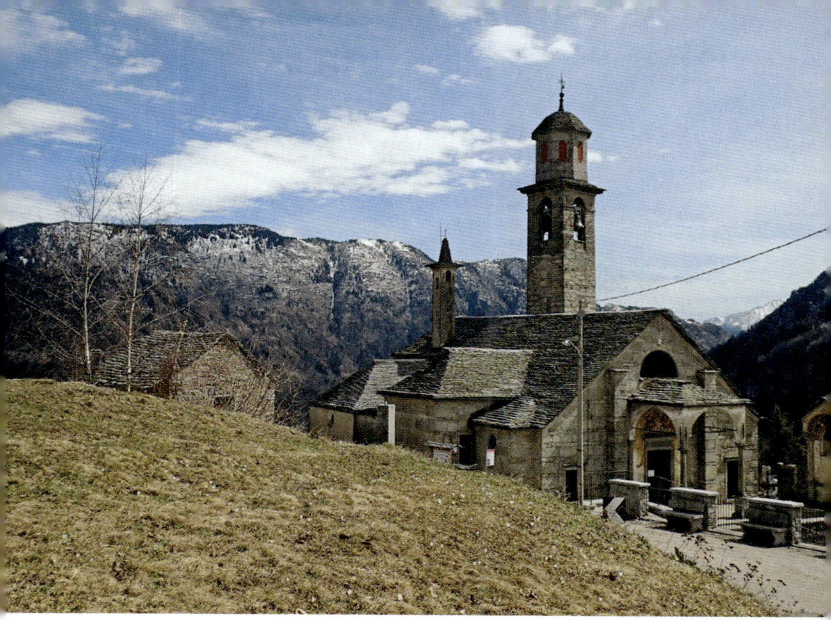

Oben: Die Kirche von Trasquera steht etwas außerhalb auf prominentem Platz.
Links: Rastplatz bei Agro Fuori mit Blick ins Wallis auf Seehorn und dahinter Weissmies, Laggin- und Fletschhorn.

Vom Bahnhof **Iselle** ❶, 620 m, gehen wir kurz auf der Hauptstraße in Richtung Gondo und biegen unmittelbar am Eingang des Simplontunnels rechts auf einen Treppenweg ein. Er windet sich steil (und gut gesichert) durch die fast senkrechten Felswände über den Gleisen, ehe das Gelände etwas sanfter wird und uns ein gut angelegter Weg durch lockeren Eichenwald zu den großen Weiden Trasqueras bringt. Wir überqueren eine Straße, durchwandern Ansammlungen von Heustadeln und gelangen schließlich über Wiesen ins Zentrum des Dorfs. In **Trasquera** ❷, 1098 m, folgen wir zunächst der geteerten Straße nach links und passieren den Weiler Schiaffo. Eine Abzweigung nach rechts ignorieren wir und gehen auf der Straße weiter, bis wir auf Schilder treffen, die uns den Weg nach Agro weisen. Nun wird es steil. Ein schmaler, jedoch weiterhin gut gepflegter Pfad steigt durch zahlreiche felsige Absätze mit erst Kiefern-, später Lärchenwald bis zum pittoresken **Agro Dentro** ❸, 1731 m, an. Wir wandern noch ein kurzes Stück bergauf und queren dann leicht fallend hinüber nach **Agro Fuori** ❹, 1787 m, wo sich eine große Weide mit sensationellem Panorama öffnet.
Der nun folgende Abstieg ist nicht weniger steil als der Aufstieg, verläuft jedoch auf einem breiteren Weg. Einige Felsstufen wurden mit eindrucks-

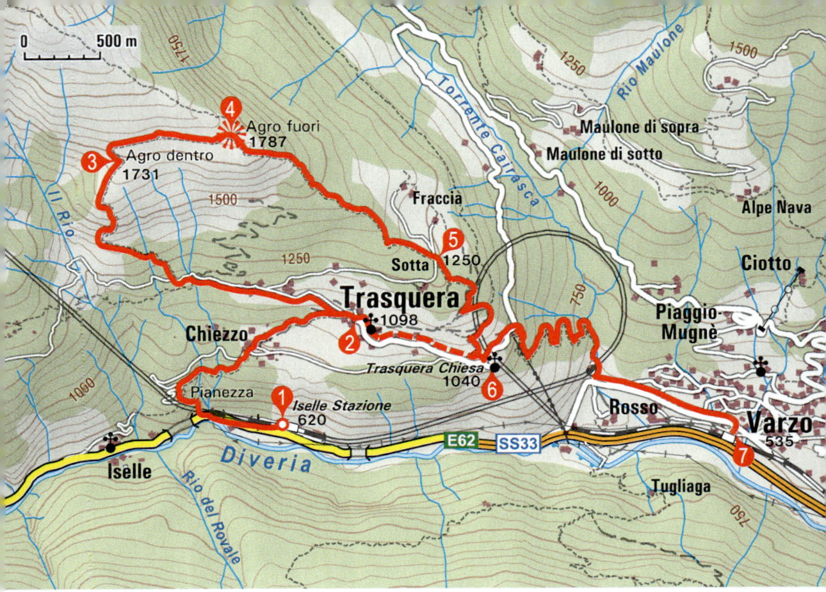

vollen Treppenanlagen passierbar gemacht. Nach einiger Zeit flacht das Gelände aus und wir erreichen das Sträßchen von **Sotta** ❺, 1250 m. Nun müssen wir auf die Markierungen und Schilder achten, der weitere Verlauf ist nicht immer ganz eindeutig. Nach einem Stück durch Wald, einer Serpentine auf einer weiteren Straße und einem kurzen Abstieg über Wiesen kommen wir zur exponiert gelegenen Kirche von **Trasquera** ❻, 1040 m. Links davon finden wir den Beginn des breiten Maultierpfads, dem wir über viele Kurven bis zur Hauptstraße nach **Varzo** ❼, 535 m, folgen. Auf eben dieser Straße erreichen wir in Kürze den Bahnhof, an dem ebenfalls die BLS hält.

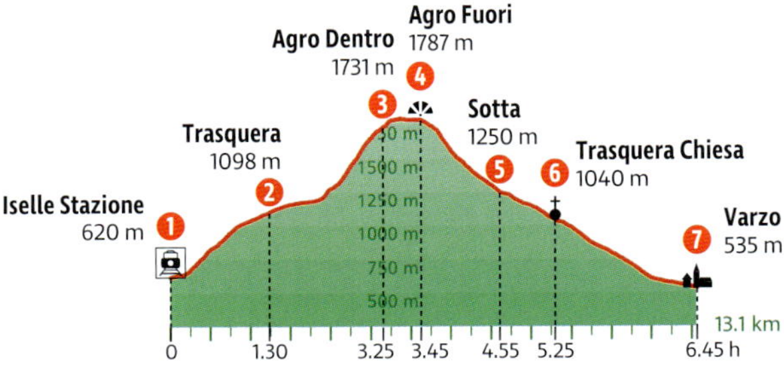

↗ 800 m | ↘ 800 m | 10,3 km

4.40 h

Alpi di Varzo, 1220 m

35

Durch die Wälder im Val Divedro

Die abgelegene Gemeinde Varzo, neben Trasquera die einzige im Val Divedro, verteilt sich auf unzählige Weiler und Alpen an den sonnigen Hängen des Monte Cistella. Auf unserer Wanderung besuchen wir die schönsten von ihnen. Zudem bieten sich uns immer wieder prächtige Blicke ins tief eingeschnittene Tal und auf die Walliser Eisriesen, die von jenseits der nahen Grenze grüßen.

Ausgangspunkt: Varzo, 530 m, Bahnhof der BLS-Zuglinie (Bern–Lötschberg–Simplon) Domodossola–Brig sowie Endhaltestelle der Buslinie von Domodossola.

Anforderungen: Einfache Wanderwege, teilweise auch schöne Maultierpfade und Treppenstiege. Der Pfad von Salera nach Baratta ist mitunter etwas schmal.

Einkehr und Unterkunft: In Varzo gibt es zahlreiche Restaurants und Herbergen, unter anderem das Cà del Vino, Via Domodossola 4, Tel. +39 0324 7007, und die Antica Osteria, Via Galtarossa 52, Tel. +39 339 7784356. Direkt am Weg etwas oberhalb der Altstadt befindet sich das B&B Alpe Veglia, Via Colla 57, Tel +39 333 4066271, www.bbalpeveglia.it.

Karte: Carta Geo4Map 109 »Alpe Veglia« 1:25.000.

Beste Jahreszeit: März – November, oft ganzjährig möglich.

Varianten: Auf dem engmaschigen Wegenetz über Varzo gibt es zahlreiche Variationsmöglichkeiten. Die hier vorgestellte Wanderung folgt der schönsten der vielen möglichen Routen.

Casa Gatti bei Durogna: Auch bei etwas Schnee kann man hier gut unterwegs sein.

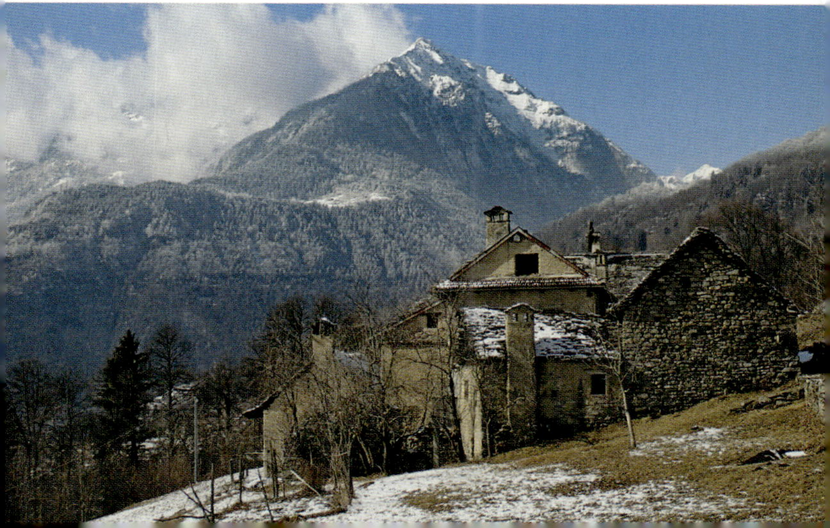

Vom Bahnhof in **Varzo** ❶, 530 m, gehen wir geradeaus durch einen kleinen Park, überqueren die Hauptstraße und folgen linker Hand einem gepflasterten und mit rot-weißen Zeichen versehenen Weg durchs Dorf. Er bringt uns zum pittoresken Hauptplatz des Ortsteils Fontana (natürlich mit Brunnen), wo wir links auf eine Straße einbiegen, auf der wir zum größten Waschplatz von Varzo kommen. Wir gehen an ihm vorbei, folgen dahinter der Via Galtarossa nach links und biegen kurz vor einer Einfahrt mit »privato«-Schild rechts auf einen Maultierpfad ab. Er steigt nach rechts an, durchquert den Ortsteil Casa Stanga und biegt nach links, weiterhin ansteigend, in einen Wald ab. Dort treffen wir auf den »Sentiero delle Volpi« (Weg der Füchse), dem wir nach rechts folgen. Nach kurzer Zeit kommen wir zu einer weiteren Weggabelung, bei der wir den aufsteigenden Pfad wählen. Er führt steil durch die Häuser von Mugnè (schöner Blick auf Varzo) bis zu einem geteerten Platz in **Piaggio** ❷, 740 m. Hier wählen wir die Mulattiera, die rechts über eine Wiese aufsteigt, an Häusern mit einem Brunnen vorbeikommt, die Hauptstraße nach San Domenico überquert und weiter rechts ansteigend durch Wald führt. Bald flacht der Anstieg ab und geht in eine Querung nach **Staggiolo** ❸, 808 m, über. Hinter der Kirche geht es gleich wieder in den Wald und über eine Brücke zum schönen Dörfchen **Coggia** ❹, 781 m. Etliche Wandmalereien zeugen von der einstigen Bedeutung des Weilers: Hier befand sich der Sitz des Prälaten, dessen Palast aus dem Jahr 1733 original erhalten ist. Wir gehen wieder ein paar Meter zurück und nehmen nun den aufsteigenden Pfad. Auf ihm durchqueren wir ein wildes Tal mit riesigen Findlingen. Nach einigen Ruinen und Bachüberquerungen kommen wir zur aussichtsreichen Terrasse von **Nava** ❺, 1095 m. Die Bauernhöfe sind mittlerweile zu Ferienhäusern ausgebaut worden. Nach

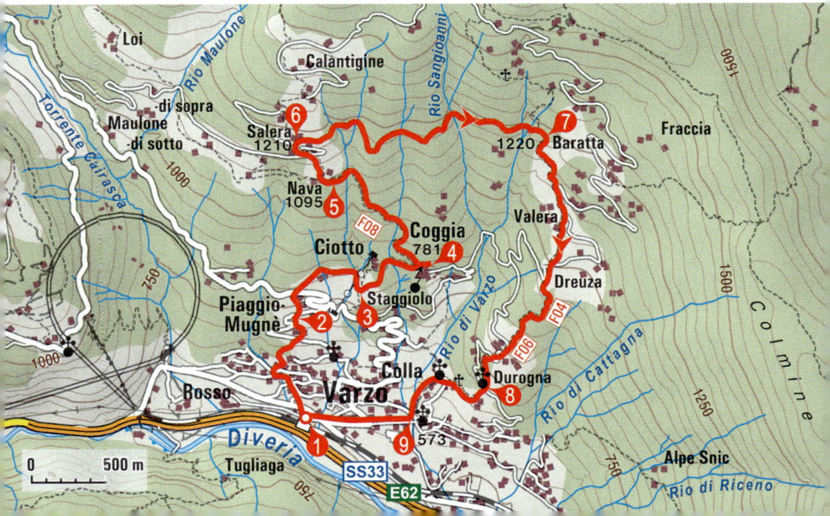

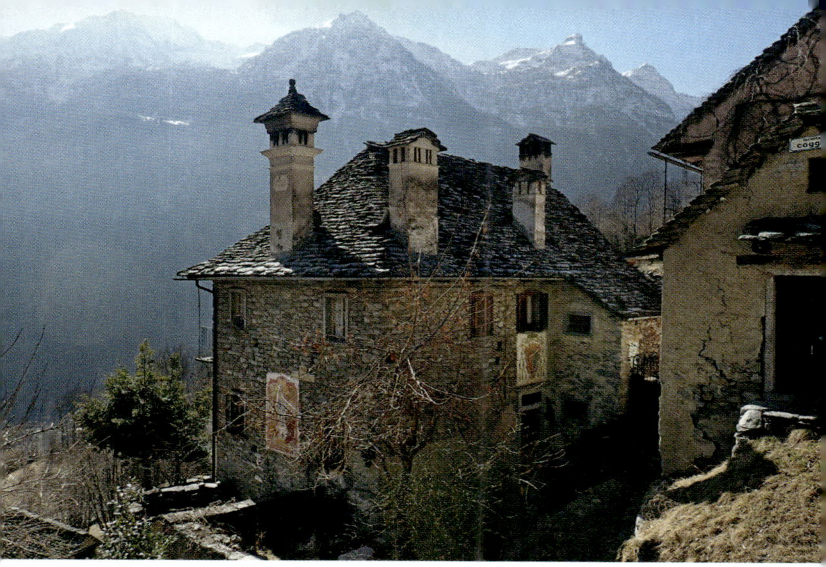

Der ehemalige Palast des Prälaten in Coggia.

einem weiteren kurzen Anstieg erreichen wir **Salera** ❻, 1210 m, wo eine lange Waldquerung nach rechts ansetzt. In stetem Auf und Ab folgen wir dem »Sentiero dei Cervi« (Weg der Hirsche) bis nach **Baratta** ❼, 1220 m. Mit etwas Glück können wir hier tatsächlich Rotwild begegnen. Am Ende des Höhenwegs finden wir wieder eine Mulattiera vor. Wir biegen nach rechts auf sie ein (Route »F06«) und folgen ihr bis ins Tal hinab. Sie wird im weiteren Verlauf immer breiter und schöner und passiert dabei Siedlungen mit teils spektakulären Panoramen. In **Durogna** ❽, 703 m, treffen wir auf einen jahrhundertealten Kreuzweg, dem wir durch den pittoresken Weiler bis nach Colla hinab folgen. Ein Sträßchen bringt uns geradeaus leicht steigend zur Route »F08«, auf der wir nach links am Rio Ri entlang zum Dorfplatz von **Varzo** ❾, 573 m, absteigen. Rechts geht es über die Hauptbrücke und dann immer geradeaus zurück zum Bahnhof von **Varzo** ❶.

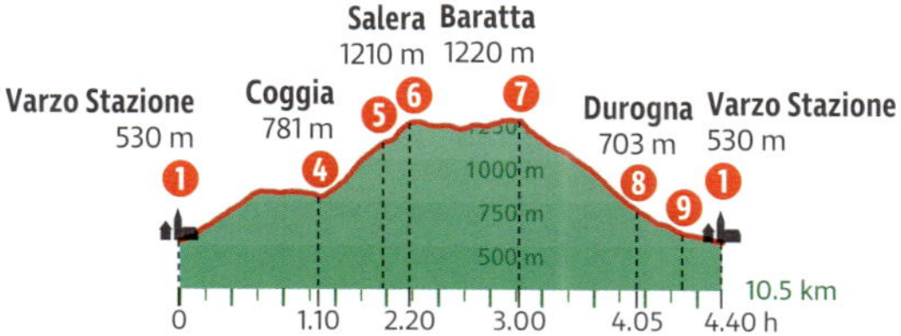

↗ 1220 m | ↘ 1370 m | 13,2 km

36 Colmine di Crevola, 1696 m

7.00 h

Überschreitung von Varzo ins Ossolatal

Nördlich von Domodossola erhebt sich ein langer, auf beiden Seiten steil abfallender, doch oben breiter und flacher Bergrücken, der die Seitentäler Val Divedro und Valle Antigorio voneinander trennt. Auf unserer Wanderung überschreiten wir ihn komplett und erleben dabei einmalige Ausblicke in die Täler und auf den Kessel von Domodossola. Dabei kommen wir auch an zahlreichen alten Ziehbrunnen vorbei, die vom Einfallsreichtum der Bauern gegen die Wasserknappheit zeugen.

Ausgangspunkt: Varzo, 530 m, häufiger Halt der Zuglinie Domodossola-Brig sowie Endstation des Comazzi-Busses.
Anforderungen: Gut markierte Wanderwege, in den Flanken der Colmine teilweise schmal und steil.
Einkehr und Unterkunft: Varzo siehe Tour 35, Crevoladossola siehe Tour 29. Auf der Colmine am höchsten Punkt der Tour befindet sich eine kleine und immer geöffnete Selbstversorgerhütte mit Holzherd und Matratzen (meist ohne Trinkwasser, das aufgefangene Regenwasser muss abgekocht werden).
Karte: Carta Geo4Map 109 »Alpe Veglia« 1:25.000.
Beste Jahreszeit: Mai – Oktober.
Variante: Bei einem kleinen Sattel auf 1370 m zwischen Colmine und La Prasca besteht die Möglichkeit, über einen wilden, mit neongelben Punkten markierten Pfad nach Fontanagoglio und weiter auf einer alten Mulattiera bis nach Oira abzusteigen. Diese Variante ist faszinierend, aber deutlich anspruchsvoller als der Normalweg nach Crevola.

Wasserversorung in der Höhe: der größte der vielen Brunnen auf der Colmine.

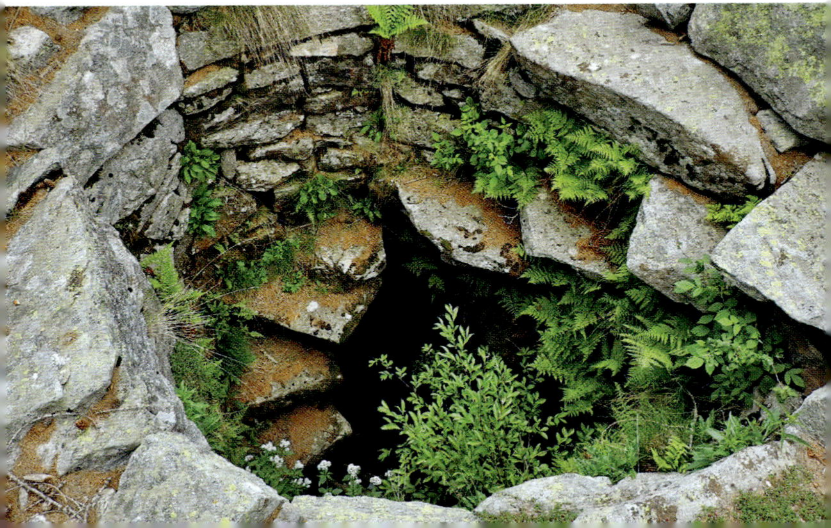

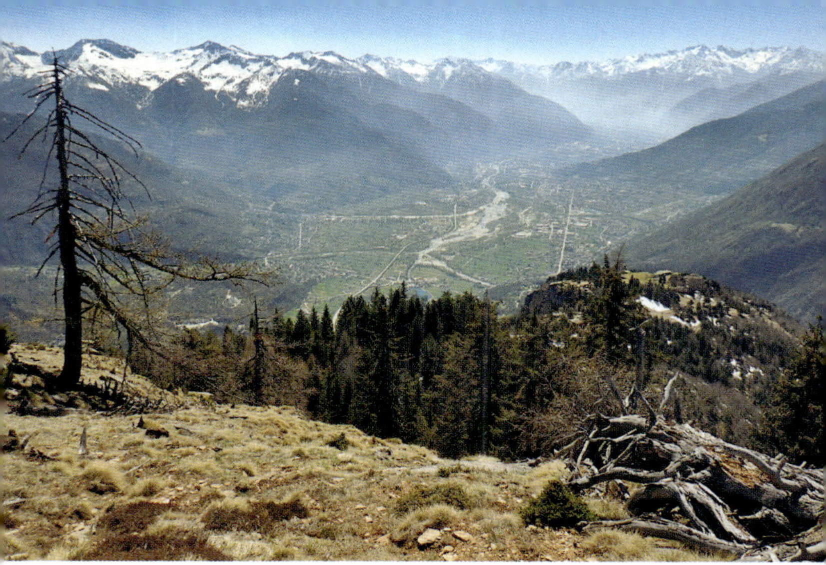

Von Colmine reicht der Blick über fast das gesamte Obere Ossolatal.

Vom Bahnhof in **Varzo** ❶, 530 m, gehen wir rechts zur Hauptstraße hinauf, überqueren sie und folgen weiter der Straße geradeaus bis zum Altstadtkern mit seiner großen Kirche. Hinter ihr setzt erneut ein Sträßchen an, auf dem wir bis zum hübschen Dorf **Cattagna** ❷, 612 m, wandern (Schilder »F00«). Wir schlängeln uns durch die engen Gassen, überqueren einen Bach und biegen wenig später nach links ab (Wegweiser). Hier beginnt unser langer Aufstieg. Bei einer Weggabelung halten wir uns links (wir können auch dem rechten Pfad folgen, denn die Routen vereinen sich bei Gorta wieder – die linke ist jedoch die schönere). Kurz nach den Häusern von Snicc kreuzen wir eine Piste und kommen im Wald darüber an einer schö-

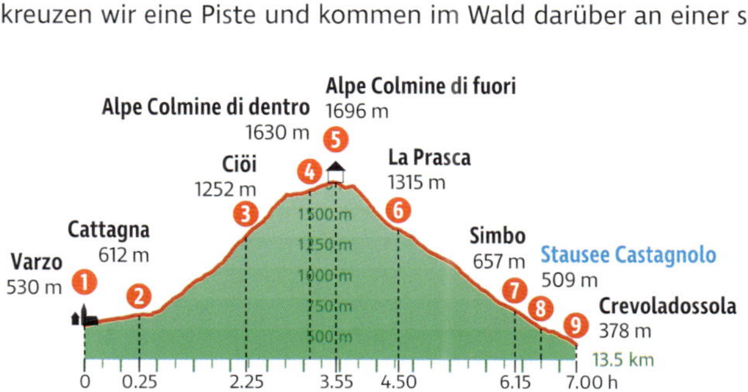

nen »Balm« (siehe Tour 16) vorbei. Es geht immer weiter den Berg hinauf, erst zu einem Platz mit großartigem Blick auf Varzo, dann zu den renovierten Häusern von **Ciöi** 3, 1252 m. Nun wird der Pfad etwas wilder, er bleibt jedoch gut markiert. Nach der verfallenen Alpe Saborsone schlängelt er sich steil von Band zu Band und erreicht schließlich die Abzweigung zur Alpe Genuina. Rechts haltend kommen wir zu einem Sattel, an dem wir den Bergrücken erreicht haben, und nach einem weiteren kurzen Aufstieg zur **Alpe Colmine di dentro** 4, 1630 m, mit ihren alten Ziehbrunnen. Wir wandern weiter auf dem nun breiten Rücken bis zur **Alpe Colmine di fuori** 5, 1696 m, wo unser Aufstieg endet.

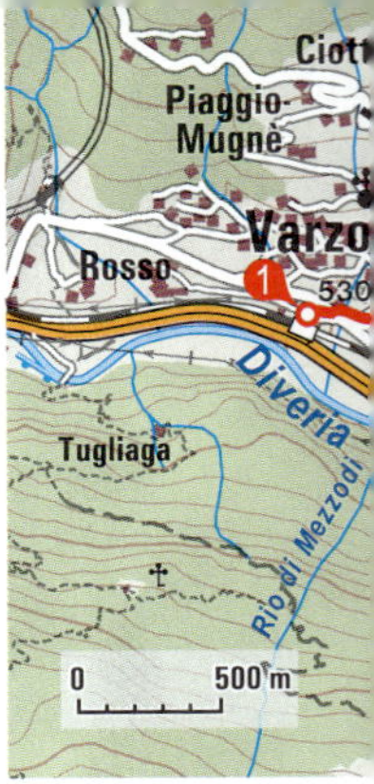

Um zum schönsten Panoramaplatz mit Blick ins Ossola und auf die umliegenden Berge zu kommen, folgen wir einem Pfad links absteigend zu einem von Weitem sichtbaren Kreuz. Von dort müssen wir nicht zurückgehen, sondern können rechts über Wiesen zu einem Lärchenwald aufsteigen, wo wir wieder auf die rot-weiß markierte Route treffen. Ihr folgen wir bergab bis zu einem weiteren Sattel und einem tiefen Einschnitt auf der Val-Divedro-Seite. Wir überwinden ihn auf einer großzügig angelegten Wegkonstruktion und kommen bald darauf bei **La Prasca** 6, 1315 m, zu einer Piste, der wir ein kurzes Stück folgen und bei Wegweisern wieder nach rechts auf einen Wanderweg einbiegen.

Stylische »Moka« inklusive: Kaffeepause am Bivacco Colmine.

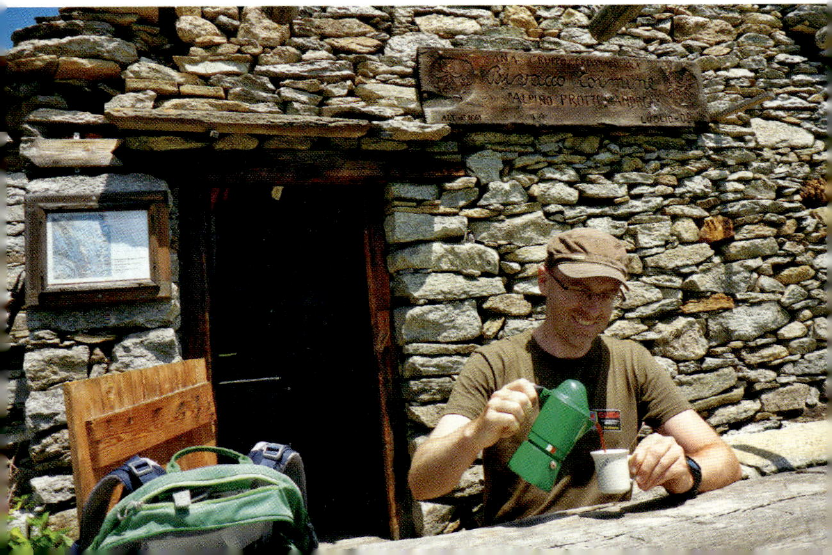

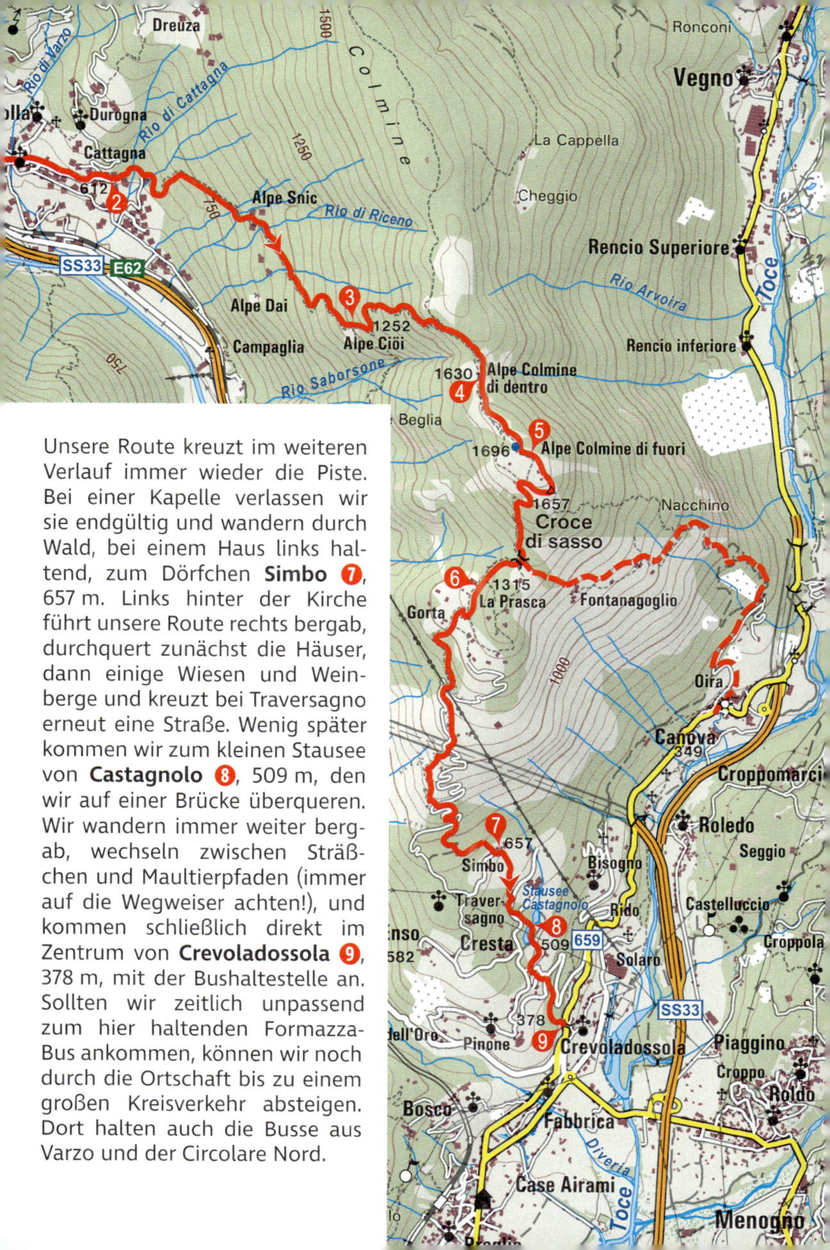

Unsere Route kreuzt im weiteren Verlauf immer wieder die Piste. Bei einer Kapelle verlassen wir sie endgültig und wandern durch Wald, bei einem Haus links haltend, zum Dörfchen **Simbo** 7, 657 m. Links hinter der Kirche führt unsere Route rechts bergab, durchquert zunächst die Häuser, dann einige Wiesen und Weinberge und kreuzt bei Traversagno erneut eine Straße. Wenig später kommen wir zum kleinen Stausee von **Castagnolo** 8, 509 m, den wir auf einer Brücke überqueren. Wir wandern immer weiter bergab, wechseln zwischen Sträßchen und Maultierpfaden (immer auf die Wegweiser achten!), und kommen schließlich direkt im Zentrum von **Crevoladossola** 9, 378 m, mit der Bushaltestelle an. Sollten wir zeitlich unpassend zum hier haltenden Formazza-Bus ankommen, können wir noch durch die Ortschaft bis zu einem großen Kreisverkehr absteigen. Dort halten auch die Busse aus Varzo und der Circolare Nord.

↗ 920 m | ↘ 920 m | 13,7 km

37 Alpi di Crodo, 1359 m

5.40 h

Über blühende Weiden mit eindrucksvoller Kulisse

Auf einem sonnigen Hang im unteren Antigoriotal verteilen sich viele hübsche Dörfchen und Alpen, die über Maultierpfade miteinander verbunden sind. Unsere Wanderung führt uns zudem über einen schön angelegten Kapellenweg zu einem kleinen Kirchlein im Wald und zu eindrucksvollen Aussichtsplätzen, die von den schroffen Gipfeln Cistella, Gorio und Forno umrahmt werden.

Ausgangspunkt: Crodo, 535 m, Busverbindungen von Domodossola.
Anforderungen: Gepflegte und breite Wanderwege, im Abstieg manchmal etwas steil.
Einkehr und Unterkunft: In Viceno das Edelweiß, Tel. +39 0324 618791, www.albergoedelweiss.com, Hotel mit Spa und sehr gutem Restaurant mit lokalen Spezialitäten. In Foppiano das Pizzo del Frate, Tel. +39 0324 61233, www.pizzodelfrate.it, ebenfalls ein Restaurant mit Übernachtungsmöglichkeit.
Karte: Carta Geo4Map 109 »Alpe Veglia« 1:25.000.
Beste Jahreszeit: April – November.
Variante: Von Cravegna kann man direkt nach Voma aufsteigen, die Wege sind gut zu gehen und auch markiert, aber recht steil.

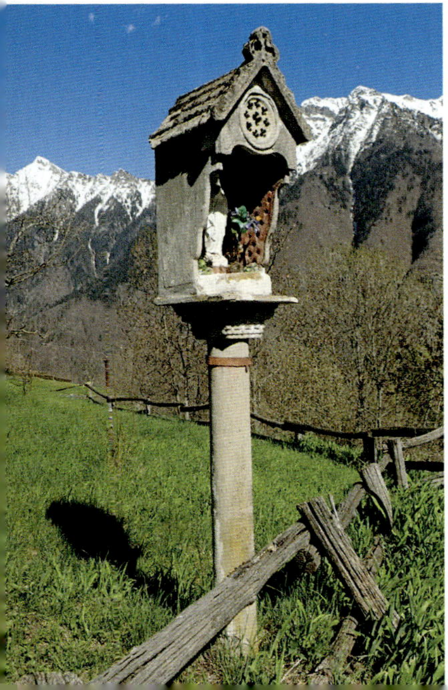

Wir starten in der Dorfmitte von **Crodo** ❶, 535 m, folgen zunächst der Hauptstraße bergauf in Richtung Baceno und dann nach links in Richtung Mozzio bis zur Via della Miniera, in die wir rechts abbiegen. Nun geht es immer geradeaus, bis wir eine Brücke überqueren und über eine Serpentine aufsteigen. Auf einen roten Pfeil achtend, gehen wir nach links steil zu einem Haus hinauf und bleiben auf diesem Weg bis nach Vinun und der großen Kirche von **Cravegna** ❷, 818 m. Wir wandern geradeaus durchs Dorf, wobei wir auf die Wegweiser nach Salera achten und am Straßenende einem Gässchen nach links folgen. Bei den letzten Häusern setzt wieder die sehr schöne Mulattiera an. Sie wird von vielen Kapellen ge-

Marienstatue auf den Wiesen von Mozzio.

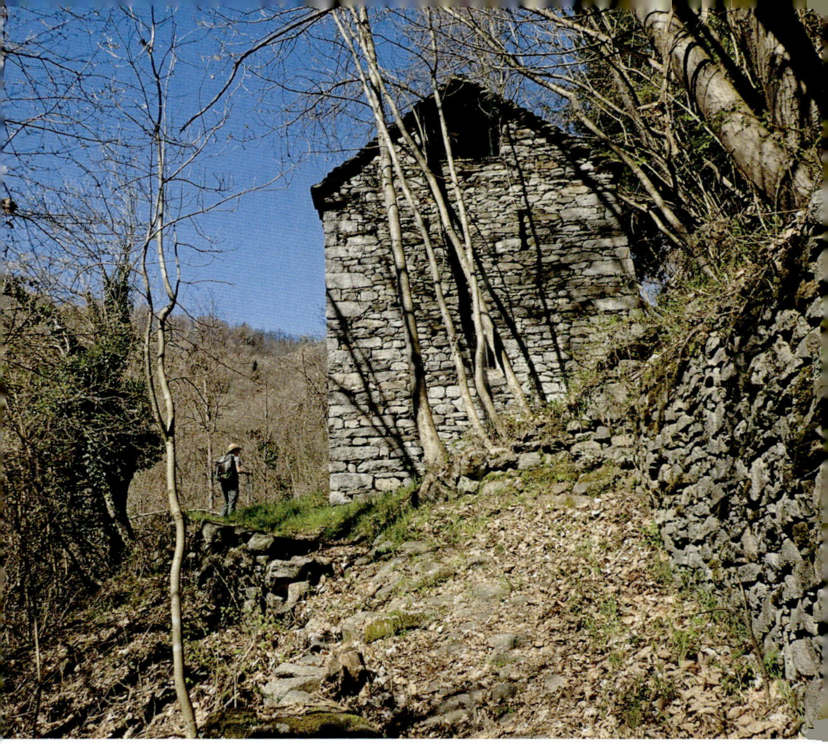

Einst Ställe und Scheunen, heute vom Wald vereinnahmt: Vinun.

säumt und bringt uns bequem bis zum **Oratorio di Salera** ③, 1195 m. Hinter dem Kirchlein wandern wir bei einem Brunnen links aufsteigend in den Wald hinein und folgen einem erst kürzlich instand gesetzten Weg bis zu einer Piste. Wir gehen nach rechts zu einer Alpstraße, auf dieser nach links zu den Häusern von **Paù** ④, 1320 m, und weiter bis nach **Voma** ⑤, 1345 m.

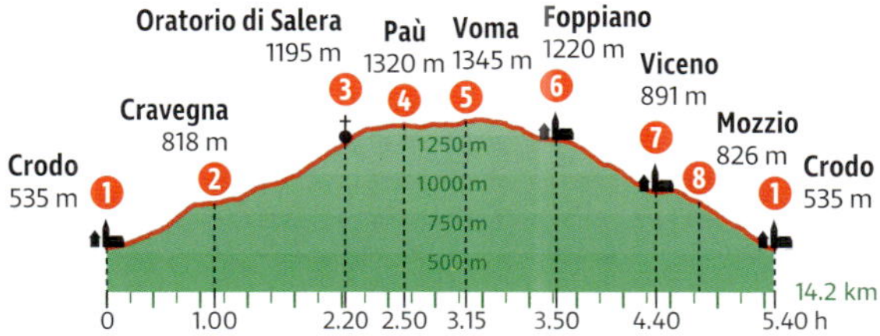

Im Wald bei Foppiano versteckt sich diese gigantische Balm.

Hinter der Häusergruppe setzt sich unser Wanderweg fort, der erst eine breite Rinne quert und dann ein Sträßchen erreicht, auf dem wir absteigen. Kurz vor **Foppiano** 6, 1220 m, wo wir einkehren können, versteckt sich im Wald oberhalb des Forstwegs eine riesige Balm.

Vom Ristorante gehen wir wieder ein Stück zurück und schwenken nach rechts auf den Weg »G09« ein, der uns durch Wald und vorbei an weiteren Hütten nach **Viceno** 7, 891 m, bringt. Wir steigen nicht bis zur Straße ab, sondern gehen hinter dem Albergo Edelweiß vorbei, dann über Wiesen und auf einem Maultierpfad (immer auf die Schilder achten!) nach **Mozzio** 8, 826 m, hinab. Der weitere Abstieg verläuft ebenfalls auf einer unlängst renovierten Mulattiera. Auf ihr erreichen wir wieder unseren Ausgangspunkt **Crodo** 1.

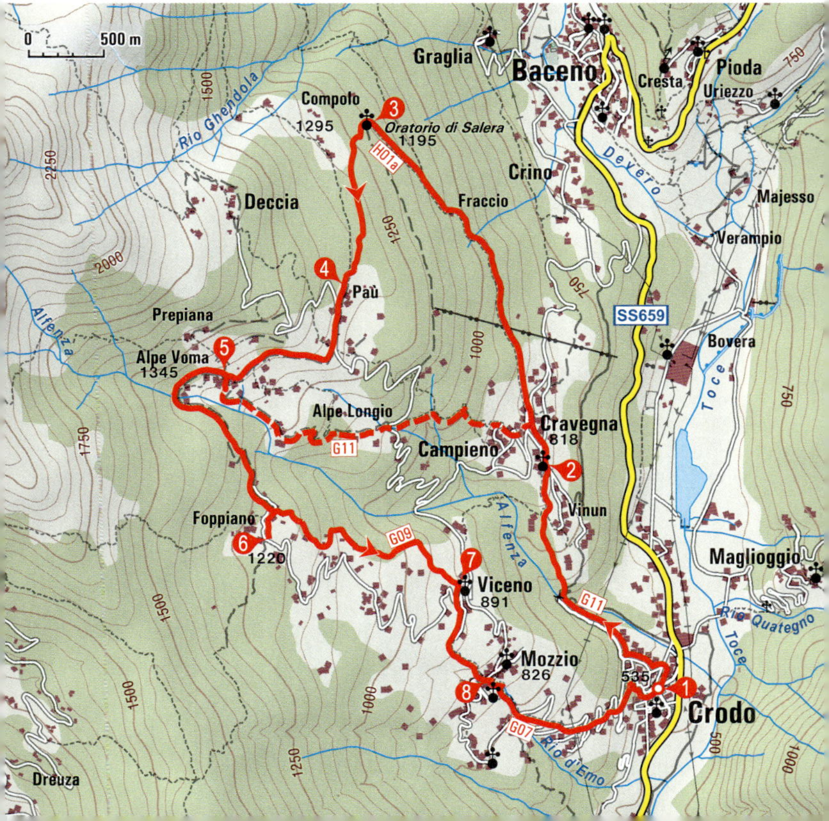

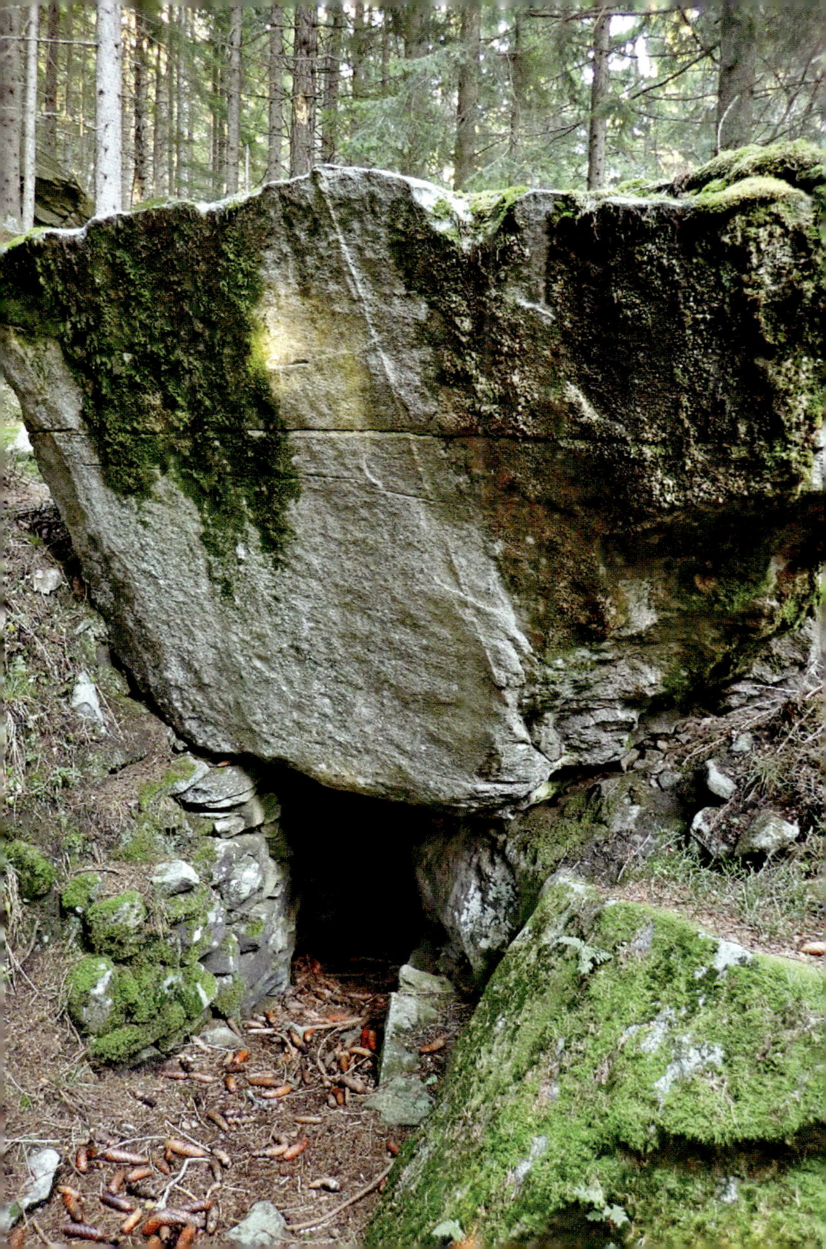

TOP

38

↗ 1790 m | ↘ 1790 m | 14,5 km

9.00 h

Monte Cistella, 2880 m

Spektakulärer Aufstieg zum markantesten Berg im Ossola

Mitten im Zentrum der Ossolatäler thront der von fast überall sichtbare Bergstock des Monte Cistella mit seinem Nachbargipfel, dem Pizzo Diei. Der lange Aufstieg lohnt sich nicht nur wegen des umwerfenden Panoramas: Die Passage über den schmalen Grat der Costetta ist genauso spektakulär wie die Wanderung durch die »Mondlandschaften« des Gipfelplateaus. Und auf dem Rückweg können wir unsere geschundenen Beine im Rifugio Crosta entspannen und auf eine unvergessliche Tour anstoßen.

Ausgangspunkt: Foppiano, 1220 m. Parkplatz vor dem Ristorante Pizzo del Frate.
Anforderungen: Gut markierte Wege und Bergpfade, teilweise ausgesetzt und mitunter sehr steil.
Einkehr und Unterkunft: Foppiano siehe Tour 37. Das Rifugio Crosta ist ganzjährig geöffnet, Tel. +39 0324 634183, www.rifugiocrosta.it. Knapp unterhalb des Gipfels steht das sehr einfache, immer geöffnete Bivacco Leoni. Es wurde 1899 aus dem einfachen Grund gebaut, Sonnenunter- und -aufgang vom Monte Cistella aus bewundern zu können. Wer auch 125 Jahre später dieses Vergnügen erleben möchte, muss alles (Schlafsack, Lebensmittel, Wasser, Kocher) selbst hinaufschleppen.
Karte: Carta Geo4Map 109 »Alpe Veglia« 1:25.000.
Beste Jahreszeit: Juli – Oktober. Durch den neuen Sessellift von San Domenico ist der Gipfel im August gut besucht. Daher ist es empfehlenswert, die Besteigung an Tagen, an denen der Lift nicht fährt, anzugehen. Infos auf www.sandomenicoski.com.
Variante: Vom Rifugio Crosta kann man auch über die Buca del Lupo nach Foppiano absteigen, was mehr Zeit in Anspruch nimmt (30 Minuten), dafür aber weniger steil ist.

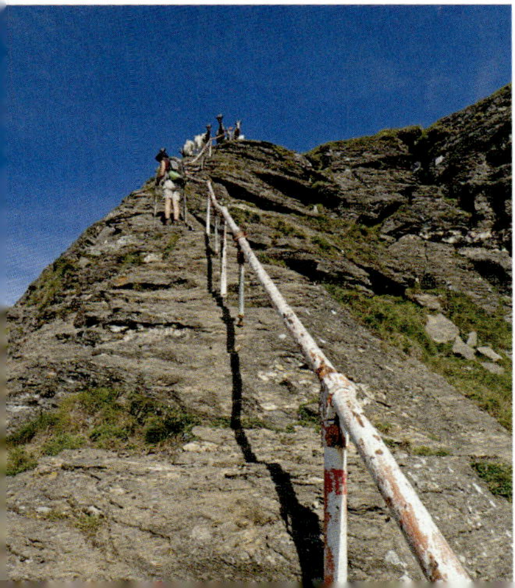

In **Foppiano** ❶, 1220 m, gehen wir auf einem Teersträßchen nach Norden bis zu einer Kehre und dort geradeaus auf schmalem Weg weiter. Er bringt uns über einen Bach und hinauf zur **Alpe Voma** ❷, 1320 m. Bei den oberen Häusern steht ein Holzschild, das uns den Weg in Richtung Gipfel weist. Wir passieren die Häuser von **Prepiana** ❸, 1480 m, wo wir uns links halten. Auf breitem

Links: Schlüsselstelle, auch für Ziegen: Costetta kurz vor dem Hochplateau des Cistella.
Rechts: Am Gipfelkreuz des Monte Cistella.

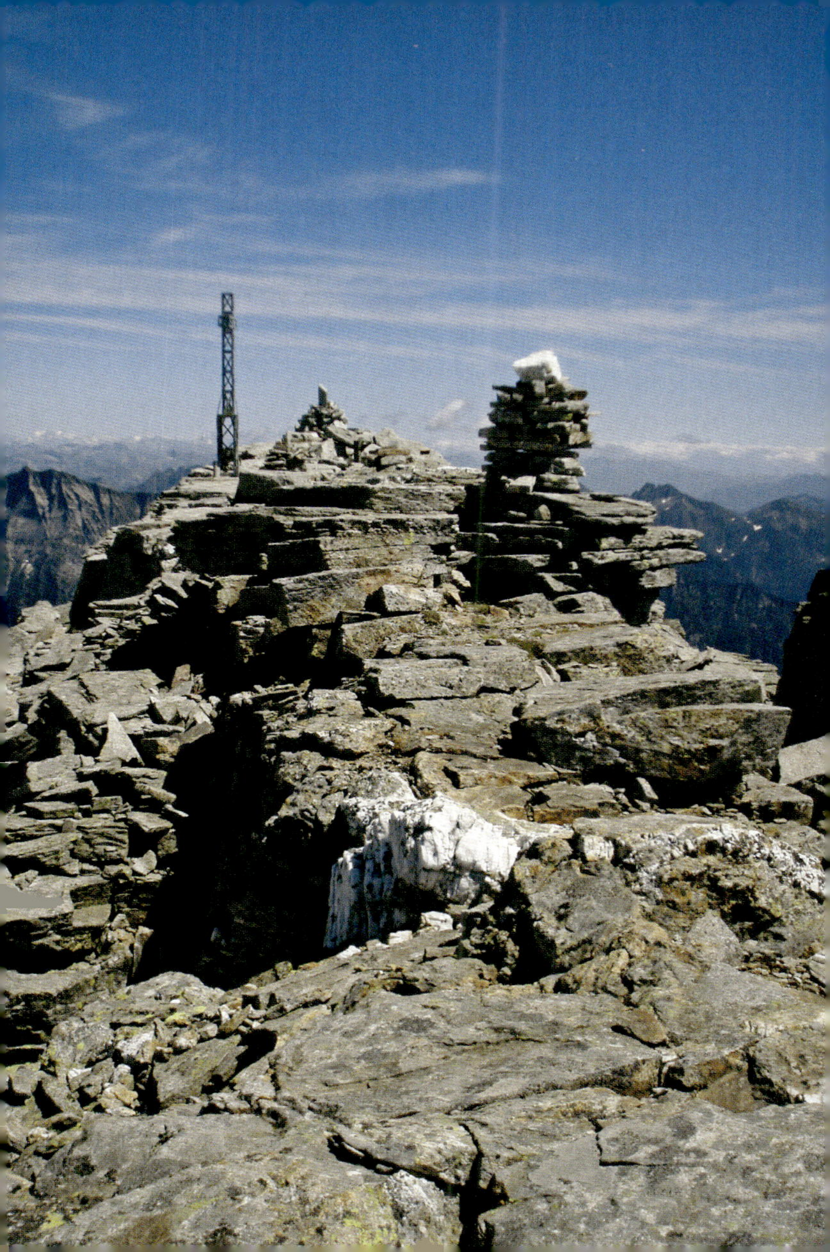

Weg gewinnen wir an Höhe und folgen stets der mit roten Punkten gekennzeichneten Route. Sie überquert einige Zeit nach dem einzelnen Haus von Gaiola (letztes Wasser!) ein breites, meist trockenes Bachbett und zieht nach links. Steil gewinnt der Pfad, nun etwas schmaler, über Wald- und Grashänge den Sattel von **Balmafredda** ❹, 2350 m. Die Route folgt jetzt mehr oder weniger dem Gratverlauf, stets leicht rechts haltend (links geht es viele Hundert Meter senkrecht hinunter). Über einige etwas ausgesetzte Schrofen kommen wir zum schmalen, mit einem Geländer gesicherten Grätchen der **Costetta** ❺, 2520 m. Oben öffnet sich ein riesiges Plateau, das an eine Mondlandschaft erinnert. Wir wandern nun meist weglos, doch auf weiterhin markierter Route zur Felswand unter dem Gipfel, die wir links umgehen. So erreichen wir zunächst das **Bivacco Leoni** ❻, 2803 m, und schließlich das Kreuz auf dem **Monte Cistella** ❼, 2880 m.

Wir gehen wieder am Bivacco **Leoni** ❻ vorbei zurück und kurz nachdem wir in die Steilstufe darunter eingebogen sind, nach rechts. Der auch hier gut markierte Steig führt uns erst durch einen Schutthang zu einem kleinen Sattel und dann nach links durch das lange Vallone di Solcio bis zum bewirtschafteten **Rifugio Crosta** ❽, 1750 m, wo wir einkehren können. Wir

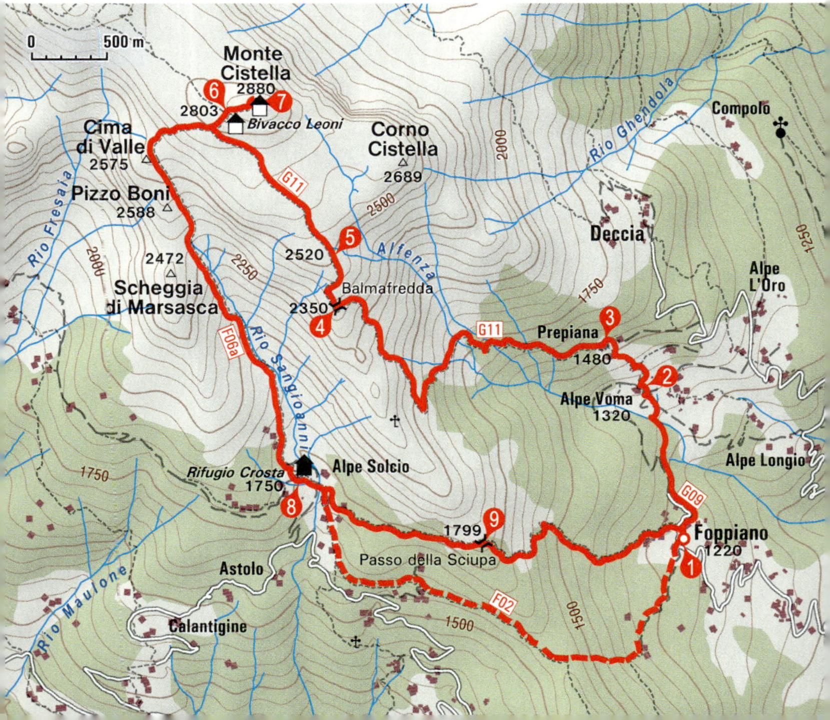

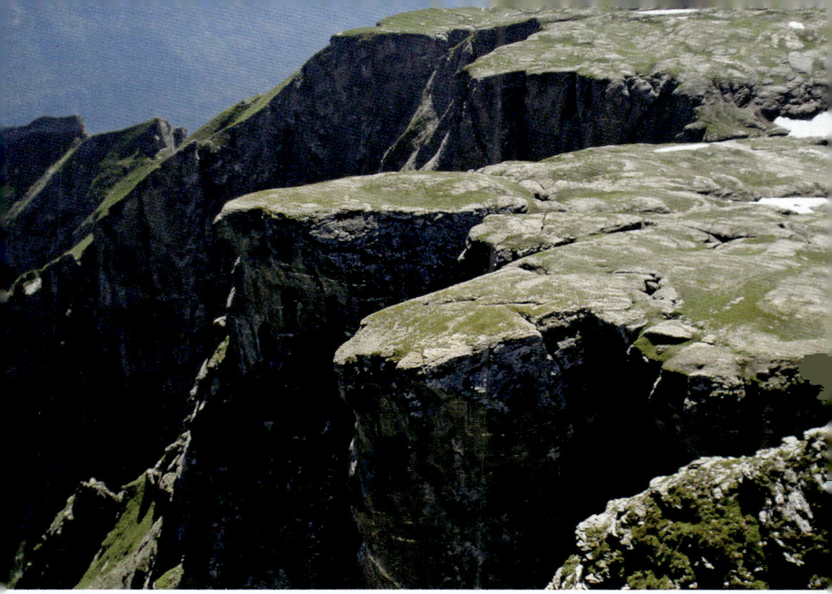

Das unwirklich erscheinende Hochplateau zwischen Costetta und Cistella.

steigen noch ein kurzes Stück ab, überqueren bei einem Brunnen einen Bach, halten uns zunächst links und gehen dann rechts hinter einem Haus vorbei, wo wir die Fortsetzung der Markierungen finden. Ein guter Weg bringt uns durch einen Waldhang zum **Passo della Sciupa** 9, 1799 m, wo der finale Abstieg nach **Foppiano** 1 beginnt. Er ist anfangs sehr steil und erfordert ab und zu den Einsatz der Hände, ehe er später durch flacheren Nadelwald zurück zum Ristorante Pizzo del Frate in **Foppiano** 1 führt.

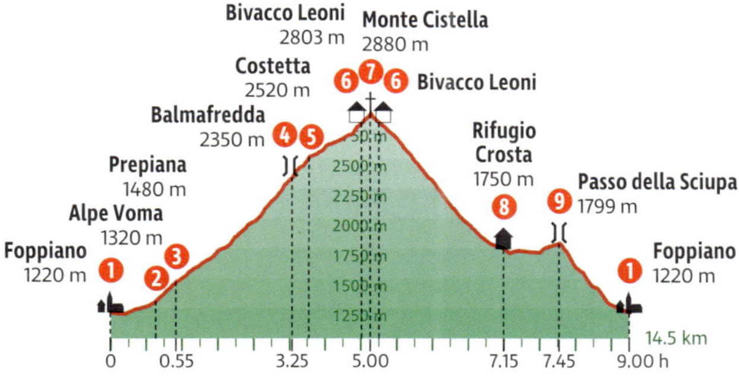

↗ 1430 m | ↘ 1430 m | 15,3 km

39 Brumei, 2129 m

8.00 h

Geheimnisvoller See in verwunschener Landschaft

Und noch ein echter Geheimtipp: Kaum jemand kennt diese abwechslungsreiche und absolut lohnenswerte Rundwanderung durch das satte Grün der Monte-Cistella-Nordflanke. Kein Wunder, dass hier die Wiege vieler lokaler Sagen und Mythen zu finden ist. Uns erwarten eine vom Teufel erschaffene Schlucht, ein zauberhafter See und ein Tanzplatz der Hexen inmitten märchenhafter Landschaften.

Ausgangspunkt: Croveo, 795 m. Prontobus (Infos siehe Tour 42) von Baceno.
Anforderungen: Schmale und abschnittsweise von Vegetation bedrängte, meist jedoch gut markierte Pfade. Passüberschreitung steil.
Einkehr und Unterkunft: Trattoria Cistella am Hauptplatz von Croveo, Tel. +39 0324 62085. Einkehr- und Übernachtungsmöglichkeit im Agriturismo Cat Fausc in Esigo, Tel. +39 347 5441405, www.agriturismoalpeesigo.it. Bei Osso steht der Treno dei Bimbi, wo man in ausrangierten Eisenbahnwaggons übernachten und speisen kann: Tel. +39 351 8046009, www.trenodeibimbi.it.
Karte: Carta Geo4Map 109 »Alpe Veglia« 1:25.000.
Beste Jahreszeit: Juli – September.
Variante: Wem der Prontobus zu umständlich ist, kann auch mit der Formazza-Linie bis Baceno fahren und dort starten – entweder durchs Tal zum ursprünglichen Ausgangspunkt in Croveo oder über Graglia. Die Tour verlängert sich dann um eine knappe Stunde.

Gegenüber der Bar am Hauptplatz von **Croveo** ❶, 795 m, führt ein ausgeschilderter Weg an dem auf einem Findling errichteten Kirchturm vorbei zur Schlucht des Torrente Devero. Hier schießt das Wasser zwischen zwei charakteristischen Felsen in einen Gletschertopf (siehe Tour 43), den **Caldaie del Diavolo** ❷, 800 m. Wir wandern auf der anderen Flussseite auf gutem Weg nach Norden, kommen am geschichtsträchtigen Treno dei Bimbi vorbei und erreichen den Weiler **Osso** ❸, 832 m. Dort bringt uns ein Sträßchen in Kürze zu einem Bildstock mit Wegweisern, wo links unser Aufstieg

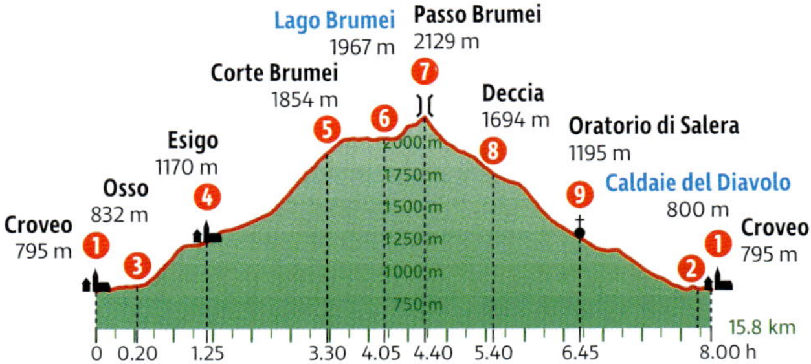

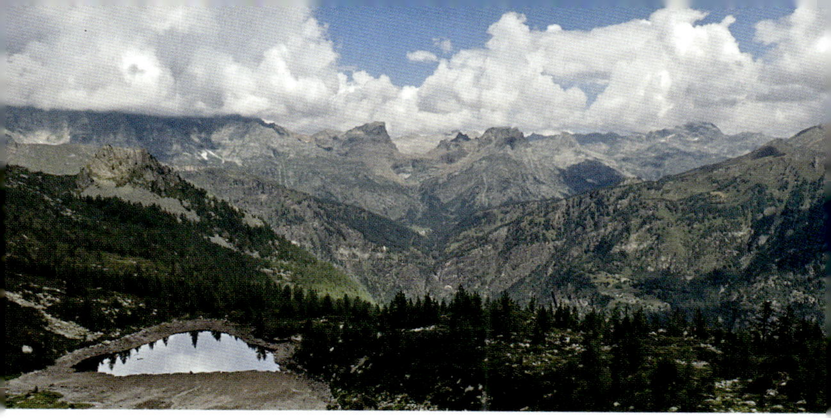

Blick vom Passo Brumei auf den gleichnamigen See mit seinem »Sandstrand«.

beginnt. Es handelt sich um eine alte Verbindung der Bauern, die hier einst das Milchvieh durch die Felswände auf die Weiden von **Esigo** ❹, 1170 m, bugsierten. Am oberen Ende der Passage gehen wir links zum Kreuz und auf einem Waldweg bis zu einer kleinen Teerstraße (ebenfalls Wegweiser). Wir folgen der Straße, die uns am Cat Fausc vorbeiführt und zur Alpe Agarù bringt. Eine Serpentine im Wald können wir auf steilem und unmarkiertem Weg abkürzen. Bei Agarù verlassen wir den mittlerweile ungeteerten Ziehweg nach links und gehen zum großen Stall, hinter dem wir wieder auf Markierungen treffen. Sie bringen uns auf stellenweise wildem Pfad durch felsdurchsetzten Lärchenwald zur **Corte Brumei** ❺, 1854 m. Nach einem weiteren kurzen Aufstieg erreichen wir eine große Hochfläche, über die wir zum meist halb ausgetrockneten **Lago Brumei** ❻, 1967 m, wandern. An seinem Westufer gehen wir um ihn herum und folgen auf der anderen Seite Steinmännchen durch eine steile Rinne bergauf. Oben treffen wir auf ein Geröllfeld, das wir nach links leicht steigend queren. Zahlreiche Markierungen bringen uns zur Wegfortsetzung auf der anderen Seite des Gerölls und schließlich über einige Felsbänder zum **Passo Brumei** ❼, 2129 m. Die Legende erzählt, dass auf dem charakteristischen Felsturm nördlich davon die Hexen ihren Sabbat feierten.

Der Abstieg auf der anderen Seite ist zunächst recht steil und verläuft auf schmalem Pfad, der jedoch bald ausgeprägter wird und den gesamten Osthang des Corno Cistella bis nach **Deccia** ❽, 1694 m, quert. Hier treffen wir auf eine Straße, der wir bis zu den unteren Häusern der Siedlung folgen. Eine erste Abzweigung nach links (Wegweiser nach Esigo) ignorieren wir und nehmen den nächsten markierten Weg, der ebenfalls nach links steil in verbuschten Wald hineinführt. Er wird bald deutlicher und bringt uns zu einer Weggabelung, wo wir uns wiederum links halten und so zum Brunnen von Booch kommen. Wir gehen geradeaus weiter eine Rinne entlang durch

Der Teufel höchstpersönlich hat die Felsbrocken in die Caldaie del Diavolo geworfen.

Wald, ignorieren eine Fahrstraße, die nach rechts abzweigt, und erreichen so die Weiden von Compolo und schließlich das **Oratorio di Salera** ❾, 1195 m. Unmittelbar nach der Kirche biegen wir auf einen Pfad nach links ein. Er führt zu einem Forstweg, dem wir wenige Meter bis vor die Häuser von Cumpul Franz folgen und dort nach rechts abbiegen. Kurz darauf kommen wir zu einer Weggabelung, bei der wir uns wiederum links halten. Der anfangs eher undeutliche Pfad bringt uns zu einem breiten Weg, der auf einer mit großem Aufwand konstruierten, mittlerweile jedoch verfallenen Wasserleitung verläuft. Wir folgen ihm nach links bis zu einem gelben Schild, das uns nach rechts den Weg nach Foglieggio weist. Bei einem Haus treffen wir auf einen Querweg und gehen nach links. Nach einem weiteren Abstieg durch Wald kommen wir zu einem Haus mit Brunnen (Schriftzug »Croveo«), bei dem ein Feldweg ansetzt. Wir folgen ihm, überqueren eine Wiese und biegen vor den Häusern von Foglieggio nach links ab. Der schöne Weg bringt uns zum Rio Ghendola, von dem eine Forststraße zum Hauptwanderweg »H00« hinabführt. Ihm folgen wir nach links entlang einer Stromleitung zu den **Caldaie del Diavolo** ❷ und schließlich nach **Croveo** ❶ zurück.

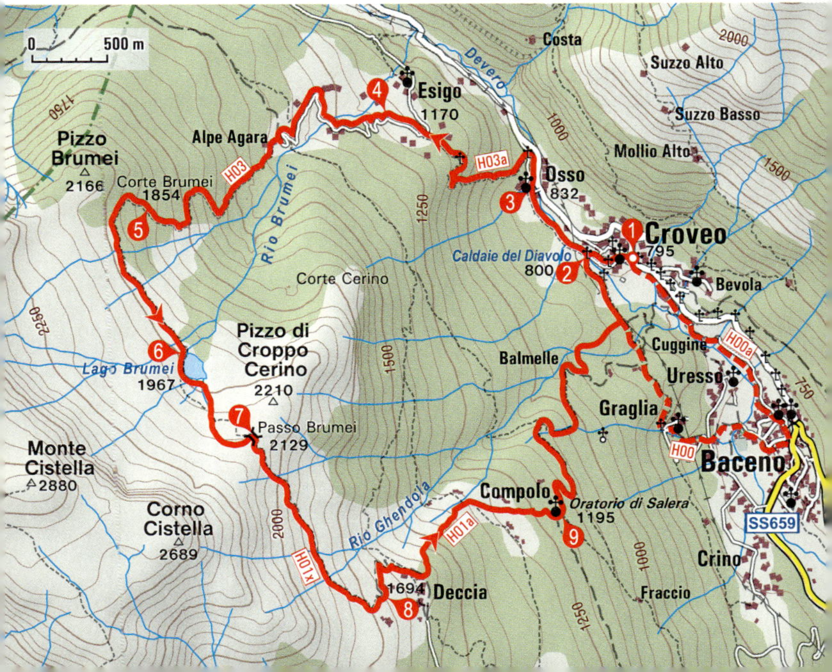

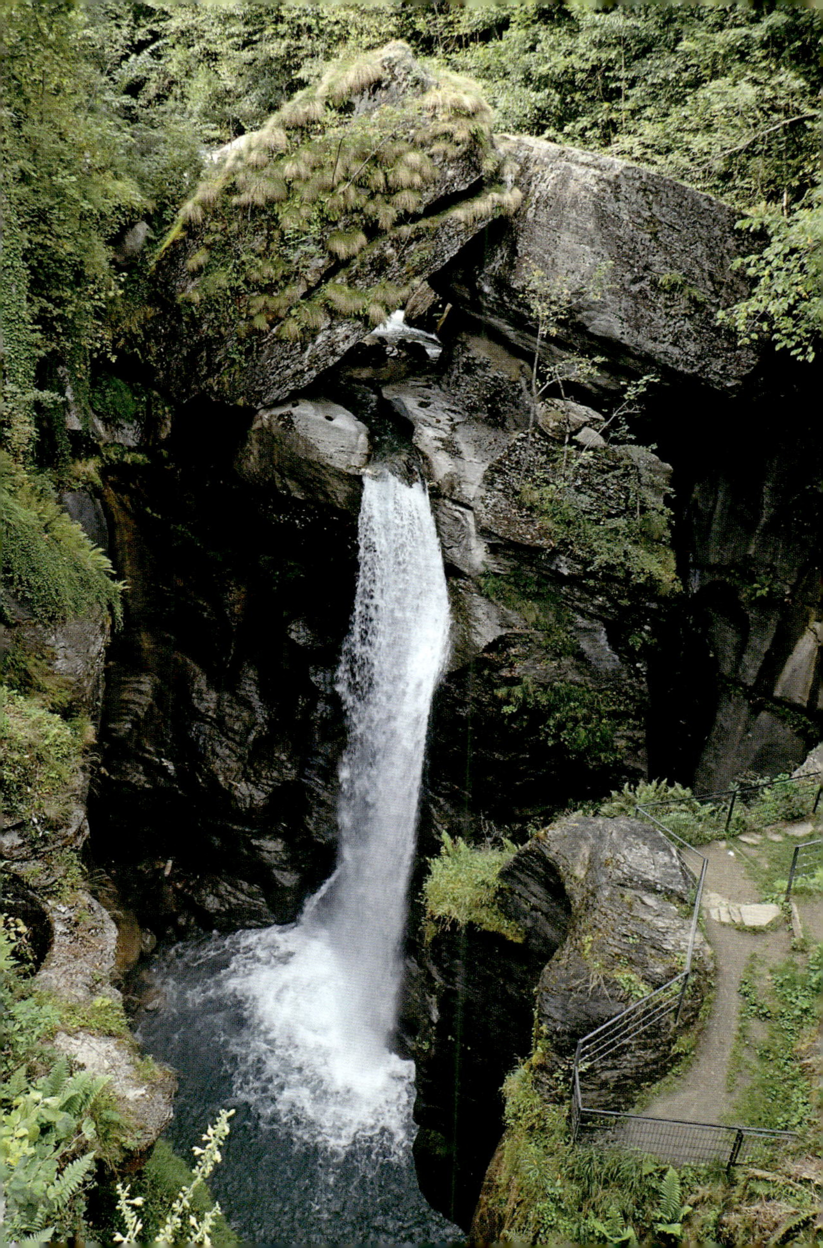

TOP

↗ 1330 m | ↘ 1330 m | 17,6 km

40 Alpe Veglia: Lago d'Avino, 2246 m

8.00 h

Rundtour durch den großen Kessel der Alpe Veglia – der Süden

Die nur im Sommer zugängliche Alpe Veglia, eine grandiose Hochebene, macht mit ihren vielen Höfen, Weiden, Seen und Bächen einen wichtigen Teil des Naturparks Antrona-Veglia-Devero aus. Sie liegt im hintersten Teil des abgeschiedenen Val Cairasca und ist von schroffen 3000ern umgeben – ein eindrucksvolles Amphitheater!

Ausgangspunkt: Ponte Campo, 1327 m. Prontobus von Varzo (Infos siehe Tour 42) und gebührenpflichtiger Parkplatz.
Anforderungen: Wanderwege und Maultierpfade, stellenweise schmal und steil.
Einkehr und Unterkunft: Auf der Alpe Veglia gibt es im Weiler Cornù zwei gut geführte Gaststätten mit Zimmern: Albergo Lepontino, Tel. +39 0324 72577, www.albergolepontino.it, und Albergo della Fonte, Tel. +39 0324 066051, www.albergolafonte.com. Empfohlen werden kann auch das urige Rifugio Città di Arona, Tel. +39 0324 780837, www.rifugiocaiarona.com.
Karte: Carta Geo4Map 109 »Alpe Veglia« 1:25.000.
Beste Jahreszeit: Juli – Oktober.
Variante: Kombination mit Tour 41.

Cirola: Aufstieg zum Lago d'Avino durch unberührte Natur.

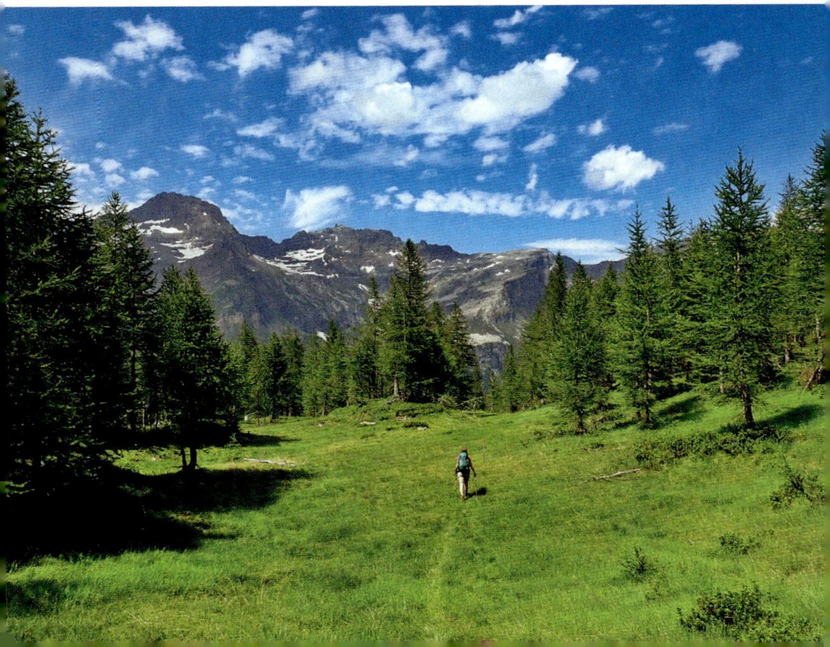

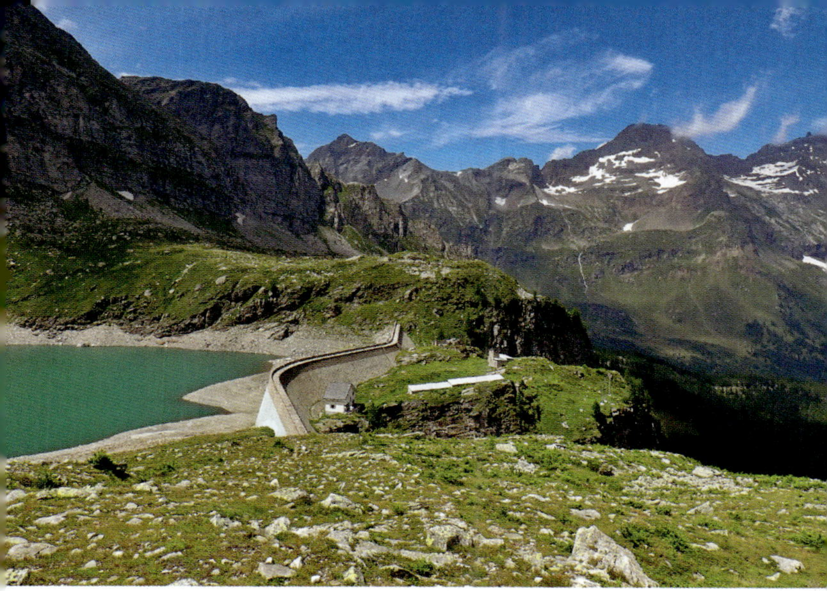

An der Staumauer des Lago d'Avino ist der lange Aufstieg geschafft.

Bei **Ponte Campo** 1, 1327 m, überqueren wir den rauschenden Torrente Cairasca und biegen rechts auf einen Wanderweg ein. Er führt bergauf über eine Wiese und trifft auf eine gut angelegte Mulattiera, der wir bis nach **Porteia** 2, 1720 m, folgen. Kurz danach gehen wir über eine Brücke, danach geradeaus auf einem Pfad weiter und biegen nach wenigen Metern nach links auf eine Piste ein. Ihr folgen wir zur Häuseransammlung von **Cianciavero** 3, 1751 m, von der wir einen ersten Blick auf die Hochebene haben. Weiter geht es auf einem Wanderweg, der nach wenigen Minuten den Torrente Cianciavero links haltend überquert (Wegweiser nach Cirola) und durch märchenhafte Landschaften mit lockerem Lärchenwald und grasbewachsenen Hochebenen zur **Piana d'Avino** 4, 2302 m, hinaufzieht.

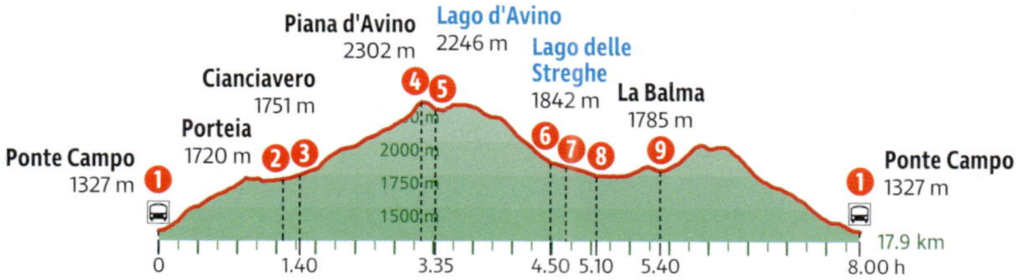

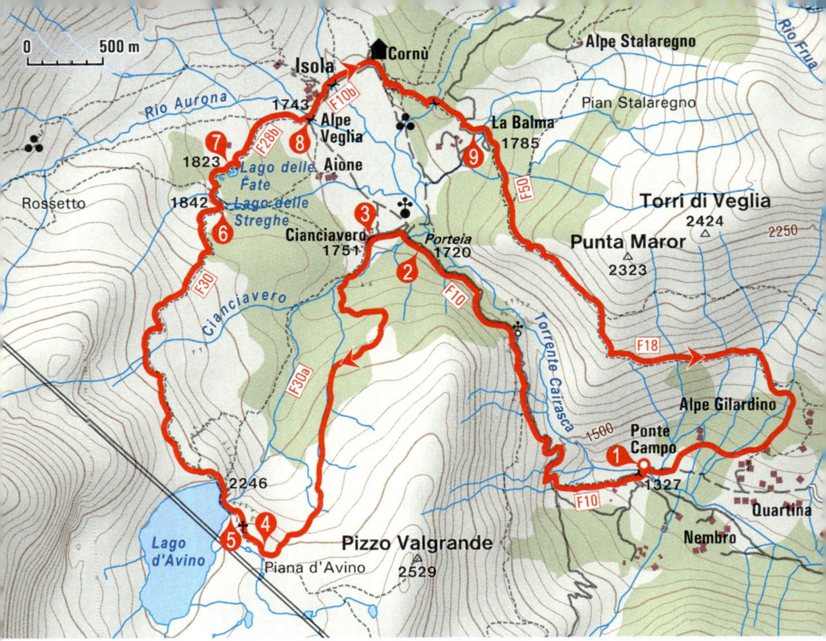

Berühmtheit: der gespaltene Felsen von La Balma.

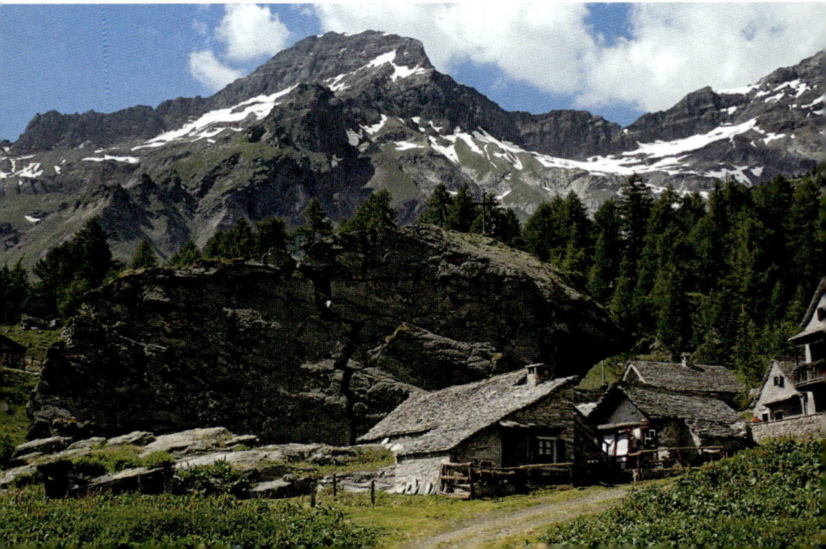

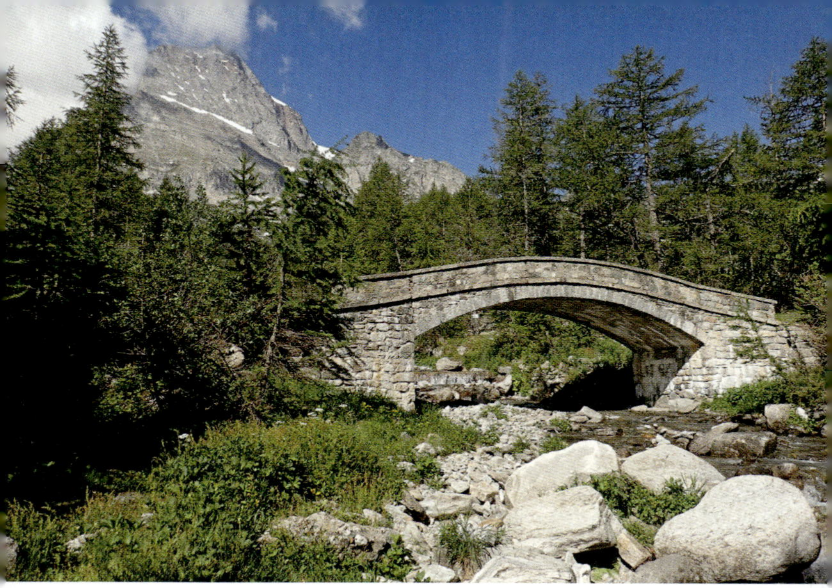

Die Brücke am Eingang zur Alpe Veglia, hinten der Monte Leone.

Wir gehen nach rechts zu einem Bildstock und hinunter zur Staumauer des **Lago d'Avino** 5, 2246 m. Nachdem wir den Damm überquert haben, steigen wir auf der anderen Seite vierzig Meter hinauf und halten uns bei einer Verzweigung links. Nun folgen wir einem Höhenweg nach Norden. Nachdem er Geröllfelder und einige Bäche überquert hat, fällt er steiler in Richtung Alpe Veglia ab. So gelangen wir rasch wieder in Wald und kommen zu einer verwunschenen Seenlandschaft mit dem »Hexensee« **Lago delle Streghe** 6, 1842 m, und dem noch schöneren »Feensee« **Lago delle Fate** 7, 1823 m. Das folgende Stück ist etwas unübersichtlich und wir müssen genau auf die Markierungen achten. Das Gelände ist jedoch einfach, und wir gelangen über Wiesen rasch zur Hochebene der Alpe Veglia und dem Weiler **Cornù** 8, 1743 m, mit dem Ristorante Lepontino, hinter dem wir, vorbei an der Alpenclubhütte, nach **La Balma** 9, 1785 m, mit dem charakteristischen zerborstenen Felsen aufsteigen. Es folgt ein etwas steilerer Aufstieg zu einem Aussichtsplatz, von dem wir sowohl die Alpe Veglia als auch das Val Cairasca bewundern können. Wir wandern auf einem Höhenweg weiter und biegen kurz vor einer Rippe rechts ab (Schilder). Nach einem nur anfangs steilen Abstieg kommen wir an ein paar Hütten vorbei, halten uns rechts abwärts und bei einer Weggabelung nach einem Bach wiederum rechts (Wegweiser). Der weiterhin gut gepflegte Wanderweg bringt uns so in Kürze zurück nach **Ponte Campo** 1.

TOP

41

Alpe Veglia: Lago Bianco, 2271 m

↗ 780 m | ↘ 1300 m | 19,2 km

6.30 h

Rundtour durch den großen Kessel der Alpe Veglia – der Norden

Veglia ist vor allem durch seine vielen, auf unterschiedlichen »Etagen« anzutreffenden Hochflächen berühmt. Neben der großen Ebene mit den zahlreichen Höfen der Alpe selbst gibt es unter anderem noch die mehr als sehenswerten Pian Stalaregno, Pian Sass Mor, Pian d'Erbioi, Conca Mottiscia … Sie alle bestechen durch eine einmalig schöne Landschaft, und sie alle besuchen wir auf unserer Rundwanderung.

Ausgangspunkt: San Domenico, 1426 m. Prontobus von Varzo (Infos siehe Tour 42).
Anforderungen: Gute Wanderwege und Maultierpfade.
Einkehr und Unterkunft: Siehe Tour 40.
Kabinenbahn Ciamporino: Üblicherweise im August und im Juli und September an den Wochenenden in Betrieb. Infos auf www.sandomenicoski.com.
Karte: Carta Geo4Map 109 »Alpe Veglia« 1:25.000.
Beste Jahreszeit: Juli – Oktober.
Variante: Kombination mit Tour 40. Man kann bereits in Ponte Campo in den Prontobus einsteigen (wenn vorher bestellt) und sich so das letzte Stück Straße sparen.
Wer nicht die »Aufstiegshilfe« nach Ciamporino nutzen möchte oder kann, weil die Seilbahn gerade nicht fährt, steigt entlang der Abstiegsroute von Tour 40 ab Ponte Campo auf. Dann dauert die Tour eine Stunde länger.

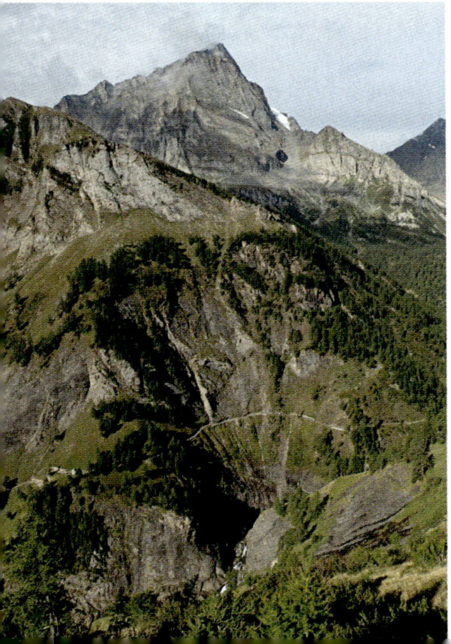

In **San Domenico** ❶, 1426 m, nehmen wir die erst 2024 eröffnete Kabinenbahn nach **Ciamporino** ❷, 1947 m, wo wir uns links halten und leicht absteigend ein Schild vorfinden, das den Beginn des schönen Höhenwegs nach Veglia markiert. Wegen seines Blumenreichtums wird er »Sentiero dei Fiori« genannt. Unterwegs kommen wir an einigen Aussichtspunkten vorbei. Nach dem letzten steigen wir ein Stück weit Richtung Alpe Veglia ab, um uns dann rechts zu halten (auf Markierungen achten). Unsere Route hält nun wieder die Höhe und erreicht in Kürze das eindrucksvolle **Pian**

Über der Schlucht des Torrente Cairasca mit dem Zugangsweg nach Veglia dominiert der Monte Leone.

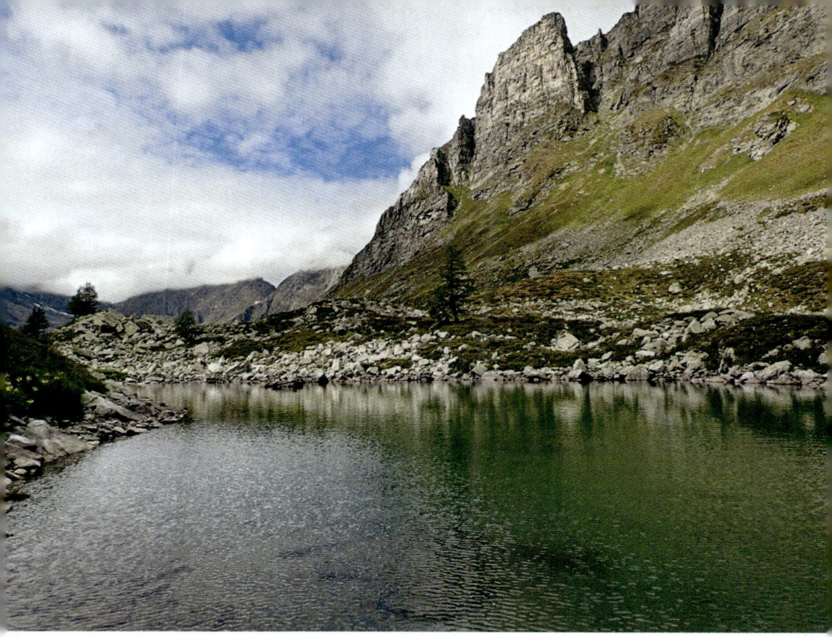

Lago Bianco unter den Felstürmchen der Piodelle.

Stalaregno ❸, 1970 m, mit der gleichnamigen Alp. Hinter dieser steigen wir, rechts haltend, auf einem breiteren Weg auf und kommen bald zum großen Kessel des Pian Sass Mor, wo unsere Route bei einem Brunnen nach links abbiegt. Wir überqueren zwei Bäche und steigen, nun etwas steiler, zum **Pian d'Erbioi** ❹, 2271 m, auf. Hier haben wir unseren höchsten Punkt erreicht. Durch Geröll geht es hinab zum sandigen **Lago Bianco** ❺, 2160 m, den wir rechts umgehen. Nach einem kurzen weiteren Abstieg zweigt unser Weg nach rechts ab. Er führt uns, gut markiert, um eine Nase herum und erreicht den nächsten eindrucksvollen Kessel, jenen der **Conca Motti-**

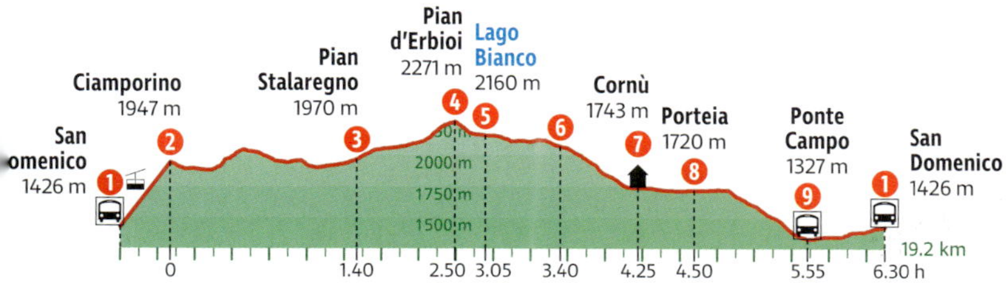

Atemberaubende Landschaft rund um Pian Sass Mor.

scia 6, 2069 m. Unser hier wieder breiter Pfad steigt entlang des Wildbachs ab, hält sich leicht rechts und erreicht bald die ersten Gebäude der Alpe Veglia. In der Ebene angekommen, nehmen wir die Alpstraße nach links, passieren die Restaurants von **Cornù 7**, 1743 m, und den großen Wasserfall des Rio Frua und wandern schließlich nach Süden aus dem Kessel heraus. Vorbei an **Porteia 8**, 1720 m, und **Ponte Campo 9**, 1327 m, folgen wir auf der großen Mulattiera der Aufstiegsroute von Tour 37 bergab. Nach einem letzten Aufstieg auf einer Teerstraße sind wir wieder in **San Domenico 1**.

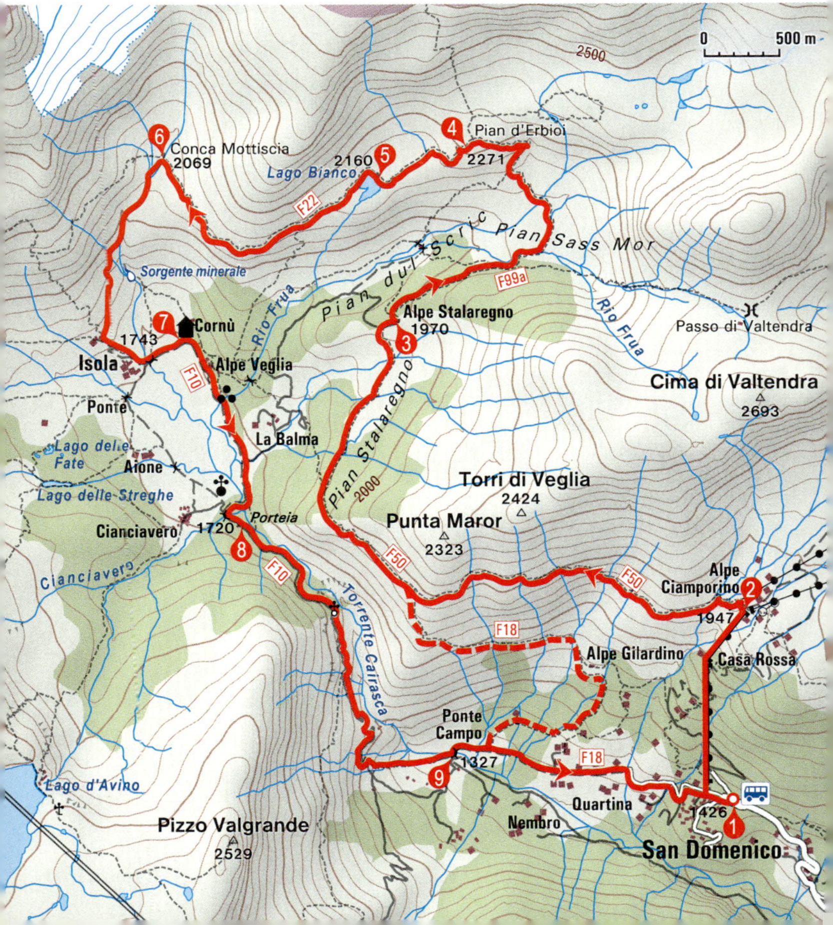

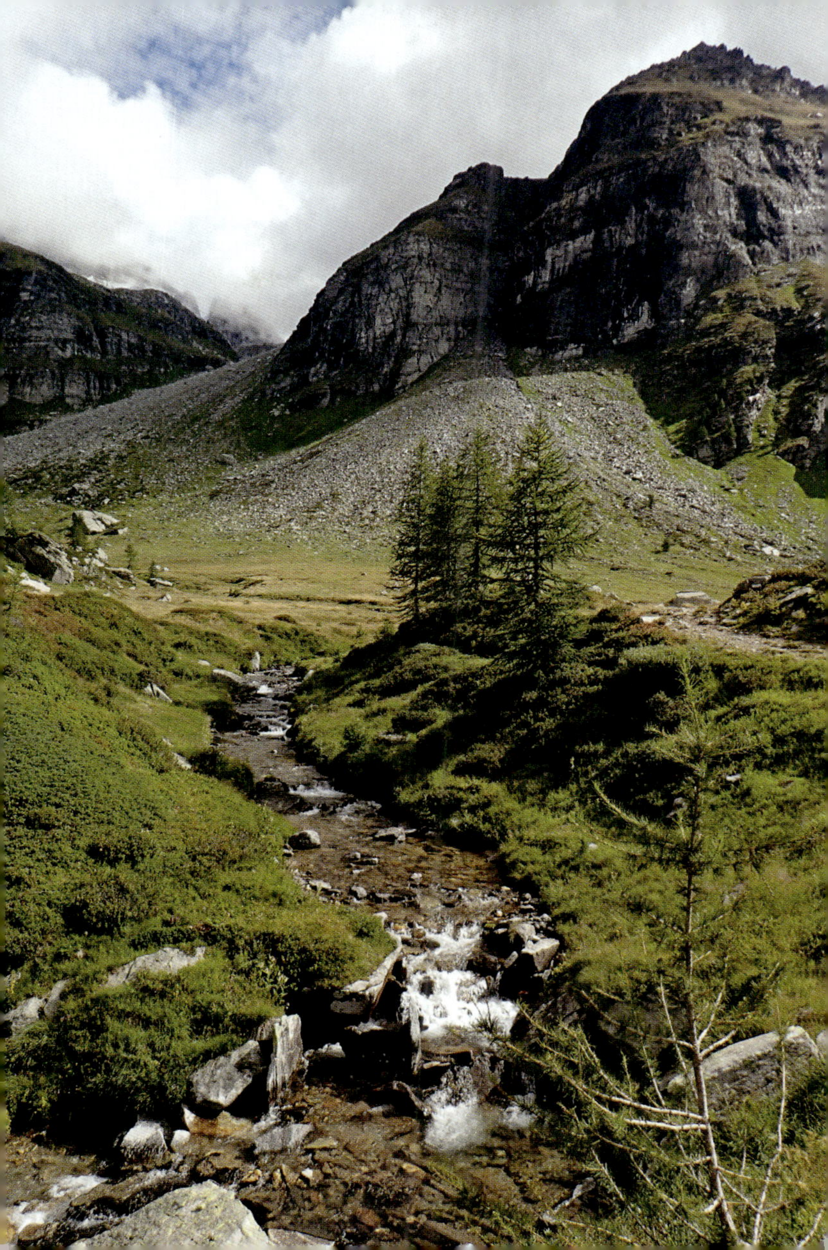

↗ 760 m | ↘ 760 m | 11,7 km

42 Alpe Devero: Monte Cazzola, 2330 m

4.30 h

Eindrucksvolles Hochtal im Naturpark

Die Alpe Devero wartet mit vielen einmalig schönen Landschaften auf, aus denen das Val Buscagna besonders hervorsticht. Türkisfarben schlängelt sich der Rio di Buscagna durch das grüne Hochtal, das von zahlreichen Wasserfällen flankiert wird. Berühmt ist die Gegend auch für die wenig scheuen Murmeltiere, die sich überall aus wenigen Metern Entfernung beobachten lassen.

Ausgangspunkt: Alpe Devero, 1640 m, erreichbar mit dem Auto (kostenpflichtiger Parkplatz) oder mit dem sehr günstigen und empfehlenswerten Prontobus, der regelmäßig, teilweise jedoch nur auf Voranmeldung verkehrt. Infos dazu finden sich im Internet, am besten über eine Suchmaschine.
Anforderungen: Gute Wanderwege, teilweise nicht markiert, Gelände aber einfach.
Einkehr und Unterkunft: In Devero zahlreiche Restaurants und Herbergen, alle Infos auf www.alpedevero.it.
Karte: Carta Geo4Map 109 »Alpe Veglia« 1:25.000.
Beste Jahreszeit: Juli – Oktober.
Variante: Abstecher zum Lago Nero mit seinen Bergmolchen, 10 Minuten von der Brücke am Rio Buscagna entfernt.

Rechts: Das Val Buscagna, eines der schönsten Hochtäler der Gegend.
Unten: Neugieriges Murmeli im Val Buscagna.

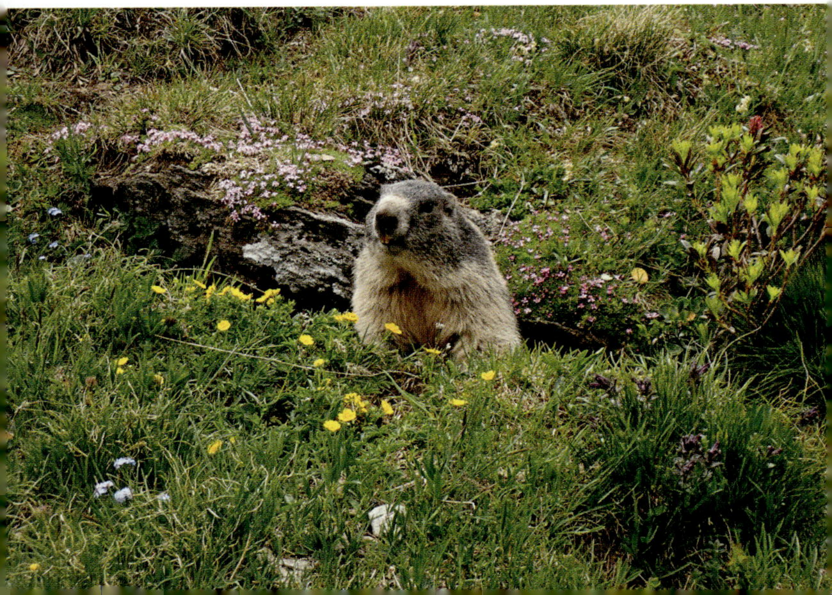

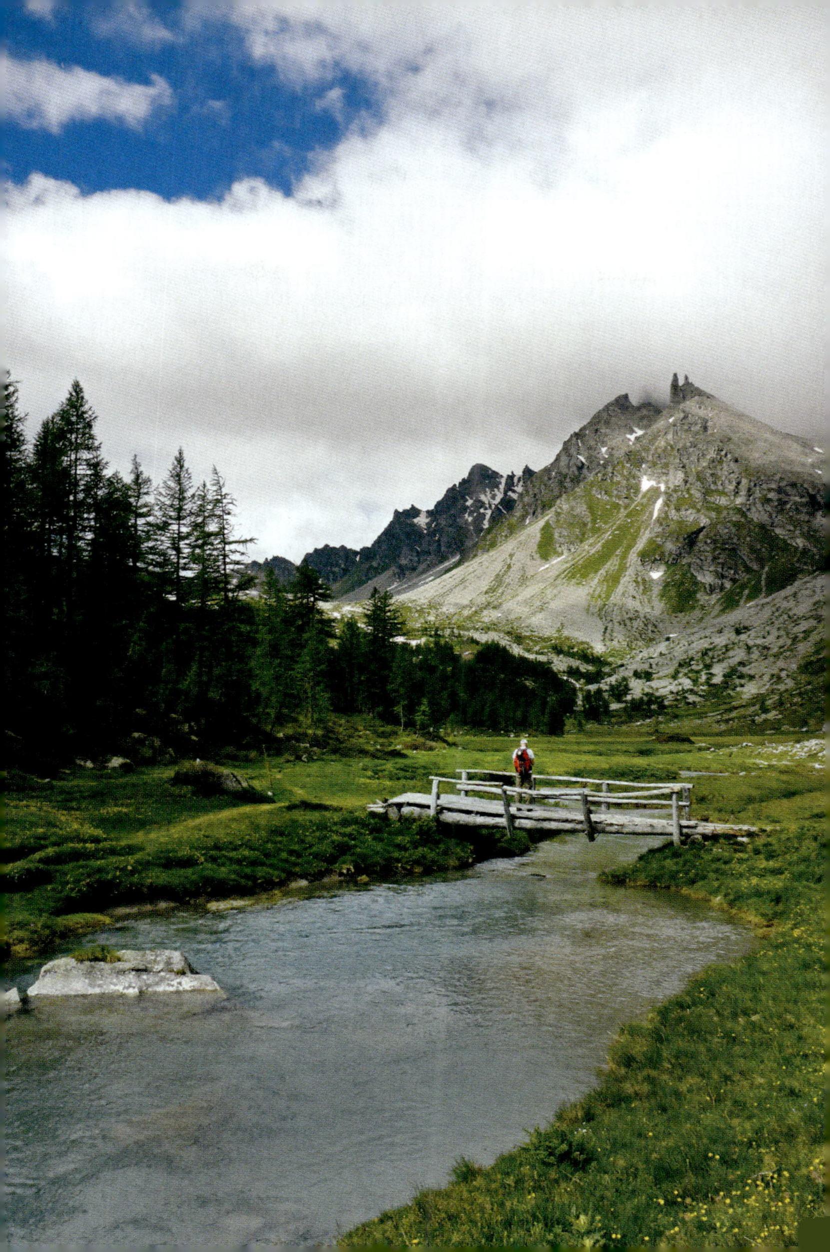

Vom Straßenende in **Devero** ❶, 1640 m, wandern wir durch die kleine Ortschaft, halten uns links und erreichen auf einem Fahrweg den pittoresken Ortsteil **Pedemonte** ❷, 1655 m. Hier beginnt der Aufstieg, der uns über einige Serpentinen auf gutem Weg zur **Alpe Buscagna inferiore** ❸, 1941 m, bringt, wo das Hochtal beginnt. Immer entlang am ruhig vor sich hin mäandernden Rio di Buscagna wandern wir durch die weite Ebene zur **Alpe Buscagna superiore** ❹, 1967 m. Langsam wird der Weg etwas steiler und steigt durch Alpenrosenfelder und über felsdurchsetzte Matten zu einer weiteren Hochebene auf. Dort biegen wir auf 2230 m nach links ab, überqueren den Bergbach und steigen entlang von rot-weiß markierten Holzpfosten zum **Lago di Buscagna** ❺, 2260 m, auf. Durch ein kleines Tälchen erreichen wir den See, wandern rechts an ihm vorbei und steigen schließlich über eine leicht ausgesetzte Serpentine zum flachen Gipfel des **Monte Cazzola** ❻, 2330 m, auf.
Zu Beginn des Abstiegs ist der Wegverlauf trotz rot-weißer Markierungen nicht ganz eindeutig. Wir wandern, uns leicht rechts haltend, über eine breite, von Felsbändern durchzogene Grasrampe bergab. Sobald rechter Hand die Pfosten des Skilifts auftauchen, halten wir uns wieder eher links und orientieren uns an einer kleinen Felsstufe, in deren Nähe wir im weiteren Abstieg bleiben. Die Steinmännchen weiter rechts ignorieren wir, bis

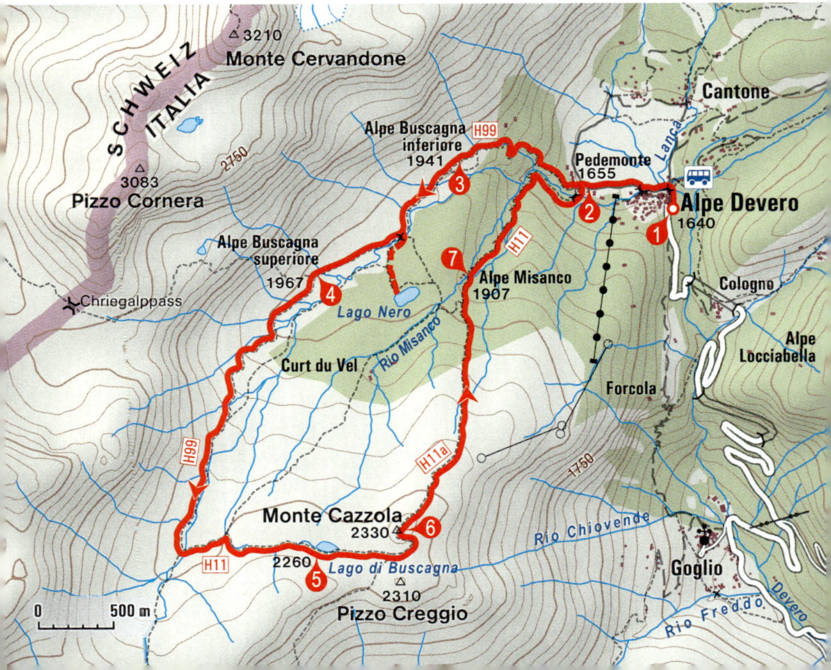

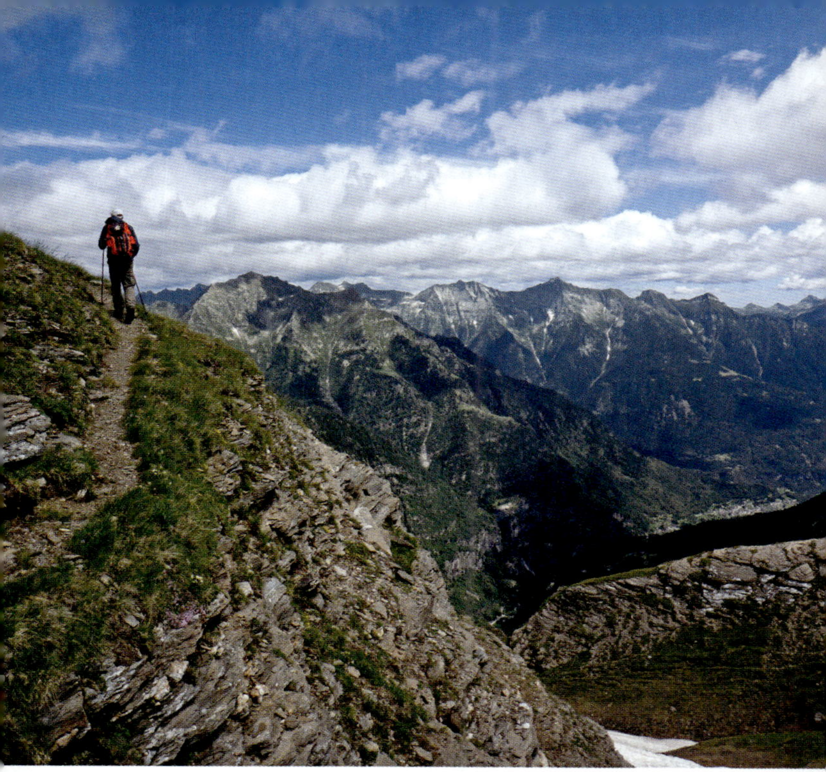

Kurze luftige Passage unmittelbar vor dem Monte Cazzola, rechts im Tal Baceno.

bei den ersten kleinen Lärchen der Pfad wieder wesentlich ausgeprägter wird, und wir so ohne Probleme zur **Alpe Misanco** ❼, 1907 m, und auf noch breiterem Weg nach **Pedemonte** ❷, kommen. Dabei passieren wir noch einen eindrucksvollen Wasserfall. Von Pedemonte wandern wir über den Feldweg wieder zurück zur **Alpe Devero** ❶.

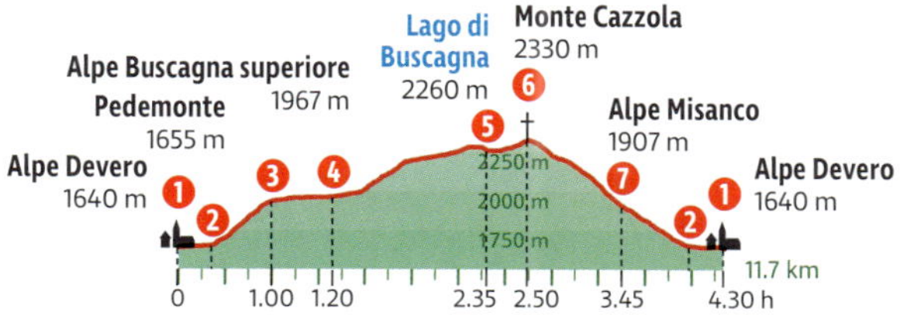

↗ 980 m | ↘ 980 m | 12,6 km

43 Alpe Devero: Giro della Rossa, 2553 m

6.00 h

Unwirkliche Landschaften in alpiner Umgebung

Ausflug zum Mars: Unsere Rundwanderung führt uns durch die riesigen Fels- und Geröllfelder des Pian della Rossa, das seinem Namen aufgrund der roten Färbung alle Ehre macht. Auch das Valdeserta trägt seinen Titel durchaus zu Recht. Abwechslung in die endlosen, aber faszinierenden Felswüsten bringen einige kristallklare Bergseen und die Lärchenwälder rund um den Lago di Devero.

Ausgangspunkt: Alpe Devero, 1640 m, Verkehrsanbindung siehe Tour 42.
Anforderungen: Route gut markiert, aber anspruchsvoll: Über ein steiles Stück helfen Leitern und Ketten hinweg, viel Geröll und Fels, und der Abstieg ins Valdeserta führt über äußerst steilen Schutt.
Einkehr und Unterkunft: In Devero zahlreiche Restaurants und Herbergen, alle Infos auf www.alpedevero.it. Crampiolo siehe Tour 44.
Karte: Carta Geo4Map 110 »Alpe Devero« 1:25.000.
Beste Jahreszeit: Juli – September.
Variante: Abstieg von Crampiolo nach Devero über den Lago delle Streghe, siehe Tour 44.

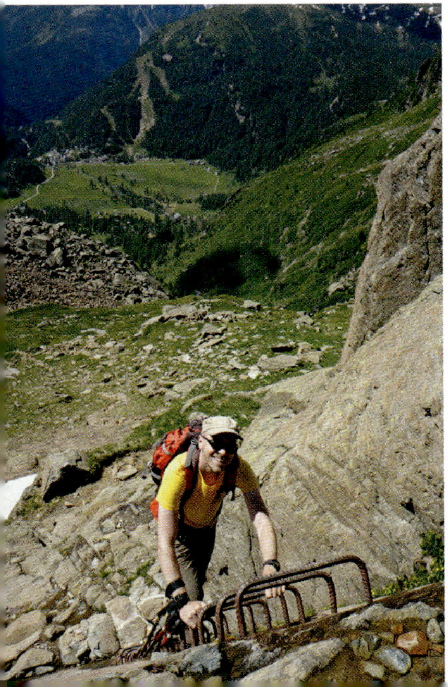

Wir durchqueren das Dörfchen von **Devero** ❶, 1640 m, gehen am historischen Gebäude der Pensione Fattorini vorbei und über einen Feldweg geradeaus nach Canton. Hier beginnt der Weg langsam zu steigen und geht schließlich in einen Bergpfad über. Die Route ist stets gut ausgeschildert. Über einen gepflegten, aber mitunter schon recht steilen Pfad erreichen wir das untere **Pian della Rossa** ❷, 2050 m, mit seinem charakteristischen Felsbrocken, unter dem sich eine Balm befindet (siehe auch Tour 16). Wir gehen rechts an ihm vorbei und steigen, uns weiterhin rechts haltend, über eine felsdurchsetzte Wiese auf. Der Weg schwenkt nach links und trifft bald auf eine fast

Seit 1964 hilft eine Eisenleiter über die Wand am Bocca della Rossa hinweg.

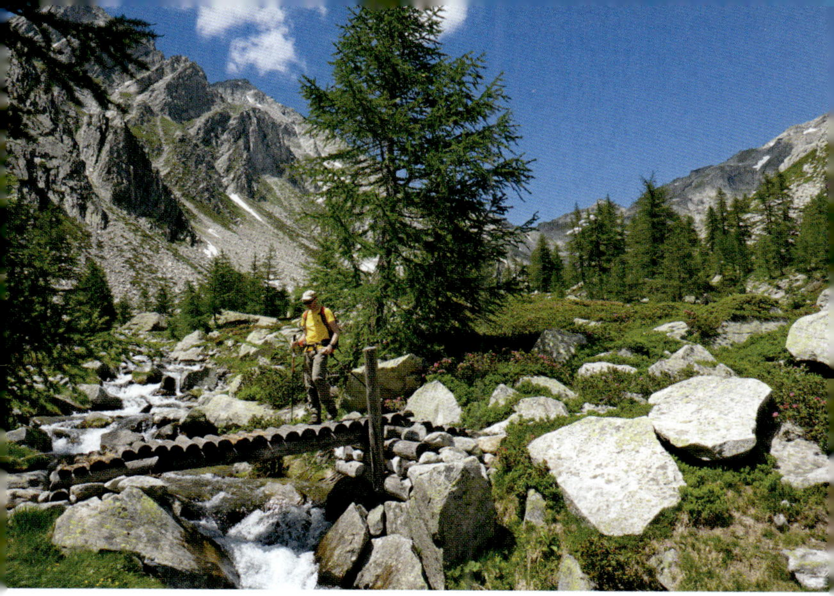

Im malerischen Valdeserta.

senkrechte Felsstufe, über die eine Eisenleiter hinweghilft. Es folgen einige weitere sehr steile und mit Ketten gesicherte Passagen. Schließlich öffnet sich beim **Bocca della Rossa** ③, 2392 m, eine große mit rötlichem und auch schwarzem Geröll gefüllte Ebene. Wir durchqueren sie im Auf und Ab (weiterhin bleibt die Markierung gut), kommen am **Lago della Rossa** ④, 2410 m, vorbei und erreichen die Schweizer Grenze am **Passo della Rossa** ⑤, 2473 m, von dem wir einen schönen Blick auf den großen Geisspfadsee haben. Nun queren wir nach rechts und steigen durch einen etwas ausgesetzten Hang zum **Passo di Crampiolo** ⑥, 2553 m, auf. Hier überschreiten wir wieder die Grenze nach Italien und begeben uns in ein kleines schutt-

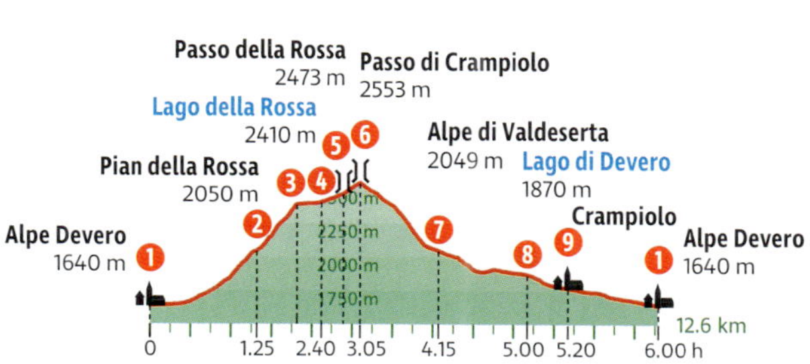

Das eisenhaltige Gestein hat der Punta della Rossa zu ihrem Namen verholfen.

gefülltes Tälchen, durch das wir absteigen. Die Markierungen werden hier spärlicher, wir können uns jedoch stets an der Rinne orientieren. Bei einem sehr steilen Stück auf 2300 m queren wir einen bröseligen Schutthang nach rechts, um anschließend wieder nach links zu traversieren. Die Markierungen werden nun wieder besser und das Gelände flacht langsam aus. Nach einer kleinen Brücke im hier wunderschönen, mit Lärchen bestandenen Tal kommen wir an der **Alpe di Valdeserta** 7, 2049 m, vorbei und treffen nach einem weiteren kurzen Abstieg auf den Hauptwanderweg, der vom Albrunpass herunterkommt. Ihm folgen wir am Lago di Devero entlang, passieren die **Staumauer** 8, 1870 m, und wandern auf einer breiten Mulattiera nach **Crampiolo** 9, 1767 m. Wir gehen hinter dem Agriturismo vorbei, dort über eine kleine Brücke und treffen auf den breiten Weg, der uns immer entlang des Wildbachs zurück nach **Devero** 1 bringt.

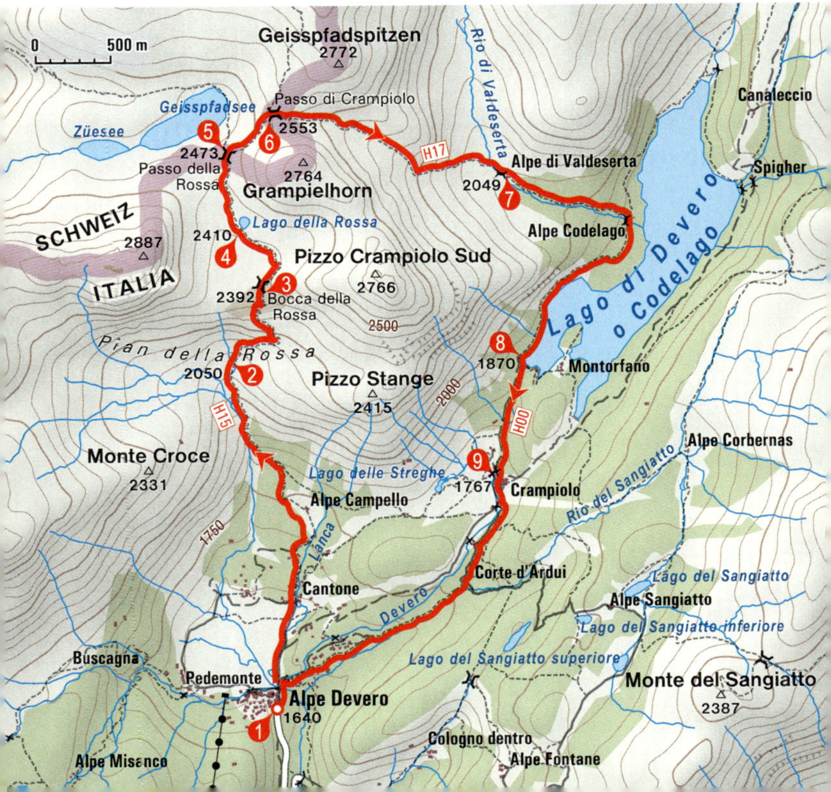

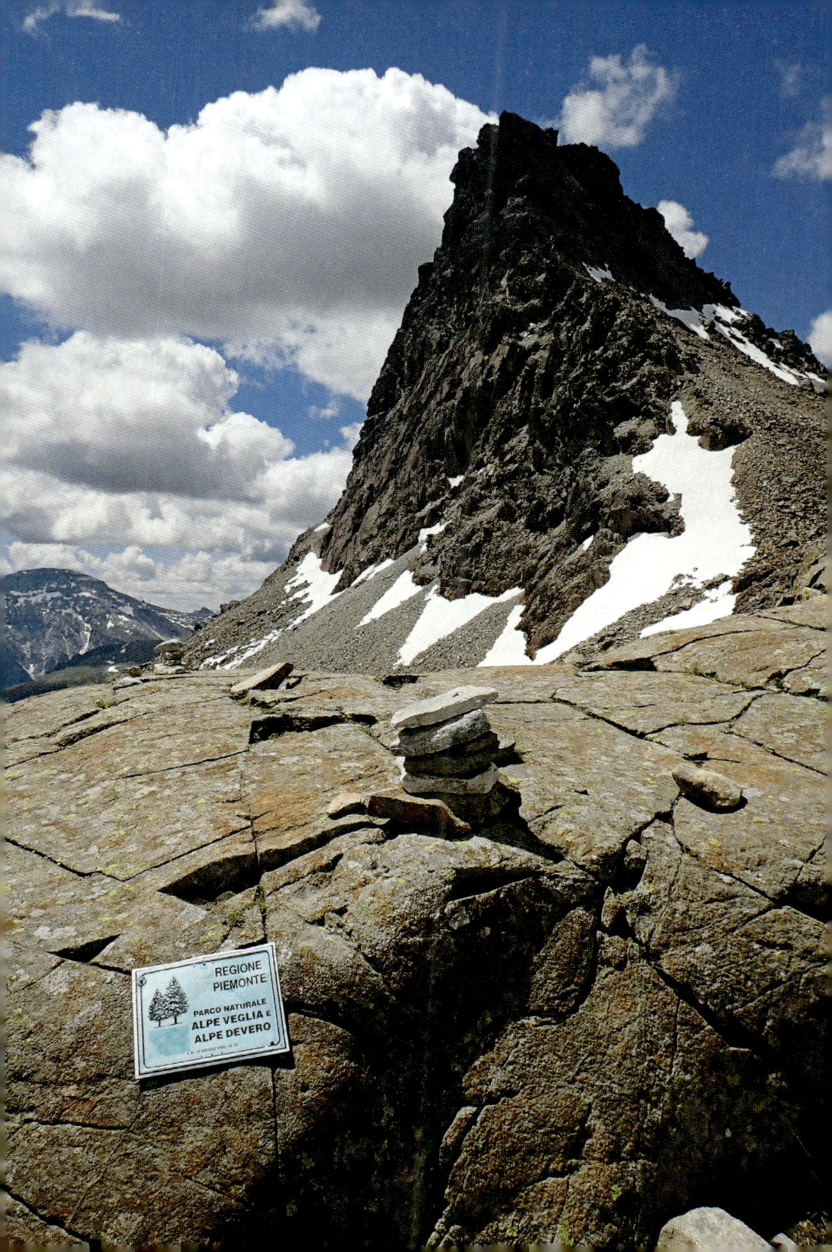
REGIONE
PIEMONTE
PARCO NATURALE
ALPE VEGLIA E
ALPE DEVERO

TOP

↗ 760 m | ↘ 760 m | 16,6 km

6.30 h

44 Alpe Devero: Alpe Forno, 2220 m

Große Seenrunde über die Hochebene von Forno

Das ist sie wohl, die berühmteste Wanderung im Ossola. Der »Grande Est del Devero«, wie der Klassiker genannt wird, ist eine der schönsten Rundtouren des Naturparks und führt uns durch Landschaften, die an kanadische Weiten erinnern. Trotz ihres Bekanntheitsgrades wird man auch hier nicht vielen Menschen begegnen, wenn man die Sonntage im August meidet.

Ausgangspunkt: Alpe Devero, 1640 m, Verkehrsanbindung siehe Tour 42.
Anforderungen: Einfache und gut markierte Wanderwege.
Einkehr und Unterkunft: In Devero zahlreiche Restaurants und Herbergen, alle Infos auf www.alpedevero.it. Crampiolo: Albergo Ristorante La Baita, Tel. +39 0324 619190 (ausgezeichnete Küche), und Agriturismo Alpe Crampiolo, Tel. +39 347 8179494, www.agriturismoalpecrampiolo.it (gemütliche Zimmer).
Karte: Carta Geo4Map 110 »Alpe Devero« 1:25.000.
Beste Jahreszeit: Juli – Oktober.

Wir steigen vom Parkplatz in **Devero** ❶, 1640 m, zur Brücke jenseits der Ortsmitte auf, biegen nach rechts zur Touristeninfo ab, überqueren erneut einen Bach und wandern auf einem breiten Weg durch Lärchenwald bis

Glückliche Kühe sorgen auf der Alpe Forno für den berühmten Bettelmatt-Käse.

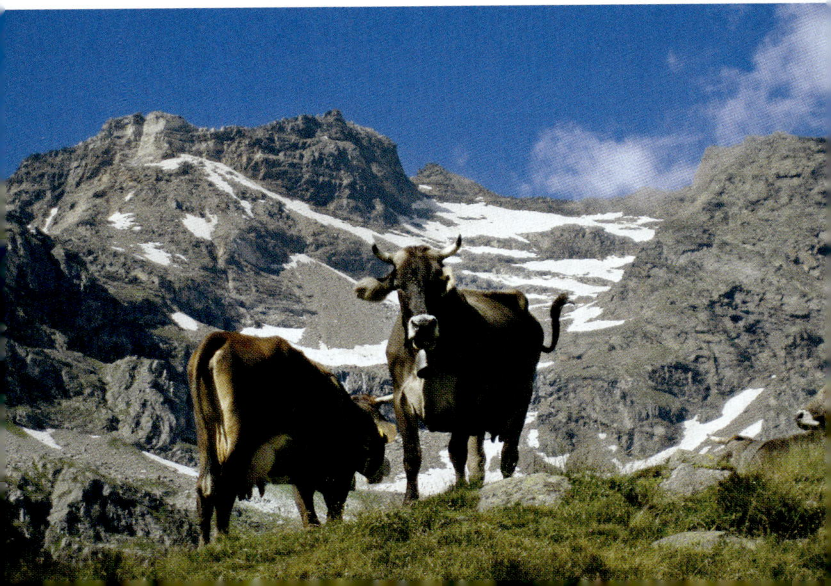

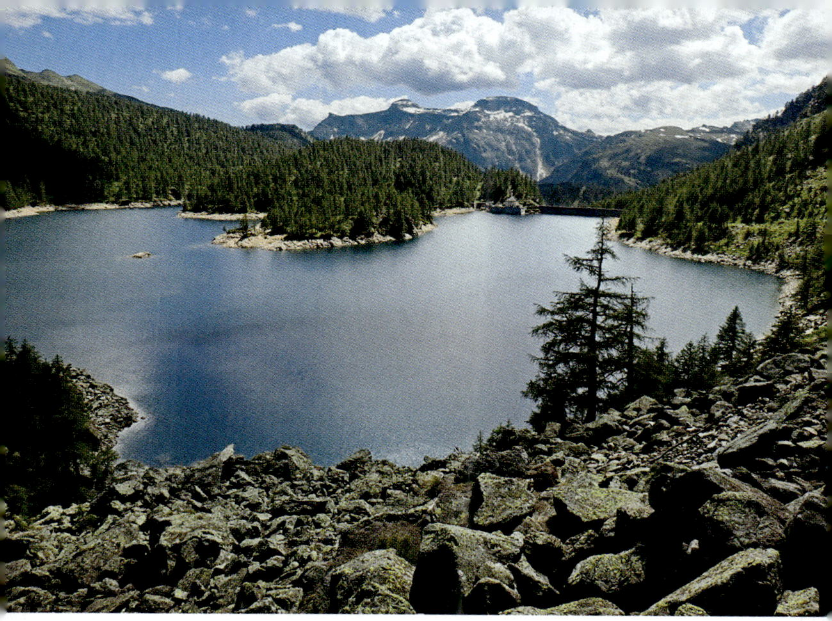

Landschaften, die an kanadische Weiten erinnern: Lago di Devero.

nach **Crampiolo** 2, 1767 m. Am Albergo La Baita halten wir uns rechts und gehen hinter den Häusern vorbei. Es folgt ein kurzer Aufstieg, der uns auf einen Feldweg bringt. Auf ihm gehen wir bis zu einem kleinen Wall, halten uns dort links und erreichen die östliche Staumauer des **Lago di Devero** 3, 1870 m. Wir überqueren sie und biegen nach links auf den guten Weg »H98« ab. Nach einiger Zeit treffen wir auf eine Abzweigung (Schilder), wo wir nach rechts gehen. Nun steigen wir kontinuierlich über dem Lago di Devero auf, bis wir zum Kessel der **Alpe della Valle** 4, 2050 m, kommen. Wir gehen über eine Brücke und biegen unmittelbar dahinter links ab. Der Weg wird nun etwas schmaler, bleibt aber ausgeprägt und einfach. An einem Wasserfall vorbei, steigt er aussichtsreich zur Alpe la Satta auf, wo er nach links zu einem kleinen Pass führt. Hier öffnet sich die große Hochfläche. In Kürze kommen wir, leicht absteigend, zum **Lago della Satta** 5, 2207 m, und schließlich zur **Alpe Forno** 6, 2220 m. Dabei passieren wir einen sogenannten Ponor, wo ein Bach in einer Karsthöhle verschwindet.

Etwas unterhalb der Alphütten von Forno treffen wir auf einen Ziehweg, auf dem wir nach links absteigen. Nach einigen Serpentinen erreichen wir erneut eine Ebene mit einer kleinen Mauer. Über diese gehen wir nach rechts und steigen über eine großzügige Kurve zum **Lago Pianboglio** 7, 1983 m, ab. An dessen Abfluss befindet sich eine eingestürzte Staumauer,

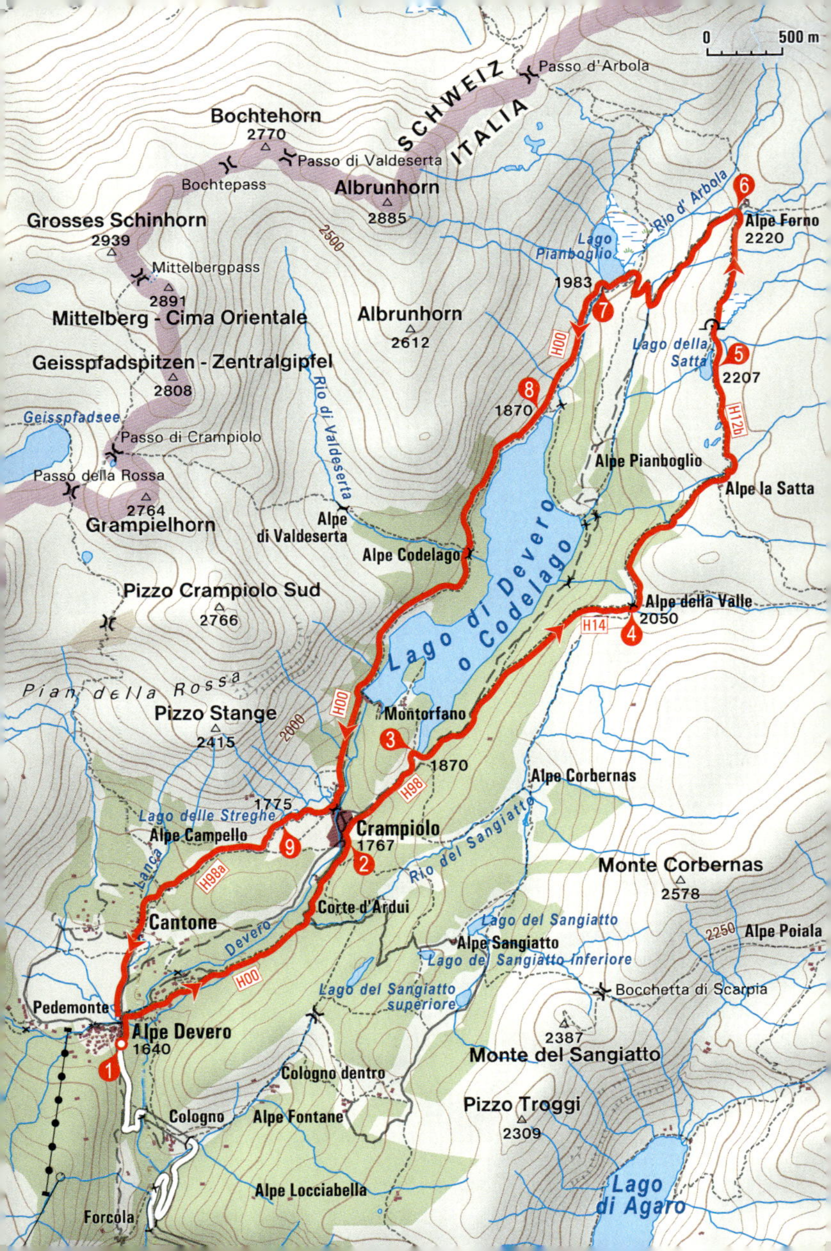

0
500 m
SCHWEIZ
ITALIA
Passo d'Arbola
Bochtehorn
2770
Passo di Valdeserta
Bochtepass
Albrunhorn
2885
Grosses Schinhorn
2939
Mittelbergpass
2891
Mittelberg - Cima Orientale
Albrunhorn
2612
Geisspfadspitzen - Zentralgipfel
2808
Geisspfadsee
Passo di Crampiolo
Passo della Rossa
2764
Grampielhorn
Pizzo Crampiolo Sud
2766
Pian della Rossa
Pizzo Stange
2415
Rio di Valdeserta
Alpe di Valdeserta
Alpe Codelago
Lago Pianboglio
Rio d' Arbola
Alpe Forno
2220
1983
Lago della Satta
2207
Alpe Pianboglio
Alpe la Satta
1870
Lago di Devero o Codelago
Alpe della Valle
2050
Montorfano
1870
Alpe Corbernas
1775
Lago delle Streghe
Alpe Campello
Crampiolo
1767
Rio del Sangiatto
Monte Corbernas
2578
Lanca
Cantone
Corte d'Ardui
Devero
Lago del Sangiatto
Alpe Sangiatto
Lago del Sangiatto Inferiore
Alpe Poiala
Lago del Sangiatto superiore
Bocchetta di Scarpia
Pedemonte
Alpe Devero
1640
2387
Monte del Sangiatto
Cologno dentro
Pizzo Troggi
2309
Cologno
Alpe Fontane
Alpe Locciabella
Lago di Agaro
Forcola
H00
H98
H98a
H14
H12b
2500
2000
2250

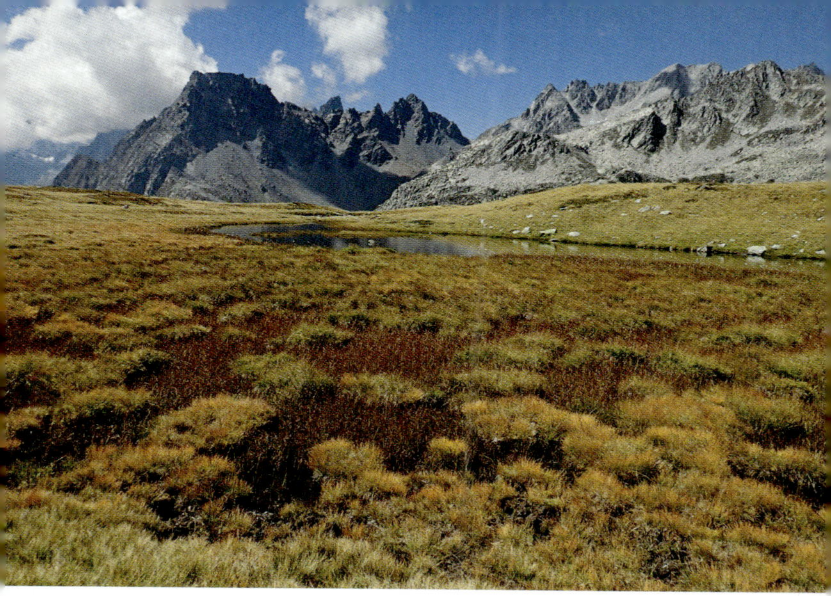

Bunte Farben im Oktober rund um den Lago della Satta.

über die wir auf einer Eisentreppe den Bach erreichen und diesen überqueren. Nun setzt sich unser Wanderweg auf der rechten Seite des Baches bis zum nördlichen Ende des **Lago di Devero** 8, 1870 m, fort. Wir bleiben auch hier auf der rechten Seite des Sees und wandern immer am Ufer entlang, bis wir zur Staumauer kommen. Über eine breite Mulattiera geht es hinab nach Crampiolo. Kurz bevor wir das Dorf erreichen, wandern wir nach rechts zum pittoresken **Lago delle Streghe** 9, 1775. Ein kleiner Pfad führt durch Alpenrosen im Auf und Ab links an ihm vorbei und stößt bald wieder auf einen breiten Feldweg. Ihm folgen wir bis zur Hochebene der Alpe Devero, kommen dort zuerst zum Weiler Canton und schließlich wieder zum Ausgangspunkt.

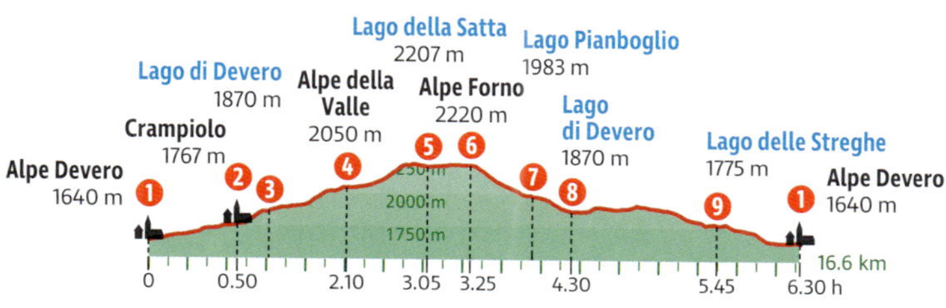

↗ 1070 m | ↘ 1070 m | 17,5 km

45 Alpe Devero: Pojala, 2405 m

7.30 h

Ins Blumenmeer von Agaro

Schöne und berühmte Rundwanderung über die Alpweiden von Devero und Agaro. Besonders der Abschnitt zwischen der Bocchetta di Scarpia und dem Lago di Pojala ist für seinen Blumenreichtum bekannt. Und auch bei der Alpe della Valle können wir mit etwas Glück seltene Orchideen finden.

Ausgangspunkt: Alpe Devero, 1640 m, Verkehrsanbindung siehe Tour 42.
Anforderungen: Gut unterhaltene und markierte Wanderwege.
Einkehr und Unterkunft: In Devero zahlreiche Restaurants und Herbergen, alle Infos auf www.alpedevero.it. Crampiolo siehe Tour 44.
Karte: Carta Geo4Map 110 »Alpe Devero« 1:25.000.
Beste Jahreszeit: Juli – Oktober.

Varianten: Aufstieg von Devero via Corte d'Ardui und Alpe Sangiatto, diese Streckenführung verkürzt die Wanderung um 30 Minuten (für den ersten Teil siehe Tour 44).
Von der Alpe della Valle über Corbenas, Sangiatto und Ardui nach Devero, etwa 20 Minuten länger als die beschriebene Route über Crampiolo.
Direkter Abstieg von Crampiolo nach Devero, siehe Tour 43.

Alpenastern blühen über dem Val Pojala mit dem Lago di Agaro.

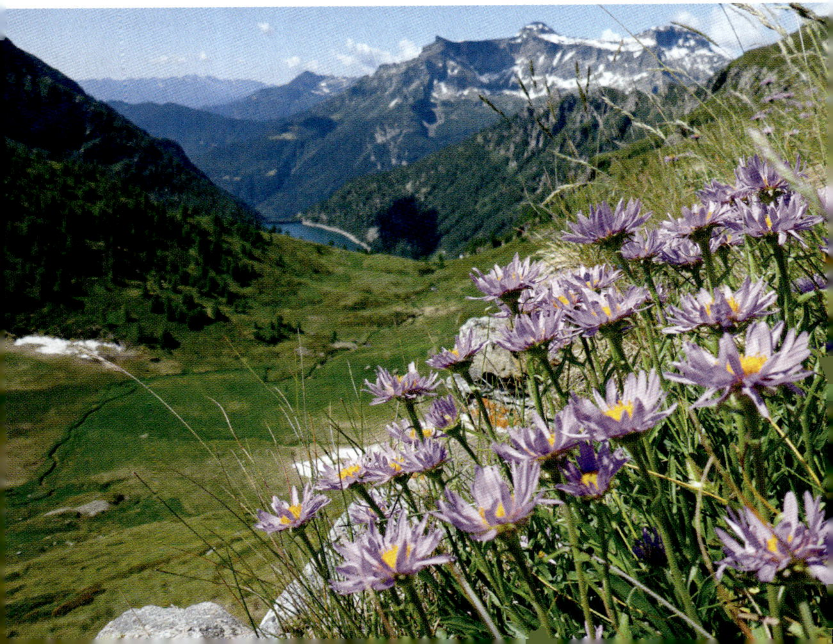

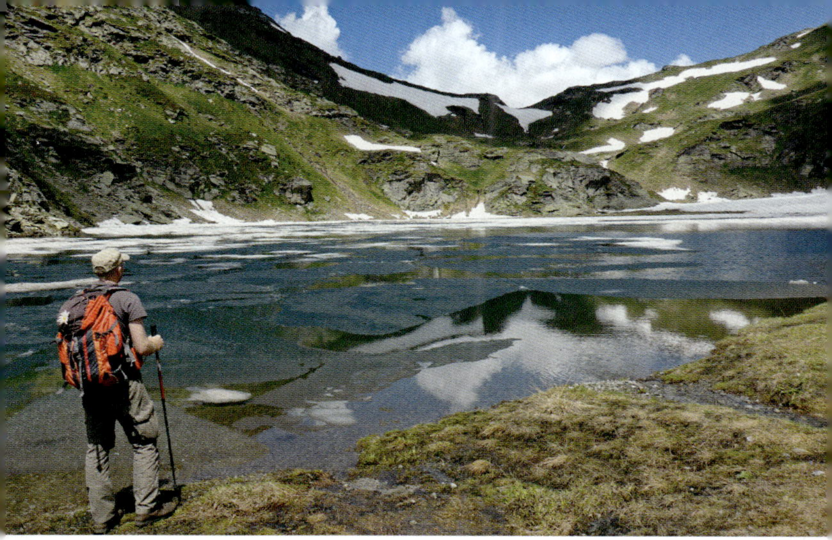

Letzte Eisschollen im Juli auf dem Lago di Pojala.

Von **Devero** ❶, 1640 m, gehen wir wie bei Tour 41 über die Brücke beim Infohäuschen und biegen nach rechts ab (Schild »Cologno«). Den folgenden bewaldeten Hang queren wir auf einem Höhenweg (schöner Blick auf den großen Wasserfall von Devero) und erreichen ein Tälchen, durch das wir aufsteigen. Am Fuß des hintersten Hanges treffen wir auf eine Abzweigung, bei der wir nach rechts gehen und über einige Serpentinen zur Alpe Fontane wandern. Nun halten wir uns links und steigen weiter zu einer Kuppe auf. Dahinter öffnet sich eine kleine Hochfläche mit dem **Lago del Sangiatto** ❷, 2034 m. Am Sattel beim See treffen wir erneut auf eine Weggabelung, an der wir den aufsteigenden Pfad nach rechts wählen. Auf ihm kommen wir bald zu einer weiteren Ebene und schließlich zur **Bocchetta di Scarpia** ❸, 2248 m. Die Wegführung ist im gesamten Aufstieg etwas unübersichtlich, das Gelände jedoch einfach.

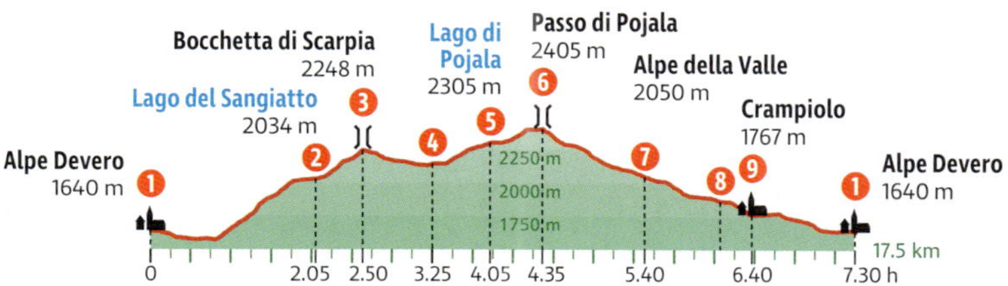

Aus dem Lago di Pojala stürzt der gleichnamige Bach rauschend zu Tal.

Nun steigen wir ein kurzes Stück ab und queren dann durch die Blumenwiesen hoch über dem Lago d'Agaro hinüber zur Alpe Pojala. Hier können wir sowohl silikat- als auch kalkliebende Pflanzenarten antreffen, unter anderem Alpenaster, Edelweiß und auch die Edelraute, aus der der berühmte Likör »Genepì« gewonnen wird. Wir gehen links an den Häusern von **Pojala** ❹, 2148 m, vorbei und durchqueren eine Ebene, in der ein Bergbach in einem Karstschlund verschwindet. Unser Pfad steigt stets links der Ebene auf, durchquert weitere Blumenwiesen und erreicht nach einem Wasserfall den **Lago di Pojala** ❺, 2305 m. Wir gehen am rechten Seeufer entlang und steigen über einen letzten Stich hinauf zum **Passo di Pojala** ❻, 2405 m, wo sich das Panorama über die weiten Ebenen von Satta und Forno öffnet (siehe Tour 41).

Hier beginnt unser Abstieg, der zunächst über eine steile Wiese, dann durch ein sanftes Tälchen bis zur Brücke der **Alpe della Valle** ❼, 2050 m, führt. Auf der anderen Seite des Baches geht es auf einer langen Querung zur östlichen Staumauer des **Lago di Devero** ❽, 1870 m, hinunter. Nachdem wir den kleinen Damm überquert haben, biegen wir nach links ab und treffen bald auf einen breiten Ziehweg, dem wir bis nach **Crampiolo** ❾, 1767 m, mit seinen Einkehrmöglichkeiten folgen. Am nördlichen Dorfrand überschreiten wir den Torrente Devero und steigen wie bei Tour 41 beschrieben über den Lago delle Streghe nach **Devero** ❶ ab.

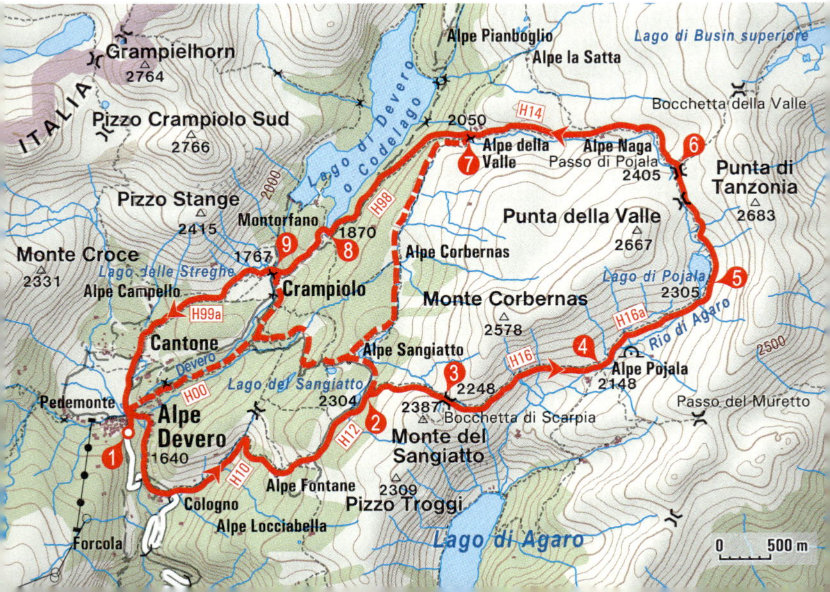

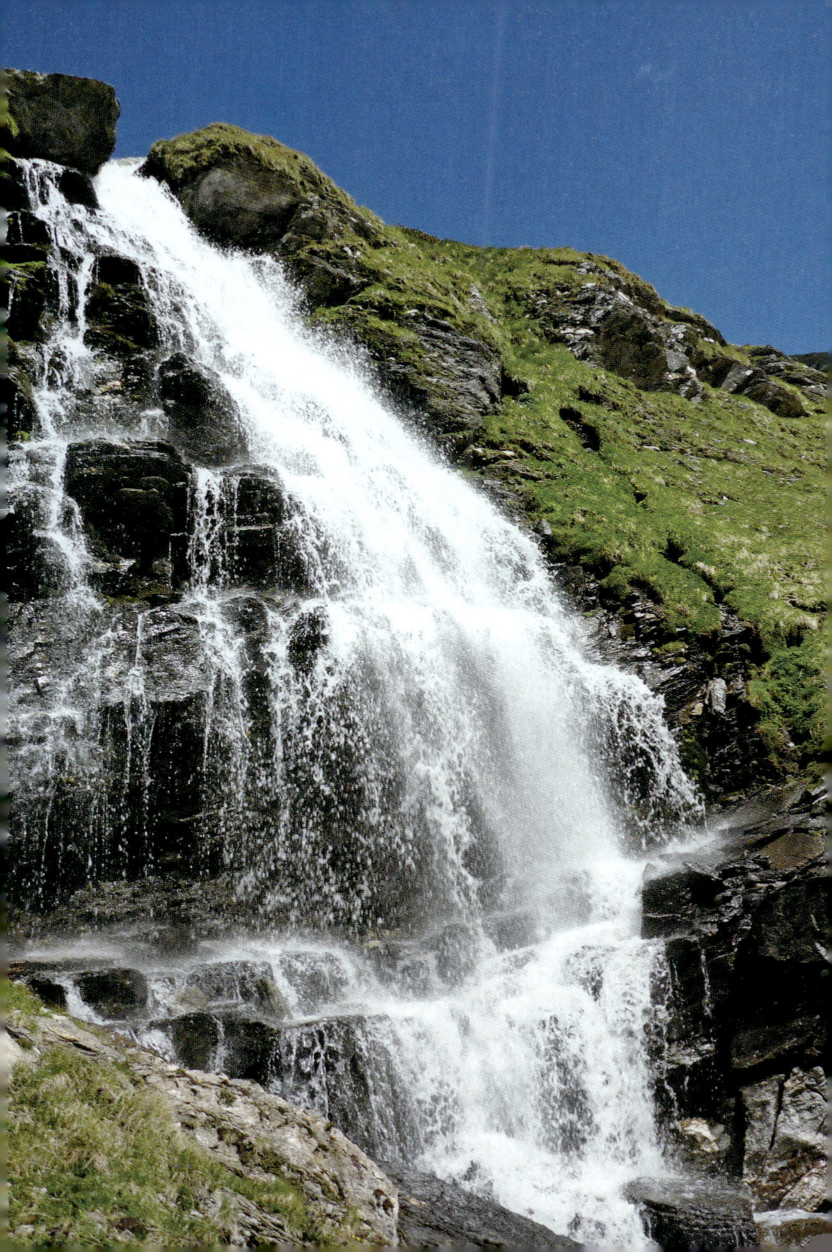

TOP

46 Orridi di Uriezzo, 813 m

↗ 500 m | ↘ 500 m | 9,2 km

3.30 h

Durch eiszeitliche Canyons und Gletschertöpfe

Überall sonst auf der Welt wären diese Schluchten wohl Touristenmagnete, für die viel Werbung betrieben würde und entsprechend Eintritt bezahlt werden müsste. Nicht so im Ossola: Die einmalig schönen Orridi di Uriezzo schlummern nach wie vor einen Dornröschenschlaf. Auf unserer Rundwanderung besuchen wir fast alle der tief eingeschnittenen und begehbaren Canyons und kommen auch durch die hübschen Ortschaften von Crego, Premia und Baceno. In Letzterer besuchen wir die für ihre Fresken berühmte Kirche von San Gaudenzio.

Ausgangspunkt: Baceno, 670 m, Busverbindungen mit Comazzi (Linie Domodossola-Formazza).
Anforderungen: Gute Wander- und Feldwege.
Einkehr und Unterkunft: Crego und Premia siehe Tour 47. Baceno: Hotel Ristorante Vecchio Scarpone, Via Roma 48, Tel +39 0324 62023, www.vecchioscarpone.it.
Karte: Carta Geo4Map 112 »Valle Isorno« 1:25.000.
Beste Jahreszeit: Ganzjährig und bei jedem Wetter möglich.
Varianten: Beliebige Variationsmöglichkeiten, vom kurzen Spaziergang zu den Orridi bis zur langen Wanderung in Kombination mit Tour 47.

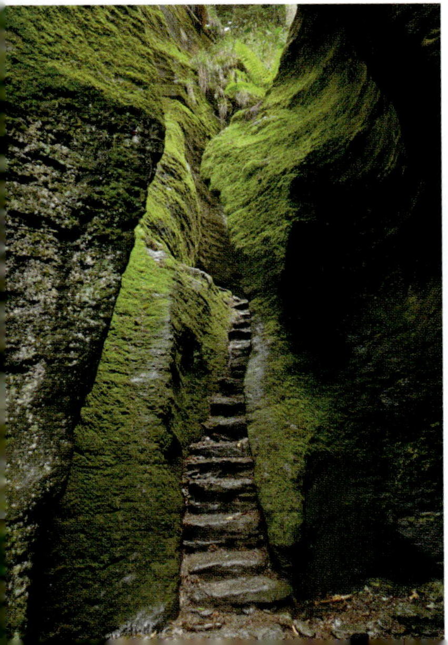

Vom Rathaus in **Baceno** ❶, 670 m, vor dem der Bus hält, gehen wir ein kurzes Stück die Hauptstraße bergab und links in die Via Marconi. Sie bringt uns zur Chiesa Monumentale San Gaudenzio. Nachdem wir die eindrucksvolle, im Innern komplett bemalte Kirche besucht haben (15 Minuten Beleuchtung kosten 2 Euro, die sich lohnen), steigen wir östlich von ihr auf einem gepflasterten Weg ab und folgen schließlich einer breiten Mulattiera nach links. Bei einer Weggabelung (Schilder) halten wir uns wiederum links und steigen zur Wiese von Balmalcore auf, wo wir nun rechts zum ersten Orrido queren. Diese Schluchten

Auch diese Engstelle im Orrido Sud bewältigen wir leicht.

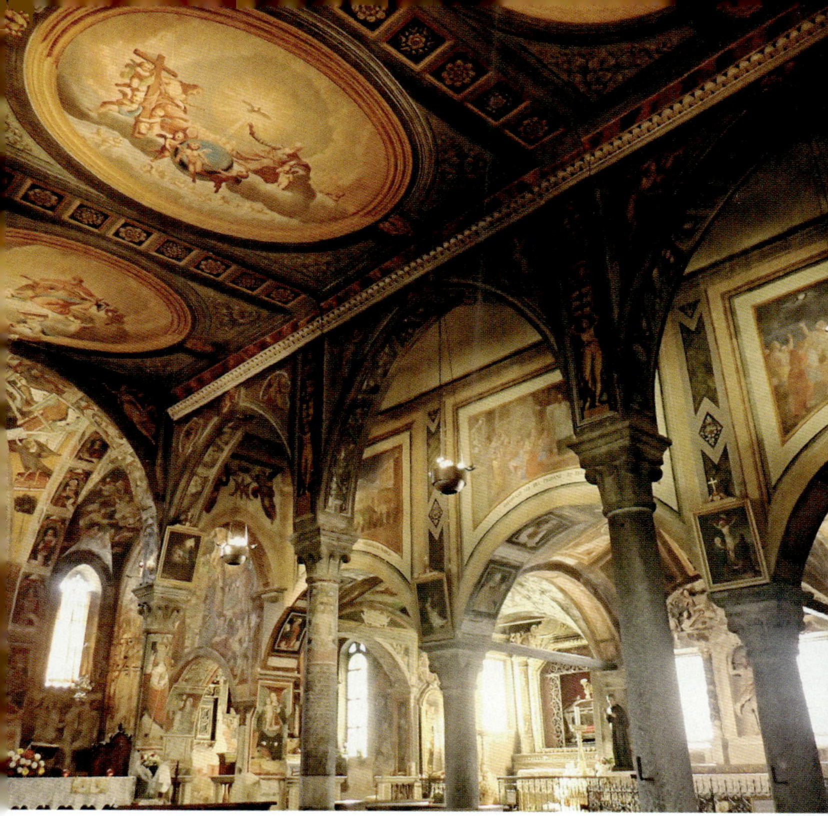

Die bunt bemalte Kirche San Gaudenzio in Baceno.

sind während der letzten Eiszeit entstanden, als die beiden großen Gletscher aus dem Valle Antigorio und dem Valle di Devero hier aufeinandertrafen. Unter dem Eis floss Schmelzwasser unter hohem Druck ab, und mit Steinen angereicherte Wasserwirbel frästen die tiefen Canyons aus dem Fels. Einige davon liegen mittlerweile trocken und lassen sich begehen.

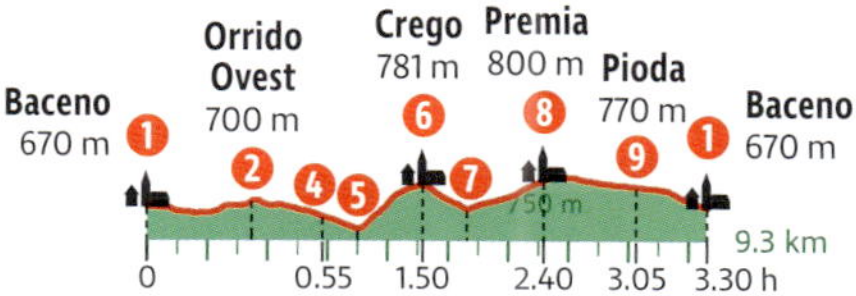

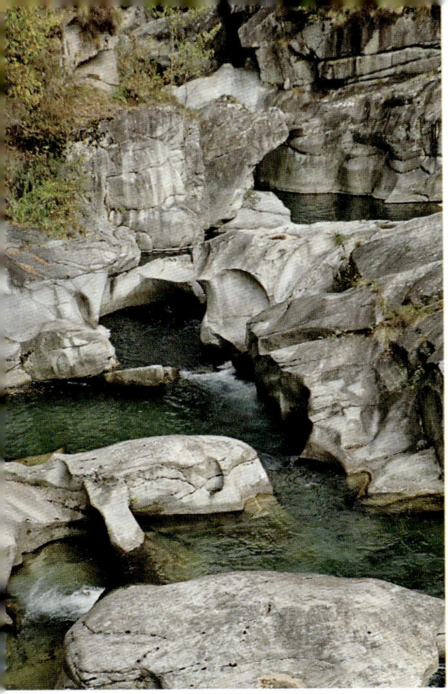

Der junge Toce strömt duch die Gletschertöpfe der Marmitte dei Giganti.

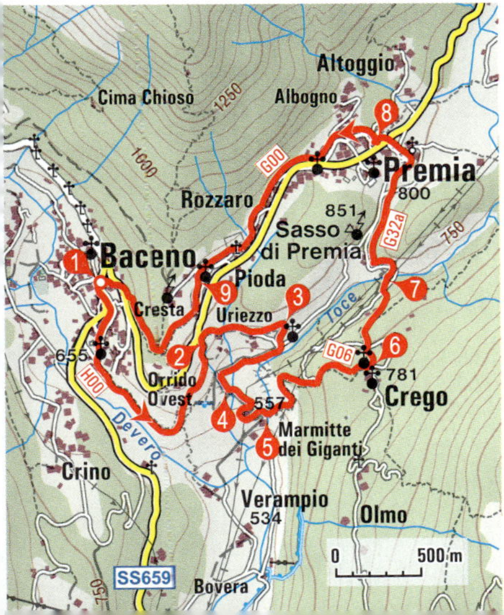

Den **Orrido Ovest** ❷, 700 m, finden wir, indem wir vor einer Warntafel, die sich auf den Weg nach rechts bezieht, nach links gehen. Wir durchsteigen die enge und stellenweise steile Schlucht und treffen an ihrem oberen Ende wieder auf einen breiten Maultierpfad, dem wir nach rechts bergab zu den Häusern von Uriezzo folgen. Kurze Zeit später erreichen wir die nächste Klamm, den **Orrido Nordest** ❸, 670 m. Ein Pfad führt linker Hand zum oberen Ende des Canyons, den wir absteigend begehen. An dessen Ende treffen wir auf eine Fahrstraße. Wir gehen zunächst nach links, dann auf einem Feldweg nach rechts. Die Abzweigung zum Orrido di Balmasurda lassen wir links liegen und kommen so in Kürze zum berühmtesten und eindrucksvollsten Canyon, den **Orrido Sud** ❹, 620 m. Dank einiger Eisenleitern können wir ihn komplett begehen. Manche Stellen sind so eng, dass wir gerade so hindurchkommen. An seinem südlichen Ende treffen wir wieder auf den Feldweg, der uns über ein paar Serpentinen zum nächsten Höhepunkt unserer Wanderung bringt, den **Marmitte dei Giganti** ❺, 557 m. Auch hier hat der Gletscher seine Spuren hinterlassen, doch durch die beinahe perfekt runden »Kessel« tost nach wie vor der schäumende Toce.

Auf der anderen Seite des Flusses, den wir mithilfe einer Brücke überqueren, steht uns ein etwas längerer Aufstieg bevor, zunächst auf einem Waldweg, später einer breiten Mu-

San Gaudenzio wurde auf einem großen Felsblock erbaut.

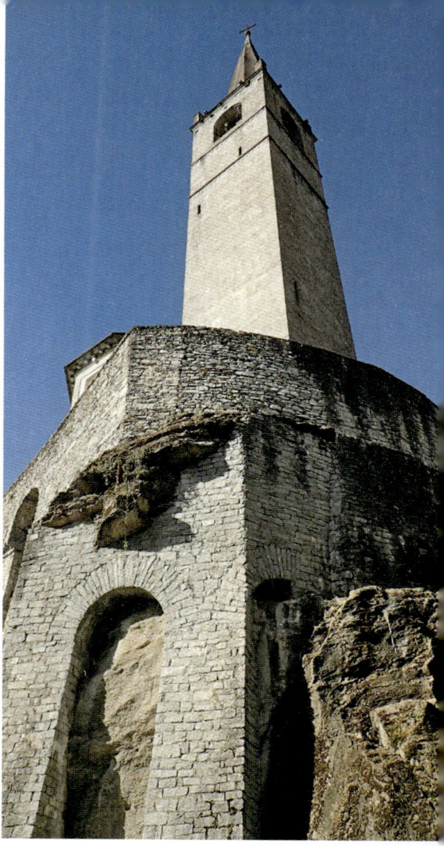

lattiera bis zum Dörfchen **Crego** ❻, 781 m. Sehenswert ist hier die Kirche mit ihrem rundläufigen Bogengang aus edelstem Antigorio-Gneis (»Serizzo«), von der man ein großartiges Panorama genießt.
Direkt hinter dem Bauwerk steigen wir auf gutem Weg ab, kreuzen dabei zweimal eine asphaltierte Straße und erreichen so die nächste Schlucht, den **Orrido di Arvera** ❼, 657 m. Auch hier strömt wiederum der Toce hindurch, und auch hier bringt uns eine kleine Brücke auf die andere Seite. Dort steigen wir in Kürze zur Fahrstraße auf, der wir nach links folgen. Wir durchqueren auf ihr die Balmafredda genannte Schlucht und verlassen das Sträßchen auf einem geradeaus über eine Wiese führenden Wanderweg. Bei den unteren Häusern von Premia gehen wir nach links, berühren in einer Kurve wieder kurz die Straße und steigen, uns weiterhin links haltend, durch Häuser hindurch zur Ortsmitte auf. In **Premia** ❽, 800 m, überqueren wir die Hauptstraße und gehen zum Dorfplatz. Rechter Hand, hinter dem Rathaus, können wir einen historischen »Kühlschrank« bewundern: In einem in die Erde eingelassenen Bauwerk wurde hier früher während des Winters Schnee angehäuft, um im Sommer damit das Fleisch zu kühlen.
Etwas oberhalb des Rathauses treffen wir auf die Via Rodis, der wir nach links folgen. Sie bringt uns zur Hauptstraße zurück, die wir wiederum überqueren. Wir gehen durch den hübschen Weiler Piazza und traversieren die Straße ein drittes Mal. Am Ende einer kleinen Seitenstraße finden wir einen Maultierpfad vor, der uns nach Rozzaro und Pioda bringt (Schilder). In **Pioda** ❾, 770 m, gehen wir an der Kirche vorbei, dann leicht links und geradeaus weiter, ehe wir erneut auf einen Weg stoßen. Auf diesem wandern wir bis nach **Baceno** ❶ zurück.

↗ 870 m | ↘ 870 m | 10,4 km

47 Aleccio, 1466 m

5.00 h

Über kühne »Kuhstraßen« zu märchenhaften Alpweiden

Das tief eingeschnittene Valle Antigorio wird zu beiden Seiten von fast senkrechten Felswänden eingerahmt. Damit die Bauern dennoch ihr Vieh auf die guten Weiden darüber treiben konnten, wurden eindrucksvolle künstliche Bauten errichtet. Über sie wandern wir zur blumenreichen Hochfläche von Aleccio und kommen auf dem Rückweg an einem der höchsten Wasserfälle im Ossola vorbei.

Ausgangspunkt: Premia, 800 m, Halt der Buslinie Domodossola–Formazza.
Anforderungen: Maultierpfade und Wanderwege, mitunter etwas steil und nicht immer gut markiert.
Einkehr und Unterkunft: Premia: Albergo Ristorante Miravalle und Minoli, Via Provinciale 32 und 41, Tel. +39 0324 62478, beide über www.alberghiminoli.it buchbar. Für einen Cappuccino die Bar Cooperativa neben dem Miravalle. In Crego bietet das Rifugio Monte Zeus lokale Spezialitäten an: Tel. +39 347 2227421, www.viciniaziendaagricola.it.
Karte: Carta Geo4Map 112 »Valle Isorno« 1:25.000.
Beste Jahreszeit: Mai – Oktober. Im Frühsommer ist der Rio d'Alba zwischen Bee und Aloro manchmal noch mit Lawinenresten gefüllt, was dessen Traversierung erschwert.
Varianten: In Aleccio kann man etwas oberhalb der Alpstraße weglos über die Blumenwiesen wandern. Ein Abstecher zum oberen Haus von Cürt d'Silvestar ist lohnenswert, der Abstieg via Crupai jedoch etwas unübersichtlich.
Von Crego gibt es die Möglichkeit, wie bei Tour 46 über den Orrido di Arvera direkt nach Premia zu gehen.

Auf der perfekt konstruierten »Kuhstraße« nach Boschetto.

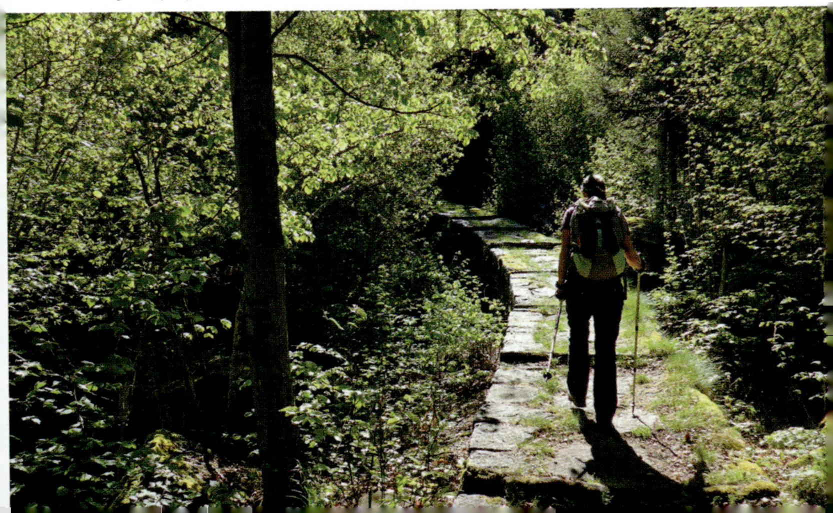

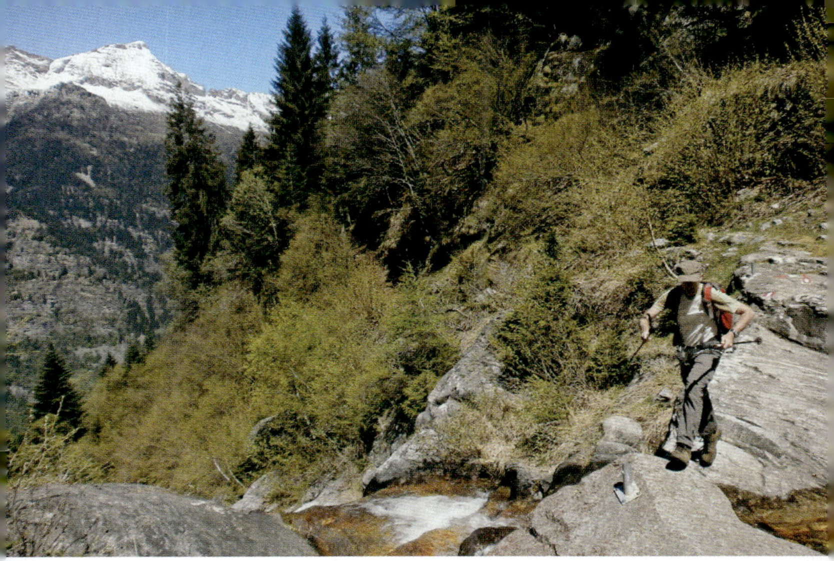

Die Furt am Rio d'Alba ist meist problemlos passierbar.

In **Premia** ①, 800 m, folgen wir der Hauptstraße bergab nach Norden, ehe bei einem Bildstock unser Weg rechts auf Wiesen einbiegt. Auf ihm gelangen wir, stets leicht links haltend, zur Brücke über den jungen Toce und auf der anderen Seite nach **Cagiogno** ②, 736 m. Wir gehen bis zum östlichen Dorfrand, wo bei einem steingedeckten Waschtrog eine der schönsten »Strà di Vacch« der Gegend ansetzt. Die Kuhstraße, ein Meisterwerk der Wegebaukunst, schraubt sich in vielen Serpentinen den Berg hinauf und überwindet dabei auch einen großen Felssturz. In **Boschetto** ③, 1205 m, geht sie in einen guten Wanderweg über und führt zur Hochebene von **Bee** ④, 1297 m. Dort wandern wir nach Süden, zunächst eben, später über Serpentinen aufsteigend, zur Schlucht des Rio d'Alba und auf der anderen Seite nach **Aloro** ⑤, 1387 m, wo wir die weitläufigen Weiden Aleccios erreicht haben.

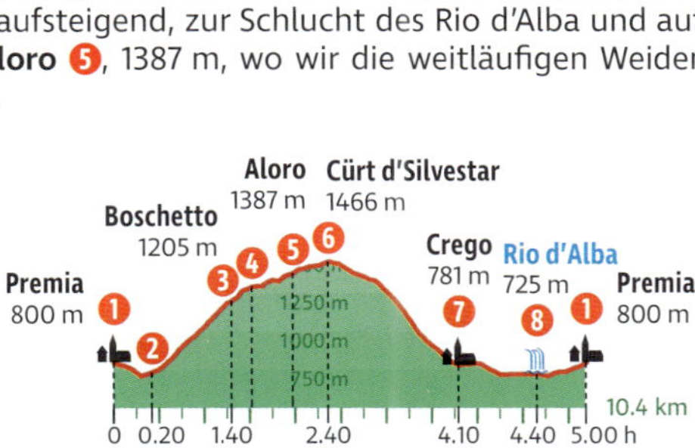

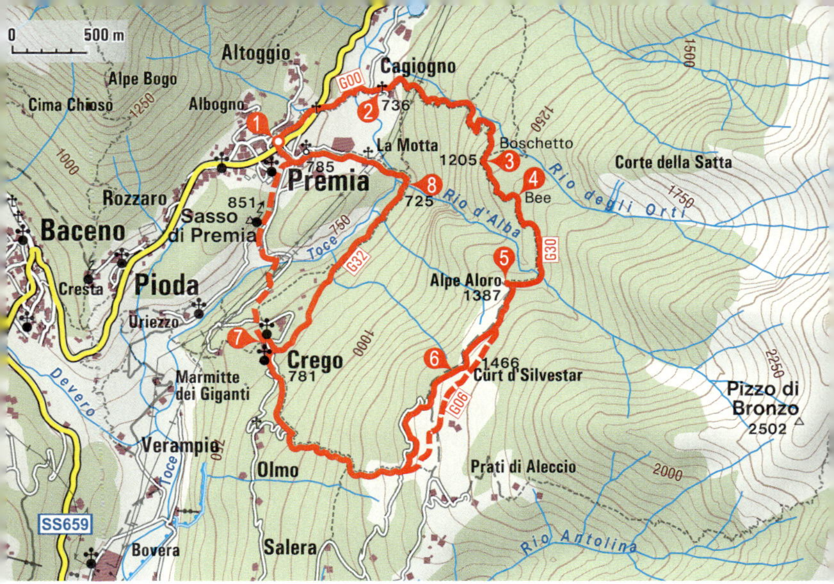

Säulengang der Kirche in Crego mit Blick auf den Monte Cistella.

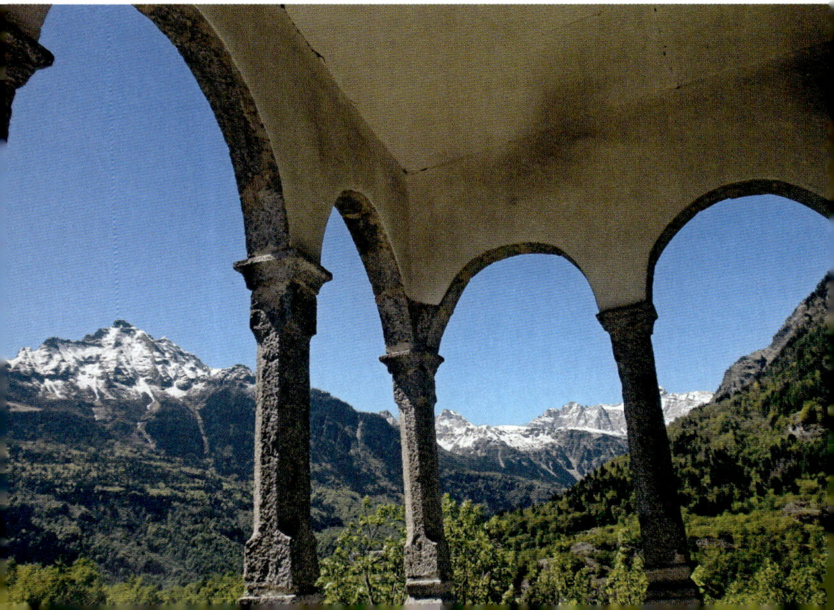

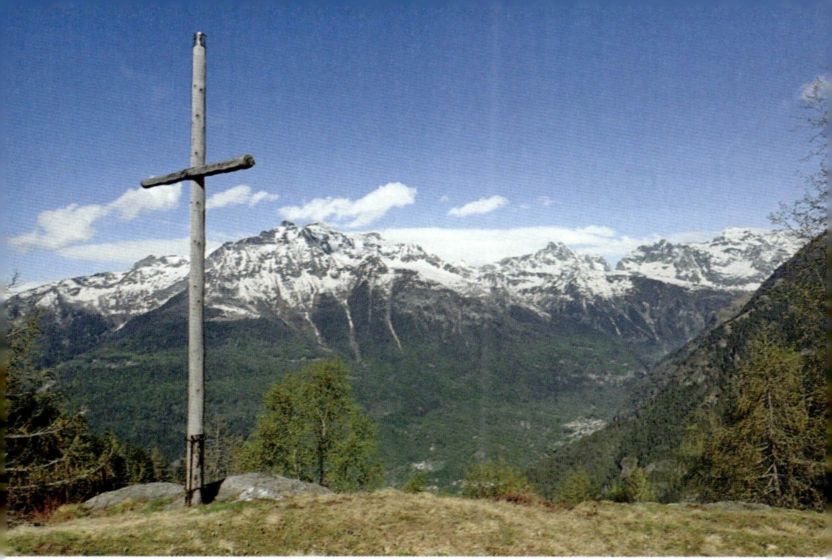

Aleccio mit den hohen Bergen des Val Devero gegenüber.

Nun folgen wir einer Alpstraße leicht bergauf bis **Cürt d'Silvestar** 6, 1466 m, vorbei an zahlreichen Steinhütten und Blumenwiesen. Kurze Zeit später verzweigt sich die Piste. Wir gehen nach rechts, kommen nach einer Serpentine an Häusern vorbei und passieren ein kleines Tälchen. Unsere Route biegt nach rechts auf einen Wanderweg ab, der steil, aber einfach zu begehen zunächst über Wiesen, dann durch Wald nach **Crego** 7, 781 m, hinabführt. Es lohnt sich ein Abstecher zur schön gelegenen Kirche mit ihrem Säulengang. Von ihr gehen wir ein Stück auf der Straße zurück und biegen links auf eine Wiese ein (Holzschild). Auf einem manchmal etwas unübersichtlichen, aber mit Punkten und kleinen Wegweisern versehenen Waldweg gelangen wir so zu einer breiten Wasserleitung, der wir folgen. An deren Ende treffen wir auf den **Rio d'Alba** 8, 725 m, der hier einen enormen Wasserfall bildet. Wenig später halten wir uns bei einer Abzweigung links, überqueren den Toce und steigen nach rechts auf einem Weglein zu Stallungen unterhalb von **Premia** 1 auf, das wir über ein Sträßchen erreichen.

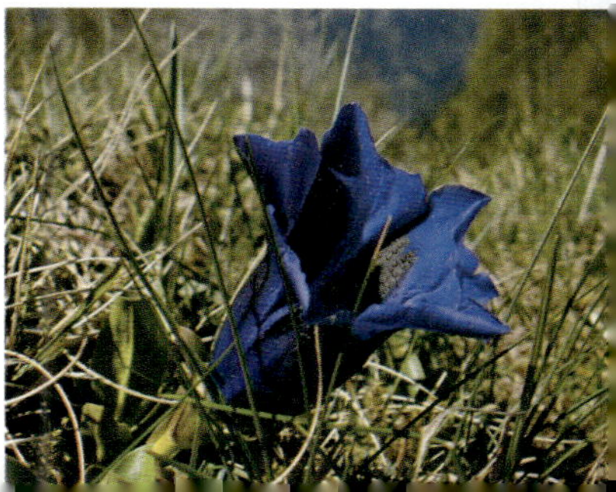

Im Mai und Juni blühen auf den Wiesen rund um Bee und Aleccio die Enziane.

↗ 1050 m | ↘ 1100 m | 10,5 km

6.50 h

48 Spotigine und la Balma, 1820 m

Durch die wilden Hänge des Valle Antigorio

Die Westflanke des Tals ist eine Spur weniger steil als jene im Osten (siehe Tour 49), doch Freunde der direkten Auf- und Abstiege kommen auch hier voll und ganz auf ihre Kosten. Obwohl in den letzten Jahren zahlreiche Wege neu markiert und instand gesetzt wurden, sind sie bei Wanderern so gut wie unbekannt. Einsamkeit ist also garantiert. Unsere Tour führt uns über abenteuerlich angelegte »Kuhstraßen« zu einigen der schönsten Aussichtsterrassen und »Gneisbalkonen«. Ganz zum Schluss dann noch der Höhepunkt des Tals, ebenfalls kaum bekannt: eine vor über 400 Jahren angelegte Wendeltreppe durch eine senkrechte Felswand.

Ausgangspunkt: Premia, 800 m, Halt der Buslinie Domodossola – Formazza.
Anforderungen: Steile und mitunter wilde Steige, nicht immer gut markiert.
Einkehr und Unterkunft: Premia siehe Tour 47, San Rocco siehe Tour 49. Direkt gegenüber der Terme di Premia das Ristorante La Fruetta, Tel. +39 0324 602858, www.ristorantelafruetta.it. Wenige Schritte weiter in Cadarese das Hotel Monte Giove mit Restaurant und Bar, Tel. +39 380 7808234, www.hotelmontegiove.com.
Karte: Carta Geo4Map 109 »Alpe Veglia« 1:25.000.
Beste Jahreszeit: Mai – November.
Variante: Ab Almaiò zurück nach Premia, was die Wanderung insgesamt zu einer Rundtour macht. Ungefähr gleiche Gehzeit.

Alpenkitsch bei la Balma.

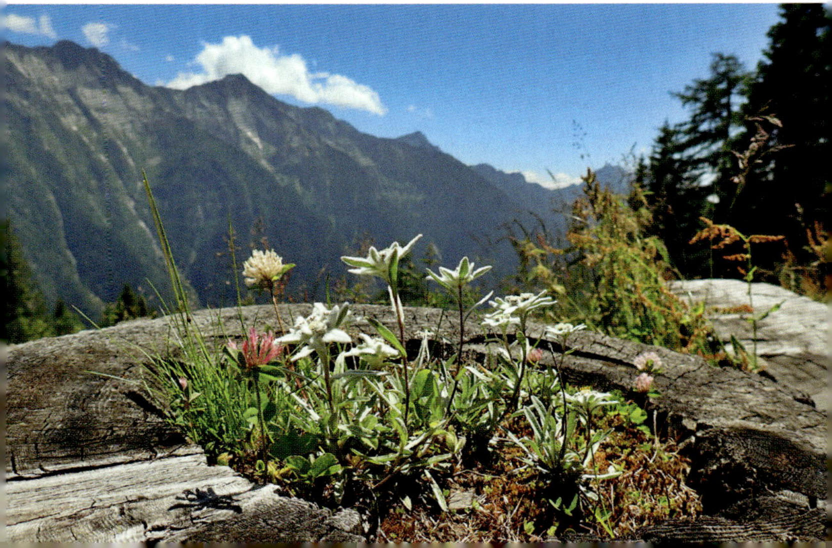

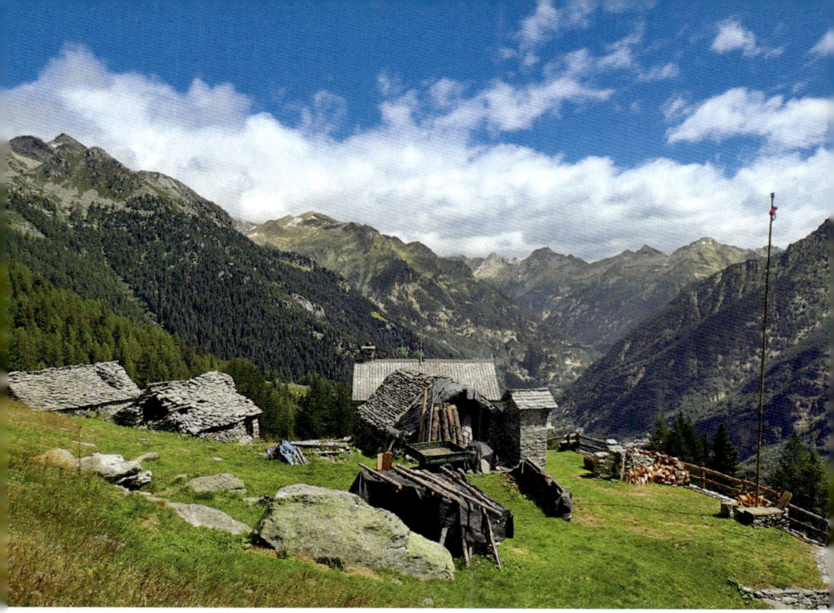

Spotigine thront hoch über dem Valle Antigorio.

Unsere Wanderung startet in **Premia** ❶, 800 m, und führt wie Tour 50 über **Albogno** ❷, 850 m, zur Madonna dell'Oro hinauf. Kurz nach der Felsstufe, und noch bevor wir die Kirche erreichen, zweigt unsere Route jedoch nach links ab. Die Weggabelung ist nicht ausgeschildert, der Pfad jedoch recht deutlich. Bald finden wir auch erste rot-weiße Markierungen vor. Sie bringen uns zu den Häusern von **Pianez** ❸, 1023 m, wo der eigentliche und nun auch recht steile Aufstieg beginnt. Der alte, ursprünglich für die Kühe angelegte Weg windet sich in unzähligen Serpentinen und über diverse Felsbänder, die teilweise nur dank kühner Treppenbauten überwindbar

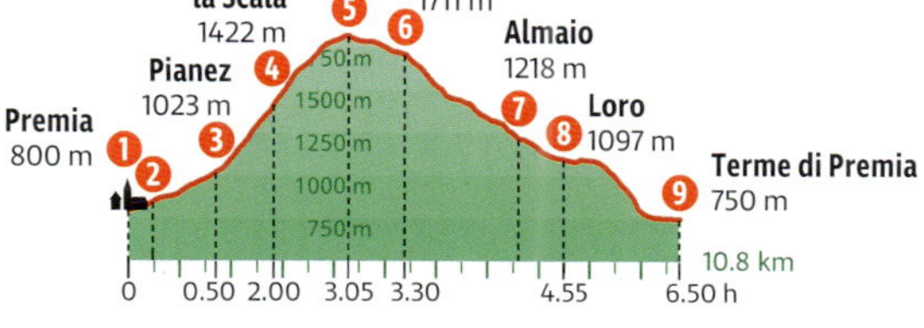

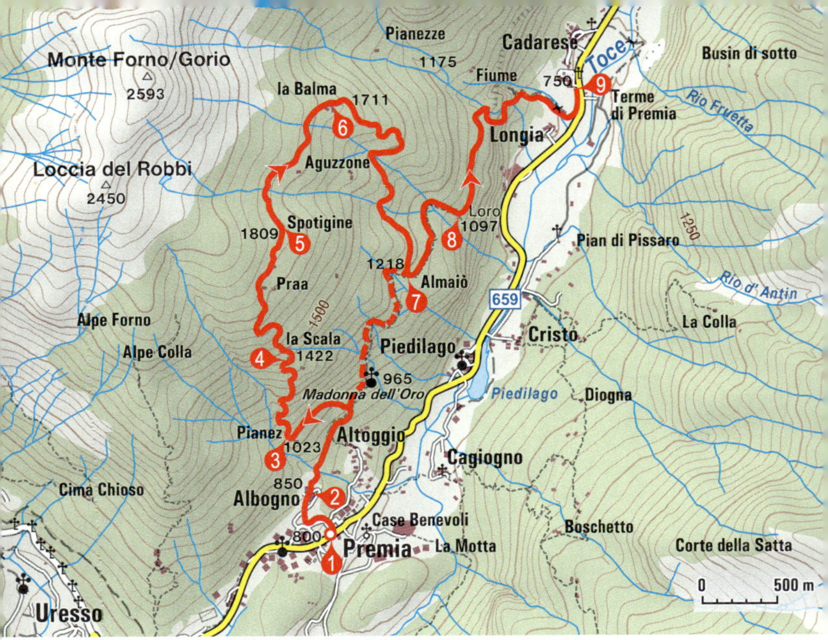

Die atemberaubende »Wendeltreppe« von Longia.

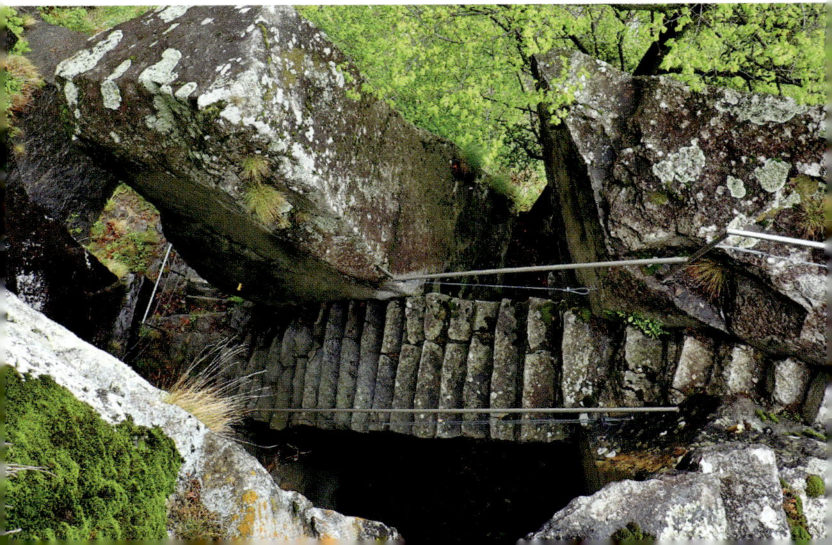

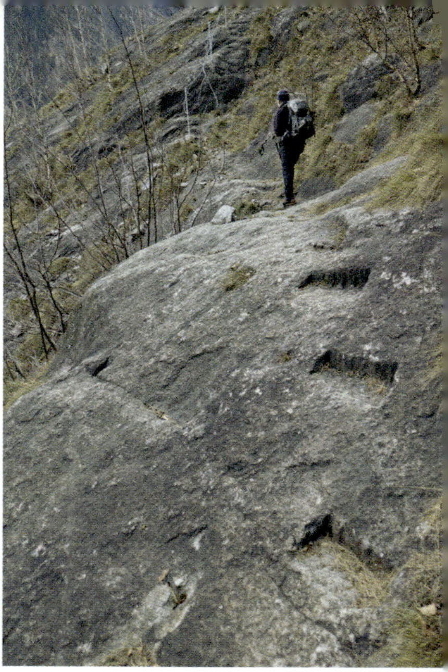

Der Erfindungsreichtum der Bauern kannte keine Grenzen: bei Longia wurde eine felsige Passage durch Einkerbungen (»tacche«) passierbar gemacht.

sind, nach **la Scala** ❹, 1422 m, hinauf. La Scala bedeutet nicht anderes als »die Treppe«, der Name ist hier Programm. Von einem mit zahlreichen Inschriften und Einkerbungen versehenen Felsen haben wir einen großartigen Ausblick auf fast das gesamte Tal. Der Weg steigt weiter durch ein Farnfeld an und erreicht den darüberliegenden Nadelwald, wo er an Qualität gewinnt. Kurz vor der Alpe Laricè müssen wir nochmals aufpassen, da wir nicht dem deutlichen Pfad zu den Häusern folgen, sondern links bergauf gehen müssen. Kurze Zeit später ereichen wir den höchsten Punkt der Tour, **Spotigine** ❺, 1820 m.

Von den renovierten Hütten in sensationeller Lage führt ein gut markierter Weg erst geradeaus, dann leicht fallend zur »Schwesteralp« **la Balma** ❻, 1711 m, auch Termine genannt, wo unser Abstieg beginnt. Die nun folgende »Strà di Vacch« ist nochmals eindrucksvoller als jene unseres Aufstiegs und zieht sich durch unpassierbar erscheinende Wände und Schluchten. Insbesondere am Anfang im lockeren Lärchenwald müssen wir genau auf die Markierungen achten, später können wir sie kaum noch verfehlen. So erreichen wir die Maiensäss **Almaiò** ❼, 1218 m, und gehen wie bei Tour 50 bis nach **Loro** ❽, 1097 m. Dort folgen wir nicht dem Schild »Longia EE« (ein ebenfalls sehr eindrucksvoller Pfad über ausgesetzte Bänder), sondern wandern weiter auf dem G17, bis dieser merklich ansteigt. Wir gehen geradeaus auf deutlichem Weg weiter, überqueren den Rio di Fiume, halten uns bei einer Abzweigung rechts absteigend und erreichen so die wohl kühnste Treppenanlage im Ossola, erbaut im Jahre 1612 (diese Jahreszahl können wir auf dem Felsen am Einstieg nach wie vor entziffern). Sie ist durchgehend mit einem Geländer gesichert, führt durch eine senkrechte Wand, unter einem Felsen hindurch (mit der Jahreszahl 1655) und über eine ausgesetzte Platte zu einem riesigen Wasserfall, bei dem wir eine Piste erreichen, die uns in Kürze zur Hauptstraße und den **Terme di Premia** ❾, 750 m, bringt. Die schlecht ausgewiesene Bushaltestelle befindet sich direkt an der Abbiegung zum Thermalbad.

↗ 1250 m | ↘ 1250 m | 11,0 km

49 Alpe Groppo, 2010 m

7.30 h

Zur größten Felsnase im Ossola

Wilde Runde durch die kaum begangene, schroffe Antigorio-Ostflanke. Obwohl es vom Tal aus unmöglich erscheint, die senkrechten Granitfelsen zu überwinden, schlängelt sich doch ein von den Bauern angelegter Steig hindurch. Oben wartet ein lohnendes Ziel auf uns: die geradezu unwirklich erscheinende Nase von Groppo mit ihren Ruinen und Türmchen, von der wir ein großartiges Panorama über Antigorio und Formazza genießen können.

Ausgangspunkt: San Rocco, 772 m, Halt der Buslinie Domodossola–Formazza.
Anforderungen: Gut markierte Pfade, die meist schmal und abschnittsweise verwachsen sind. Sie führen durch wildes und mitunter ausgesetztes Gelände. Die tief eingeschnittene Rinne bei l'Assina ist manchmal bis in den Juli hinein mit Lawinenschnee gefüllt, was die Passage verunmöglicht. Daher sollte die Wanderung nur in der beschriebenen Richtung begangen werden, um im Zweifelsfall umkehren zu können.
Einkehr: Panevino in San Rocco, gute Küche, täglich außer Dienstag ab 12 Uhr geöffnet, Tel. +39 340 8282458.
Karte: Carta Geo4Map 111 »Val Formazza« 1:25.000.
Beste Jahreszeit: Juli – Oktober. Aufgrund der (lauten) Steinbruchaktivität im Tal wird empfohlen, an Sonn- und Feiertagen unterwegs zu sein.
Variante: Man kann mit dem Bus bis zum Torre del Passo fahren, was die Tour um 40 Minuten verkürzt, wenn man sie nicht als Rundtour begeht.

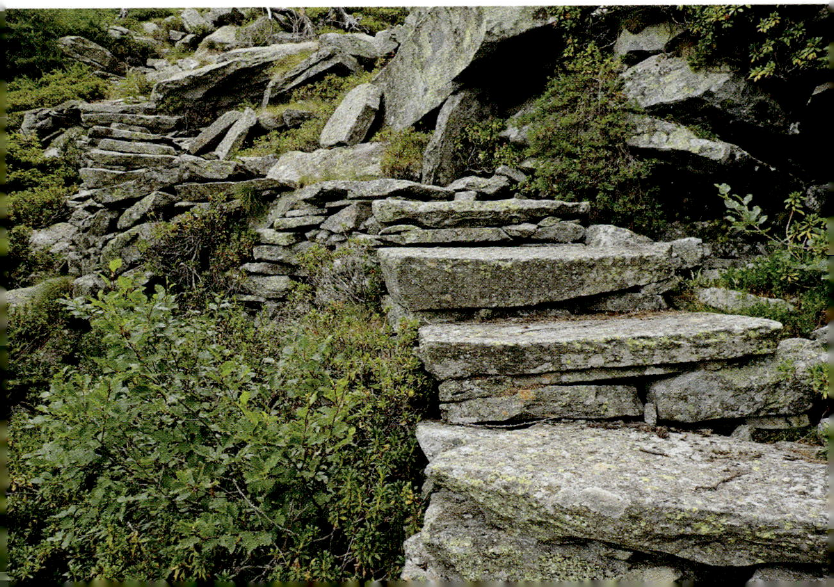

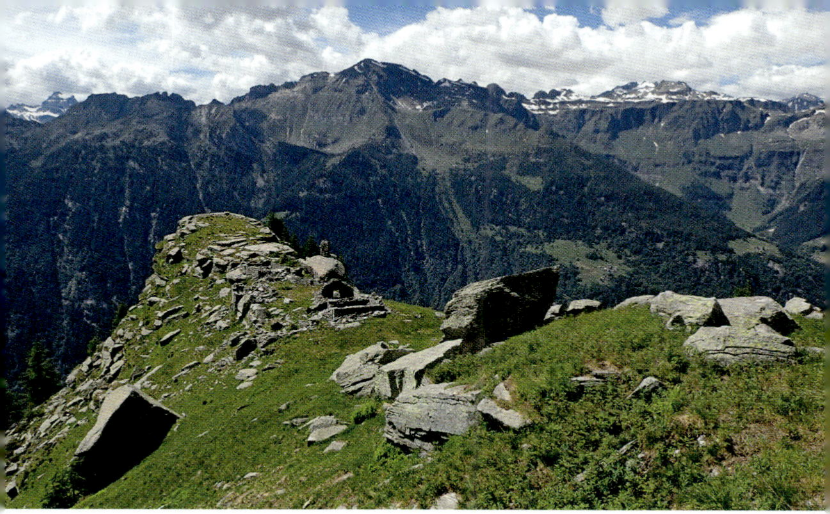

Oben: Auf der Nase der Alpe Groppo finden sich zahlreiche Ruinen und Mauerreste.
Links: Reste des alten Älplerwegs zwischen Groppo und Busin.

Wir gehen in **San Rocco** ❶, 772 m, ein Stück nach Norden und biegen bei einem Schild nach rechts auf einen Pfad ein, der uns zu einer Brücke über den jungen Toce und weiter auf der anderen Flussseite an Passo vorbei bis zur Steinbruchpiste des **Torre del Passo** ❷, 818 m, bringt. Der Piste folgen wir bis zum Beginn des Steinbruchs, wo unser Weg links abzweigt. Da das Abbaugebiet ständig umgestaltet wird, ändert sich auch der Routenverlauf fortwährend. Er wird aber gut unterhalten und entsprechend immer wieder neu markiert. Oberhalb des Steinbruchs windet er sich über Felsbänder den Berg hinauf, ehe er nach einem steilen Waldstück bei **l'Assina** ❸, 1183 m, horizontal nach rechts in eine Schlucht hineinführt. Über ein luftiges Band erreichen wir den tief eingeschnittenen Grund der Rinne, die

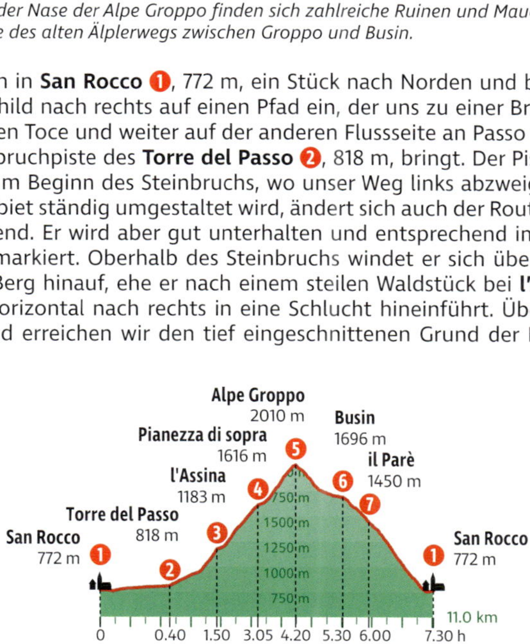

Unser Pfad führt durch die tief eingeschnittene Schlucht von l'Assina.

wir unter einem überhängenden Felsen queren. Auf der anderen Seite ist das Gelände etwas harmloser und wir wandern auf gutem Waldweg vorbei an einigen Häusern zu den Ruinen von **Pianezza di sopra** ❹, 1616 m. Nun verlassen wir den Wald und schlängeln uns, nicht mehr ganz so steil, durch Buschland und Alpenrosenhänge hinauf. Dabei kommen wir auch an einem großen Wasserfall vorbei. Nach ein paar letzten Steilstücken erreichen wir schließlich die **Alpe Groppo** ❺, 2010 m. Wir überschreiten die Nase und steigen auf der anderen Seite auf einem ebenfalls wilden, doch durchgehend markierten Weg ab, wobei wir immer gut auf die Zeichen achten müssen, um ihn nicht zu verlieren. Nach einer längeren Querung unter einer hohen Wand (mit teilweise rutschigen und steinschlaggefährdeten Stellen) kommen wir zur **Alpe Busin** ❻, 1696 m, wo die Wegqualität deutlich besser wird. So steigen wir von Felsstufe zu Felsstufe über den teilweise schön angelegten und mit Treppen versehenen Weg ab. Dabei kommen wir bei **il Parè** ❼, 1450 m, an einer eindrucksvollen »Balm« vorbei (siehe Tour 16). (Die Schilder, die hier aufgestellt wurden, tragen leider falsche Ortsbezeichnungen.) Nach einem letzten, von Vegetation bedrängten Steilstück erreichen wir den Talgrund bei der Brücke von **San Rocco** ❶, über die wir zum Ausgangspunkt zurückkehren.

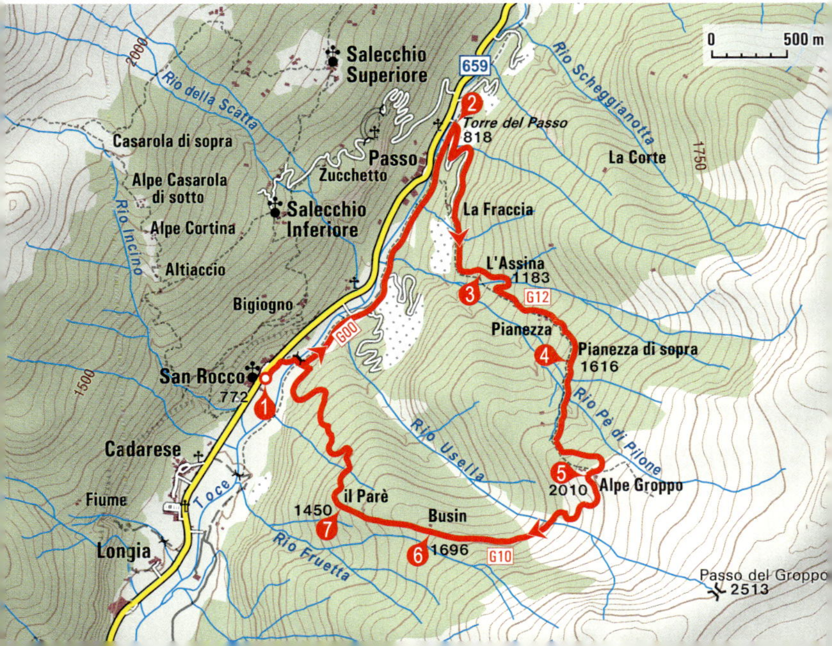

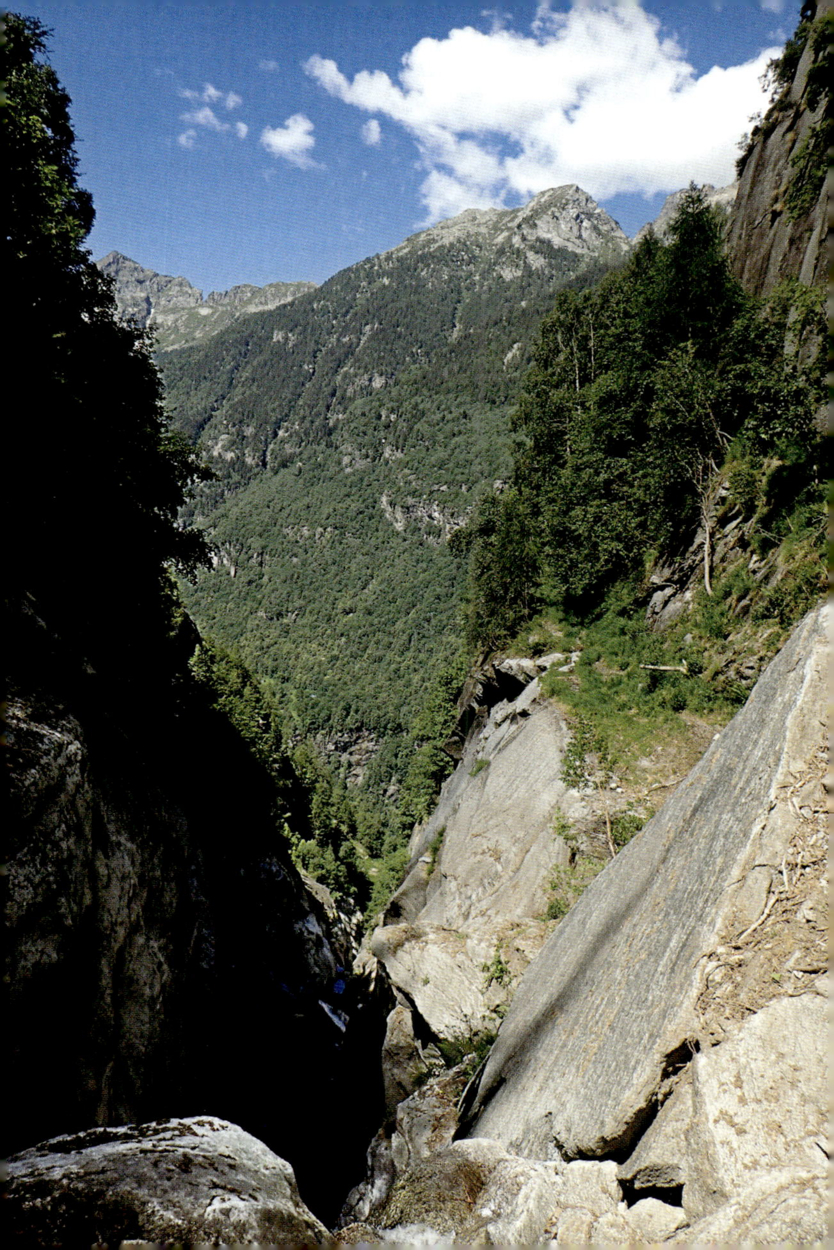

↗ 1430 m | ↘ 1000 m | 15,8 km

50 Alta Via Antigorio und Salecchio, 1560 m

10.00 h

Kaum bekannter Höhenweg durch eine der steilsten Talflanken der Alpen

Auch diese Wanderung haben wir wieder einmal den ehemaligen Bauern zu verdanken, die den schier unmöglich erscheinenden Steig durch die Granitflanken des Valle Antigorio konstruiert haben. Dabei hielten sie sich an natürliche Felsbänder, auf denen wir mal mehr, mal weniger hoch über dem Grund das gesamte Tal abschreiten. Nach dem ersten sehr wilden Abschnitt passieren wir eines der schönsten Bergdörfer des Ossolas, Salecchio. Einst gab es in diesem Walserweiler Schule, Kirche, Sägerei ... Heute lädt dort ein Rifugio zum Verweilen ein und bietet uns die Möglichkeit, diese lange Tour auf zwei Tage aufzuteilen.

Ausgangspunkt: Premia, 800 m, Halt der Buslinie Domodossola – Formazza.
Anforderungen: Im ersten Abschnitt bis Salecchio teilweise wilde, schmale und ausgesetzte Wege, die jedoch stets gut markiert sind. Ab Salecchio gut unterhaltene Wanderwege.
Einkehr und Unterkunft: Premia siehe Tour 47. In Salecchio superiore das Rifugio Zum Gora, Tel. +39 346 5380279, www.rifugiozumgora.it.
Karten: Carta Geo4Map 109 »Alpe Veglia« und 110 »Alpe Devero« 1:25.000.
Beste Jahreszeit: Mai – November.
Varianten: Abstieg vom Rio Incino nach San Rocco oder von Vova nach Rivasco, wo jeweils Busanschluss besteht.
Wer sich den wilden (aber auch faszinierenden) ersten Teil der Wanderung sparen möchte, kann vom Torre del Passo (Bushaltestelle) über eine Schotterpiste nach Salecchio aufsteigen. Der steile Direktweg von San Rocco nach Salecchio ist in schlechtem Zustand und nur für sehr erfahrene Berggänger geeignet.
Von Longia bei Cadarese führt eine faszinierende Treppenkonstruktion durch die senkrechten Granitwände – ein echter Geheimtipp (siehe Beschreibung der Tour 48)!

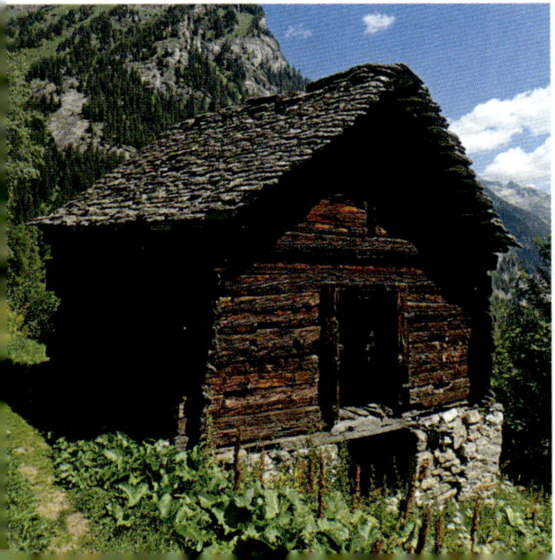

Vom Dorfplatz in **Premia** ❶, 800 m, gehen wir wie bei Tour 46 in die Via Rodis und biegen bei Wegweisern rechts nach **Albogno** ❷, 850 m, ab. Am oberen Dorfrand setzt unsere Route an, die zunächst auf einem kleinen Pfad durch Wald führt und dann in eine eindrucksvolle Mulattiera übergeht. Über viele Treppenkonstruktionen erreichen wir die Kirche der **Madonna dell'Oro** ❸,

Lischäbodä: typisches Walserhaus mit sogar noch walserdeutschem Namen.

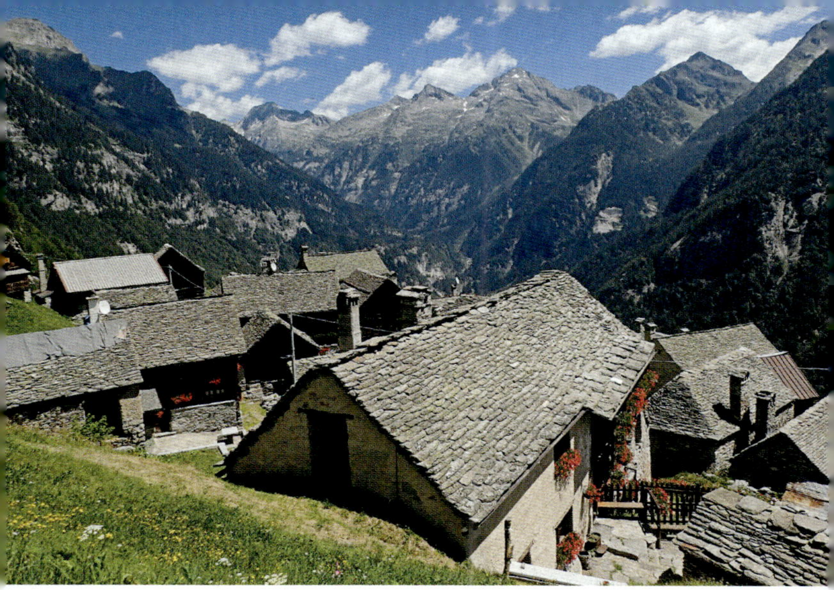

Früher ganzjährig bewohnte Walsersiedlung Salecchio superiore.

965 m, und wandern weiter auf dem breiten Maultierpfad bergauf. Bald wird er etwas ungepflegter, bleibt aber angenehm zu begehen. Nach einem mit einem alten Geländer gesicherten, luftigen Abschnitt passieren wir eine Abzweigung, gehen über einen bewaldeten Rücken und steigen über wiederum großzügig angelegte Treppen in eine Rinne ab, hinter der wir die Häuser auf der breiten Nase von **Almaiò** 4, 1218 m, erreichen. Im Pionierwäldchen dahinter verliert sich die Spur etwas und wir müssen genau auf die Markierungen achten, die leicht rechts bergab führen. Durch wildes Gelände wandern wir auf einem nun schmaleren, aber weiterhin deutlich erkennbaren Weg in die nächste Rinne hinab, zu weiteren Häusern dahin-

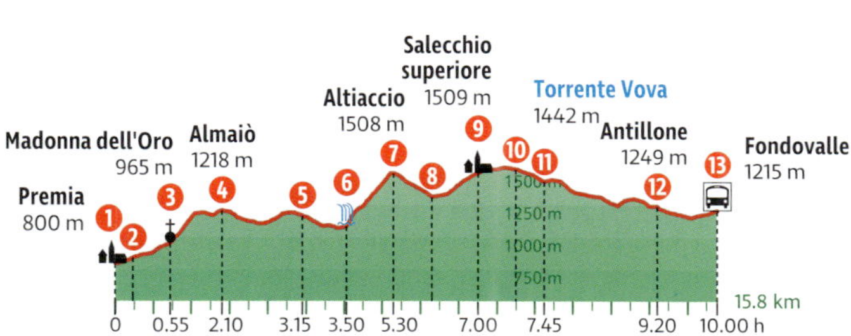

ter (Loro) und schließlich zunächst ab-, dann wieder deutlicher ansteigend zur Wasserfassung von Bacino. Es folgt die nächste Rinne (teilweise mit Ketten gesichert), ehe wir nach **Fiume** 5, 1175 m, kommen. Nun folgen wir nicht den Markierungen nach rechts hinunter, sondern wandern durch die Häuser zu einer alten Seilbahnstation und weiter geradeaus in den Hang hinein. Die Route bleibt auch hier gut gekennzeichnet. Es folgt das wildeste Stück der Querung, für das man eine ordentliche Portion Schwindelfreiheit mit dabeihaben sollte. Auf schmalen Bändern wandern wir durch senkrechte Granitwände – an einigen Stellen führt der Weg sogar unter Überhängen hindurch. Das Gelände bleibt aber bewaldet, und man muss nicht unbedingt in den gähnenden Abgrund blicken, wenn man das nicht möchte ... Am Ende dieses Abschnitts überqueren wir den **Rio Incino** 6, 1095 m, unterhalb eines schönen Wasserfalls. Gleich darauf kommen wir zu einer Weggabelung, bei der wir den linken, steil ansteigenden Weg wählen. Er ist zwar auch hier gut markiert, verschwindet aber im Sommer oft unter der wuchernden Vegetation, was ihn zu einem echten Abenteuer werden lässt. Eindrucksvoll windet er sich durch Felsbastionen und endet schließlich im Brennnesselmeer von **Altiaccio** 7, 1508 m. Kurze Zeit später, nach

Kunstvoll windet sich die Mulattiera über Altoggio den Berg hinauf.

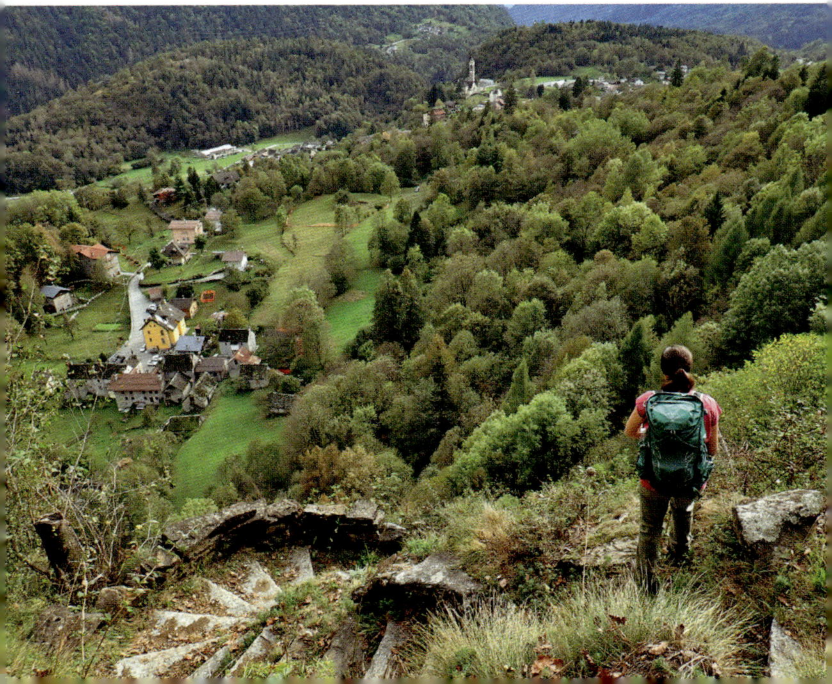

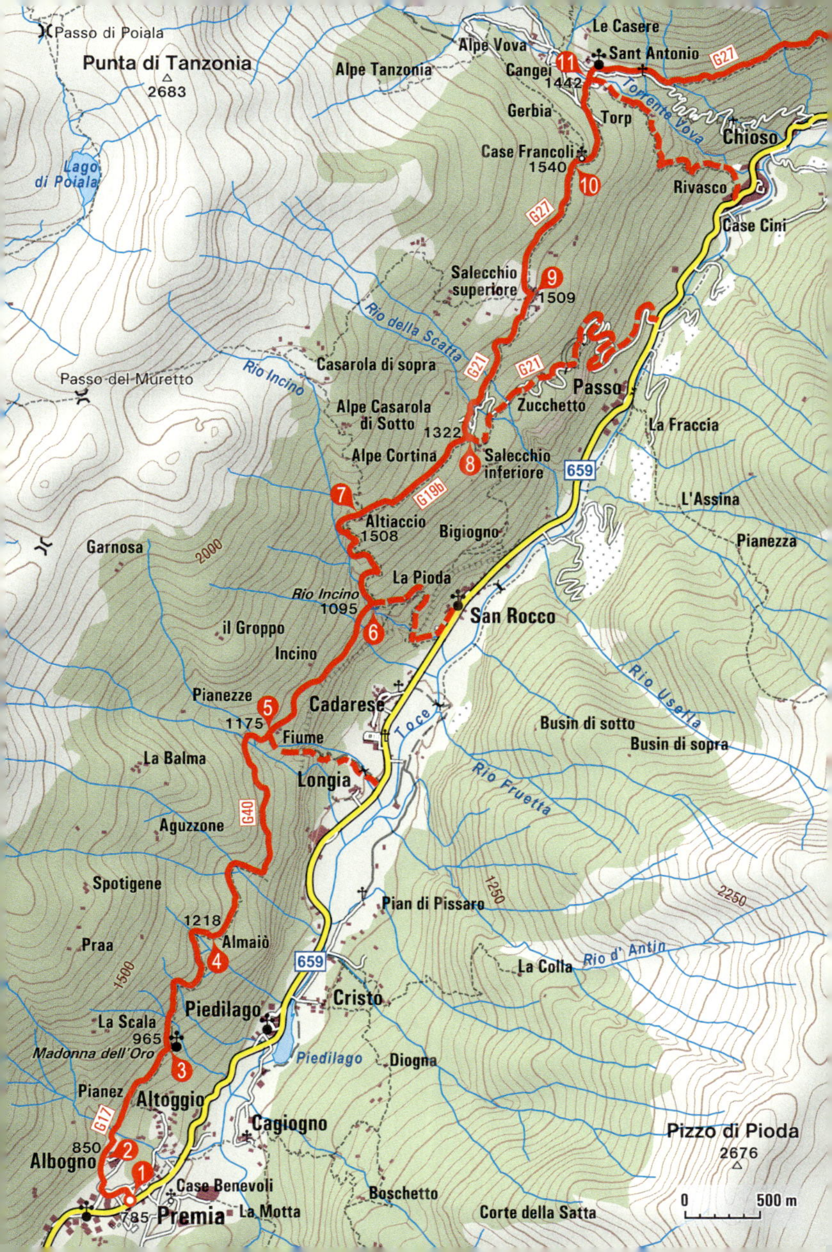

Passo di Poiala
Punta di Tanzonia
2683
Alpe Tanzonia
Alpe Vova
Le Casere
Sant Antonio
G27
Cangei
1442
Torrente Vova
Gerbia
Torp
Chioso
Case Francoli
1540
Rivasco
Lago di Poiala
Case Cini
Salecchio superiore
1509
Rio della Scatta
Casarola di sopra
G21
Rio Incino
Passo del Muretto
Passo
Alpe Casarola di Sotto
Zucchetto
La Fraccia
1322
Alpe Cortina
Salecchio inferiore
659
G19b
L'Assina
Altiaccio
1508
Bigiogno
Garnosa
2000
Pianezza
La Pioda
Rio Incino
1095
San Rocco
il Groppo
Incino
Rio Usella
Pianezze
Cadarese
1175
Fiume
Toce
Busin di sotto
Busin di sopra
La Balma
Longia
Rio Fruetta
G40
Aguzzone
Spotigene
1250
2250
Pian di Pissaro
1218
Almaiò
Praa
1500
659
Rio d' Antin
La Colla
Piedilago
Cristo
La Scala
965
Madonna dell'Oro
Piedilago
Diogna
Pianez
Altoggio
G17
Cagiogno
Pizzo di Pioda
850
2676
Albogno
Case Benevoli
Boschetto
785
Premia
La Motta
Corte della Satta
0
500 m
1
2
3
4
5
6
7
8
9
10
11

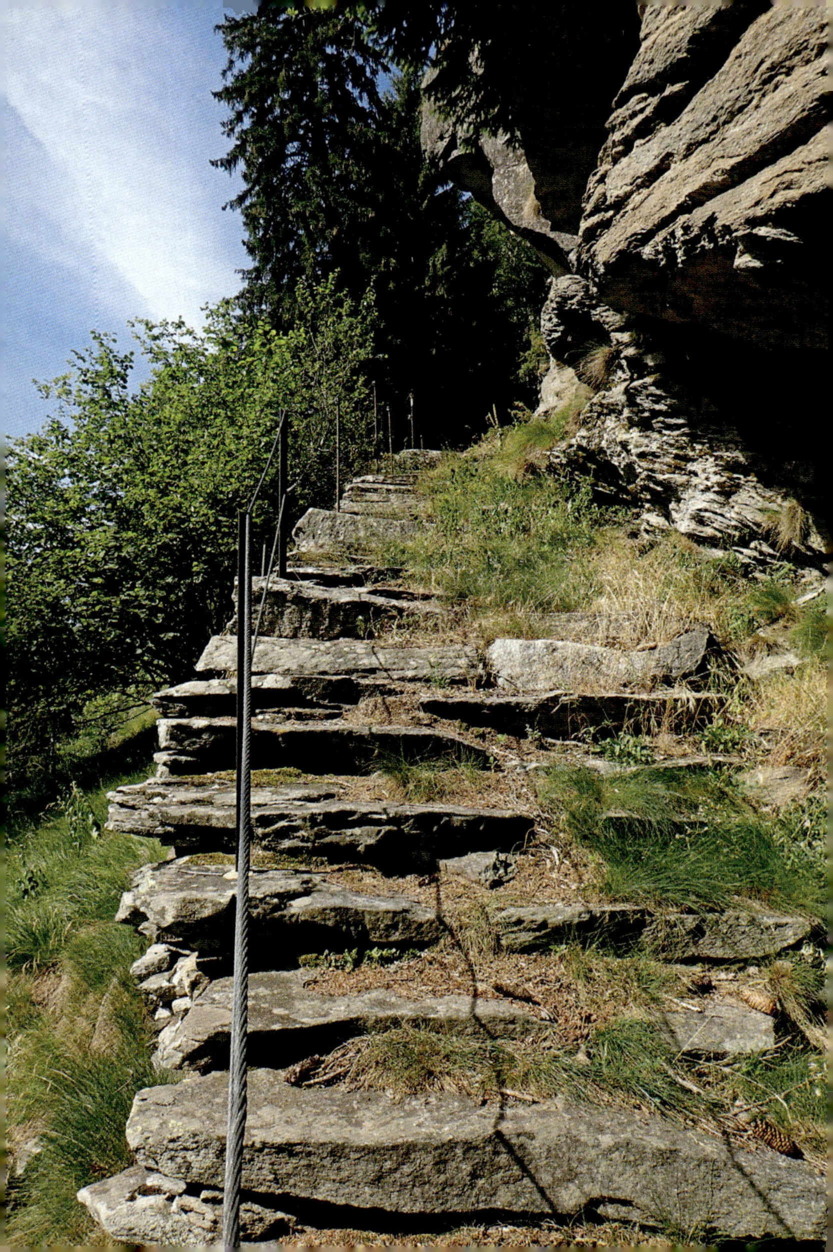

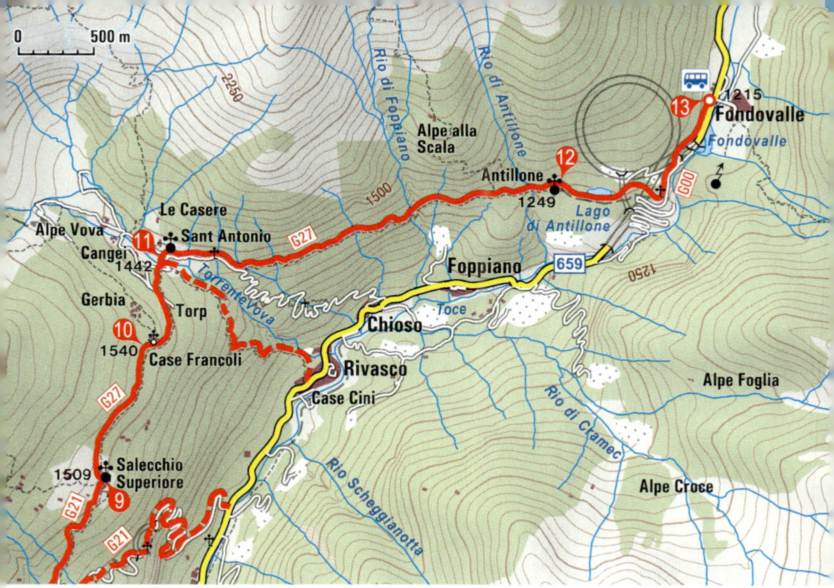

nur wenigen Metern im Wald, entdecken wir Schilder, bei denen wir uns rechts halten. Auf zunächst recht breitem, dann wieder etwas undeutlicherem Pfad steigen wir ab, passieren die Häuser von Morando und kommen schließlich zur Kirche von **Salecchio inferiore** ❽, 1322 m, wo die Schwierigkeiten enden. Wir gehen am Friedhof vorbei, zu einigen alten Walserhäusern (wo sich unter anderem auch die ehemalige Schule befindet), und auf einer breiten und gepflegten Mulattiera nach **Salecchio superiore** ❾, 1509 m, hinauf. Das Rifugio Zum Gora befindet sich rechts unterhalb des Wegs und ist gut ausgeschildert.

Von Salecchio wandern wir ohne nennenswerten Höhenunterschied auf panoramareichem Weg zu den pittoresken **Case Francoli** ❿, 1540 m, wo rechts ein kurzer Abstieg ansetzt. An dessen Ende überqueren wir den Torrente **Vova** ⓫, 1442 m, und gehen rechts auf einer Piste weiter. In ihrer ersten Kehre zweigt unsere Route nach links ab und windet sich als schöner Waldweg im steten Auf und Ab am Hang entlang. Bald kommen wir nach **Antillone** ⓬, 1249 m, einer weiteren Walsersiedlung, deren Häuser aber leider stark umgestaltet wurden. Vorbei an einem moorigen See und entlang eines von Kapellen gesäumten Kreuzwegs, erreichen wir die alte, nicht mehr benutzte Talstraße, der wir nach links folgen und so in Kürze zur Bushaltestelle in **Fondovalle** ⓭, 1215 m, kommen.

Nicht überall ist der alte Höhenweg noch in so gutem Zustand wie hier bei Almaio.

↗ 890 m | ↘ 890 m | 10,0 km

51 Alpe Tamia, 2057 m

5.20 h

Pomatt pur: durch Walserdörfer und ihre Alpweiden

Rundwanderung durch die sehr selten besuchte Ostflanke des Pomattertals, wie das Val Formazza auf Walsertitsch genannt wird. Wir besuchen schöne Alpweiden, wandern durch endlose Heidelbeerfelder und treffen auf dem Rückweg im Talgrund auf viele Relikte aus der Walserzeit, von der nicht nur die deutschen Namen der Weiler zeugen.

Ausgangspunkt: Valdo, 1274 m, Halt der Buslinie Domodossola–Formazza.
Anforderungen: Gut markierte Pfade. Zwischen Bedriola und Sciara etwas verwildert, doch auch hier durchgehend markiert.
Einkehr und Unterkunft: In Ponte und Valdo gibt es zahlreiche Restaurants und Hotels.
Karte: Carta Geo4Map 111 »Val Formazza« 1:25.000.
Beste Jahreszeit: Juli – Oktober. »Öffnungszeiten« des Wasserfalls (dessen Wasser meist von den Kraftwerksanlagen abgeführt wird) auf www.valformazza.it.
Variante: Von Canza kann man auch mit dem Bus nach Valdo zurückfahren (nur Juli und August).

Am hübsch renovierten Häuschen der Alpe Bedriola.

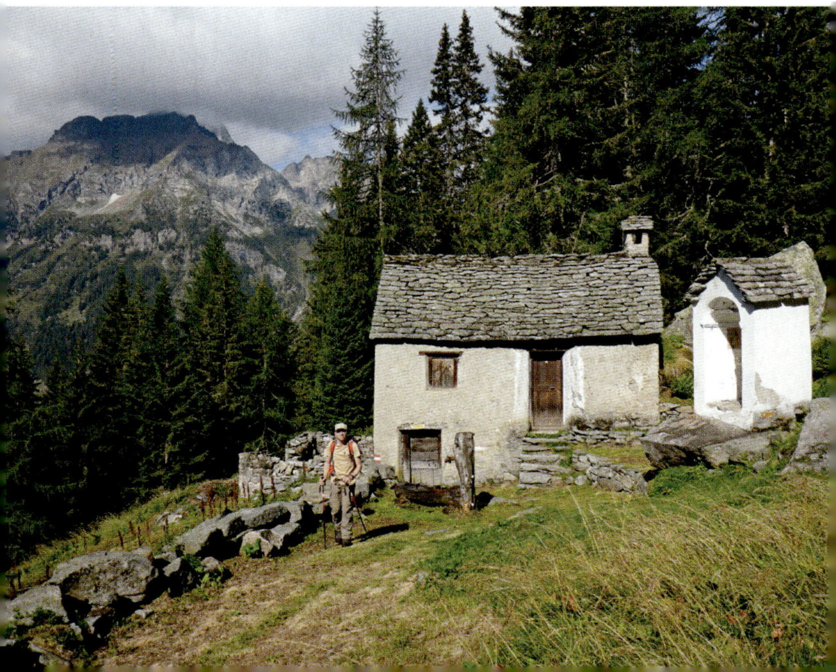

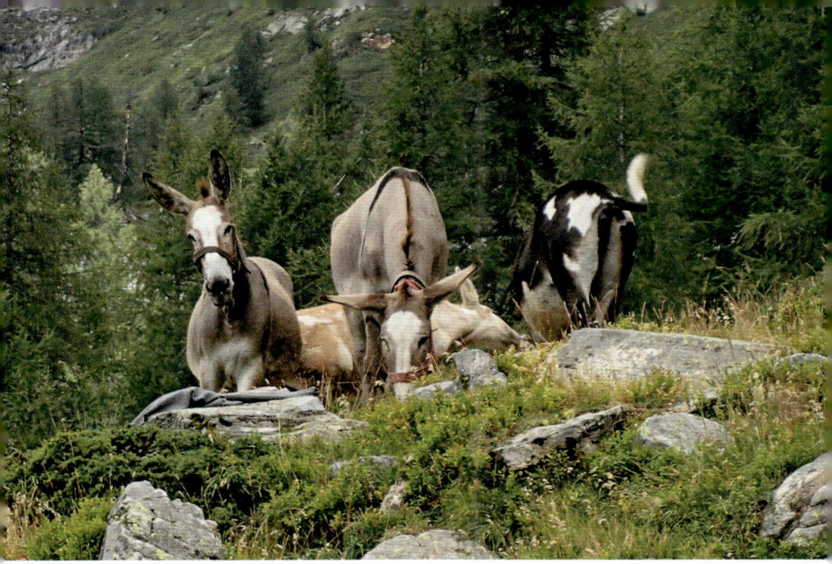

Auf der Alpe Tamia bedient man sich nach wie vor eines zuverlässigen Transportmittels.

Von der Bushaltestelle in **Valdo** ❶, 1274 m, gehen wir über die Brücke und rechts am Ristorante La Genzianella vorbei in Richtung Waldrand, wo unser Wanderweg beginnt. Er entpuppt sich bald als schön angelegte Mulattiera, die in vielen Serpentinen zur **Alpe Bedriola** ❷, 1800 m, hinaufführt. Gleich nach den Alpgebäuden biegen wir beim Wegweiser links ab und steigen steil durch Lärchenwald, Alpenrosen und viele Heidelbeerbüsche zu einer Kuppe hinauf. Nun geht es im Auf und Ab weiter, wobei die Spur manchmal etwas undeutlich ist und wir genau auf die Markierungen achten müssen. Unsere Route steigt nun nicht zur Alpe Sciara hinauf, sondern quert deren Weiden unterhalb und trifft bald auf einen ausgeprägten Weg. Ihm folgen wir zur noch bestoßenen **Alpe Tamia** ❸, 2027 m, überqueren einen Bach und halten uns bei Schildern kurz vor dem nächsten Bach links. Der

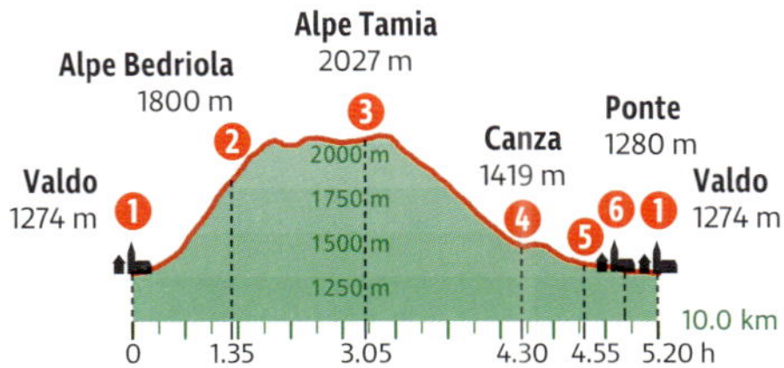

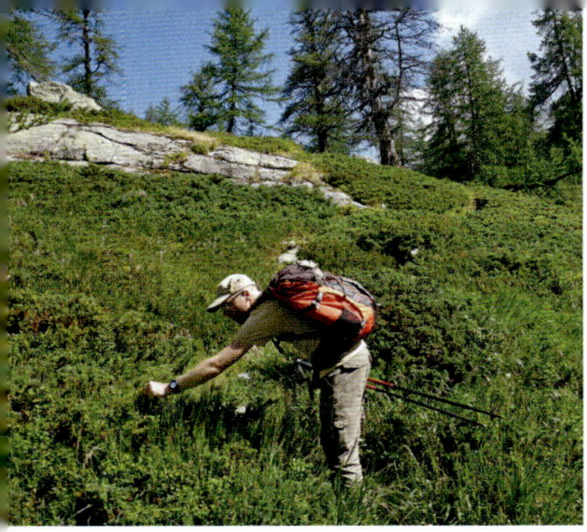

Links: Im Heidelbeer-Paradies der Alpe Bedriola.
Rechts: Der Aufstieg zur Alpe Bedriola verläuft über diesen historischen Weg.

Abstieg verläuft auf einem guten Weg, der auch von den Bauern der Alpe Tamia genutzt wird. Im unteren Abschnitt haben wir einige sehr schöne Blicke auf den großen Wasserfall des Toce. Wir erreichen das Dorf **Canza** 4, 1419 m, wo wir links über die Brücke gehen und von nun an dem Hauptwanderweg bergab folgen. Bei einer Weggabelung halten wir uns links, wandern durch **Brendo** 5, 1320 m, und kommen wieder zur Hauptstraße, der wir bis nach **Ponte** 6, 1280 m, folgen. Bei der Kirche gehen wir nach rechts, dann in eine Gasse hinein (uns ebenfalls leicht rechts haltend) und durch einen Durchgang hindurch, um wieder die Seite des Toce zu wechseln. Schließlich folgen wir links einer schön hergerichteten Promenade und kommen so wieder zurück nach **Valdo** 1.

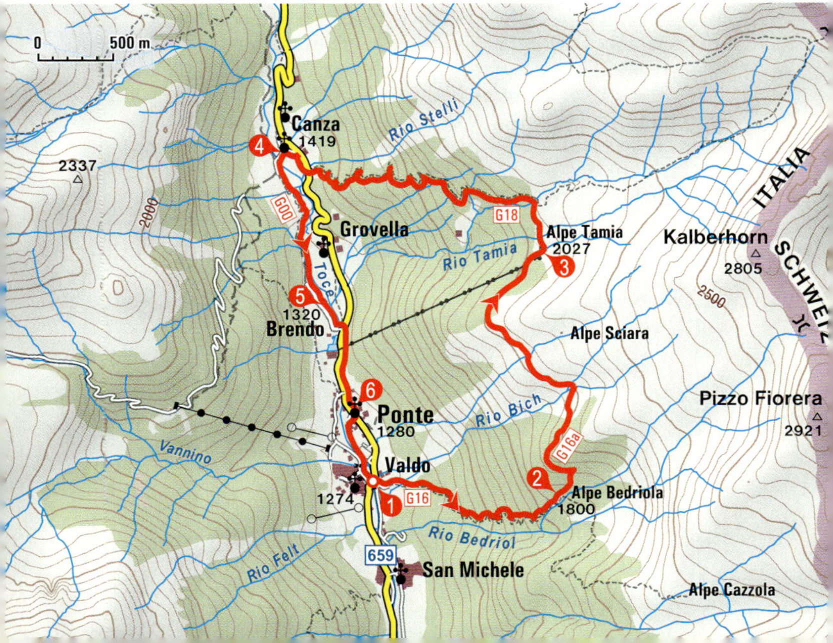

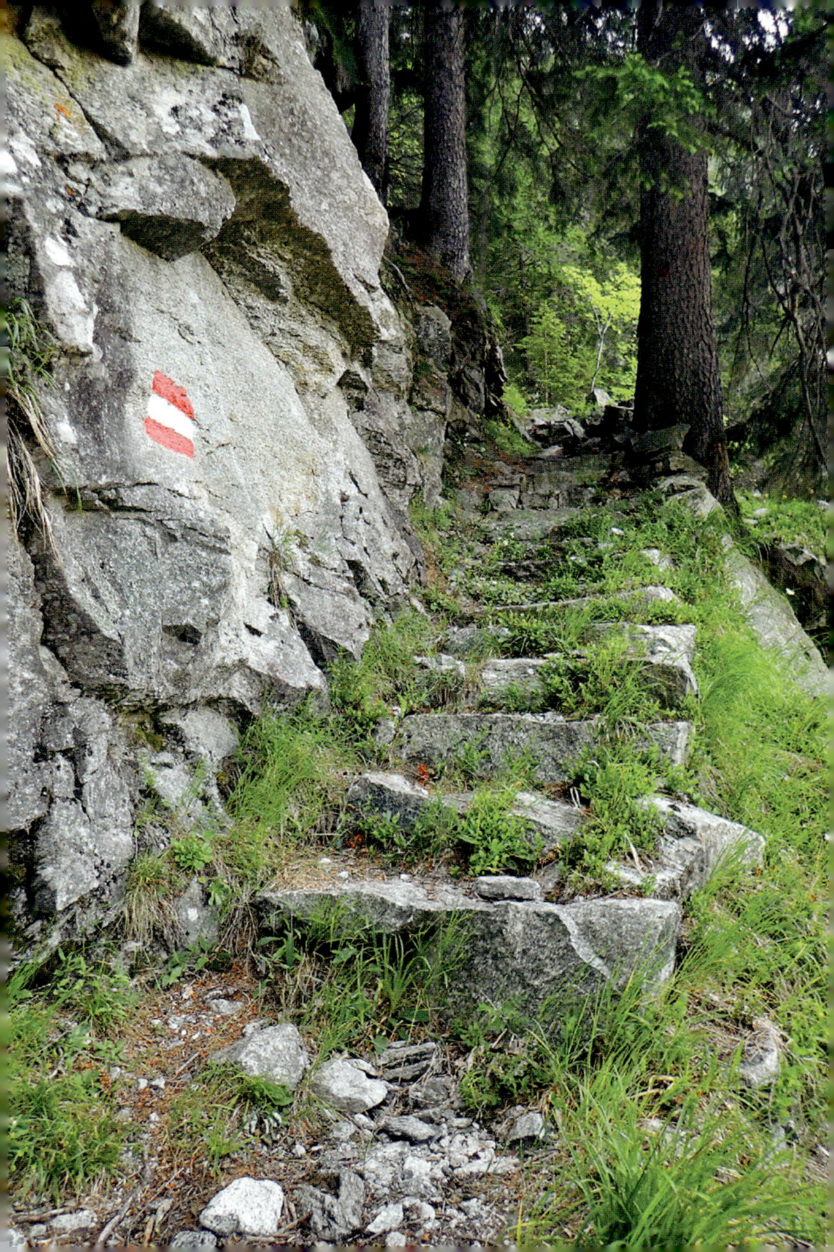

↗ 1250 m | ↘ 1250 m | 15,5 km

52 Nefelgiù, 2583 m

7.30 h

Alpine Runde durch eindrucksvolle Landschaften

Das Ossola erstreckt sich in seinem äußersten Norden bis in die Zentralalpen hinein. Hier ist von Palmen und mediterranem Flair keine Spur mehr, dafür erleben wir raues und vegetationsarmes Gelände umgeben von schroffen Felsnadeln, Gletschern und rauschenden Bergbächen. Herausragend sind die türkisfarbenen Stauseen und die großen Hochmoore mit ihren Wollgrasfeldern. Im Abstieg erleben wir einen einmaligen Blick auf die Cascata del Toce, einen der größten Wasserfälle Europas.

Ausgangspunkt: La Frua, 1681 m, Halt der Buslinie Domodossola–Formazza (nur Juli und August).
Anforderungen: Durchgehend markierte, jedoch abschnittsweise steile und über Geröll führende Bergpfade. Anstiege nicht zu unterschätzen.
Einkehr und Unterkunft: In La Frua gibt es einige Restaurants, erwähnenswert ist das historische Ristorante Cascata del Toce, Tel. +39 0324 634130, www.cascatadeltoce.com, direkt über dem Wasserfall. Rifugio Margaroli: bewirtschaftete Berghütte mit 52 Plätzen im Massenlager, gute Küche, Tel. +39 328 9040431, www.rifugiomargarolicai.com.
Karte: Carta Geo4Map 110 »Alpe Devero« 1:25.000.
Beste Jahreszeit: Juli – Oktober. Öffnungszeiten des Wasserfalls (dessen Wasser meist von den Kraftwerksanlagen abgeführt wird) auf www.valformazza.it.
Variante: Vom Rifugio Margaroli kann man auch auf einfachem Weg zum Sessellift nach Sagersboden (Betriebszeiten siehe www.formazzaski.com) oder weiter bis nach Canza absteigen.

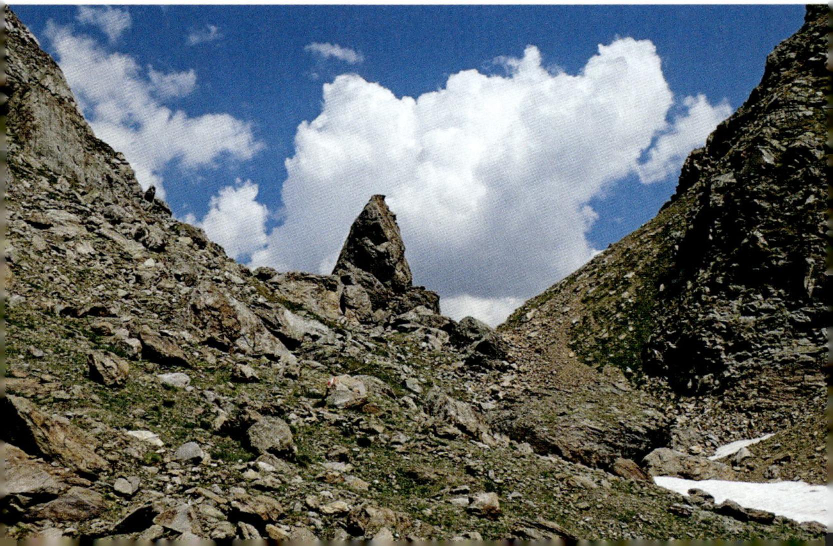

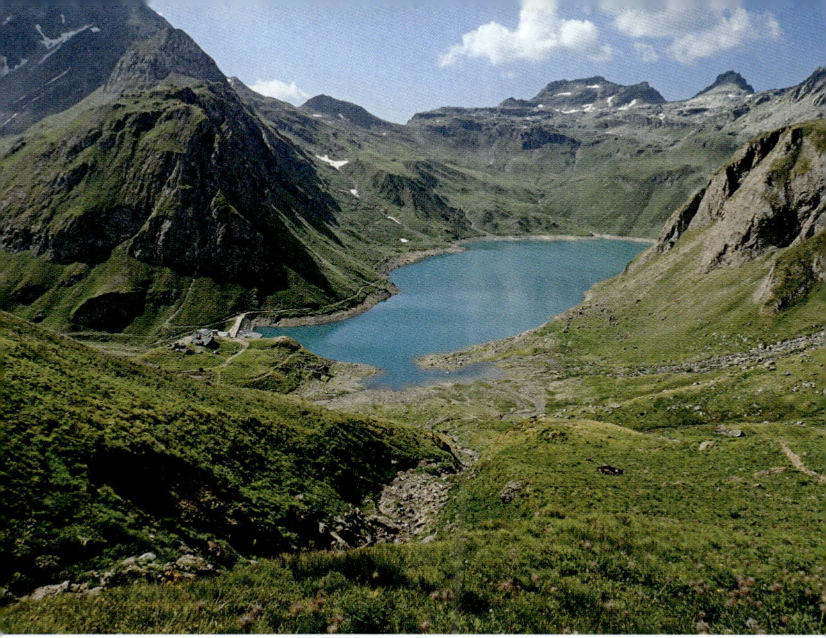

Oben: Lago Vannino mit dem Rifugio Margaroli links an der Staumauer.
Links: Der namensgebende Felsblock auf der Bocchetta del Gallo wirkt eher wie eine dicke Henne.

Wir finden am großen Parkplatz in **La Frua** ❶, 1681 m, rechts den Beginn des guten Wanderwegs nach Riale (Schilder), dem wir über einen kleinen Sattel bis zur Brücke in **Aalts Dorf** ❷, 1740 m, folgen. Dort überqueren wir den jungen Toce, gehen nach links zum Skimuseum und dort wenige Meter auf einem Feldweg zum Sentiero Rigoni Stern. Auf ihm steigen wir nach **Furculti** ❸, 1890 m, auf, wo wir auf einen Ziehweg treffen, dem wir nach links bis zur **Alpe Nefelgiù** ❹, 2048 m, treu bleiben. Hier setzt wie-

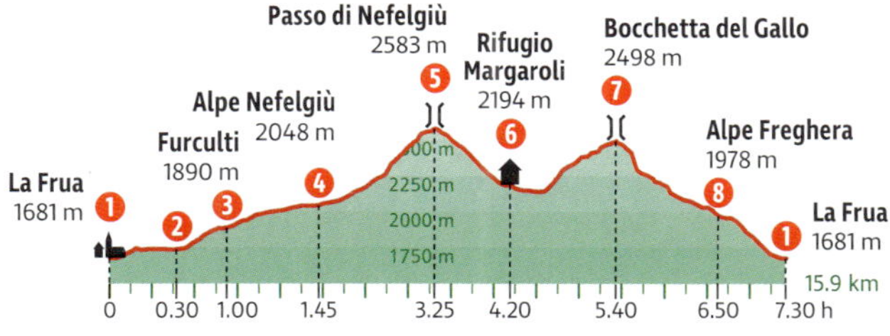

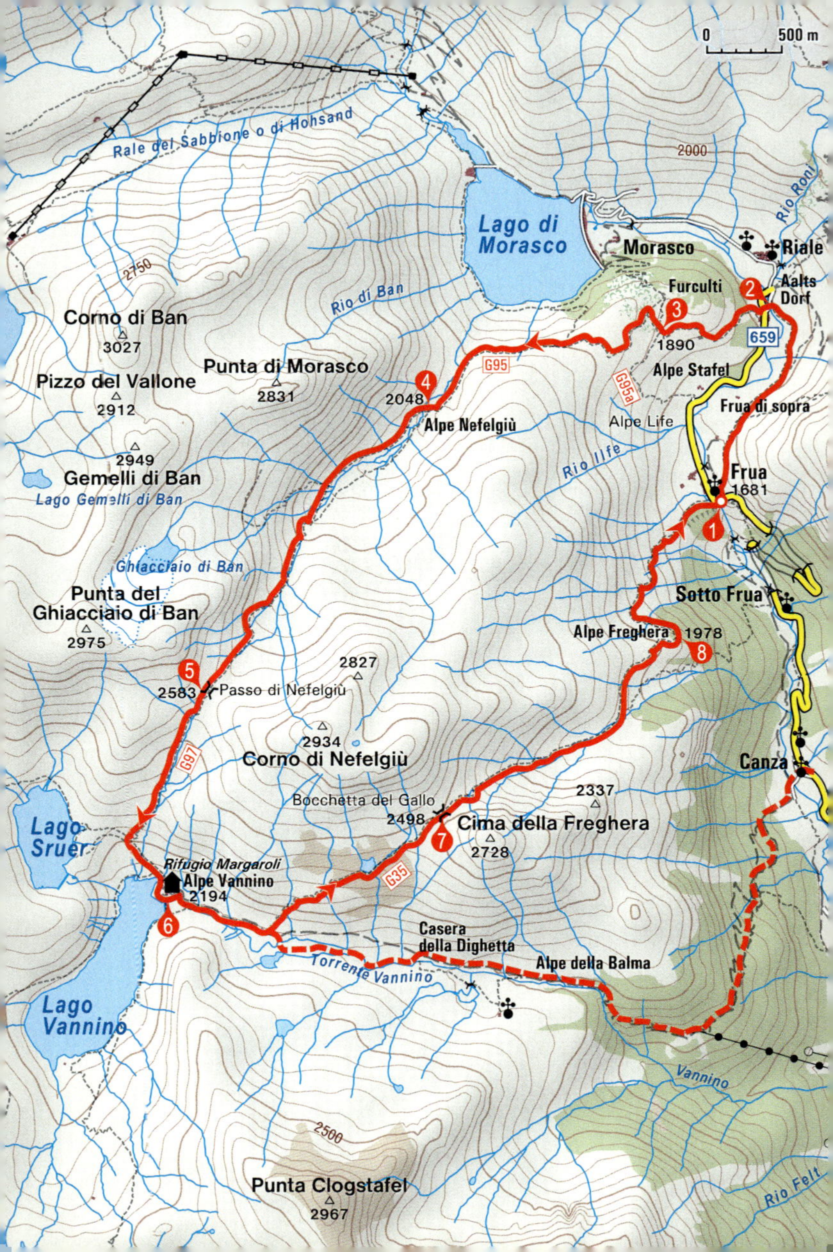
0
500 m
Rale del Sabbione o di Hohsand
2000
Rio Roni
Lago di Morasco
Morasco
Riale
Aalts Dorf
Furculti
2750
Rio di Ban
Corno di Ban
3027
1890
659
Punta di Morasco
G95
Alpe Stafel
Pizzo del Vallone
2912
2831
2048
G95a
Frua di sopra
Alpe Nefelgiù
Alpe Life
2949
Gemelli di Ban
Rio Ilfe
Frua
1681
Lago Gemelli di Ban
Ghiacciaio di Ban
Sotto Frua
Punta del Ghiacciaio di Ban
Alpe Freghera
1978
2975
2827
2583
Passo di Nefelgiù
2934
G97
Corno di Nefelgiù
Canza
2337
Bocchetta del Gallo
2498
Cima della Freghera
Lago Sruer
2728
Rifugio Margaroli
Alpe Vannino
2194
G35
Casera della Dighetta
Alpe della Balma
Torrente Vannino
Lago Vannino
Vannino
2500
Punta Clogstafel
2967
Rio Felt

der ein Wanderweg an, dieses Mal klar ersichtlich. Er steigt entlang eines rauschenden Bergbaches auf, in dessen Quellgebiet das grasige Gelände in ein riesiges, aber wenig steiles Schuttfeld übergeht. Bald erreichen wir den **Passo di Nefelgiù** 5, 2583 m, und steigen auf der anderen Seite steiler, aber auf gutem Pfad zum großen, am türkisfarbenen Lago Vannino gelegenen **Rifugio Margaroli** 6, 2194 m, ab. Nun wandern wir wenige Minuten auf einer Piste leicht absteigend nach Osten, ehe nach einem großen Felsen unsere Route nach links abzweigt (Schilder). Der folgende Aufstieg auf schmalem Pfad ist zwar recht steil, doch kaum ausgesetzt. Die Grashänge wechseln sich mit schönen Hochflächen ab, auf denen wir Kolonien von Wollgräsern finden können. Nach einem letzten Stück über Geröll erreichen wir die **Bocchetta del Gallo** 7, 2498 m, mit ihrem charakteristischen Felsklotz in Form eines Hahns. Wir winden uns durch ein Labyrinth aus Geröllbrocken und steigen bald durch steile Schuttfelder ab. An deren Ende durchschreiten wir ein schönes Hochtal, halten uns links und kommen über eine Querung im Auf und Ab zur **Alpe Freghera** 8, 1978 m, mit ihrem alten Bergwerk. Bald können wir den einmaligen Ausblick auf den Wasserfall des Toce genießen, zu dem wir über zahlreiche Serpentinen absteigen und so wieder nach **La Frua** 1 gelangen.

Wenn das Kraftwerk die Schleusen öffnet, zeigt sich die Cascata del Toce in voller Pracht.

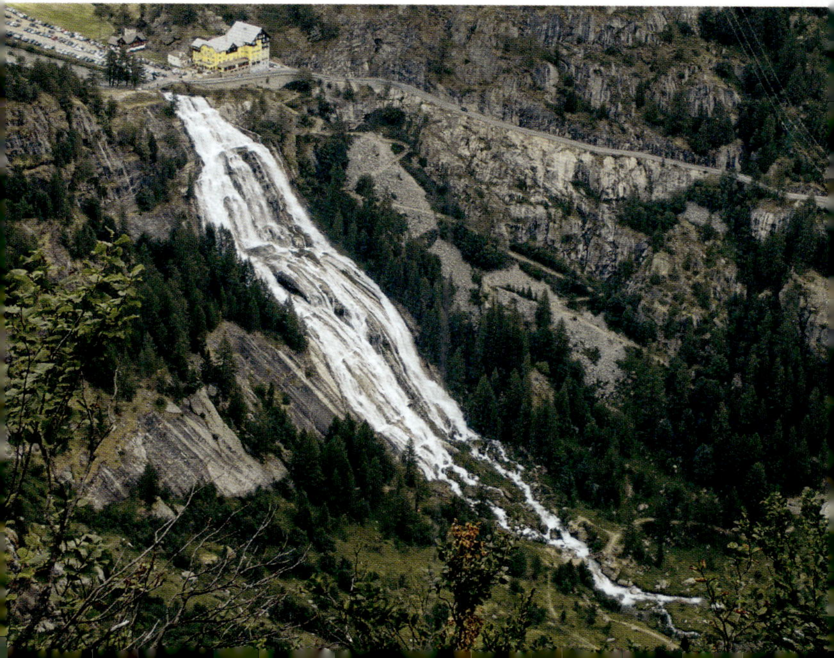

TOP

↗ 1040 m | ↘ 1040 m | 16,5 km

6.30 h

53 Sabbione und Bettelmatt, 2561 m

Durch das Amphitheater der Gämsen zur berühmtesten Alp im Ossola

Karg wird es auf unserer Wanderung zum großen Stausee von Sabbione: im obersten Val Formazza erstrecken sich riesige Schuttflächen mit sich langsam ansiedelnden Grasflecken und endlose Geröllfelder, auf denen sich letzte Gletscherreste halten. Inmitten dieser faszinierenden Landschaft mit ihren überwältigenden Panoramen wurden rund um den See zahlreiche bewirtschaftete Hütten errichtet. Sie locken mit ihrer Gastlichkeit und guten Küche. Im Abstieg kommen wir dann über die saftigen Wiesen der Alpe Bettelmatt, wo der berühmteste (und teuerste) Bergkäse der Gegend produziert wird.

Ausgangspunkt: Morasco, 1750 m. Großer Parkplatz am Ende der Staatsstraße. Die Bushaltestelle (nur Juli und August) befindet sich 20 Gehminuten entfernt in Riale.
Anforderungen: Gut unterhaltene Wanderwege, stellenweise steil und besonders im Aufstieg etwas rutschig. Achtung: im Herbst 2023 führte ein Felssturz zwischen dem Stausee von Sabbione und dem Pian dei Camosci zu einem tödlichen Unfall und der Zerstörung des dortigen Wegs. Eine Wiedereröffnung ist für 2024 geplant.
Einkehr und Unterkunft: Riale siehe Tour 54. An der Staumauer des Lago di Morasco befindet sich das Rifugio Bim-Se (»beim See«) mit einfachem Restaurant, Tel. +39 339 5953393, www.rifugio-bimse.it. Unterwegs kommen wir am Rifugio Somma Lombardo, Tel. +39 347 8457045, www.caisomma.it, und am Rifugio Città di Busto, Tel. +39 0324 63092, www.rifugiocittadibusto.it, vorbei. Bei beiden besteht eine Einkehrmöglichkeit. Das Rifugio Mores hingegen ist dauerhaft geschlossen.
Karte: Carta Geo4Map 110 »Alpe Devero« 1:25.000.
Beste Jahreszeit: Juli – Oktober.
Varianten: Erweiterung der Tour über die Rifugi Claudio e Bruno und 3A (bekannt als »Giro dei Rifugi«). Zusätzliche 500 Höhenmeter und 2.30 Stunden. Vom Rifugio Città di Busto führt ein mit Ketten gesicherter Steig zum Griespass. Von dort kann man entweder weiter in die Schweiz zum Nufenenpass wandern oder zur Alpe Bettelmatt absteigen.

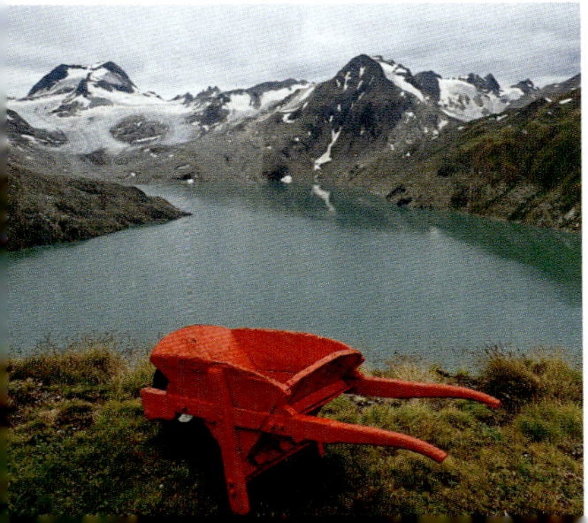

Vom Parkplatz in **Morasco** ❶, 1750 m, führt unser Wanderweg rechts zur Staumauer des **Lago di Morasco** ❷, 1820 m. Wir gehen auf einer Piste am See entlang, halten uns bei einer Gabelung geradeaus und biegen bei einem halb verfallenen Gebäude links ab. Nachdem wir den Rio Gries überquert haben,

Farbspiele am Rifugio Somma Lombardo über dem Lago del Sabbione.

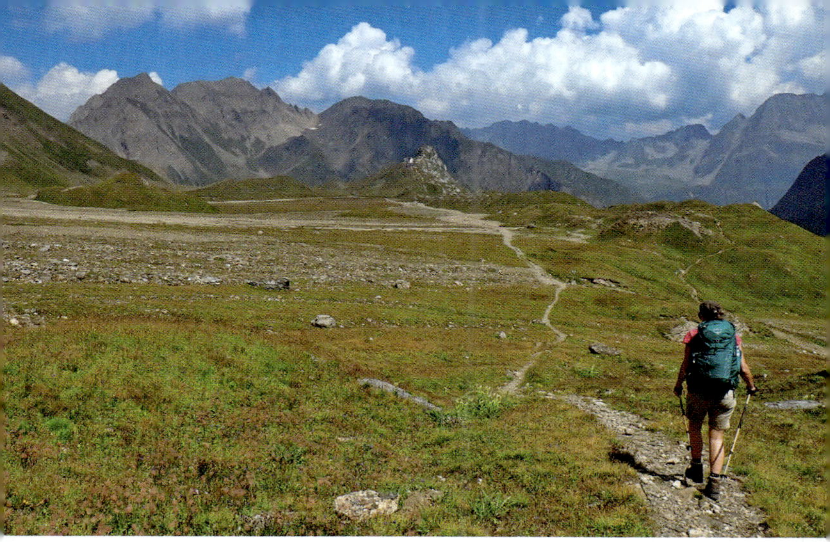

Über die große »Ebene der Gämsen« (Pian dei Camosci) geht es zum Rifugio Città di Busto.

steigt unsere Route rechter Hand an. Der ursprüngliche Weg, der links dem Rio del Sabbione folgte, ist abgerutscht und dessen Begehung verboten. Nach ein paar Kurven kommen wir zu einer Weggabelung, bei der wir nach links gehen. Durch eine anfangs recht steile, dann immer sanftere kleine Rinne (in der die seltene Alpen-Akelei gedeiht) steigen wir zu einer weiteren Abzweigung auf, bei der wir links ins Tal des Rio del Sabbione hinabwandern. Wir kommen an einer kleinen Schutzhütte vorbei, gehen über den Bach und steigen über Schutthalden zu den Werkgebäuden des Lago del Sabbione auf. Vorbei am geschlossenen **Rifugio Mores** ❸, 2515 m, erreichen wir in zehn Minuten das schön gelegene **Rifugio Somma Lom-**

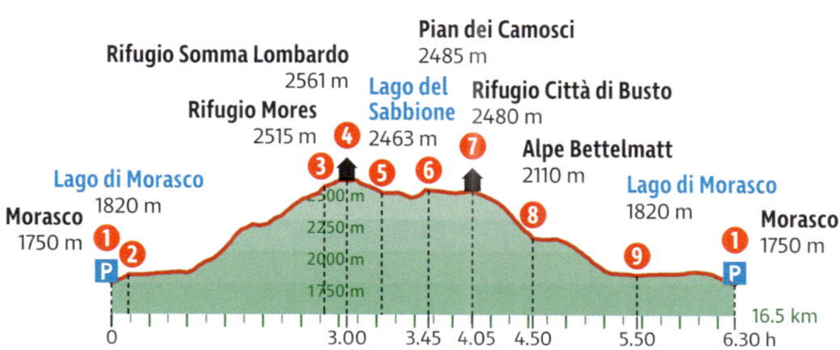

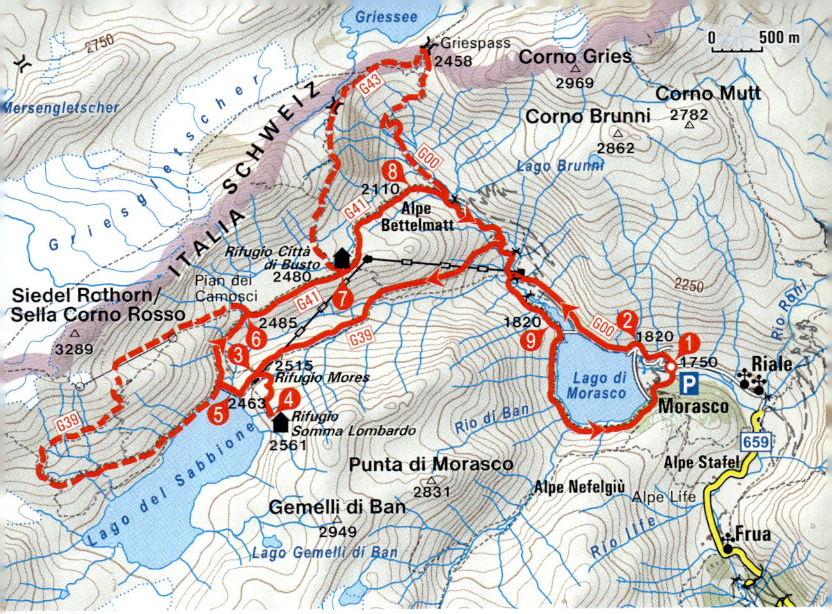

bardo ❹, 2561 m, mit seiner tollen Aussicht auf den See und die Gletscher des Hohsandhorns. Wir wandern auf demselben Weg zurück, gehen beim **Rifugio Mores** ❸ jedoch geradeaus weiter zur Staumauer des **Lago del Sabbione** ❺, 2463 m. Auf der anderen Seite des eindrucksvollen Damms setzt eine Querung an, die uns nach einem kurzen Ab- und Wiederaufstieg zur riesigen Hochfläche des **Pian dei Camosci** ❻, 2485 m, bringt. Wir halten uns rechts und gehen über die Ebene zum **Rifugio Città di Busto** ❼, 2480 m. Hinter der Hütte beginnt links der Abstieg. Auf gutem Weg wandern wir über zahlreiche Serpentinen ins Valle del Gries und kommen bald zur **Alpe Bettelmatt** ❽, 2110 m. Leider gibt es keinen Direktverkauf des berühmten Käses. Ein kurzes Stück folgen wir der Alpstraße, biegen jedoch noch vor dem Ende der Hochfläche rechts ab und wandern auf weiterhin gutem Pfad zur Weggabelung, bei der wir schon während des Aufstiegs vorbe gekommen sind. Wir steigen weiter ab, überqueren jedoch nicht den Rio Gries, sondern gehen nach rechts über Sandbänke zum Rio del Sabbione, den wir üblicherweise problemlos furten können. Kurz darauf erreichen wir das Ende des **Lago di Morasco** ❾, 1820 m. Unser Rückweg führt uns an dessen südlichem Ufer entlang, ehe wir bei seiner Staumauer am Rifugio Bim-Se vorbei wieder zum Parkplatz in **Morasco** ❶ absteigen.

Willkommene Pause am neu renovierten Rifugio Somma Lombardo.

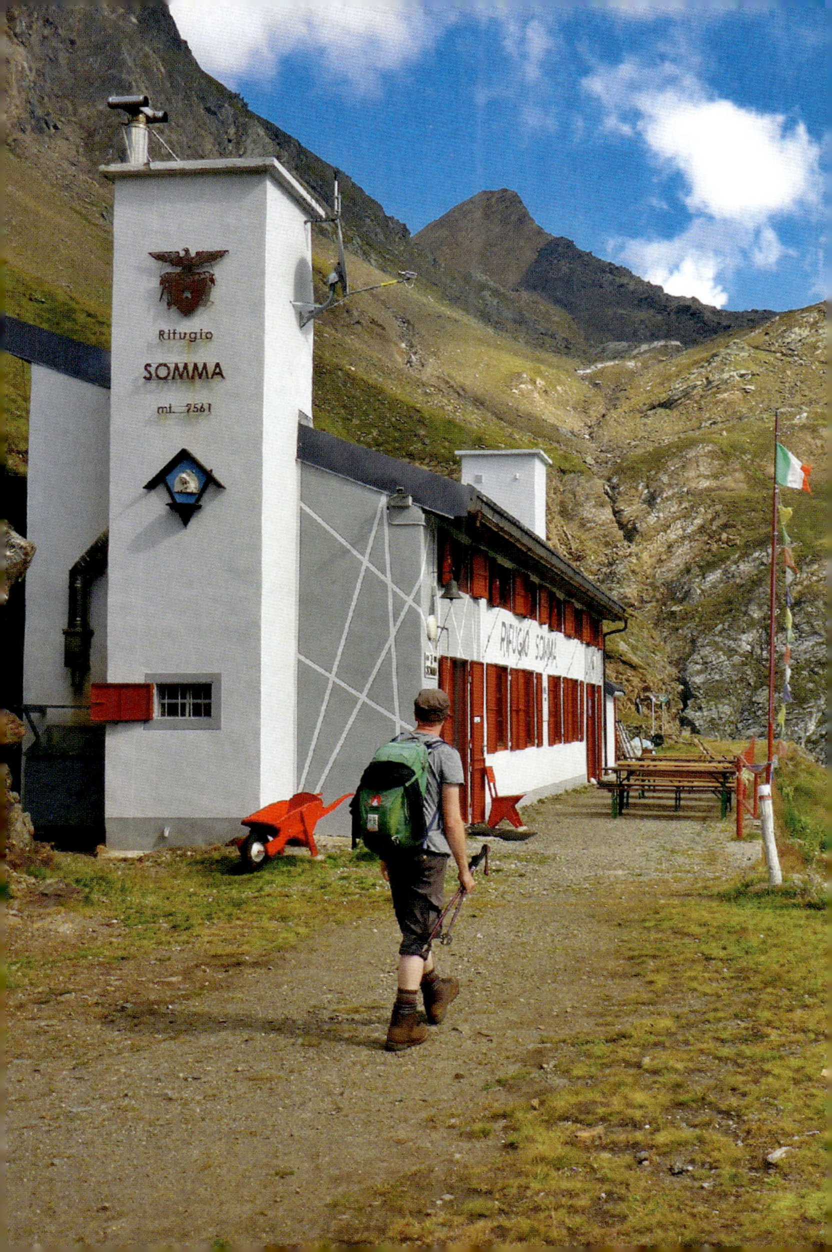
Rifugio
SOMMA
mt. 2561
RIFUGIO SOMMA

↗ 800 m | ↘ 800 m | 16,0 km

54 Giro del Lago Toggia, 2414 m

5.30 h

Über die große Seenplatte im äußersten Norden

Auf dieser Rundtour erwandern wir über die weiten Alpwiesen nahe der Grenze zum Tessin fünf große Berg- und Stauseen. Dabei kommen wir durch von Murmeltieren bevölkerte Blumenwiesen und Dolinenlandschaften, ehe wir auf einem alten Militärweg gemütlich am riesigen Lago Toggia entlangschlendern. Eine Einkehrmöglichkeit besteht beim dortigen Rifugio.

Ausgangspunkt: Riale, 1731 m. Endstation der Buslinie Domodossola–Formazza (nur Juli und August).
Anforderungen: Aufstieg anfangs steil, sonst einfache und gut markierte Wander- und Ziehwege.
Einkehr und Unterkunft: In Riale das berühmte Sternerestaurant Walser Schtuba, Tel. +39 339 3663330, www.locandawalser.it, während der Hochsaison muss man früh reservieren. Etwas außerhalb das Aalts Dorf, Tel. +39 329 1257417, www.aaltsdorf.com, mit Zimmern. Zum Übernachten empfiehlt sich auch das hübsch renovierte Zwargji, Tel. +39 348 6022824, www.zwargji.it, mitten im historischen Ortskern. Unterwegs kann man im Rifugio Maria Luisa, Tel. +39 0324 63086, www.rifugiomarialuisa.it, nahe der Staumauer des Lago Toggia einkehren.
Karte: Carta Geo4Map 111 »Val Formazza« 1:25.000.
Beste Jahreszeit: Juli – Oktober.

Hohlweg von Riale nach Frua di Sopra.

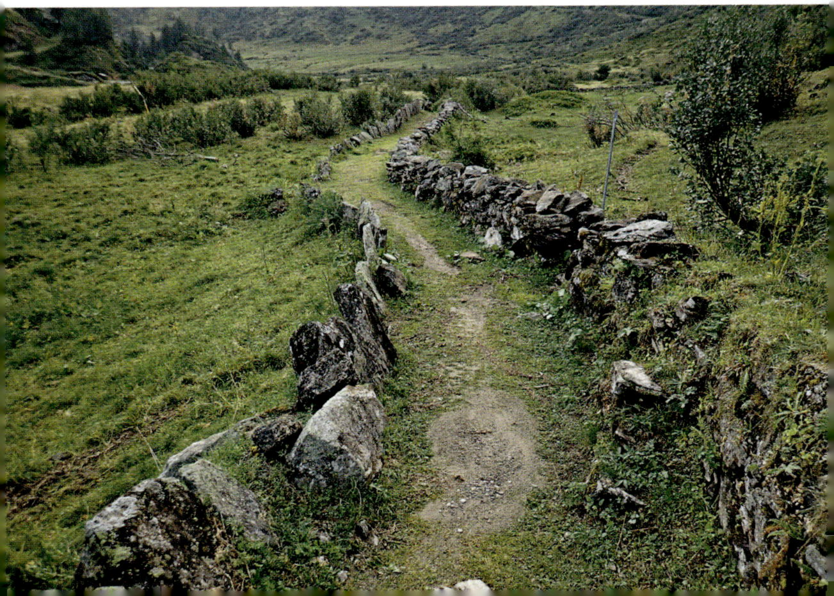

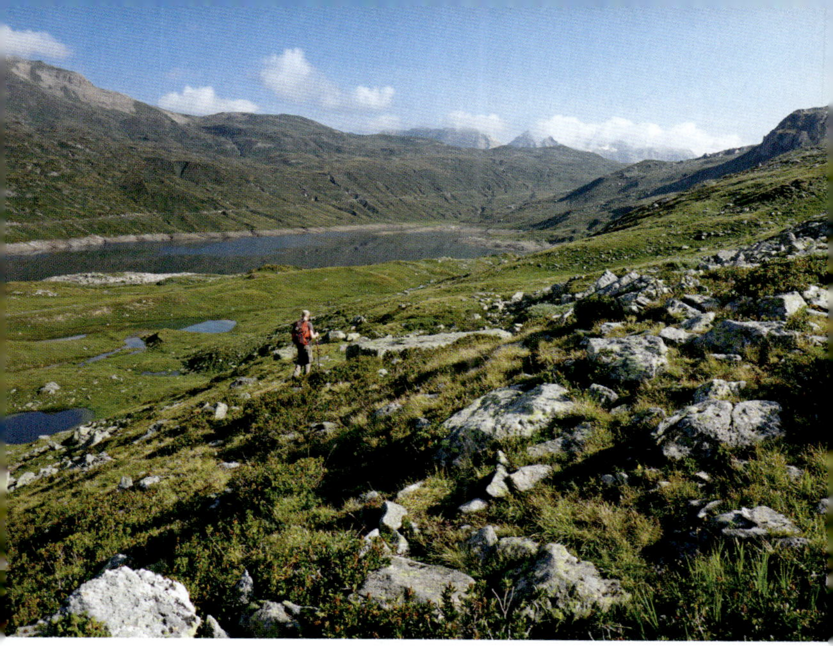

Wanderung über die sanften Matten der Alpe Kastel, hinten der Lago Toggia.

Von **Riale** ❶, 1731 m, wandern wir zunächst ohne Höhenunterschied nach Süden, kommen auf der linken Seite des ganz jungen Toce durch den Ortsteil Aalts Dorf und schließlich auf einem alten Hohlweg zur Weggabelung bei **Frua di Sopra** ❷, 1765 m. Der nun folgende Aufstieg ist recht steil und auch rutschig, da oft von Vegetation bedrängt. Allerdings ist der Weg durchgehend erkennbar, sodass wir ohne größere Probleme die Hochebene bei der **Alpe Ghighel** ❸, 2132 m, erreichen. Nun halten wir uns zunächst rechts und treffen kurz darauf auf eine Alpstraße, der wir bergauf folgen. An ihrem höchsten Punkt informieren einige Schautafeln über die hier rei-

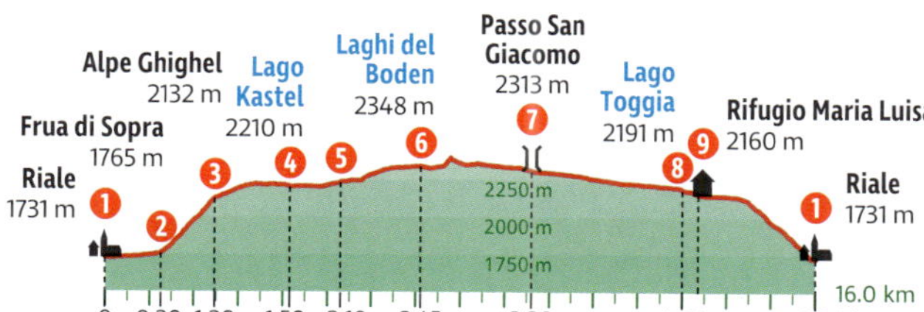

che Alpenflora. Kurz darauf sind wir auch schon am Ufer des großen **Lago Kastel** ❹, 2210 m, an dem wir bis zu seiner alten Staumauer entlangwandern. Wir zweigen nach rechts ab und kommen nach einem kurzen Aufstieg zur **Alpe Kastel** ❺, 2242 m. Unsere Route bleibt links der Alpgebäude und steigt zunächst nicht weiter auf, sondern quert eine alte Moräne nach links (etwas unübersichtliche Wegführung), wo wir auf einen besser markierten Weg treffen. Ihm folgen wir nach rechts bis zu den beiden **Laghi**

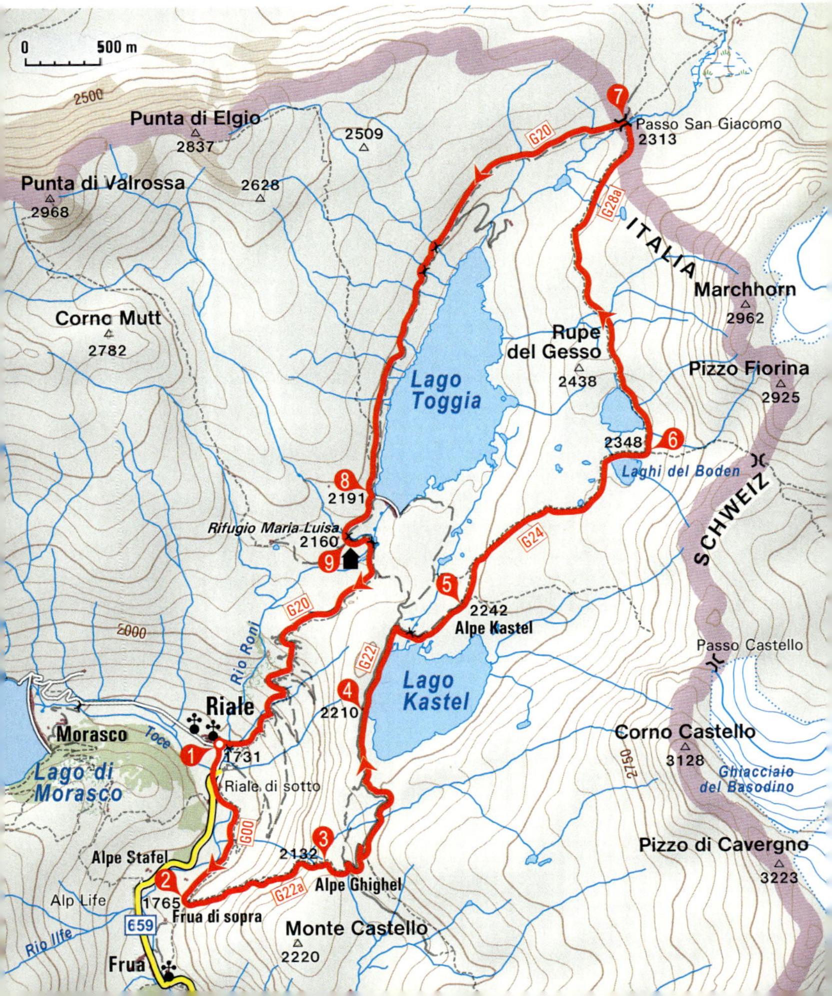

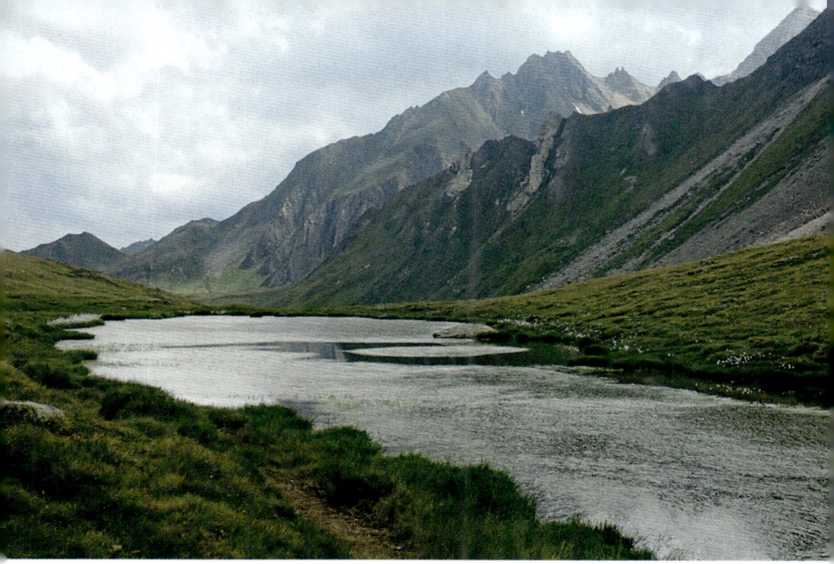

Der kleine See am Passo San Giacomo ist oft von Wasserpflanzen bedeckt.

del Boden ❻, 2348 m. Nun zweigt unsere mit Pfählen markierte Route nach Norden ab, überwindet einen kleinen Sattel und senkt sich langsam zum breiten Übergang des **Passo San Giacomo** ❼, 2313 m, mit seinem kleinen See. Hier treffen wir auf einen Ziehweg, dem wir nach links leicht absteigend folgen. Es handelt sich um eine alte Militärstraße, die heute von den Alpbauern benutzt wird. So wandern wir gemütlich am riesigen **Lago Toggia** ❽, 2191 m, entlang, bis wir dessen Staumauer erreichen. Gleich dahinter befindet sich das bewirtschaftete **Rifugio Maria Luisa** ❾, 2160 m. Wir gehen noch ein kurzes Stück auf dem Ziehweg, können ihn aber abkürzen, sobald er den Hang über Riale erreicht. Der gute Wanderweg bringt uns so rasch zurück zum Ausgangspunkt.

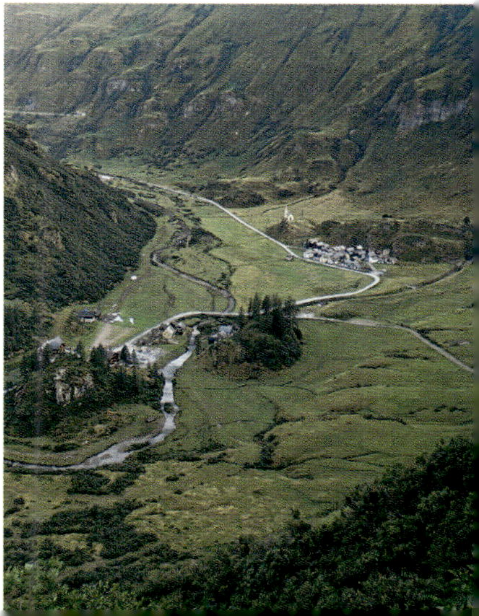

Im Aufstieg nach Ghighel haben wir einen schönen Blick auf Riale.

STICHWORTVERZEICHNIS

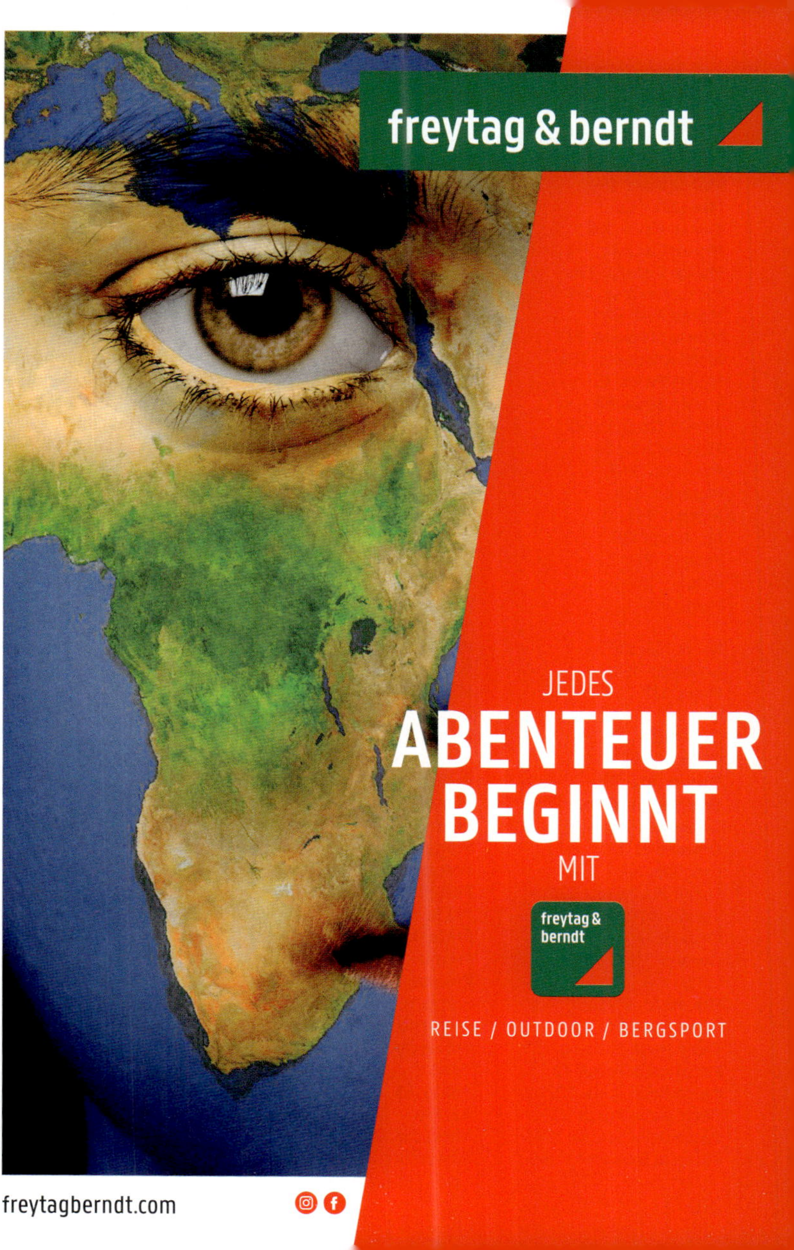

freytag & berndt
JEDES
ABENTEUER
BEGINNT
MIT
freytag & berndt
REISE / OUTDOOR / BERGSPORT
freytagberndt.com

Umschlagbild: Alpe Groppo im Valle Antigorio (Tour 49).

Bild im Innentitel: Die Strà Granda führt bei Ceppo Morelli über eine historische Bogenbrücke (Tour 11).

Alle 221 Fotos vom Autor, ausgenommen die Fotos der Seiten 1, 36, 69, 79, 81, 109, 125, 133, 181, 190, 213, 215, 216, 217, 225, 233, 250, 252, 261, 263 (Franziska Richter), Seite 19 (Florian Rueß).

Kartografie:
56 Wanderkärtchen im Maßstab 1:50.000 / 1:75.000
Geodaten © Open Street Map und Mitwirkende
Kartografisches Design: SHOCart (CZ), shocart.cz
Zwei Übersichtskärtchen im Maßstab 1:500.000 und 1:700.000
© Freytag & Berndt, Wien

Werk-Nr.: 4538

5., überarbeitete und erweiterte Auflage 2024

ISBN 978-3-7633-4761-2

FSC www.fsc.org
MIX
Papier | Fördert gute Waldnutzung
FSC® C147178

Wir freuen uns über jeden Korrekturhinweis zu diesem Wanderführer!
Bitte per E-Mail an: leserzuschrift@rother.de

ROTHER BERGVERLAG · Keltenring 17 · D-82041 Oberhaching
Tel. +49 89 608669-0 · rother.de

T

U

V

Z